Der Verfasser entwirft in diesem Band eine Skizzenfolge des 18. Jahrhunderts, die die Perspektive der offiziellen Literaturgeschichtsschreibung um zahlreiche zentrale Aspekte ergänzt, auch gelegentlich korrigiert, indem sie von oft vernachlässigten und zu Unrecht unterschätzten Sonderformen der Literatur handelt, von scheinbaren Randphänomenen oder auch von wenig wahrgenommenen Autoren.
Die hier versammelten Studien und Essays belegen klar und eindringlich den vieldeutigen, widerspruchsvollen Prozeß der Bewußtseins- und Sozialgeschichte in jenem Jahrhundert, das sich aus der Vormundschaft von Kirche und dogmatischer Gelehrsamkeit zu lösen begann, um sich und die Welt zu entdecken, zu beobachten, zu beschreiben und zu verstehen. So handelt dieses Buch vor allem von der theoretischen und praktischen Neugierde am Beginn der sogenannten Moderne, vom leidenschaftlichen Interesse an Welt und Mensch, das sich in der Reise und ihren Berichten, in Autobiographie, Essay, Aphorismus und Tagebuch oder in der »Encyclopédie« ausdrückt und auch zum Blick auf soziale Veränderungen führt, wie zur Neubestimmung der Rolle der Frau, zu allgemeinen utopischen Entwürfen und speziellen Revolutionstheorien: Merkmale eines Jahrhunderts, das wie die Chancen auch die Anfechtungen einer sich autonom wünschenden bürgerlichen Subjektivität wahrgenommen und ausgesprochen hat.

Der Autor: Ralph-Rainer Wuthenow, geb. 1928, Dr. phil., Professor für Neuere deutsche Philologie und Vergleichende Literaturwissenschaft in Frankfurt a. M. Zahlreiche Publikationen zur europäischen Literatur vom 18. bis 20. Jahrhundert.

Ralph-Rainer Wuthenow

Das Bild und der Spiegel

Europäische Literatur im 18. Jahrhundert

Carl Hanser Verlag

ISBN 3–446–14164–2

Umschlag: Klaus Detjen
Umschlagabbildung: Frontispiz (Kupferstich) aus: Giambattista Vico, Principj di scienza nuova. Neapel 1744. Bayerische Staatsbibliothek Rar 1927
Gesamtherstellung: Pustet, Regensburg
Printed in Germany

Inhaltsverzeichnis

Vorbemerkung

Die hier vorgelegten Aufsätze zur europäischen Literatur des 18. Jahrhunderts sind, bei aller äusseren Verschiedenheit, ja scheinbaren Unvereinbarkeit, doch dadurch gekennzeichnet, daß sie von oft vernachläßigten und unterschätzten Sonderformen, von Randphänomenen der Literatur oder auch von wenig wahrgenommenen Autoren handeln, von Reise und Autobiographie, Essay, Aphorismus und Tagebuch, von Wirkungsgeschichte und Revolutionstheorie, aber auch von der Angefochtenheit der sich autonom wünschenden bürgerlichen Subjektivität. Das leidenschaftliche Interesse des 18. Jahrhunderts an Welt und Mensch, seine Erwartungen und seine Einbußen sollen, so hoffe ich, in diesen teils sehr ausführlichen, teils knappen und essayistischen, zuweilen auf Nachweise auch verzichtenden Versuchen sichtbar werden, als Ergänzung der offiziellen Literaturgeschichtsschreibung, gelegentlich wohl auch als Korrektiv.

Mühlheim am Main 12. 2. 1984, R. W.

Vom Geiste der Entdeckungen. Reisebericht und -tagebuch in der Literatur des 18. Jahrhunderts

»So ist die Welt so ein grosses Buch, das wir dasselbig nimmer außlehmen könden.«

Leonhart Rauwolf, 1583

I.

Eine Geschichte der Reisen müßte auf die Folge der Entdeckungen zielen, auf die Entwicklung der Reise im Gefolge ihrer Mittel, Ausstattung, Fahrzeuge und dergleichen – es müßte von der Ausweitung des Handels die Rede sein, wie der Reiserouten, vor allem der Seewege, weiter von der wachsenden Kenntnis der Völkerschaften, die man damals einfach die ›Wilden‹ nannte – wie auch von den älteren Hochkulturen – man denke an China, Korea und Japan. Die nautischen Instrumente sind hier letztlich kaum weniger interessant und wichtig als die Handelswege, Straßen wie Flußverbindungen, die die Länder wie die Kontinente verbinden. Selbst eine Geschichte der Herbergen und Gasthöfe wäre keineswegs absurd, und, darüber hinaus, ein Bericht über die topographischen Handbücher der Epoche und die Statistiken der einzelnen Länder und Regionen wie natürlich die ersten Reiseführer, die man im 17. Jahrhundert schon kennt. –

Doch ist dies nicht das, was uns vor allem beschäftigt, wenn wir uns den Reiseberichten und Reisejournalen zuwenden, handle es sich nun um Reisen nach Italien, in die Schweiz, durch die Heimatländer der jeweiligen Autoren oder nach Amerika, Arabien, Ostasien oder gar um die Welt. Nicht um die Geschichte des Reisens ist es mir hier zu tun, sondern um die einer literarischen, wiewohl reichlich vernachlässigten Gattung. Eine Geschichte der Gattung gibt es noch nicht, und schon eine klare Trennung und Sonderung der verschiedenen Arten und Typen überfordert die Mittel, über die wir verfügen.

Da gibt es das private Tagebuch (Boswell, Herder, Burney, Goethe), Briefe (de Brosses, Dupaty, Forster, Karamsin) und den ausführlichen Bericht, der ein Ensemble von Fakten, Beobachtungen, Reflexionen und Interpretationen darstellt (Forsters Weltumseglung, Le Vaillants Afrikanische Reise, A. v. Humboldts Südamerikanische Expedition).

Wenn man sich einer solchen Untersuchung zuwendet, stößt man sofort auf eine weitere Schwierigkeit: die Geschichte der Gattung enthüllt sich kaum in der Entwicklung der Form, sondern in der Weise zu sehen, die sich allmählich entfaltet, in der Art zu begreifen, in der Perspektive und vor allem in der Weise, zu wissen und gültige Erfahrungen zu machen.

Die Begegnung mit dem Fremden, einer Welt außerhalb der ererbten Gewohnheiten, der Blick auf wechselnde und zunächst unverständliche Inhalte ist keineswegs zu allen Zeiten derselbe: den exotischen Wundern, den legendären Zaubern folgen nach und nach das Abenteuer, die Entdeckung, das Staunen, der Wille zu verstehen, schließlich dann die Krise eines eurozentrischen Bewußtseins, der die Rehabilitierung und interpretatorische Aneignung folgt. Vom 18. Jahrhundert an steht die Reise mehr und mehr im Dienst der Wissenschaft, der Philosophie, der Aufklärung.

Das aber könnte uns zu einer anderen möglichen Klassifikation führen: Abenteuer-, Entdeckungs-, Forschungsreise, kritische und philosophische Reise, Bildungsreise, wozu die Künstlerreisen auch gehören. Die Sonderung bleibt ungenügend, weil willkürlich, aber sie behält einen gewissen heuristischen Wert.

Die Geschichte jedoch zeigt uns immerhin eine Entwicklung, analog zu der des autobiographischen Genres: die Anfänge sind langsam und schwerfällig und sozusagen vor-reflexiv: von der Verfahrensweise der punktuell und alles gleichordnend vorgehenden Chronik zielt sie auf die überlegte Durchdringung und das Ergreifen eines Ganzen und der verschiedenen Kontexte, bis hin zur Darbietung eines gültigen Weltausschnitts. Der Reisebericht ist beinahe immer auch autobiographisches Verfahren, wie die Autobiographie selbst eine Art von Reise ist, und zwar in das Innere des Ich und seiner Erinnerungen, wo fast immer ›Entdeckungen‹ zu machen sind. Der Mensch weiß sich nicht immer, Erinnern ist ein Erkunden ...

II.

Beiseitelassen sollte man in solchem Zusammenhang den offenkundig fiktiven Reisebericht wie auch den satirischen und sozialkritischen, denn er gehört einer anderen Gattung an – der Satire, der politischen Prosa oder gar der Utopie. Hier ist die Form nur geborgt. Nichtsdestoweniger öffnet sich in der aktuellen Reisebeschreibung, der Reportage des 18. Jahrhunderts, das Genus zur politischen und moralistischen Prosa, wie dies auch in der Entdeckung der Großstadt geschieht, man denke an Berichte und Briefe aus Paris als der Hauptstadt der Revolution (Forster, Halem).

Die Reisenden des 18. Jahrhunderts haben in Tahiti die letzte Idylle entdeckt, die an dieser Entdeckung sterben sollte. Sie haben aber auch den Alptraum oder die Faszination der Großstadt erfahren, die mit der großen Revolution einer neuen Gesellschaft zur Geburt verhilft, ja, eine neue Epoche einleitet. Tahiti war die glückliche Vergangenheit des Menschengeschlechts, die Revolution machte ihre Zukunft wahrnehmbar.

Vom 18. Jahrhundert an zielt der Reisebericht auf eine stärker und deutlicher durchgearbeitete Form, dies in dem Maße, in dem die bis dahin legendäre Weltkenntnis beginnt, reflektierte Kenntnis zu werden, statt einfache Wiedergabe in narrativer Form von unverstandenen oder fabulösen Tatsachen zu sein (Ibn Batuta, Marco Polo u. a.). Die Entdeckung des Menschen und seiner Subjektivität ist die Voraussetzung für die Möglichkeit, überhaupt Erfahrungen zu machen: Erfahrungen ihrerseits formen das Individuum und sein Bewußtsein, wie uns Montaigne nicht nur in den »Essais«, sondern auch in seinem Reisejournal deutlich macht.

Trotz der Leistungen eines Columbus, eines Pigafetta, Carletti, Rauwolf oder Léry ist das plötzlich erlangte Niveau nicht minder erstaunlich wie die Vielfalt, die man jetzt vorfindet: so Bougainville, der sehr erfolgreich ist, Carteret mit seinem viel zu langsamen, schlecht ausgerüsteten und wenig seetüchtigen Schiff, bei dem sich die Weltreise in ihr Gegenteil verkehrt: das einzige Ziel ist die Rückkehr. Denken wir weiterhin an J. Cook, G. Forster und A. v. Humboldt auf der einen Seite und den rührenden Rousseauismus von Le Vaillant im südlichen Afrika auf der anderen. Linné in Lappland findet eine nicht minder exotische Welt vor, als sie das hochzivilisierte Japan darstellt, das E. Kaempfer uns beschreibt, oder die türkische Gesellschaft, die Lady Montagu beobachtet und der sich ein anderer Orient erschließt, als jener, den C. Niebuhr während seiner gefahrvollen Expedition in den arabischen Ländern vorfindet und beschreibt.

Wenn der Präsident de Brosses von seinen Begegnungen mit den Menschen und den Kunstwerken erzählt, von einem Italien, das französisch-klassisch erscheint, so schildern Seume, Moritz, ja auch Goethe ein anderes Italien: in immer stärkerem Maße gerät hier die Natur in den Blick, die sozusagen dank J. J. Rousseau entdeckt worden ist, der den Europäern beigebracht hat, die Empfindungen ihres Herzens und die Sanftheit oder die Gewalt der vom Menschen noch nicht unterworfenen Natur zu beobachten.

»Die Kunst, die Natur wiederzugeben, ist so neu, daß die Benennungen dafür selbst noch garnicht gefunden sind«, erklärt B. de St. Pierre.[1]

Doch erst von G. Forster an kann man von einer wahrhaft philosophischen Reise sprechen; er betreibt die Vollendung eines literarischen Genres, er wird zum Beispiel und Muster für Humboldt, der, Schriftsteller und kühner Forscher, ein Mann aus dem Geist der Aufklärung, der Reisebeschreibung einen neuen enzyklopädischen Charakter verleiht und eine umgreifende Vollkommenheit – noch ehe die Gattung sich aufspaltet in rein geographische Beschreibung auf der einen und private Impressionen auf der anderen Seite, d. h. in Spezialistenforschung und subjektive Geständnisse oder auch in sozialkritische Reportage.

Man muß das Thema und diese eigentümliche Gattung neu angehen, die bislang oft falsch beurteilt und daher den Geographen überlassen worden ist. Denn es gibt eine Geschichte des Genres »Reisebeschreibung«, die zugleich eine Geschichte der Literatur ist und der Entwicklung der Aufklärung zugehört. Es ist kein Zufall, daß dieses Genre im 18. Jahrhundert nicht nur weit verbreitet, sondern in Mode ist. Reisebeschreibungen sind die meistgelesenen und weitest verbreiteten wie die am meisten übersetzten Werke der Epoche. Rousseau mokiert sich noch über ihre Unzulänglichkeit: »Les académiciens qui ont parcouru les parties septentrionales de l'Europe et méridionales de l'Amérique avoient plus pour objet de les visiter en géomètres qu'en philosophes«, heißt es im »Discours sur l'origine de l'inégalité parmi les hommes«.[2]

III.

Erinnert man sich daran, daß Reiseberichte so sehr in Mode waren, daß die Verleger ganze Serien herausgaben und dabei auf das allgemeine Interesse des Publikums spekulieren konnten, das Garantie bot für ihren verlegerischen Erfolg, so muß man hinzufügen, daß das Reisen selbst nicht minder Mode war. Manche Autoren haben sich darüber amüsiert, auch J. J. Rousseau:

»Depuis trois ou quatre cent ans que les habitants de l'Europe inondent les autres parties du monde et publient sans cesse de nouveaux recueils de voyages et de relations, je suis persuadé que nous ne connaissons d'hommes que les seuls Européens; encore paraît-il, aux préjugés ridiculs qui ne sont pas éteints, même parmi les gens de lettres, que chacun ne fait guère, sous le nom pompeux d'étude de l'homme, que celle des hommes de son pays. Les particuliers ont beau aller et venir, il semble que la philosophie ne voyage point.«[3]

Er unterscheidet die Arten von Menschen, die größere Reisen unternehmen: Seeleute, Kaufleute, Soldaten und Missionare. Davon sind die ersten drei keine guten Beobachter, behauptet er, die anderen aber geben sich nicht leicht an Studien, die als bloße Neugier erscheinen könnten und die von ihrem höheren Auftrag ablenken, was freilich nicht ganz stimmt. Auch bedarf es hierfür noch anderer Talente als des bloßen Eifers, das Evangelium zu predigen. Überall ist von Beschreibungen der Charaktere und der Sitten die Rede, und dennoch findet man nur immer wieder, was jeder schon weiß, die Leute erblicken am anderen Ende der Welt, was sie auch schon zu Hause hatten finden können: die wahren Unterschiede zwischen den Nationen entgehen ihnen.

Rousseau ist nicht der einzige, der sich beklagt – Montaigne hat sich schon in dieser Hinsicht kritisch geäußert; Wieland beschwert sich, daß es in Deutschland Mode sei, zu reisen und dann die Reise sofort zu beschreiben. Die Autoren solcher Reisebücher begeben sich von einer Stadt zur anderen und suchen berühmte Leute auf, um mit ihnen zu sprechen und anschließend öffentlich zu machen, was sie vernommen haben. Was im Vertrauen gesagt war, wird einem anonymen Publikum vorgelegt – und man hat damit bittere Erfahrungen gemacht, sagt er zu Karamsin. Doch bezieht er sich damit lediglich auf rein aktuelle Reiseberichte.

Karamsin selbst stellt fest, daß das Reisen das Herz und den Geist nährt. Der Hypochonder solle reisen, um seine Hypochondrie zu vergessen. Der Misanthrop solle reisen, um die Menschen lieben zu lernen. Alle, sagt er, die dazu fähig sind, sollten reisen! Er poetisiert das Reisen, das für ihn vor allem Freude an sich selbst, also Selbstgenuß ist, er verzehrt die geschaute Welt.[4]

Herder in seiner ersten geschichtsphilosophischen Schrift stellt fest, daß die Reiseberichte immer zahlreicher und besser werden. Wer in Europa nichts zu tun hat, läuft mit einer »philosophischen Wut« über den Erdball und sammelt

Materialien aus allen Weltgegenden. Wir werden, sagt er, eines Tages das finden, was wir am wenigsten gesucht haben: die wichtigsten Erörterungen der Geschichte der Menschenwelt.[5]

Das wird geschrieben, kurz bevor G. Forster von seiner Weltumsegelung nach Hause gelangt, jener G. Forster, der doch überzeugt war, daß der Handel und die Reisen der unruhigen und habgierigen Europäer notwendig dazu beitragen würden, eine zivilisiertere Welt entstehen zu lassen, deren verschiedenartige einzelne Länder aus ihrer Isolation heraustreten, ihre Feindschaften aufgeben, um fortan friedliche und humanisierende Beziehungen zu unterhalten. Die Provinzen werden Länder, diese bilden eine wahrhafte Welt. Eine Umwandlung der Weltgesellschaft ist vorauszusehen, der Tauschhandel tritt an die Stelle der Eroberung. Die Nachteile überentwickelter Zivilisation und die Fehler der Barbarei und des Primitivismus gleichen sich allmählich gegeneinander aus. Dieses neue Gleichgewicht wird der Ausgangspunkt für eine neue Zivilisation sein, die sich bereits ankündigt.

Die Kenntnisse von der Welt haben für G. Forster aufgehört, ursprünglich und individuell – einzeln zu sein. Sie sind die »philosophische Beute des erforschten Erdenrunds«. Was lokal, spezifisch, individuell ist, wird im Allgemeinen verschwinden und die Vorurteile der Einseitigkeit überwinden. An die Stelle des europäischen spezifischen Charakters tritt die Universität, und so entsteht ein ideales Volk, abstrahiert vom Zusammenhang der Menschengattung, die es aufgrund seiner Kenntnisse und seiner Vernunft zu repräsentieren vermag, aber auch, nicht minder, aufgrund seiner ästhetischen und moralischen Vervollkommnung. Von dieser Epoche an, die durch die letzten Entdeckungen und durch ein In-Frage-stellen des europäischen Bewußtseins markiert wird, kann erst vom Beginn wirklicher Geschichte gesprochen werden. Das freilich ist etwas ganz anderes als der bloß subjektive Enthusiasmus, der Karamsin bewegt.

Ein neuer Geist bestimmt die Reiseberichte, die auf der Höhe der Epoche sind. Die Wiedergabe simpler Fakten in der rein additiven und chronikalischen Darstellungsweise genügt so wenig wie die der genossenen Empfindungen. Die Welt ist in etwa bekannt, jetzt gilt es, sie zu begreifen und zu interpretieren, deren Vielfalt und Unterschiedenheit dem Geist des Menschen wesentlich sind – nicht minder aber für den Fortschritt, der fortan möglich zu sein scheint: die Natur des Menschen in allen Zivilisationsphasen, so wie die Reisenden von ihr zu berichten wissen, bürgt für die Gültigkeit der Naturgesetze und für die Perfektibilität der menschlichen Gattung. Einer Welt, die komplizierter und abstrakter geworden ist, korrespondiert ein stärker reflektierender Gedanke und die Hoffnung, das menschliche Geschlecht werde fähig sein, seine Zukunft den Forderungen der Vernunft entsprechend zu organisieren.

Ende des Jahrhunderts erklärt Le Vaillant im Vorwort zu seiner leider nur wenig bekannten bedeutenden Reisedarstellung:

Il n'y a pas un siècle que le goût des Voyages s'est répandu dans l'Europe; le François surtout plus qu'aucun autre peuple heureux dans sa patrie, attaché comme la moule par son bissus à sa terre nationale, le François se déplaçoit avec peine, regardoit une absence d'un mois comme une espèce de devouement; il se contentoit d'attendre et recevoir avidennent les contes ridicules de quelques charlatans téméraires sur les Pays lointains; il s'amusoit de récits de aventures incroyables; l'éxagérateur Ecrivain marchandoit, si je puis parler ainsi, avec la crédulité publique [...]«

Doch hat die Zeit, der Geschmack, der Geist selbst sich gewandelt:

»Peu à peu le génie des découvertes a déployé ses Ailes; les Arts et les Lettres ont cédé la place aux Sciences; la passion des Voyages s'est éveillée: ce désir toujours plus insatiable de connoître et de comparer s'est agrandi en Proportion des miracles qu'il a produit [...]«[6]

Die Wissenschaft selbst ist fortgeschritten, und schon gibt es fast nichts mehr, das nicht wichtig und interessant ist.

IV.

Mehr und mehr sind fortan die bedeutenden Reiseberichte von einer Intention, einer Zielvorstellung gekennzeichnet, nicht zuletzt auch durch die Instruktionen der Behörden, die den Rahmen und den Inhalt der Erkundungen weitgehend festlegen: so wird Linné nach Lappland geschickt, C. Niebuhr in die arabischen Länder, le Gentil nach Pondichéry in den Indischen Ozean, Carteret, Wallis und Cook zu den Antipoden und auf die Suche nach der sagenhaften terra australis. Vernunft und Planung gewinnen Oberhand über das Abenteuer und den Zufall – die beide nicht vollständig auszuschalten sind. Die private Initiative folgt derselben Tendenz: so bereitet Le Vaillant in Kapland seinen Aufenthalt bei den Eingeborenen sorgfältig vor, so widmet A. v. Humboldt Jahre der Vorbereitung seiner großen Expedition nach Südamerika– die eigentlich eine Weltreise hatte werden sollen –, und ist viele Jahre dann auch mit der Auswertung seiner Ergebnisse beschäftigt, was zu einer Arbeit führte, die übermenschlich genannt werden kann, denn dieser Mann allein war fähig, die Arbeit und die Kenntnisse einer ganzen Akademie zu leisten bzw. in sich zu vereinen.

Ein Fall ganz eigener Art ist der des Philosophen und Schriftstellers Fr. Nicolai: seine Reise in Deutschland und der Schweiz im Jahre 1781 bleibt im Statistischen stecken, er sammelt die allgemeinsten Fakten und häuft sie vor uns auf, unfähig, sie der Anstrengung der Vernunft zu unterwerfen, so daß, was er vorlegt, letztlich begriffslos bleibt. So erklärt er, als er seine Absichten dem Publikum erläutern will, dem er doch einen Dienst zu erweisen hofft, jeder Reisende sollte, eh' er sich auf den Weg macht, über den Zweck seiner Reise genau nachdenken und ihn festlegen, denn, so weiß er, wer zuviel sehen, zuviel machen will, der wird gar nichts sehen und machen. Dennoch sei alles der Beobachtung würdig, wer aber seine Zeit nicht verlieren will, der muß beiseite lassen, was ihm nicht von Nutzen ist. Er muß sich also auf das beschränken, was seinen Zielen entspricht. Wer die

Landwirtschaft kennenlernen will, die Manufakturen und dergleichen, aber dann Bilder ansieht, ohne ein Kenner der Malerei zu sein, und wenn der Maler oder der Kunstliebhaber die naturhistorischen Kabinette besucht, der Kenner der Naturgeschichte aber die militärischen Übungen anschaut, ohne von Taktik eine Ahnung zu haben, dann können derartige Reisende damit sehr wohl sich die Zeit vertreiben, werden aber keinerlei Profit von ihren Beobachtungen haben, mehr noch, sie verlieren die Zeit, die sie benötigten, um das zu sehen, was ihnen in Wahrheit von Nutzen wäre.[7]

Seine Reise führt er diesen Grundsätzen entsprechend durch: aufs Nützliche beschränkt, ist für ihn die Welt nur Meßbarkeit, also Quantität, er reist als positivistischer Spezialist, um die statistischen Angaben der genau studierten Handbücher zu überprüfen; alles, was ihm vor Augen kommt, soll dem vorüberlegten Programm sich einpassen oder seiner Theorie entsprechen, die eine des reinen Nutzens, der Verwendbarkeit ist: die Gegenstände sollen der Vernunft zur Verfügung stehen, die sich ihrer unter einem bestimmten Zwecke bemächtigt; dem, die Fakten zu überprüfen, zu messen, zu wägen; am Ende wäre die ganze Welt im Maßstab 1:1 zu reproduzieren, ohne deswegen besser verstanden zu sein.

Fast immer ist Fr. Nicolai schon über das informiert, was er sehen will. Überraschung, Zufall, Betroffenheit oder Erstaunen haben in diesem Bericht keinen Platz, der aber stattdessen materialreich, genau, pedantisch und auf wohlmeinende Weise belehrend ist. Seine Exzerpte aus Büchern, statistischen und anderen Sammlungen, Reisebüchern etc. dienen der Vorbereitung; der Reisende will nur sehen, auf was er sich vorbereitet hat, Menschen, Städte, Sehenswürdigkeiten, Bibliotheken, Sammlungen. Landschaften etwa erscheinen selten anders als unter stereotypen Bezeichnungen. Sie sind ›angenehm‹ oder ›malerisch‹. Man sieht, daß die Reise eines Philosophen nicht notwendig eine philosophische Reise ist.

V.

Diese Haltung des Geometers ist extrem zu nennen, aber sie enthüllt doch einige der charakteristischen Merkmale der Epoche. Nicolai offenbart uns sozusagen die Symptome der Aufklärung, die in die Hände der Schulmeister geraten ist. So sah es wohl auch Jean Paul in seinem »Rektor Fälbel«.

Eine der stärksten Kontraste hierzu bietet die Reisebeschreibung von Le Vaillant: »Le voyage de M. L. V. dans l'intérieur de l' Afrique par le Cap de Bonne Espérance, dans les années 1780–85,« die G. Forster nach Niveau, Darstellungsweise und Erzählstil aufs höchste gelobt hat. Für ihn war dies ein vollkommen gelungenes Buch, Resultat einer faszinierenden Produktivität, die sich den Produkten des Fleißes ohne Geschmack entgegenstellen läßt, die nur kompiliert sind und doch nicht den Eindruck eines Ganzen hervorzurufen in der Lage sind. Auch findet er hier die Spuren Rousseaus; schließlich hat Le Vaillant ein einfaches

Glück genossen, wie es die Theoretiker den Wilden zuschreiben, ohne den Bereich der puren Fiktion zu verlassen. In der Tat: Der Leser entdeckt rasch Rousseau an der Basis des Berichts, seinen Enthusiasmus für die nicht domestizierte Natur, für die Freiheit des menschlichen Lebens, aber auch die Anklagen gegen die Zivilisation. Vor allem aber hat Le Vaillant doch gewagt, mit den Hottentotten zu leben, mit den sogenannten Wilden, die für ihn noch die Jugend der Menschen darstellten.

Er erzählt nur, was er gesehen und gelebt hat, er folgt einem reflektierten Empirismus, wenn er auch versucht sein mag, das Dasein der Eingeborenen zu idealisieren, an die er sich mit Sehnsucht erinnert. Doch muß man auch begreifen, daß zwei Epochen der Menschheit hier in Konflikt sich befinden. Le Vaillant als abenteuerlicher Forscher, müde der europäischen Zivilisation, ist sich seiner kulturellen Überlegenheit durchaus bewußt. Obwohl er sich an die Tage bei den Hottentotten als solche eines vollkommenen Glücks erinnert, wußte er sich doch nicht zu entscheiden, den Platz mit ihnen zu tauschen. Das aber hat Signalwert: denn Le Vaillant ist ein Mann der Wissenschaft, Schriftsteller, Intellektueller, der freilich auch reisen, jagen, beobachten, Sprachen lernen – und eben schreiben kann. Er hat begriffen, daß man nicht leicht aus seiner Zivilisation heraustreten kann, um in einer anderen zu existieren, die minder entwickelt ist. D. h. der Intellektuelle kann nicht willkürlich zurückschreiten in die Kindheit des Menschengeschlechts.

Als er ausführlich vom Verhalten seines Affen spricht, der sein treuer und wachsamer Gefährte war, gestattet er sich die folgende Reflexion:

»J'ai reposé sur ces détails avec plaisir. S'ils ne sont rien pour le progrès des connoissances humaines, ils sont beaucoup pour mon ame ingénue & simple. Ils me rappellent des passetems bien doux des jours bien sereins & paisibles, & les seuls momens de ma vie où j'aye connu tout le prix de l'existence.«[8]

Er empfindet noch das Glück, den edlen Wilden wirklich gefunden zu haben und versichert:

»Le Sauvage n'est ni brute ni barbare. Le vrai monstre est celui qui voit le crime partout où il le suppose et qui l'affirme sur l'odieux témoignage de sa conscience.«

Im Naturzustand aber ist der Mensch gut, versichert er uns und gibt seiner Beschämung über die Untaten der Europäer deutlichen Ausdruck.

Doch dann findet sich doch eine abschließende Bemerkung, die nicht allein für diesen so mutigen und menschlichen Reisenden von Bedeutung ist:

»Toutes les idées chimériques et romanesques qui m'avoient bercé, tous les déplaisirs dont je nourrissois mon cœur en quittant les Sauvages, commencoient enfin à se ralentir, et la Raison reprenant les dessus, me faisoit assez connoître que, n'étant point né pour cette vie errante et précaire, j'avois d'autres obligations à remplir, d'autres humains à chérir.«[9]

VI.

Derartige Beobachtungen und Reflexionen führen uns auf Probleme, die G. Forster während seiner Weltreise mit James Cook hat ins Auge fassen müssen, erst recht dann, als er diese Reise erinnernd und nachdenkend zu beschreiben versuchte, ein Unternehmen, das ihn mit 25 Jahren schon in ganz Europa berühmt machte. Dr. Johnson freilich schätzte die Voyage nicht ganz so hoch ein wie James Boswell.

Er hat feststellen müssen, daß der Naturzustand, von dem J. J. Rousseau doch ausging, von dem man überall sprach, eigentlich eine Chimäre war: die wirklichen Wilden, die er im äußersten Süden Ibero-Amerikas und in Neu-Seeland fand, waren kaum dem elendsten Naturzustand entwachsen und den Gewalten der Natur noch fast widerstandslos unterworfen, da sie sie nicht bezwingen konnten. Weder vermochten sie sich gegen die ständig aufkommenden Gefahren zu wehren, noch den eigenen, primitivsten Bedürfnissen Genüge zu tun. Sie hatten weder Behausung noch eine soziale Ordnung vorzuweisen. Den Naturkräften ausgesetzt, wurden sie deren Beute; ihr Leben war elend, schmerzlich, entbehrungsreich und ständig bedroht.

Doch auf der anderen Seite lernt er eine Zivilisation kennen, die, schon weit entwickelt in sozialer Hinsicht, die Erinnerung an den Frühzustand des Altertums wachrufen konnte, an die griechische Antike Homers. Er trifft auf Menschen von sanfter Gesittung, friedlich und glücklich unter einem heitern Klima, in einer Landschaft, die sie nährte, ohne ihnen viel Mühsal abzuverlangen. Die Gesellschaft sehr kleiner Fürstentümer, die als große Familien erschienen, zog ihn an: die Güte der Eingeborenen, ihre Unschuld, ihre Schönheit, ihr naiver Charme, ihre Gastfreundschaft, ihre Mahlzeiten, ihre Feste, all das erschien ihm zunächst als Idylle und mußte die moralische Überlegenheit der euorpäischen Zivilisation in Frage stellen, deren intellektuelles Übergewicht – also das Technisch-Zivilisatorische, das Wissenschaftliche wie das Ökonomische, unbestreitbar blieb.

Die glücklichen Inseln der Südsee, von denen Tahiti die Königin war, ließen ihn einen klaren Abstand zur europäischen Zivilisation finden, die G. Forster nunmehr auch mit skeptischem Auge betrachtete; andererseits sollte er auch sehr bald bemerken, daß die wirkliche Situation den ersten bezaubernden Eindrücken nicht immer entsprach. Schlimmer noch: die Verbindung mit den Europäern, vor allem der die Bedürfnisse weckende Austausch und Handel, Bedürfnisse, die bis dahin vollkommen unbekannt waren, mußten notwendigerweise zum Verlust des bisher so glücklichen Lebens beitragen. Die einmal geweckte Habgier konnte nur als Gift wirken, gegen das es ein Gegenmittel nicht gab. Die patriarchalische Zivilisation, die den Frühzustand der Menschheit verkörperte, würde, das sieht G. Forster bald, der fatalen Überlegenheit der Europäer nicht widerstehen können, sie würde an ihr zugrunde gehen.

Andererseits legt er sich Rechenschaft auch darüber ab, daß man nicht einfach aus seiner Zivilisation heraustreten kann, um sich einem Leben hinzugeben, dessen Natürlichkeit, wie in Tahiti, mit großen Beschränkungen verbunden ist – Denken, Tätigkeit, andere als nur natürliche Bedürfnisse haben den Europäer schon zu sehr geprägt. Doch geschah eines Tages, was nicht ausbleiben konnte: Kurz vor der Abfahrt entwich einer der Matrosen von Bord, um sich zu verstecken und fortan in Tahiti zu bleiben. Cook ließ ihn suchen und an Bord zurückbringen, um ihn zu bestrafen.

Forster sieht das Problem, das sich hier stellt, obschon er die Motive des englischen Seemanns gut verstehen kann. Zumal in Anbetracht des harten Lebens an Bord wie auch der Mühsal und der Arbeitszwänge in Europa, lockt Tahiti als ein Glück ohne Schweiß, Heiterkeit ohne Beschwernis, Gegenwart ohne Besorgnis für die Zukunft. Aber, so überlegt er weiter, wer sich entschließt, so zu leben, der denkt nur an ein rein sinnliches Dasein und an den bloßen Genuß des flüchtigen Augenblicks. Doch mit ein wenig Urteilskraft und Überlegung hätte der Matrose, so meint er, begreifen müssen, daß ein Mann, für ein tätiges Dasein geboren, vertraut mit tausend Gegenständen, die man in Tahiti nicht kennt, gewohnt an Vergangenheit und Zukunft zu denken, sehr bald genug haben müßte von der ununterbrochenen Ruhe und gleichbleibenden Monotonie des scheinbar so verführerischen Insel-Daseins. Dies vor allem, weil ein solcher Zustand nur einer Bevölkerung erträglich ist, deren Begriffe einfach und begrenzt, deren Verstandeskräfte ungeübt sind, wie er sie in Tahiti vorfand.

Nachdrücklich widerspricht hier G. Forster dem Traum, der Zivilisation zu entfliehen; den Weg zurück zu einer kollektiven Vergangenheit zu beschreiten, ist dem modernen Menschen versagt, was aber kein negatives Urteil gegenüber den sozusagen minder entwickelten Zivilisationen bedeutet. Denn die Vorstellungen von Glück sind so verschieden auf der Welt wie die Kulturen und die Sitten.

Der Gedanke, den er an anderer Stelle äußert, nämlich es wäre vielleicht doch besser gewesen, wenn die Europäer niemals das Glück der Südseebewohner gestört hätten, ist ein Gedanke, den die Reflexion auf die historisch unvermeidbaren Ereignisse überschattet, eine Reflexion, die aber auch frei ist, von der Naivität der aufklärerischen Kolonisierungsideen, als sei die Aufklärung nun das wahre Glück, das es den anderen Völkern der Erde als Geschenk zu bringen gilt.[10]

Man sieht so, auf welche Erfahrungen der umsichtige Optimismus Forsters sich gründet. Auch ist deutlich, daß er dem englischen Matrosen, der in ein sanfteres Dasein entweichen wollte, seine eigene Intelligenz, sein eigenes Bewußtsein unterstellt. Noch eins: man muß begreifen, in welchem Maße die Art zu sehen die Erscheinungen erst merkwürdig werden läßt. Dies wird bei einem der Feste deutlich, an dem ein junger Offizier des Schiffes teilgenommen hatte. G. Forster, der selbst nicht dabei war, zieht Erkundigungen ein, vor allem im Hinblick auf die Hochzeitsriten auf Tahiti, aber der junge Offizier gesteht nur, daß sie recht seltsam seien, er sei jedoch nicht in der Lage, sich an bestimmte Einzelheiten zu erinnern, und wenn, so wüßte er kaum, wie er sie beschreiben solle. Theorie als

Wahrnehmungsweise entscheidet über die Erfahrungen und Einsichten, die wir machen.

VII.

Eine der Konsequenzen der Reisen dieser Zeit ist die Erweiterung und Verwandlung des europäischen Bewußtseins. Es geht daraus eine Kritik der aktuellen Situation Europas hervor, seiner angeblichen Humanität, seines Denkens, ja auch der Idee des Fortschritts. Aber auch die Illusion vom ›edlen Wilden‹ wird der Kritik unterzogen. Was wichtiger ist als dieses rührende Bild, ist die Möglichkeit, legitimerweise Menschen aus verschiedenen Etappen der zivilisatorischen Entwicklung in Beziehung zu setzen (Griechen-Tahitianer). Die vergleichende Anthropologie nimmt hier ihren Ausgang.

Ein neues Bewußtsein der Welt ist möglich geworden, seit der Globus fast völlig erkundet ist. Das Raumbewußtsein erfährt eine Veränderung, auch das Bewußtsein von der Relativität im Geschichtlichen wird wach, denn die geographischen Entdeckungen, die ethnologischen Funde sind ja gleichzeitig historische Entdekkungen. Der Mythos von einem glücklichen Naturzustand, den die Menschheit sowieso nicht zurückgewinnen konnte, wird preisgegeben; aber man hält auch nicht mehr an der Illusion von der Überlegenheit des europäischen Menschen fest. So aber beginnt das Zeitalter der Aufklärung, sich über sich selbst aufzuklären. Vor sich sieht es nun nicht mehr eine wohlgeordnete, genau geregelte Welt, wie der Schöpfergott sie den Menschen hinterlassen hat, sondern eine Welt, die verlangt, geordnet zu werden und die es zuvor zu erfahren und zu begreifen gilt.

Seit der Beschreibung von Tahiti, wie wir sie Bougainville verdanken und die durch G. Forster und seinen weit instruktiveren Bericht überprüft, korrigiert, in manchem weiter entfaltet und bereichert wird, ist Tahiti das exotische Kleinod, angesichts dessen der Geist der Entdeckung, Entzücken, Kritik der Zivilisation, Zweifel am Fortschritt, ja an der Aufklärung selbst bemerkbar werden. So nimmt G. Forster den Faden dort auf, wo Bougainville ihn hatte liegen lassen, und wo Diderot ihn an sich genommen hatte, um ihn im Dienst seines Dialogs »Supplément au voyage de Bougainville« weiterzuspinnen.

Bei Diderot wird sichtbar, zum ersten Male, wie eine Reise in ihren Ergebnissen aufgenommen und gedeutet wird. Bougainvilles Bericht wird zum Ausgangspunkt der philosophischen, historischen, moralischen Reflexion. Generationen von Lesern waren naiv gewesen, manchmal waren es die Reisenden kaum weniger, haben gelesen und geschrieben, aber schließlich kommt Diderot und enthüllt in seiner teilweise satirischen Schrift dem Publikum, was denn die Folgen dieser Unternehmungen in Wahrheit sind, was das bedeutet, wenn sich zwei Zivilisationen von so unterschiedlicher Art, getrennt durch die Phasen der Entwicklung bis zum Punkt wechselseitigen Unverständnisses, begegnen; er zeigt, welche Probleme sich hierbei stellen.

Diderot zeichnet die idyllische Utopie, wie Bougainville sie gesehen hatte, nach und stellt sie der europäischen Gesellschaft mit ihren Gesetzen und Einschränkungen gegenüber, wo die Konventionen die Liebe ersticken, wo die Frau zum bloßen Eigentum des Mannes herabgesunken ist, wo das Leben der Menschen nicht mehr ihrer Natur entspricht, wo das Leben selbst denaturiert. Was am Menschen natürlich ist, wird nach und nach durch den künstlichen Menschen erstickt, den man dem natürlichen Menschen eingepflanzt hat.

Dennoch weiß auch Diderot, daß man nicht einfach einen verlorenen Naturzustand zurückfordern und die Zivilisation aufheben kann. Die Staatsmaschine ist schon zu weit entwickelt, und das Glück natürlicher Unbefangenheit existiert nur noch in Tahiti und einigen Gegenden Italiens. Man kann nicht anders tun als der französische Priester im Haus seines tahitischen Gastgebers: Priester sein in Paris, aber mit den Eingeborenen und wie sie leben und lieben in Tahiti. Er huldigt Tahiti, er huldigt auch Bougainville:

»Le Voyage de Bougainville est le seul qui m'ait donné du goût pour une autre contrée que la mienne; jusqu' à cette lecture, j'avais pensé qu'on n'était nulle part aussi bien que chez soi; résultat que je croyais le même pour chaque habitant de la terre.«[11]

Diderot erfaßt nicht allein den Inhalt und die Begebenheiten, das Abenteuer, den Exotismus, die sanfte Anarchie des fremden Daseins – durch den Bericht Bougainvilles hindurch entdeckt er eine Welt in ihrem zivilisatorischen Jugendzustand, der er das Alter des Okzidents gegenüberstellt, das nichts zu bieten hat als Einschränkungen, Schwierigkeiten, Zwänge, Unterdrückung, Falschheit, Heuchelei und die Abwesenheit allen Glücks.

VIII.

Um nun noch einmal auf Forster zurückzukommen, bei dem manche Reflexionen doch schon mit den Folgerungen korrespondieren, die Diderot zieht, so hat er sich genährt von den außerordentlichen Erfahrungen dieser Reise und ist schließlich zu einer enzyklopädischen Weltansicht gelangt, wofür die »Ansichten vom Niederrhein ...« das Zeugnis sind, ein Buch, das uns die neue Gesellschaft, ihren Handel, ihre Industrie, ihre Wissenschaften, ihre politischen Manifestationen vorführt, denn er reflektiert auch über die Ereignisse in Frankreich, wo diese Gesellschaft sich in ihrer revolutionären Kraft erprobt. Das Buch wird zum Kompendium der modernen Welt.

So spricht er nicht allein von den Manufakturen in Aachen, von Hafen und Stadt im bewegten Amsterdam, vom unvollendeten Dom zu Köln, der Galerie in Düsseldorf, sondern auch vom Elend eines großen Teils der Bevölkerung in Köln, die sich eben durch ihr Elend der Kirche gegen jede Form der Neuerung und Lockerung strenger Herrschaft anbietet und so gegen ihre eigenen Interessen wirkt. Die Kämpfe in Lüttich und die Ursachen der Revolution werden hier behandelt: er beweist, wie nebenbei, daß nicht die Aufklärung und die Philosophie der Epoche die Revolution hervorrufen, sondern im Gegenteil, der Mißbrauch der Herrschaft als Verbrechen gegen die Natur; erniedrigte und verelendete Massen sind die wirksamsten Werkzeuge gegen sozialen Fortschritt und gegen den philosophischen Gedanken, gegen Freiheit und Selbstbestimmung.

Die »Ansichten« sind so zugleich Blick, Perspektive, Erwägung, Meinung, Beschreibung und Reflexion in der Form des Briefes, der dabei zum Essay wird. Zweifellos ist dies eines der modernsten deutschen Bücher seiner Epoche. Denn G. Forster, der sich dem arbeitsteiligen Vorgehen des wissenschaftlichen Spezialisten widersetzt, spricht als Amateur, als Kenner, Schriftsteller, Beobachter, denkender Mensch, auch als Wissenschaftler, auch als politischer Autor, und spricht zu allen Lesern, an die er sich wendet, die er anredet, um ihre Geistestätigkeit anzuregen. Dabei vermeidet er die Sprache des Fachmanns. Er bittet auch nicht um Nachsicht für eingestandene Subjektivität der Ansichten, des Stils, der Komposition, er gesteht sie offen ein, weil er weiß, daß das Subjekt noch nicht die Privatheit ist. Das Private, Persönliche hat in seinen Briefen keinen Platz.

Er vertritt die Ansicht, daß es dem wahrhaft schöpferischen Geist nicht genug sein kann, alles zu gestalten und auszudrücken, was ihm durch den Kopf geht, er will das darstellen, was andere zum Nachdenken bringt und vor allem, was ihre Einbildungskraft beschäftigt. Wäre es doch möglich, so ruft er aus, derartige Dinge »unsern Dichterlingen« beizubringen.[12]

Wenn er von Menschen spricht, von Landwirtschaft, Weinbau, geologischen Formationen, gesellschaftlichen Erscheinungen, Handel und Wirtschaftsunternehmen, Kunstwerken, von der Revolution, von der Verantwortlichkeit der Herrschenden, so wendet er sich an einen Leser, den er sich als Gesprächspartner vorstellt. Er erzählt im Nachdenken, doch nicht vom Schreibtisch des Gelehrten, sondern von den Märkten fremder Städte, aus Herbergen, aus dem Reisewagen, vom bewegten Boot. Was hier entsteht, ist sozusagen »plein-air-Literatur«.

Wie er reist, das verrät eine scheinbar nebensächliche Bemerkung aus Antwerpen:

»Es gibt vielleicht keine Arbeit, welche so die Kräfte erschöpft, als dieses unaufhörliche, mit aufmerksamer Spannung verbundene Sehen und Hören; allein wenn es wahr ist, daß die Dauer unseres Daseins nur nach der Zahl der erhaltenen Sensationen berechnet werden muß, so haben wir in diesen wenigen Tagen mehrere Jahre an Leben gewonnen.«[13]

IX.

Noch ist kurz von dem Begleiter dieser Reise zu sprechen, A. v. Humboldt. Nicht zufällig hat er die Erfahrungen dieser Reise aufgenommen, wichtige Anstöße empfangen, die er bewahren und entwickeln sollte, noch über das hinaus, was G. Forster hatte leisten können.

Erforschung und Entdeckung hören nun auf, Ziel in sich selbst zu sein, wie sie auch nicht mehr im Dienst von Mächten stehen, die begierig sind, ihren Herrschaftsbereich auszudehnen, sie stehen bei A. v. Humboldt im Dienst der Rehabilitierung der Kolonisierten, der Unterdrückten, der ausgebeuteten Völker, deren eigene Humanität endlich das Grundrecht der Freiheit für sich fordern sollte. Hinter dieser Gesinnung entdeckt man unschwer die Erfahrung der Aufklärung und der großen Revolution. Sind sie doch Momente in der Befreiung der Menschheit, die sich gegen überalterten Despotismus wendet, der ja keineswegs auf einzelne europäische Länder beschränkt war.

In seinem großen Essay über den politischen Zustand Neuspaniens wirft Humboldt einen Blick auf die physische und intellektuelle Verfassung der Indianer und spricht auch von ihrer sozialen Lage. Die Geschichte der letzten Klassen, so sagt er, ist nichts anderes als der Zusammenhang der Begebenheiten, welche die große Ungleichheit des Besitzes, der Freuden und des individuellen Glücks begründet haben und die damit einen Teil der Nation unter die Vormundschaft und in die Abhängigkeit des anderen gebracht haben. Doch suchen wir fast vergebens danach in den Annalen der Geschichte. Sie überliefern uns wohl die Erinnerungen an die großen politischen Revolutionen, die Kriege und Eroberungen und andere Geißeln, die die Menschheit geschlagen haben, aber sie hinterlassen uns nur wenig über das elende Schicksal der ärmsten und doch zahlreichsten Klasse der Gesellschaft. (1809)[14]

Bei Humboldt, dessen Leistungen die Folge einer Idee, einer Haltung und einer sehr mutigen Entscheidung sind, wird die Entdeckung zum schöpferischen Akt: man muß nicht nur seine Universalität respektieren, vielmehr noch seine Fähigkeit, Kenntnisse und Erkenntnisse in handelndes Interpretieren umzuwandeln und nicht allein den Bereich des Wissens zu erweitern, sondern die Möglichkeit, geographische und naturwissenschaftliche Begriffe zu bilden.

Geographie ist die Basis der Geschichte (Herder), und die Natur selbst hat eine doppelte: die der ihr eigenen Entwicklung und diejenige, die sie dem Eingriff des Menschen verdankt, der sich ihrer bedient und sie umgestaltet, ja wie wir wissen, sie auch vernichten kann.

A. v. Humboldt zielt noch auf eine Einheit und Totalität bei Naturauffassung, die wir bereits verloren haben. Erforschung und Wissenschaften behandelt er als Kunst, ihm geht es um die Interpretation der Natur, nicht um ihre Unterwerfung. Ihm sollte die Erde noch die Heimat des Menschen sein. So wird er zu einem der großen Schriftsteller der französischen wie der deutschen Sprache, fähig, die Gedanken der Natur nachzudenken, denn diese, so erklärt er einmal, hat kein Geheimnis, daß sie nicht irgendwo ganz nackt den Augen des objektkiven Beobachters darbietet.

Eigentlich gibt es nichts, was nicht seine Aufmerksamkeit erregt, alles zieht ihn an und beschäftigt den aufmerksamen Blick, den aktiven Gedanken: die Elektrizität der Aale, der auf- und abschwellende Rhythmus der Tierstimmen im nächtlichen Urwald, die Quellgebiete gewaltiger Ströme, die Minerale unbestiegener

Gipfel, die tödliche Feindschaft der Gattungen, die Sprachen der Stämme, das Elend der Unterdrückten unter der Kolonialherrschaft.

Er ist kaum angekommen, da beschert ihm der iberoamerikanische Kontinent schon ein Erdbeben, dessen Einzelheiten er mit unglaublicher Kaltblütigkeit mißt und beobachtet. Die ganze Reise wird dann zu einer Folge von Entdeckungen und Gefahren, doch aus allem weiß er Einsicht und Belehrung zu ziehen: zwischen den genau gezeichneten und gemalten Landschaftsbildern stößt der Leser auf Worte, die auch heute noch aktuell sind.

Worte der Kritik richten sich an die Adresse der Habgier im Gewande der Religion: Es sei natürlich, meint er, daß der Ertrag der Jagd jenen zukomme, die sich damit abgeben, aber in den Wäldern der Neuen Welt wie im Schoß der europäischen Zivilisation bestimmt sich das öffentliche Recht nach den Beziehungen zwischen dem Starken und dem Schwachen, zwischen dem Eroberer und den Unterworfenen, deren depravierter Zustand nicht sie, sondern die Herrschenden erniedrigt. – Was einst Idylle war, wird zum Reisejournal, das Reisetagebuch wird Bericht eines Ganzen, eines großen wissenschaftlichen Unternehmens, das hier erzählt wird in der Sprache eines großen Schriftstellers und von dem Geist eines Philosophen beherrscht. So ist er fähig, von der Geographie der Pflanzen zu den Anfängen des Ackerbaus überzugehen, von da zu den Korrespondenzen zwischen Klima, Natur und Charakter der Bevölkerung. So wirken die Pflanzen auf die moralische wie politische Geschichte des Menschen ein, versichert er; denn wenn die Geschichte der Naturgegenstände nur als Beschreibung der Natur denkbar ist, so nehmen doch die Veränderungen in der Natur einen wahrhaft historischen Charakter an, wenn sie ihren Einfluß auf die menschlichen Begebenheiten ausüben.

Nicht als Materie und Mechanismus interessiert ihn die Natur, sondern als Energie und Wirkung. Zusammenhänge zwischen der geistigen und der physischen Welt, die Interpretation des Sinnlichen und dessen, was nicht mehr nur sinnlich ist, das ist Gegenstand seiner anhaltenden und produktiven Aufmerksamkeit. Was den Forscher als das Lebendige fasziniert, bezaubert den Menschen und Schriftsteller als Erscheinung, die er uns präzise und in einem Stil vermittelt, der fest und doch geschmeidig heißen kann; hierfür sind die »Ansichten der Natur« (1808) das am meisten überzeugende Beispiel.

Er erfaßt die zartesten Regungen der Natur und malt ihre erhabensten Schauspiele wie auch die größten Schrecken der natürlichen Welt mit derselben Kraft und Nüchternheit, mit einerlei Ruhe und Geduld, ohne die eigene Person hervortreten zu lassen. So steht am Ende der klassischen Epoche der deutschen Philosophie und Literatur ein Forscher und Naturwissenschaftler, und am Beginn der modernen Epoche der Naturwissenschaft steht ein Autor von klassischem Zuschnitt – es ist derselbe, der unvergleichliche Humboldt.[15]

X.

Am Anfang stehen Neugier und Abenteuer, Pilgerschaft und Handel. Die Forschungsreise dient der erweiterten Weltkenntnis, wie die Künstlerreise und die Bildungsreise sich in den Dienst des Subjekts stellt und seines Durstes nach Erfahrung, nach Geschehenem, nach persönlicher Bereicherung. Auf der politischen Ebene schließlich dienen die Reisen – etwa nach 1789 in das Zentrum der Revolution – der politischen und historischen Erfahrung.

Schließlich aber ist es die philosophisch-enzyklopädische Reise, die zugleich den Gegenständen der Welt, den Objekten wie dem Subjekt dient, das hier endlich die Heimat des Menschen finden will. Das Genus erreicht seine Höhe, als es nicht mehr anderen, ihm äußerlichen Zwecken unterstellt ist, als es eine Art Autonomie findet und doch ein Mittel bleibt für die Erfahrung von Welt. Das Subjekt versichert sich hierin seiner selbst und seiner historischen Möglichkeiten, aber es wird sich auch der Geschichtlichkeit der kollektiven Existenz bewußt, der es zugehört.

Dem Ich, das Objekt und Subjekt wie auch Medium des Erinnerns ist, gesellt sich die Welt als Objekt und Medium der Erfahrung zu. Sie ist der Gegenstand des Reiseberichtes. Dem erinnerten Ich der Autobiographie korrespondiert die erfahrene Welt der Reiseliteratur. Das Ich und die Welt erscheinen als komplementär.

Inselglück.
Reise und Utopie in der Literatur des 18. Jahrhunderts

I. Reiseliteratur:

Die Reiseliteratur wird als ein Genre von eigener Art erst in jüngster Zeit von der literarhistorischen Forschung entdeckt. Man erkennt, daß hier ein weiter und wichtiger Bereich darstellender Prosa, daß reiche Zeugnisse der Welterfassung und Weltdeutung vernachlässigt worden sind.

Europa tritt in jenen Jahrzehnten aus seinem eigenen Rahmen und seiner Selbstgenügsamkeit heraus und entdeckt andere Vergangenheiten als die seiner klassischen Vorzeit. Man entdeckt nicht allein den Raum – die geographische Ferne – und das Andere, sondern auch die Zeit: Geschichte und Vergangenheit. Fortan verbirgt die Welt keine unbekannten Kontinente mehr. Die Vorstellung eines weltweiten Zusammenhanges der einzelnen Länder, der nicht mehr nur ökonomisch und zum Vorteil allein der Europäer bestehen soll, wird im abendländischen Denken erkennbar, bei *Forster* wie bei *Condorcet* oder sogar bei *Jean Paul.* Man reist mit einem anderen Blick. So hatte sich noch *Rousseau* beklagt:

»Les académiciens qui ont parcouru les parties septentronales de l'Europe et méridionales de l'Amérique avoient plus pour objet de les visiter en géomètres qu'en philosophes.«[1]

Doch G. Forster reist bereits als Philosoph, und die Umwandlung des Genres vollendet sich mit A. v. Humboldt, seiner Weite, seiner Genauigkeit und seiner Universalität. Nach ihm ist der Reisebericht subjektivistisch oder sozialkritisch oder fachlich geographisch und naturwissenschaftlich. Es bleibt dann kaum mehr als die Vielfalt der Willkür oder die eingestandene Beschränkung auf das Partikulare. Gerade das aber galt für Forster und Humboldt nicht, vielmehr darf bei ihnen von einer enzyklopädischen Welterwerbung gesprochen werden.[2]

Hier ist eingelöst, was Rousseau und andere schon gefordert hatten.[3]

»Depuis trois ou quatre cent ans que les habitans de l'Europe inondent les autres parties du monde et publient sans cesse de nouveaux recueils de voyage et de relations, je suis persuadé que nous ne connaisons d'hommes que les seuls Européens; encore paraît-il, aux préjugés ridiculs qui ne sont pas éteints, même parmi les gens de lettres, que chacun ne fait guère, sous le nom pompeux d'étude de l'homme, que celle des hommes de son pays. Les particuliers ont beau aller et venir, il semble que la philosophie ne voyage point.«

Weite Reisen werden von Seeleuten, Kaufleuten, Soldaten und Missionaren unternommen, wobei die ersteren ihm nicht als geeignete Beobachter erscheinen, wohingegen die Missionare, sofern sie nicht schon den Vorurteilen ihres Standes erliegen, sich kaum den Forschungen widmen, die ihnen als reine Neugier erscheinen. Auch braucht man, um den Menschen zu studieren, andere Talente als nur nützlicherweise das Evangelium zu predigen.

Rousseau unterschlägt allerdings, was Europa den Relationes der gelehrten Väter aus China oder aus Südamerika zu verdanken hat. Reiseberichte sind für ihn Studien am Menschen, und er beklagt sich, daß die Leute stets nur das zu erblicken vermögen, was man doch eh' schon weiß. Am anderen Ende der Welt haben sie nur gesehen, »ce qu'il n'eût tenu qu'à eux de remarquer sans sortir de leur rue, et que ces traits vrais qui distinguent les nations et qui frappent les yeux fait pour voir, ont presque toujours échappés aux leurs.«

Daher stammt dann auch der Aberglaube, daß die Menschen überall dieselben seien, weil sie doch dieselben Leidenschaften und Laster besitzen, weshalb es dann überflüssig erscheint, die einzelnen Völker charakterisieren zu wollen.[4]

Voltaire hatte im »Dictionnaire Philosophique« bereits die Reisenden darauf hingewiesen, daß die Menschen von ihnen »Belehrungen über die Sitten, die Gesetze, die Bräuche dieser in Europa unbekannten Nationen« erwarten. Regierungsformen, Religionen, antike Denkmäler, all das ist wichtig:

»Wir haben Darstellungen von Indien erhalten, die in Paris angefertigt wurden, auf das Zeugnis der Missionare hin, die die Sprache der Brahmanen nicht kannten. Man wiederholt uns in hundert Werken, daß die Inder den Teufel verehren. Einige Prediger einer Handelsgesellschaft gehen mit diesem Vorurteil auf die Reise; und kaum sehen sie auf den Häusern in Coromandel symbolische Figuren, so versäumen sie nicht zu schreiben, daß es sich um Bilder des Teufels handele, daß sie sich in seinem Reich befinden, daß sie ihn bekämpfen würden. Sie denken nicht daran, daß wir es sind, die den Gott Mammon anbeten und ihm unsere Gelübde 6000 Meilen von unserer Heimat entfernt darbringen, um dafür Geld zu bekommen.«[5]

Deutlicher noch erklärt sich im 8. Jahr der Republik (1800) Joseph-Marie Degérando in seinen grundsätzlichen Ausführungen über die Methoden zur Beobachtung der wilden Völker:

»Da der Mensch stets begieriger auf Neuigkeiten ist, die seine Sinne in Erstaunen versetzen, als auf Kenntnisse, die sich an seine Vernunft wenden, hat man viel mehr Wert darauf gelegt, Pflanzen, Tiere und Mineralien aus jenen unbekannten Ländern zurückzubringen als Beobachtungen über die Erscheinungen des Denkens. So bereicherten die Naturforscher täglich ihre Kabinette mit zahlreichen Klassen, während die Philosophen die Zeit damit verbrachten, in ihren Schulen vergeblich über die Natur des Menschen zu streiten, anstatt sie vereint auf dem Schauplatz der Welt zu erforschen.

Betrachten wir die hauptsächlichen Fehler, die jene Reisenden bei ihren Beobachtungen an den wilden Menschen gemacht, und die Lücken, die sie in ihren Berichten gelassen haben. Wenn wir feststellen, was sie unterlassen haben, werden wir besser sehen, was zu tun bleibt.«[6]

Rousseau ist also nicht der einzige, der sich über die Unzulänglichkeit der Reiseberichte noch zu beklagen hat; Montaigne hatte sich bereits über seine reisenden Landsleute amüsiert, Wieland beschwert sich, daß man in Deutschland der Mode folgt und reist, um sodann die Reise von Ort zu Ort, von Berühmtheit zu Berühmtheit, zu beschreiben. Dieser sich entwickelnde Reisejournalismus beginnt, ihm lästig zu werden.

Doch hat dies nicht viel mit der Unzulänglichkeit der Reiseberichte zu tun, die

Rousseau im Auge hat und die zwanzig Jahre später auch J. G. Herder in seinem geschichtsphilosophischen Entwurf »Auch eine Philosophie der Geschichte zur Bildung der Menschheit« anprangert. Noch die anschwellende Zahl der Reisebücher bedenkt er mit zweifelhaftem Lob, als sei ihr Bestes nur wider den Willen der Verfasser darin zu finden:

»Unsere Reisebeschreibungen mehren und bessern sich; alles läuft, was in Europa nichts zu tun hat, mit einer Art philosophischer Wut über die Erde – wir sammeln ›Materialien aus aller Welt Ende‹ und werden in ihnen einst finden, was wir am wenigsten dachten, Erörterungen der Geschichte der wichtigsten menschlichen Welt.«

War die Renaissance – allgemein gesprochen – noch darauf aus, das Subjekt im Raum zu sehen, so findet die Epoche der Aufklärung es nun in der – Geschichte.[7]

Die Geographie wird, wie Herder es in seinen bedeutenden Schulreden ausdrückt, zur Illustration der Geschichte, sie ist sogar deren Basis und die Geschichte nur die »in Bewegung gesetzte Geographie der Zeiten und Völker. Wer eine ohne die andere treibt, versteht keine, und wer beide verachtet, sollte wie der Maulwurf nicht auf, sondern unter der Erde wohnen.« Geographie und Geschichte begründen Handel, Politik, Recht, Ökonomie, Medizin und praktische Menschenkenntnis. Es geht nach Herder nicht um Statistik und Vergegenwärtigung der Grenzen der Länder und Kontinente, sondern um den Zusammenhang der Produkte mit Klima, Denkweise und Lebensart, d. h. um den Zusammenhang von Mensch und Welt.[8]

Das ist dann auch die Erwartung G. Forsters: der sich ausbreitende Handel und die Entdeckungsreisen der so unruhigen wie habgierigen Europäer müssen notwendig zur Entwicklung einer Welt beitragen, die sich weiter zivilisieren wird, und deren einzelne Länder aus ihrer Isoliertheit, ihrer Feindseligkeit untereinander heraustreten werden, um fortan friedliche und humanisierende Beziehungen aufzunehmen. Aus den Provinzen der Welt werden dann wirkliche Länder und Nationen, die auf eine einheitliche Welt hinstreben. Die Weltgesellschaft wird sich ändern, Austausch tritt an die Stelle der Eroberung, die Nachteile der überfeinerten Zivilisation und die Fehler der Barbarei werden gegeneinander ausgeglichen. Dieses heikle Gleichgewicht wird Ausgangspunkt für eine neue Zivilisation, die sich bereits ankündigt. Das Lokale und Spezifische und Individuelle verschwindet dann im Allgemeinen, und die Vorurteile der Einseitigkeit werden beseitigt. Das eigentümlich Europäische wird sich zur Universalität läutern. Die wahre Geschichte beginnt erst.[9]

II. Imaginäre Reisen:

Reise als ungebundener Zustand hat viel von einem Wunschtraum, trotz aller Gefahren und nicht selten dann auch wegen des Ziels: irgendwo könnten die Inseln der Seligen am Horizont auftauchen. So meinte Kolumbus schon, an der Orinoco-Mündung einen Hauch des Paradieses zu verspüren. So galt ein scheinbar müheloser und von Gefahren freier Naturzustand als ›paradiesisch‹, so lockte der Orient nicht allein mit Reichtümern, und so hat Le Vaillant im südlichen Afrika unter den Hottentotten in einer Art von Idylle die Süßigkeiten eines freien und unbeschwerten Daseins ausgekostet. Ein Zustand, wie die europäische Gegenwart ihn verweigert, wird beschworen oder erinnert; Wunsch und Traum und Denken drängen über das bestehende Wirkliche hinaus.

»Die Triebe nach Beute und nach Wundern«, so heißt es bei Bloch, »gingen hierbei erstaunlich oft ineinander oder miteinander. Die Erde in der Ferne wird indisch, hinter dem Gewohnten geht sie phantastisch auf. Das Segel befreit vom Festland, die Hochsee wird dadurch befahrbar. Nicht nur erfunden soll werden, sondern auch entdeckt, ein äußerst stoffhaltiger Traum schickt nun dazu aus.«[10]

Die utopisch geprägten, oft als aktuelle Kritik durch Entwurf der Gegenbilder wirkenden Werke des 18. Jahrhunderts, die literarisch idyllischen Wunschbilder, die zugleich dem Vergnügen am Abenteuer entsprechen, die Romane von Holberg, Geiger, Knigge, Rebmann, Stolberg nähren sich, wie zuvor die Robinsonaden es taten, von den Reiseberichten der Epoche, sie wären ohne diese in solcher Fülle und solcher Gestalt kaum zu denken. Der reale Reisebericht wird zum Muster der imaginären und fiktiven, man orientiert sich an der Wirklichkeit, um deren Grenzen zu überschreiten.

Nicht notwendig ist die literarische Utopie an die Form der Reisebeschreibung angelehnt, aber sie geht weitgehend von dem Material aus, das in dieser enthalten ist, wie umgekehrt die Erwartungen der Reisenden nicht selten schon quasi utopisch verformt sind. Solange man das Fabelhafte und Wunderbare nicht vom Wirklichen und Verläßlichen zu sondern vermochte wie bei Marco Polo und bis in das 17. Jahrhundert hinein (so bei Ultzheimer), konnte die Reisebeschreibung selbst schon Momente utopischen Charakters enthalten wie Marco Polos Beschreibung von der Residenz des Großkhans oder auch sein legendäres Bild von Jipängn (= Japan). Seit man im eben erst entdeckten Amerika, als säkularisierte Utopie gewissermaßen, das Goldland, Eldorado suchte, war den meisten Reisen eine uropische Absicht eingeschrieben, zwar nicht die des Morus oder des Campanella, aber doch der Traum vom ungebundenen und üppigen Leben, Freiheit von Mühsal und Zwang, der Wunsch, die Folgen der Austreibung aus dem Paradies wieder rückgängig gemacht zu sehen. So ging es dabei auch um mehr als um die Lösung aus der Enge und Heimeligkeit des Vertrauten. Also dringt die Reiseliteratur als Form in die Utopie; auch Swifts Satire von den Reisen Gullivers ist davon geprägt, ja, in abgeschwächter Form sogar noch der Versuch Thümmels, sich auf der »Reise in die mittäglichen Provinzen Frankreichs« von der Hypochondrie zu heilen. Den Meditationen von Volney »Die Ruinen oder Betrachtungen über die Revolutionen der Reiche« geht – was man fast vergessen hat – seine Reise in die arabischen Länder voraus. Auch die Robinsonade hängt letztlich von Reise und Reisebeschreibung ab: Schiffbruch und rettende Insel sind älter als D. Defoes Bericht von Robinson, als Schnabels Entwurf einer neuen Gesellschaft auf der ›Insel Felsenburg‹.

Utopie ist nicht auf die ideale Gesellschaftsform und den wünschbaren Staat festzulegen, sondern kann überhaupt als das Musterbild vom glücklichen Leben bezeichnet werden. Insofern sind die Staatsromane des 18. Jahrhunderts von Haller bis Wieland zwar durchaus ›utopisch‹ zu nennen, aber nicht jede Utopie erscheint als Staatsroman. Defoes Buch gibt der Robinsonade den Namen, aber es ist keineswegs das erste seiner Art: Henry Nevilles »Isle of Pines« (1668), 1726 auch in einer deutschen Bearbeitung vorliegend, geht voraus wie die »Continuatio« zum »Simplizissimus« von Grimmelshausen, der die abenteuerliche Erzählung von Neville wohl gekannt haben dürfte. Die 1708 erschienene Reisebeschreibung »Voyage et aventures de François Leguat«, 1709 schon auf Deutsch vorliegend, wird 1723 als »Der französische Robinson, oder Franc. Laguet Eines gebohrnen Franzosens, wahrhafftige Beschreibung seiner Reisen und wunderlichen Begebenheiten nach zweyen Ost-Indischen Inseln.« neuerdings verlegt.[11]

Utopischen Charakter gewinnt die Robinsonade freilich erst, wenn nicht ein Einzelner, sondern eine Gruppe und zwar beiderlei Geschlechts, Schiffbruch leidet, an die rettenden Gestade einer unbekannten Insel verschlagen wird und wenn dort unter günstigen äußeren klimatischen und sonstigen Bedingungen aus der Zuflucht eine neue Heimat wird, so wie bei Joris Pines, so wie auf Schnabels Insel Felsenburg unter dem Titel »Wunderliche Fata einiger Seefahrer«, wo sich eine neue Gesellschaft entwickelt, indem einzelne Lebensläufe in die Inselgemeinschaft einmünden.

Die Reisebeschreibung vermittelt Utopie und Roman; die ferne Insel, geschützt durch Abgeschiedenheit, ist der Ort des utopischen Daseins, in dessen Darstellung Sozialkritik zumindest indirekt sichtbar wird. Schon was im Joris Pines als Paradies und durch den Zufall erneuerter Urzustand des Menschen erscheint, fordert dazu auf, die bestehende Wirklichkeit daran zu messen, mögen auch schon solche Glücksvorstellungen in satirischer Absicht beschrieben worden sein. Dann ist daraus zu entnehmen, daß auch die Utopie nicht ganz so glatt funktioniert, wie sich die Leute das wünschen. Die Natur des Menschen läßt ihn den wahren utopischen Zustand verfehlen. Das wird dann bei Joh. G. Schnabel positiv gewendet; Religiosität hat den Menschen geläutert, Erfahrung hat ihn humanisiert.[12]

In der Utopie steht das öffentliche, nicht das private Dasein zur Diskussion; das Bewußtsein entwirft Beispiele und Modelle über die wahrgewordene Wirklichkeit hinaus. Die Frage nach dem, was möglich ist, wird ergänzt durch den Versuch, über die Grenzen des Gegenwärtigen hinauszudenken. Diese Grenzen aber, und die von ihnen umschlossenen realen Verhältnisse, erscheinen nicht selten in kritischer, gar satirischer Beleuchtung, so daß nicht allein ein Zusammenhang zwischen Utopie und Reisen, sondern ›naturgemäß‹ auch eine Verbindung zwischen Utopie und Satire besteht. Was innerhalb der Utopie den – fiktiven –

Zustand stört, sind Transponierungen aus der Wirklichkeit; der Zusammenhang, in den sie nunmehr gerückt werden, läßt sie in satirischer Beleuchtung sichtbar werden. Die Wirklichkeit erscheint als das, was so nicht nicht sein sollte, die Fiktion als die Wirklichkeit, wie sie sein könnte und sein sollte, aber nicht ist. So wird selbst die Gestalt des ›edlen Wilden‹ zur Satire des aufgeklärten Europäers. –

1741 erscheint von Holberg »Nicolai Klims unterirdische Reise«, eine phantastische Reisebeschreibung, die wohl in dieser Form ohne Swifts »Gulliver« nicht konzipiert worden wäre: im Fürstentum Potu trifft der in einer Höhle seiner norwegischen Heimat abgestürzte Held auf sprechende und bewegliche Bäume, die als vernunftbegabte Bewohner dieser fremden Welt erscheinen. Sie haben ihre Gesellschaft vorbildlich eingerichtet:

»Es sind so strenge Gesetze allhier gegen die Übertreter gegeben, daß man keinen Betrug oder Falschheit bemänteln kann; die Treulosigkeit erlangt hier keine Vergebung, üble Nachrede findet hier keine statt; die Tollkühnheit ist gleichfalls verbannet, und aller Betrug ist aus dieser Republik verjaget.«[13]

Er hat weiter zu lernen, daß in diesem Lande

»die Bauern sehr hoch gehalten würden, weil sie eine höchst edle Hantierung trieben, und sei bei ihnen keine Lebensart in größerem Werte als der Ackerbau. Es würde dahero bei ihnen ein jeder ehrbarer Bauer und fleißiger Hausvater ein Ernährer und Patron der Stadtleute genennet.«

Es gibt, so erfährt Nicolai Klim, keine religiösen Verfolgungen und eine wirkliche Gleichheit vor dem Gesetz, keine Privilegierung, keinerlei Vorrechte durch Herkunft und Geburt, also auch keinen Adelsstand, der Einzelne wird allein nach seinen Tugenden und Verdiensten geschätzt.

»Niemand hat in diesem Lande zweierlei Ämter zu verwalten, denn sie glauben, ein jedes Amt erfordere einen besonderen und ganzen Mann. Dieser Ursachen wegen (daß ich es mit Vergünstigung der Einwohner unserer Erde sagen darf) werden auch hier die Ämter besser und löblicher verwaltet als bei uns.«

Das führt dann auch zu einer erstaunlichen Spezialisierung, die so weit geht, daß der Arzt nicht die ganze Medizin, sondern aufs genaueste nur jeweils eine Krankheit kennt, der Musiker sich nur mit einem einzigen Instrument abgibt und so vollkommen wird.

Auch Frauen haben Zugang zu allen Ämtern, die allgemeine Gleichheit schließt kein Geschlecht und keinen Stand aus, so daß es auch keine Unruhen gibt. Projektemacher etwa müssen mit einem Strick um den Hals abwarten, was zu ihren Vorschlägen gesagt und wie diese im Hinblick auf ihre Nützlichkeit für die Gemeinschaft beurteilt werden. Gegebenenfalls müssen sie mit ihrem Leben bezahlen oder Verbannung auf sich nehmen. »Es ist hier«, heißt es weiter,

»niemandem erlaubt, Bücher zu schreiben, ehe er das dreißigste Jahr zurückgelegt und von den öffentlichen Lehrern für tüchtig und geschickt dazu erklärt worden. Daher treten hier zwar wenige, aber desto gelehrtere und wohlabgefaßte Schriften ans Licht.«

Man sieht in welcher Weise die Wirklichkeit die Folie abgibt für die Darstellung der utopischen, allerdings jeder Veränderung abholden Republik Potu, wie das Anagramm, die Bedeutung des Landes benennend, verrät:

»Die Regierung der Fürsten in Potu, ob sie schon durch keine Gesetze eingeschränkt ist, wird doch mehr väterlicher- als herrschaftlicherweise geführet. Denn indem sie Gerechtigkeit durch Verstand und nicht nach den Gesetzen administrieren, so vermischen sie allezeit Herrschaft und Freiheit miteinander, welches doch zwei Dinge sind, die sonst so selten beieinander gefunden werden.«

Schließlich gestattet sich Holberg noch eine geistreiche Spiegelung: N. Klim gelangt nach abenteuerlichen Fahrten zu weniger wohlgeordneten Ländern, versucht sich in der »Fünften Monarchie« (»die uns bishero ganz und gar unbekannt gewesen«) selbst zum Herrscher zu machen und findet hier in der tanachitischen Bibliothek, nachdem die Tanachiten von den Seinen geschlagen worden sind, ein Buch, in welchem ein Bewohner dieser seltsamen Regionen Rechenschaft von seinem Aufenthalt in Europa ablegt. »Reisebeschreibung des Tanjani über die Erde oder Beschreibung einiger Königreiche und Länder, sonderlich aber derer, die in Europa liegen.« Hier nun verkehrt sich die Perspektive: das römische Reich z. B. ist längst kein römisch zu nennendes Reich mehr, es heißt heilig, ohne es zu sein, es wird »gemehret genennet, ob es gleich zuweilen gar sehr verringert wird.« Paris ist die Hauptstadt Europas, weil von ihr aus alle Vorschriften über Lebensweise und Kleiderordnung erlassen werden.

»Die Engländer lieben die Freiheit aufs höchste und dienen niemandem als ihren Weibern. In der Religion sind sie sehr wankelmütig, denn was sie heute bejahen, leugnen sie morgen wieder, und dasjenige, was heute das ganze Volk verwirft, ergreift es morgen wieder auf das begierigste. Diese Wankelmütigkeit schiene mir von der Lage des Landes herzukommen, weil sie auf einer Insel wohnen und Seevölker sind, folglich vieles von der flüchtigen und unbeständigen Art dieses Elementes an sich haben.«

Die Gesetze widersprechen sich von Land zu Land, und die Zahl der Galgen und Richtstätten läßt auf viele und sehr schädliche Neigungen der Bewohner schließen. Am höchsten werden z. B. die geschätzt, die besonders verschwenderisch leben »und die Früchte des Landes in Menge verschlucken. Diejenigen aber, die das Land bauen und solche Schlemmer ernähren, sind in der größten Verachtung.« N. Klim ist empört über diese billigen Verdrehungen und Verleumdungen. Die Utopie wird von der Satire abgelöst.

Ähnlich mischen sich Satire und Utopie in Knigges »Traum des Herrn Brick«, einem in dem 2. Band der »Geschichte Peter Clausens« eingeschobenen Manuskript. Dahinter steht die von G. Forster beschriebene Weltumsegelung mit Captain Cook: Herr Brick, der Träumer, erwartet Cook am Kap der guten Hoffnung, um ihn als Schreiber zu begleiten. So gelangt er nach Tahiti:

»In dieser schönen Insel wurde meine Gesundheit, welche schon auf der Reise sich merklich gebessert hatte, gänzlich hergestellt. Ich erinnere mich, nie vorher so frohe, sorgenlose Tage verlebt zu haben als hier, glaubte auch damals nicht, daß es ein glücklicher's Volk geben könne als die guten Tahitier.«[14]

Er verliebt sich in eine junge Tahitianerin, deren Anmut, Einfachheit und Naivität ihn bezaubert, so daß er schließlich auf der Insel bleibt. Nie, so meint er, hat er lebhafter empfunden, »welches Elend wir uns selbst, durch Vervielfältigung unserer Bedürfnisse aufladen.« Die Einfachheit des Daseins wird ihm zur Freude, im Angesicht einer reichen und schönen Natur, in der die Menschen frei sind von Neid, Hinterlist, Habsucht und Stolz; fern von Unterdrückung und Ausbeutung will er sein Leben genießen.

Doch dann geschieht, was auch Forster schon erwogen hatte, als einer der Cook'schen Seeleute den Versuch unternahm, zu desertieren und endgültig auf der schönen Insel zu bleiben:

»Sobald der erste Reiz der Neuheit (...) vorüber war, da fing ich an, mehr zu wünschen. Bald erzählte ich meinem Weibe von europäischen Künsten und Wissenschaften, damit ich Gelegenheit haben möchte, durch ihre Fragen und Gespräche wieder an jene glänzenden Armseligkeiten erinnert zu werden; (...) ein andermal schnitt ich mir eine Flöte aus Schilf und begleitete den einfachen Herzensgesang der Natur mit meinen erkünstelten Tönen; ich wünschte mir Bücher und hatte doch das große Buch der Schöpfung, das man nie auswendig lernt, vor mir (...)«

Er empfindet sich zugleich als unwürdig und als unbefriedigt, er will tätig sein und verlangt nach beständigem Wechsel; offenkundig sind mit verschiedenen Zivilisationen auch unterschiedliche Glücksvorstellungen verknüpft. Er spürt sogar, daß er die Bewohner der Insel durch seine »armselige Kultur«– denn er hat begonnen, sie in europäischer Lebensart zu unterweisen – um Frieden und Glück zu bringen begonnen hat. So besteigt er schließlich einen Nachen und flüchtet; am Südpol wird er durch das Eis hindurch plötzlich fortgerissen zu neuen Ländern.

Knigge überbietet die Utopie als das Bild vom glücklichen Leben, das Tahiti doch eigentlich schon war und stellt sie wie Forster in Frage. Als Wilde erscheinen ihm nicht die Naturmenschen, sondern die Europäer. In den neuen transpolaren Zonen findet Brick ein noch reineres Tahiti: es gibt hier keine Krankheiten, keinen Luxus, kein Eigentum, weder Fürsten noch Pfaffen, keine Leidenschaften, keine Laster. Der Europäer ist dem nicht gewachsen, er findet den Frieden nicht, er kann sich auf diese Höhe eines edleren Daseins nicht schwingen, so sehr haften an ihm die Verderbnisse der Kultur, in der er aufgewachsen ist.

In anderen Ländern findet er das Gegenbild zu dieser bewunderten Daseinsweise, doch was er beschreibt, das ähnelt doch allzu sehr Europa. Die Lehre, die sich Brick erteilen läßt, ist sehr direkt:

»Der Despotismus zerstört sich selbst«, heißt es, »indem er sich entweder entkräftet und die Beute des Nachbars wird oder die Wunde so arg macht, daß endlich der Kranke vor Schmerz aufspringt.«

Der »entnervte Staat« muß wieder mäßig werden, in solchem Kreislauf geht es fort, und alle Reformvorschläge waren Hirngespinste, »Mißgeburten, erzeugt aus der Hurerei der gesunden Vernunft mit der Phantasie.« Pläne lassen sich nicht machen, was heute wirkt, kann morgen schädlich sein. »Wenn Erfahrung hätte helfen können, so wären wir schon längstens alle weise.« Wo ein neuer Staatskörper sich bildet, wenn einzelne Familien in Eintracht leben, und wenn sie wenigstens vorübergehend sich eine brauchbare Einrichtung schaffen, dann muß er sich absondern, um nicht von den Krankheiten der Epoche infiziert zu werden. Nur so kann ein ideales Staatswesen existieren, also eigentlich im Verborgenen. Auch solche Insel lernt Herr Brick noch kennen, doch nach einer kurzen Schilderung dieser idealen Zustände bricht das Manuskript ab, als wäre, was Herr Brick erzählt, wirklich nur ein Traum gewesen. Knigge, der sich so rückhaltlos an Rousseau anschließt, zeigt sich andererseits wieder überaus skeptisch und traut der Natur des Menschen nicht allzu viel zu.

Es ist dies eine ähnliche Haltung, wie sie in den »Ruinen« von Volney erkennbar wird, wo es eindeutig heißt:

»Ja, Unwissenheit und Gierigkeit! seht da die doppelte Quelle aller Leiden im Leben des Menschen! Durch sie hat er falsche Begriffe von seinem Glück bekommen; er hat die Gesetze der Natur miskannt, oder sie in den Verhältnissen zwischen sich und den äusseren Gegenständen überschritten, und so zugleich seiner eignen Existenz geschadet, und die Moral, welche dem Wesen eines Jeden eingeprägt ist, verlezt. Durch diese Leidenschaften ist sein Herz dem Mitlied, sein Verstand der Billigkeit verschlossen worden; er hat seines Gleichen gequält und betrübt, und die gesellschaftliche Moral verlezt. Unwissenheit und Gierigkeit bewaffneten den Menschen gegen den Menschen, Familie gegen Familie, Stamm gegen Stamm, und die Erde wurde ein blutiger Schauplatz der Zwietracht und Räuberei.«[15]

Erst die Beseitigung der Unwissenheit, Erkenntnis also, und die erfolgreiche Bekämpfung der Habgier, also moralische Veränderungen, können ein friedliches Zusammenleben der Völker und Reiche dieser Erde wie der Menschen in den einzelnen Ländern gewährleisten. Die eigentlich bedeutende Revolution muß vor allem eine moralische sein. Im Anblick der Ruinen, die den Untergang der Reiche symbolisieren, wird in ausführlichen Debatten erörtert, was geschehen muß, damit das Menschengeschlecht einst eine einzige große Gesellschaft, ja, eine Familie ausmacht, die einerlei Geist und Gesetz regiert und die jene Glückseligkeit genießen wird, »deren die menschliche Natur fähig ist.«

Hier wird, in einer abstrakten Weise freilich, Zukunft entworfen, Zukunft als das Denkbare, dem Menschen Mögliche, der nicht nur den Naturgesetzen untersteht und vergänglich ist, sondern auch Vernunft besitzt, die naturgegebene Ordnung der Dinge zu erkennen und, ihr folgend, Einrichtungen zu schaffen, die dauerhafter sind als er selbst.

III. Tahiti:

Die Reise befördert utopisches Denken, verleiht ihm Farbe und Phantasie; wie sehr die epischen Fahrten von *J. Cook* das Denken erweiterten und die Vorstellungskraft beflügelten, das zeigt sich in J. Baggesens »Oceania«, wo es im 4. Gesang dann heißt:

»Hier, auf der Fliehkraft Höh', entschwinge sich gänzlich dem Kerker
Roher Gefühle der Geist! Entrafft der beherrschenden Schwere,
Leg' ein jeder die fesselnde Band ›einheimischer Selbstsucht‹
Ab, und das engende Kleid ausschließender Schätzung des Umlands!
Jeglicher werde getauft Erdbürger, und jeder, geheiligt
Werf' um die Schulter das Sonnengewand frei wandelnder Menschheit
Leuchtenden Blicks, mittheilbarer Hand, und liebenden Herzens!«

So sollen sie alle, Gebieter wie Mannschaft, Engländer, Iren, Dänen, Schotten, Deutsche, Friesen, Holländer und Basken, die an Bord durch ein weltvereinendes Schicksal versammelt sind, getauft werden – »und der Nahme des Schiffs sey fürder Europa!«[16]

Es gibt nun aber – außer den Robinsonaden – ein Moment, wo Reise und Utopie auf das engste sich verzahnen, es ist dies die Entdeckung Tahitis und die davon erschienenen Reiseberichte, insbesondere von Bougainville und Forster. Hier erscheint die Insel der Südsee als ein wahrhaftes Arkadien, als der locus amoenus der Menschheit, Garantie einer in die Gegenwart geretteten glücklichen Vergangenheit, als Idylle, die sonst nur in der Ferne der Geschichte dagewesen war und von den Dichtern hatte erneuert werden müssen. Das glückliche Dasein war hier nicht Erinnerung oder Traum in die Zukunft hinein, sondern ganz gegenwärtiges Dasein.

Europa besinnt sich angesichts dieser Entdeckung – oder es schwärmt. Von Schwärmerei ist schon der Bericht von L. de Bougainville nicht frei, die Schönheit und Gastfreundschaft der Bewohner, das sanfte Klima, der mäßige und mühelos bewahrte Wohlstand, dazu das Glück der freien Liebe, das alles übt eine beispiellose Faszination auf die Seeleute aus. Bald fällt dann auch das Stichwort; einer der Begleiter Bougainvilles, M. Commerson, wagt dann sogar die Th. Morus entlehnte Benennung ›Utopia‹: Er erinnert sich an jene »île heureuse« und gesteht:

»Je lui avais appliqué le nom d'Utopie que Thomas Morus avait donné à sa république idéale (...)«, nicht wissend, daß Bougainville sie bereits La Nouvelle Cythère genannt hatte. »Sa position en longitude et en latitude est le secret du gouvernement, sur lequel je m'impose silence, mais je puis vous dire que c'est le seul coin de la terre òu habitent des hommes sans vices, sans préjugés, sans besoin, sans dissensions. Nés sous le plus beau ciel, nourris des fruits d'une terre féconde sans culture, régis par des pères de famille plutôt que par des rois, ils ne connaissent d'autre dieu que l'Amour. Tous les jours lui sont consacrés, toute l'île est son temple, toutes les femmes en sont les autels, tous les hommes les sacrificateurs. Et quelles femmes, me demanderez-vous? Les rivales des Gérgiennes en beauté, et les soeurs des Grâces toutes nues. Là, ni la honte, ni la pudeur n'excercent point leur tyrannie: la plus légère des gazes flotte toujours au grè des vents et des désirs: l'acte de créer son semblable est un acte de religion; les préludes en sont encouragés par les voeux et les chants de tout le peuple assemblé, et la fin célébrée par des applaudissements universels; tout étranger est admis à participer à ces heureux mystères, c'est même un des devoirs de l'hospitalité que de les inviter, de sorte que le bon Utopien jouit sans cesse ou du sentiment de ses propres plaisirs ou du spectacle de ceux des autres.«[17]

Wer darin nur Prostitution, Sittenlosigkeit und Zynismus sieht, der irrt sich, versichert Philibert de Commerson, denn er verkennt die Lage des Naturmenschen, der gut ist von Geburt, frei von allen Vorurteilen und ohne Reue oder Absichtlichkeit den süßen Antrieben eines stets sicheren Instinktes folgt, kurz: die Vernunft hat ihn noch nicht verdorben.

Man hat den Eindruck, daß hier, wie bei Bougainville, eine Verklärung stattfindet – Forster wird manche Korrektur dazu liefern – aber man kann dieses Vorgehen begreifen; auch die Wirkungen auf die Leser waren dementsprechend, und rasch verbreitet sich die Legende von Tahiti in Europa. Eben die Erfahrung eines unaufhaltsam scheinenden Fortschritts, der keineswegs stets nur ein positiver war, Skepsis in die Wirkungen der Vernunft, Rousseauismus, um es kurz zu sagen, führt zur Idealisierung verlorener Unschuld und früher Naturzustände; damit verändert sich auch der Blick auf die seit der Renaissance entdeckten und unterworfenen Völkerschaften. Wirtschaftsdenken und aufklärerische Kritik beginnen, die Formen des Kolonialismus wie den Sklavenhandel aus unterschiedlichen Gründen als überholt, als schädlich, ja auch als unmenschlich anzusehen – schließlich sogar als unökonomisch. Wie dann die Entdeckungen mit dem Blick auf den sanften und edlen Wilden neu beurteilt, sogar ernsthaft in Frage gestellt werden, so sieht man auf die Zivilisation der Entdeckten und Betroffenen mit einem anderen Auge.

Tahiti als Bild der unschuldigen und in der Unschuld freien wie glücklichen Inselwelt läßt die poetische Sehnsucht als exotisch stimulierte Gesellschaftskritik erkennbar werden. Als die Fahrten Cooks der Phantasie, die doch von irdischen Paradiesen träumen wollte, alle diese Möglichkeiten nahmen, weil nunmehr alles ›erfahrbar‹ geworden war, da wurde durch die Entdeckung Tahitis der Mythos vom glücklichen Naturzustand und von paradiesisch umwehten Inseln noch einmal erneuert. So haben deutsche Dichter aus dem ›Göttinger Hain‹ den Plan gehegt, nach Tahiti auszuwandern und dort eine quasi antikische Republik zu gründen – woraus dann allerdings nichts wurde. Auch an die Tahiti-Dichtung von Zachariä wäre hier zu erinnern.

Daß nun allerdings Tahiti das wie zufällig übrig gebliebene von Konflikten freie goldene Zeitalter in der fernen Südsee doch nicht ist, das deutet sich, flüchtig eher, bei Bourgainville bereits an, wird dann aber erst in Forsters Beschreibung auf konsequente Weise sichtbar gemacht. So ist die ›Legende von Tahiti‹, wo poetische Einbildung sich ihrer bedient, zum einen das Zeugnis wenig verbindlicher Versuche, aus dem bürgerlichen Alltag Europas zu flüchten, zum anderen aber dient sie auch der Bereicherung der von aufklärerischem Denken entworfenen Utopien, gegen deren naive Momente dann Diderot Stellung bezieht. Insofern beginnt aber auch angesichts der Wirklichkeit von Tahiti, wie immer gedeutet, die europäische Aufklärung sich über sich selbst aufzuklären.

Am 9. April 1788 kreuzt L. de Bougainville auf der Suche nach einem Ankerplatz vor der Insel, die den erschöpften Seeleuten nach langen Entbehrungen ein »lachendes Schauspiel« bietet.

»Quoique les montagnes y soient d'une grande hauteur, le rocher n'y montre nulle part son aride nudité; tout y est couvert de bois. A peine en crûmes-nous nos yeux, lorsque nous découvrîmes un pic chargé d'arbres jusqu'à sa cîme isolée qui l'élévait au niveau des montagnes, dans l'intérieur de la partie méridionale de l'île.«

Er erscheint so als Pyramide von ungeheurer Höhe und mit Blattwerk geschmückt.

»Les terrains moins élévés sont entrecoupés de prairies et de bosquets, et dans toute l'étendue de la côte il règne, sur les bords de la mer, au pied du pays haut, une lisière de terre basse et unie, couverte de plantation. C'est là qu'au milieu des bananiers, des cocotiers et d'autres arbres chargés de fruits, nous apercevions les maisons des insulaires.«[18]

Ein hoher Wasserfall stürzt von den Bergen ins Meer, zu seinen Füßen, jenseits des aufgeworfenen Schaumes, erblicken die Europäer ein kleines Dorf.

Die Silhouette des Hintergrunds, die Farben der Landschaft, Vegetation, Wasser und Wohnungen treten in der nüchternen Schilderung hervor, in der man den Keim der künftigen arkadischen Erfahrung und die Versatzstücke der späteren Verklärungen noch nicht vermuten würde. Dann kommen die Inselbewohner in ihren Pirogen zum Schiff, grüßen die Fremden und bringen Geschenke. Der Tauschhandel beginnt, und der Blick der Matrosen richtet sich auf die z. T. unbekleideten, schön wirkenden Frauen, die sofort mit den Fremden zu kokettieren beginnen. Doch bleibt eine gewisse Zurückhaltung noch erkennbar, das Geschlecht wird mit natürlicher Scham verziert, stellt Bougainville fest, selbst hier, wo, wie es heißt, »règne encore la franchise de l'âge d'or.« Eine Frau kommt an Bord, läßt die letzten Hüllen fallen und erscheint nun allen, die sie erblicken, als die Venus, die sich dem phrygischen Hirten zeigte, hatte sie doch deren »göttliche Formen«, (ces formes célestes).

In einer arkadisch wirkenden Landschaft gehen die europäischen Gäste spazieren, werden überall willkommen geheißen und freundlich bewirtet – und man bietet ihnen auch auf selbstverständliche Weise die jungen Mädchen des Dorfes an, wobei schließlich die ganze Nachbarschaft Zeuge der zärtlichen Begebenheiten werden will, was die Europäer doch ein wenig stört. Bougainville erklärt, hier sei Venus selbst die Göttin der Gastfreundschaft, ihr Kult deshalb von allen Mysterien entblößt.

In dieses ›Paradies‹ bringen die Europäer jetzt die postparadiesischen Errungenschaften, Nägel und Werkzeuge, sie lehren die Inselbewohner, wie man Gärten anlegt, Getreide (Reis wie Mais) anbaut, wie man Zwiebeln und Suppenkräuter zieht. In einem zusammenfassenden Rückblick auf Landschaft und Vegetation von Tahiti, spricht Bougainville davon, man habe geglaubt, sich in elysäischen Gefilden zu bewegen. Auch wenn er einschränkende Bemerkungen macht, zumal im Hinblick auf Standesunterschiede und Herrschaftsformen, so ändert das nichts an der Bedeutung, die Tahiti für die europäischen Weltumsegler gewinnen sollte: eine allgemeine Bedürfnislosigkeit scheint das Joch leichter zu machen, das viele zu tragen haben. Die einzige Leidenschaft ist die Liebe, und die Gewohnheit, den Neigungen zu folgen, dem Vergnügen zu leben, verleiht den Inselbewohnern nach Bougainville einen deutlichen Hang zu sanftem Scherz und dem Charakter Leichtigkeit. Das sind die Folgen der Ruhe und der Freude, in der sie, zum Erstaunen der Europäer, existieren. Der Traum von Arkadien schien hier in die Wirklichkeit getreten.

Auch Captain Cook sieht es so, der in seinen nüchtern gehaltenen Logbüchern die Fruchtbarkeit der Insel, ihre Schönheit und die Gunst des Klimas hervorhebt, so daß man beinahe sagen könne, die Bewohner dieser Insel seien freigesprochen vom Fluch unserer Väter, denn es lasse sich nicht sagen, daß sie ihr Brot im Schweiße ihres Angesichts verzehrten. Die Natur liefert nicht allein das Notwendige, sondern sie gewährt alles im Überfluß.[19]

Als G. Forster auf der Zweiten Weltumseglung mit Captain Cook nach Tahiti gelangt, nennt er sie bald die »Königin der tropischen Inseln«. Sie hält auch, nachdem die Schiffe zwischenzeitlich weitergesegelt und wieder zurückgekehrt waren, einer zweiten Begegnung noch stand:

»Diesmal hatten nun auch wir etwas von der eigentümlichen Glückseligkeit genossen, welche die Natur den Bewohnern dieser Insel hat zu Theil werden lassen. Der ruhige, vergnügte Zustand dieser guten Leute, ihre einfache Lebensart, die Schönheit der Landschaft, das vortreffliche Klima, die Menge gesunder wohlschmeckender Früchte, alles war bezaubernd und erfüllte uns mit theilnehmender Freude.«[20]

Der Gesellschaftszustand erscheint wie der des von Homer überlieferten Griechenlands; Menschen sind bei einem vergleichbaren Grade von Kultur auch in entfernten Weltgegenden durchaus sich ähnlich, stellt er fest. So wird die exotische Ferne mit einer der eigenen Überlieferung zugehörigen Frühstufe, mit historischer Ferne, verknüpft. Auch dadurch wird Tahiti – »Calypsos bezauberte Insel« – ein Arkadien.

Aber Forster widerspricht auch der Vorstellung, es sei möglich und heilsam, der eigenen Zivilisation den Abschied zu geben und sich der Monotonie des so glücklichen wie einfältigen Lebens zu überlassen. Er sieht bald, was eintreten muß: die von den Europäern aufgestörte Begehrlichkeit wird den Frieden der Insel gefährden. Forsters Tahiti-Kapitel entwickeln das spannungsvolle Verhältnis zwischen dem Zauber der Entdeckung und der damit verbundenen Europa-Kritik, aber nicht als Darstellung der Konfrontation von Natur und Kultur, gar niederer oder höherer Menschheitsstufe, sie deuten vielmehr die Beschädigungen und Verluste an, die der Preis des entfesselten Fortschritts sind, der ferne Weltgegenden in den Sog der Geschichte zieht. Anders als Bougainville erfährt Forster in Tahiti Beseligung und Enttäuschung zugleich: neben der Schönheit, Üppigkeit, Einfachheit und Heiterkeit der Insel erblickt er doch auch die bestehende Ungleichheit, erfährt von Kriegen, erkennt die durch Bedürfnislosigkeit verkleideten Entbehrungen, sieht Raub und Prostitution – und vor allem die sich ankündigende Zerstörung der bestehenden Verhältnisse durch den zweideutigen Besuch der Europäer. Zum einen also ist Tahiti nun doch nicht so paradiesisch-unschuldig, wie man es hatte sehen wollen, zum anderen aber ist die Insel auch in diesem minder verklärten Zustand schon bedroht. Die europäische Unruhe und Habgier macht eine solche Bedrohung auf ständige Weise gegenwärtig.

Mit solchen Einsichten geht Forster über die gewöhnliche Reiseliteratur schon weit hinaus. Sein Blick richtet sich nicht allein auf Klima, Landschaft, Natur, sondern auch auf Formen des menschlichen Daseins, auf die Gesellschaft. Seinem philosophischen Blick erscheint das europäische Vorgehen so unvermeidbar und sinnvoll wie es auch bedenklich oder gar vernichtend erscheint. Diesen Widerspruch hat Forster zur Folie der Beschreibung seiner Weltumseglung gemacht. So gesehen, kann von einer Utopie nicht mehr die Rede sein. Kaum ist ein Stück Arkadien in der Südsee sichtbar geworden, droht der Idylle bereits der Untergang.

Das hat, an Bougainville anknüpfend, außer G. Forster noch ein anderer Schriftsteller erkannt – Diderot. Was geschieht, wenn zwei so ungleiche Zivilisationen aufeinanderstoßen, wird auf das genaueste von Diderot reflektiert. Der Zwist zwischen dem natürlichen und dem künstlichen Menschen, an dem die Europäer leiden, wiederholt sich nun im Großen. Unser Gesellschaftswesen ist schon zu weit entwickelt, als daß wir uns einfach für den Naturzustand erklären könnten, nach dem wir uns doch sehnen, denn er bedeutet Glück, für das in unserer Welt kein Platz mehr ist.[21]

Diderot erfaßt nicht allein Begebenheiten und Stoff, Abenteuer, Kurioses, Exotisches, er erfaßt als Leser Bougainvilles eine Welt in ihrer zivilisatorischen Frühe, der das europäische Alter nichts entgegenzusetzen hat als Komplikation, Einschränkung, Falschheit und die Abwesenheit von Glück. Bougainvilles bewundernd aufgenommener Bericht wird zum Ausgangspunkt zivilisationskritischer philosophischer Reflexion über die Begegnung zweier Zivilisationen, die soweit voneinander geschieden sind, daß sie einander nicht begreifen können. Er zeigt, was die Entdeckungen bedeuten, er stellt die eigenen Einrichtungen, den Entwicklungsstand und das Fortschrittsdenken radikal in Frage.

Der Fortschritt hat der europäischen Menschheit nur wenig Glück gebracht. Indem die Bedürfnisse sich vermehrt haben, ist, was den Bewohnern Tahitis Zufriedenheit bereitet, hier in Europa nicht mehr denkbar. Europa begegnet der Stufe seiner eigenen, vergessenen Kindheit, aber es kann sich nicht mehr darin begreifen, so wenig wie es zu diesen frühen Glückszuständen sich zurückwenden kann. Vorschriften, Ordnungsbestimmungen, Moralgesetze und gesellschaftliche Konventionen schränken den Einzelnen ständig ein, er lebt nicht, wie er doch leben könnte. Seine Vorstellungen von Glück bleiben ohne Verwirklichung. Die Utopie, die an der Küste Tahitis aufschimmert, ist die einer verlorenen Vergangenheit. Indem sie sichtbar wird, ist die Gegenwart in ihrer Falschheit durchsichtig geworden, als das verkehrte Leben, in dem alle Natur erstickt und aus dem wir nicht mehr heraustreten können, um frei zu werden. Diderot spricht es so nicht aus und skizziert es auch nicht, aber es scheint nur noch eine Utopie zu geben: die Rettung des natürlichen Menschen.

So gesehen, scheint es schließlich, daß die Reisen – selbst wenn der Tahiti-Mythos fortwirkt in das 19. Jahrhundert –, die zuvor noch das utopische Denken genährt hatten, nunmehr nur noch dazu beitragen, die Utopie zu zerstören.

Bürgerliche Subjektivität in deutschen Selbstdarstellungen des 18. Jahrhunderts

»Reine Autobiographien werden geschrieben: entweder von Nervenkranken, die immer an ihr Ich gebannt sind, wohin Rousseau mit gehört; oder von einer derben künstlerischen oder abenteuerlichen Eigenliebe, wie die des Benvenuto Cellini; oder von gebornen Geschichtsschreibern, die sich selbst nur ein Stoff historischer Kunst sind; oder von Frauen, die auch mit der Nachwelt kokettieren; oder von sorglichen Gemütern, die vor ihrem Tode noch das kleinste Stäubchen in Ordnung bringen möchten, und sich selbst nicht ohne Erläuterungen aus der Welt gehen lassen können; oder sie sind ohne weiteres bloß als Plaidoyers vor dem Publikum zu betrachten. Eine große Klasse unter den Autobiographen machen die Autopseusten aus.«

F. Schlegel, 1798

Roman, Essay und Autobiographie sind die literarischen Gattungen, die in besonderer Weise die Literatur des 18. Jahrhunderts kennzeichnen: der ›problematische Held‹ wird in neuen Lebenszusammenhängen sichtbar und löst den naiveren Helden des Epos ab wie den der Staats- und der Schäferromane.

»Die Zufälligkeit des äußerlichen Daseins«, bemerkt Hegel in den Vorlesungen über Ästhetik, »hat sich verwandelt in eine feste sichere Ordnung der bürgerlichen Gesellschaft und des Staats, so daß jetzt Polizei, Gerichte, das Heer, die Staatsregierung an die Stelle der chimärischen Zwecke treten, die der Ritter sich machte«.

Also verändert sich nun auch der Charakter der Protagonisten:

»Sie stehen als Individuen mit ihren subjektiven Zwecken der Liebe, Ehre, Ehrsucht oder mit ihren Idealen der Weltverbesserung dieser bestehenden Ordnung und Prosa der Wirklichkeit gegenüber, die ihnen von allen Seiten Schwierigkeiten in den Weg legt. Da schrauben sich nun die subjektiven Wünsche und Forderungen in diesem Gegensatze ins unermeßliche in die Höhe; denn jeder findet vor sich eine bezauberte, für ihn ganz ungehörige Welt, die er bekämpfen muß, weil sie sich gegen ihn sperrt und in ihrer spröden Festigkeit seinen Leidenschaften nicht nachgibt (...)«[1]

Im Essay, der die Form des Dialogs wie des Briefes annehmen kann, entfaltet sich die philosophische, literarische, aber auch politische, pädagogische und ökonomische, kritische Vernunfttätigkeit für eine erst im Entstehen zu fassende Öffentlichkeit, deren einzelne Glieder als solche, nicht eigentlich als Gruppe, angesprochen und zum Selbstdenken als legitimer Teilnahme an diesem erst anhebenden Kommunikationsprozeß aufgerufen werden, der gleichzeitig alte Ordnungen,

Dogmen, Privilegien und Vorurteile in Frage stellt, indem er neue literarische und philosophische Denkweisen wie Darstellungsformen entfaltet. Die Vernunft wird nicht definiert, sondern in ihrer Funktion bestimmt:

»Das Gesetz der Vernunft kann nur Eines sein: ihre Anwendung auf Alles was ist, auf Alles was durch die Sinne unmittelbar wahrgenommen oder mit Hülfe der Reflexion als existierend gedacht werden kann«, erklärt Georg Forster.[2]

Die Autobiographie nun, in der nach ersten früheren Ansätzen in der Renaissance, etwa in Petrarcas »Brief an die Nachwelt«, in Cellinis abenteuerlichem Lebenslauf, in der Selbstanalyse Cardanos, seit der Aufklärung ein wachsendes Interesse des Menschen an sich selbst, an seinem Leben, das er nur zu gern als sinnvollen biographischen Zusammenhang erfahren möchte, sichtbar wird, an seiner Subjektivität, die seine ganz eigene ist und doch auch das Allgemeine, weil jeden diese Subjektivität bestimmt, zeigt deutliche Hinwendungen zum Roman: Jean Paul nennt seine Romane gern Biographien und verwendet sie überdies zur fortgesetzten Selbstinszenierung, so erscheint auch der »Anton Reiser« als ein »psychologischer Roman«, und Lichtenberg gesteht, er habe lange schon an einer »Geschichte meines Geistes sowohl als elenden Körpers geschrieben«, und zwar mit einer Aufrichtigkeit, die bei manchem eine »Mitscham« erwecken werde, so daß sie der bösen Welt wegen erst nach seinem Tode herauskommen werde.[3]

Auch was Hegel im weiteren zum Roman ausführt und als Folge der Verabschiedung des imaginären Wunderbaren und Phantastischen recht drastisch erläutert, trifft den Helden des Romans genau wie den der autobiographischen Darstellung:

»Nun gilt es, ein Loch in diese Ordnung der Dinge zu stoßen, die Welt zu verändern, zu verbessern oder ihr zum Trotz sich wenigstens einen Himmel auf Erden herauszuschneiden (...). Diese Kämpfe nun aber sind in der modernen Welt nichts weiteres als die Lehrjahre, die Erziehung des Individuums an der vorhandenen Wirklichkeit, und erhalten dadurch ihren wahren Sinn. Denn das Ende solcher Lehrjahre besteht darin, daß sich das Subjekt die Hörner abläuft, mit seinen Wünschen und Meinen sich in die bestehenden Verhältnisse und die Vernünftigkeit derselben hineinbildet, in die Verkettung der Welt eintritt und in ihr sich einen angemessenen Standpunkt erwirbt.«[4]

Übrig bleibt Katzenjammer und falsche Versöhnung, Gewöhnung und Resignation – Resultat der endgültig erfolgten Sozialisation, die sich in Amt und Ehe dokumentiert.

Autobiographie ist allerdings nicht gleichzusetzen mit der Realisierung der so schwierigen Sozialisation in – und durch – Formen literarischer Fiktion, so, als könne die Darstellung hierfür Ersatz leisten. Aber sie ist zweifellos ein Medium der Vergewisserung der Subjektivität. Diese jedoch ist so wenig definiert wie Vernunft damals definiert wird, man kann nur ihre Eigenart und ihre Entfaltung bestimmen, d. h. ihre eigentlich prozeßhafte Phänomenologie. Geistige Subjektivität ist bei Hegel »absolute Innerlichkeit«, dies ist sie als Erfassen ihrer Selbständigkeit und Freiheit, in sich unendlich, an und für sich allgemein in absoluter Negativität von allem Besonderen,

»die einfache Einheit mit sich, die alles Aussereinander, alle Prozesse der Natur und deren Kreislauf des Entstehens, Vergehens und Wiedererstehens, alle Beschränktheit des geistigen Daseins verzehrt und alle besonderen Götter zu der reinen unendlichen Idealität mit sich aufgelöst hat. In diesem Pantheon sind alle Götter entthront, die Flamme der Subjektivität hat sie zerstört« –

die Kunst kennt jetzt nur noch einen Gott, einen Geist, eine absolute Selbständigkeit[5], die Individualität ist nun, wie es in anderem Zusammenhang heißt, »Wirklichkeit an ihr selbst«.

Sie weiß von sich, aber sie kennt sich nicht als nur im Bild, das andere von ihr zurückgeben, in der Spiegelung, und nur in Momenten meint sie sich zu fassen. Die punktuell vergewissernde Reflexion und der versammelnde Rückblick als Lebensbericht und Rechenschaft erhellt dem Individuum die Genese und die Erscheinungsformen seiner Subjektivität. Das Individuum des bürgerlichen Zeitalters, das sich zugleich an der äußeren Umwelt und an seinem Inneren orientiert, entfaltet, in der Reflexion auf sich und seine Lage, sein Wollen, sein Handeln das, was seine Subjektivität genannt werden kann. Und in der Selbstdarstellung, in der Erinnerung an gelebtes Dasein wie in kurzfristiger autobiographischer tagebuchartiger Vergewisserung zeichnet es sich so, wie es sich erblickt, wie es zu sein meint, wie es zu wirken wähnte oder wünschte; seinem Selbstverständnis nach repräsentiert es keinen Stand, keinen Beruf, nicht die Besonderheit historischer Größe, die sich als etwas Einmaliges der Nachwelt anbieten will und selbst schon den Nachruhm verwaltet, sondern allein sich selbst als etwas, das es so nicht noch einmal gibt, in dieser Besonderheit aber, da sie für jeden gilt, die Menschheit. So wird das individuelle Leben zum Exempel.[6]

Bürgerliche Subjektivität ist kein Begriff, der nur späterer Interpretation zu verdanken ist und sozialhistorische Einsichten unüberlegt auf die Literatur überträgt. Nicht nur gibt es in der Literatur der Epoche selbst, so sehr deutlich bei Jean Paul, ein Bewußtsein davon, auch der anders geartete Charakter der höfischen Memoiren berechtigt uns zusätzlich zu solcher, wiewohl vorsichtig zu handhabender Bestimmung.

Ein Beispiel hierfür liefern die Memoiren der Markgräfin Wilhelmine von Bayreuth, der Schwester Friedrichs II. von Preußen, die sich in ihrer grundsätzlichen Eigenart nicht von denen der Marguerite von Valois oder denen der Zarin Katharina II. unterscheiden. Die kleinen Fürstenkinder bereits sind wesentlich nur Objekte oder bloße Figuren im Ränkespiel der höfischen Rivalitäten; so etwas wie menschliche Zuneigung kennen sie eigentlich nicht, für ein Privatleben ist im Rahmen der »repräsentativen Öffentlichkeit« (J. Habermas) überhaupt kein Platz. Die Umstände ihrer Sozialisation sind nach unseren Begriffen kaum zivilisiert zu nennen, so daß sie weniger heranwachsen und erzogen werden als vielmehr dressiert werden um zu verkümmern und zu verkrüppeln. Unzureichende Kost (!), zeitraubendes Zeremoniell, langweilige Soiréen, schlafraubende Repräsentationspflichten und leere Beschäftigungen, ein Dauergefühl von Angst, ständige Beaufsichtigung und unnachgiebige Strenge der Abrichtung machen das Dasein, in dem es keinerlei Vertrauen, Wärme, Freiheit, Intimität und Spontaneität geben darf, nach unseren Vorstellungen zur Hölle. Selbstbestimmung, Glück, Gefühl, Subjektbewußtsein, das alles hat hier nichts zu suchen. Der Begriff des Subjektes beschränkt sich dementsprechend auf den des Untertanen. Ein nicht durch Rang und Stellung, Einfluß und Machtposition vermitteltes Selbstbewußtsein zu entwickeln erscheint als fast unmöglich und ist, wo es einmal gelingt, um einen gefährlich hohen Preis erkauft. Allgemein gesprochen, wird in den Memoiren die Frage nach dem Selbst anders gestellt als in der Autobiographie, und die Antwort liegt hier vor allem im Bewußtsein der Rolle.

Zu den interessantesten Autobiographien des 18. Jahrhunderts gehört der Lebensbericht des Theologen Adam Bernd, eines bekannten Predigers und Orientalisten, den er als »Eigene Lebens-Beschreibung« (1738) vorlegt, eigentlich nicht. Sie ist auf den ersten Blick selbst für deutsche Verhältnisse überaus weltarm, pedantisch und dumpf. Ihr Verfasser ist fast ganz auf das eigene Innere gerichtet, er ist arm an Erfahrungen, aber gezeichnet von Gemütsqualen und Hypochondrie. Dennoch ist diese Selbstdarstellung charakteristisch, nicht selten sogar erstaunlich in den psychologischen Andeutungen und Einsichten, die dieser Mann, der über sich, seiner Schwermut, seinen Gebrechen, Ängsten und Verfolgungen, Träumen und Verdächtigungen fruchtlos brütet, zu Tage fördert. Es fehlt bei Bernd, obwohl er ein erfolgreicher Kanzelredner und bekannter theologischer Schriftsteller gewesen ist, die großartige advokatorische Beredsamkeit eines Rousseau, die Schärfe und lakonisch-witzige Genauigkeit eines Lichtenberg, der Reichtum an Einsichten wie die im Denken gefundene Überlegenheit der Erfahrung, die Karl Philipp Moritz aus den Unterdrückungszuständen seiner Jugend zieht, aber man würde auch wieder falsch verfahren, wollte man die fünf Jahrzehnte vergessen, die dazwischen liegen.

Immerhin gelingen ihm doch bereits Einblicke in die Gemütswelt, die mit der linearen Rationalität der Zeitgenossen aus der deutschen Frühaufklärung nicht eben harmonieren. »Unsere Affecten«, so weiß er bereits, »kriegen ihre Moralité, Sittlichkeit und Benennungen unter andern auch von den Objecten und Dingen, worauf sie gerichtet werden«.[7]

In diesen Zusammenhang gehört dann auch die Aufmerksamkeit auf die Träume und die überraschende Genauigkeit, mit der die schwermütigen Seelenzustände, die irrationalen Angstphasen dargestellt werden.[8] Ein furchtsam verstörtes Staunen wird vernehmbar:

»Unaussprechlich ist die Subtilheit des menschlichen Gemüts, und unbegreiflich die Beschaffenheit unserer menschlichen Gemüts-Neigungen, und ihrer Wirkungen.«[9]

Die Intention zur Erforschung der eigenen Gemüts- und Charakteranlagen findet sich in Europa hin und wieder seit der Renaissance, so in der genauen Selbstanalyse Cardanos, in der fortgesetzten, scheinbar lässigen Selbstbeobachtung Montaignes, sie ist aber in jenen Jahren nicht eben häufig, außer in den vom Pietismus geförderten religiös orientierten Selbstbekenntnissen. Bernd erzählt nun auch nicht, wie Autobiographien zuweilen ›erzählt‹ werden, so spricht er in Anlehnung an das Vokabular seiner Berufssphäre wiederholt von seinem »Traktat«. Sein Leben hat keinen Faden, keine Entwicklung, nur Zustände und Stationen. Kein Zufall also, daß das dicke Buch in 104 Paragraphen eingeteilt, annalistisch, also genau nach Jahren aufgereiht, im Grunde einer privaten Chronik gleicht und allein in solcher Aufgliederung und Reihung seine kompositorische Gestalt gewinnt. Viel deutsches Elend wird bei dem aus sehr armen Kreisen stammenden Prediger und Gelehrten sichtbar; man wird dem unfrei über sich gebeugten und zerquältem Manne gewiß nicht die Anteilnahme versagen, so wenig wie hier und dort auch eine gewisse Bewunderung.

Die Vorrede spricht die Absicht aus: es geht ihm darum, seine Leibes- wie auch Gemütsplagen zu beschreiben, um so den Ärzten der Seele wie des Körpers Material in die Hand zu geben, das sie sonst kaum erhalten:

»Gemeine Leute, so nicht studiret, wenn sie in solche betrübte Umstände geraten, kennen sich selbst nicht, und sind selten fähig, ihre Krankheiten, und Zustände denen mit Worten recht zu entdecken, von welchen sie Hülfe erwarten: Und die Gelehrten hingegen, oder die sonst hohe Ehren-Stellen bekleiden, wagen eher alles, und lassen es wohl gar auf die erschrecklichste Todes-Art ankommen, als daß sie ihre Ehre in die Schanze schlagen, und ein einziges Wort davon jemanden entdecken sollten.«[10]

Adam Bernd will nun in aller Offenheit von sich sprechen und so mit seinen Enthüllungen all denen ein tröstendes Beispiel geben, die ähnliches leiden. Unverhüllt und ungeschminkt soll das Leben eines Mannes erscheinen,

»der wegen der schrecklichen Verderbnisse, so in seiner Seele zu finden gewesen, und gegen welche er sich nicht eifrig genug gesetzet, noch männlich genug wider solche gestritten, sich durch eigene Schuld und Saumseligkeit, und Mangel der geistlichen Wachsamkeit bald sich selbst, so zu reden, getötet, bald aber durch Gottes große und unaussprechliche Gnade wieder lebendig gemacht: sich bald in die Hölle schwerer Anfechtungen selbst hineingeführet, bald durch Gottes Erbarmen wieder heraus geführet worden: (...)«[11]

Ausgang ist immer wieder der Zustand der Sündhaftigkeit und der ihr folgenden Zerknirschung; Bernd ist ein Melancholiker, aber noch in einer Zeit, welche die Schwermut als Trägheit des Herzens, acedia, und somit als Sünde versteht.[12] Seine Maßstäbe sind ihm durch Erziehung und theologische Ausbildung vermittelt worden, er wagt nicht, sie in Frage zu stellen, bleibt stets unterwürfig, gesetzestreu, fleißig, ordentlich und unterzieht sich den ihm auferlegten Verpflichtungen. Doch davon spricht er wenig; ausführlich breitet er seine extremen, widersprüchlichen Seelenzustände aus, Weinen und Jauchzen, Trauer und Freude, Angst und neugewonnene Zuversicht. Diese Zustände kennzeichnen den ausführlichen

Lebensbericht als die eigentlichen Begebenheiten dieses bescheidenen Daseins und geben ihm Einheitlichkeit. Es sind Anfechtungen des Gemütes, dessen physische Ursachen ihm wohl verborgen bleiben, obschon er sie gelegentlich zu ahnen scheint; der Begriff der Verdrängung ist ihm noch fremd; die Subjektivität erscheint in diesem Frühstadium als unsicher und bedroht, noch ist das Bewußtsein keine Kraft geworden, es vermag zu registrieren, aber nicht zu kontrollieren, noch ist es des Widerstands gegen auftretende Zwänge, auch zu Entscheidungen nicht fähig, dementsprechend fehlt der erinnernden Vergegenwärtigung die bannende, befreiende, also auch therapeutische Macht. Vernunft und Verstand allein helfen ihm, die furchtbarsten Phantasien wieder zu bannen und dem Bild im Gehirn zu widerstehen, wiewohl nicht, es auszulöschen:

»Saß ich damals, oder stund nahe bei einem, so mußte ich mir oft den Mund zuhalten, daß ich ihn nicht anspie, wenn er gleich mein Freund war, und ich alle Liebe zu ihm hatte, so daß ich gar nicht wußte, warum ich ihn anspeien sollte. Denn das Anspeien kam mir so deutlich vor, als ob es geschähe. Oder ich schlug ihn in Gedanken mit der Hand ins Angesichte, so daß ich die eine Hand mit der anderen Hand halten mußte, damit es nur nicht wirklich geschehen möchte.«[13]

Unschwer sind an solchen Verhaltensweisen wie in seinem krankhaften Ordnungseifer, seinem Sauberkeitsdrang, dann wieder seinem gefährlichen Jähzorn die Symptome einer schweren Neurose festzustellen; Widerwille gegen das Körperliche, Furcht vor dem Sexualbereich insbesondere, produziert eine Fülle perverser Vorstellungen, die wiederum Ängste hervorrufen, in denen das Sündenbewußtsein kulminiert. Die Vorstellung, auf der Kanzel dem Harndrang nachgeben zu müssen, veranlaßt ihn, sich einen Schwamm um den Unterleib zu legen, ja bei der Predigt ein Glas einzustecken, um der Fixierung auf seine Ausscheidungen entgegenzuwirken. Am stärksten wirkt die Versuchung zum Selbstmord, die beim Anblick bestimmter Geräte zwanghaft wird. Mit Mühe nur und immer wieder neu vermag er dagegen anzugehen und bittet um Verständnis für derartige Plagen des Gemüts, die er so genau erfaßt:

»Dienstags frühe kunte ich vor Schwermut nicht zu Hause bleiben, sondern lief vor Angst in das Philosophicum, und in die Disputation, so gehalten wurde. Es war mir höchst heiß um den Kopf, und das Herze auf das höchste zusammen gepreßt. Ich stehe, und höre der Disputation zu; und, siehe, ehe ich michs versehe, so kriege ich die Idée, und das Bild eines Messers, das mir an die Gurgel gesetzt wird.«[14]

Erblickt er ein Messer auf dem Tisch, so erschrickt er und beeilt sich, es zu verstecken, um nicht im Anblick der Waffe sich zum Selbstmord getrieben zu fühlen. Die Gegenstände üben eine eigene Gewalt über das seiner selbst nur in Leiden und Anfechtungen bewußte Gemüt:

»Denn wenn die Imagination vergiftet und angestecket ist, so daß man bei naher Anwesenheit tödlicher Waffen mit schrecklichen Gedanken und Phantasien geplaget wird, so scheinet es weislich gehandelt zu sein, daß man natürliche Mittel brauche, und die Dinge entferne, welche zu fürchterlichen Gedanken Gelegenheit geben«, bemerkt Adam Bernd.[15]

Angstzustände werden zuweilen als psychologisch erkannt und in traditionellen Vorstellungen objektiviert:

»Hat die Furcht schon nicht die Götter, so hat sie doch wohl die Gespenster, und den Teufel manchmal auch in diejenigen Örter der Welt gebracht, wo er doch noch nicht zu finden gewesen.«[16]

Gelegentlich wird es auch erregend in dieser von wirklichen wie von imaginären Plagen durchzogenen Lebensdarstellung und Charakterzeichnung. In starken Schmerzuständen etwa, die ihn schlaflos machen, erscheint es Adam Bernd nach eigenen Worten plötzlich »als ob wir unserer zwei wären, und als ob derjenige, der die Schmerzen hätte, ein anderer, als ich wäre«.[17] So überläßt er nun ›dem anderen‹ die quälenden Schmerzen und schläft besänftigt wieder ein, »und der andere, oder vielmehr ich selber fühlte immer die Schmerzen neben bei in großem Maße, worüber ich des Morgens bald hätte lachen müssen«.

Hier zeichnen sich Abwehrmechanismen des Bewußtseins ab, die manche späteren Erkenntnisse, wenn nicht vorwegnehmen, so doch ankündigen. Aber das sind nur Momente; Furcht und Verzagtheit bleiben vorherrschend: Adam Bernd hat Erfolg, verdient auch mit seinen Kollegien recht gut, aber weil er noch auf kein Predigtamt berufen worden ist, hat er mit dreiunddreißig Jahren schon Angst vor dem Alter und dem damit vielleicht verbundenen Elend, wollüstig nimmt er auch schon den eigenen Verfall vorweg:

»Ich war vorhin fett, völlig im Gesichte, in Armen, und im ganzen Leibe gewesen, und nun fieng ich an täglich zu sterben, und bei lebendigem Leibe zu verwesen. Mein Geld, so ich durch die Collegia gesammlet, kriegte auch die Schwindsucht und nahm zusehends ab, weil ich alle Collegia aufgeben mußte. Die Lunge war so schwach, und das Reden wurde mir so sauer, so daß, wenn ich nur einen von ferne kommen sahe, der mit mir reden wollte, mir die Lunge schon wehe zu tun anfieng: beinahe wie die Gichtbrüchigen, die schon zu schreien anfangen, ehe man sie noch anrühret, so oft sie vorher sehen, daß man sie anrühren werde.«[18]

Er klagt über: Verstopfung, Appetitlosigkeit, Aufstoßen, Magenschwellung, Bruststiche, Nachtschweiß, Schwindelgefühle, Herzklopfen, Abmagerung, Hautbrennen an Hand und Fuß, Hitzeempfindung im Gesicht und am Kopf auf der rechten Seite, die unmittelbar nach dem Essen einsetzen, also insgesamt elf Symptome, und er begreift nicht, daß der Arzt die Krankheit nur für eingebildet hält. Daß Einbildungen dieser Art selbst schon Krankheiten sind, wird damals noch nicht gesehen, so wenig wie Rationalisierungen schon als solche erkannt werden. Die zehn Merkmale des hektischen Fiebers entdeckt Adam Bernd sofort an sich, als die Publikation eines Arztes ihm Anlaß gibt, sie bei sich aufzusuchen.

Positiv wird ihm, wie nebenbei, deutlich, daß der Anspruch der Rationalität nicht ausreicht; die Menschen, so bemerkt er, leben mehr nach ihren Leidenschaften als nach ihrer Vernunft.

»Es entstund ein unsäglicher Kampf im Gemüte zwischen Passion und Vernunft. Ich redete mir zu mit Argumentis Theologicis und Philosophicis, und wollte die aufsteigenden

Bewegungen dämpfen, und gleichwohl stritt Fleisch und Blut darwider; so daß im Kopfe gleichsam eine rechte Bataille zwischen zweierlei Gedanken vorging, und Erbarmen und Unwillen, als zwei Kinder im Gemüte, wie Jacob und Esau im Mutter-Leibe (...) sich stießen.«[19]

Es geht nicht darum, die Beispiele zu häufen, es geht darum, an ihnen diese Anfechtungen einer Subjektivität sichtbar zu machen, die, wenn man das Bild Hegels von der alle Götter verzehrenden Flamme aufnehmen will, eine reine Flamme nicht ist, sondern unruhiges Flackern und unreiner Brand. Schließlich meint Adam Bernd alles gesagt zu haben, obgleich er aus Schamhaftigkeit doch manches noch verschwiegen hat. Dennoch ist vieles schon deutlich vorgezeichnet in diesem wichtigen Lebensbericht: Hamanns große Beichte, Rousseaus sophistisch gefärbte Geständnisse, Lichtenbergs präzise erfaßte Hypochondrie wie auch manche Züge der sonderlichen, kauzigen und doch sich behauptenden Charaktere Jean Pauls, von Anton Reisers Gemütszuständen ganz zu schweigen.

Indem Adam Bernd als Krankheit erkennt, was früher teuflische Anfechtung und Versuchung war, wird die Selbstdarstellung im modernen Sinne psychologisch. Seine Erkenntnisse gehen nicht auf Selbststilisierungen religiöser Art, wie sie ihm bei seiner Einbildungskraft und Beredsamkeit sehr wohl wären möglich gewesen, sondern auf eine psychische Realität. Man mag das Säkularisierung nennen, jedenfalls aber ist es ein Schritt zur Befreiung. Aus dem, was Versuchung war, ist weitgehend Pathologie geworden, die Pathologie des neuentdeckten Seelenlebens.

Merklich weiter geht in eben diese Richtung Lichtenberg in den fragmentarischen Notizen zu einer Selbstdarstellung, die eigentlich punktuell festgehaltene, diaristische Selbstbeobachtung bleibt.

Hier werden die Zustände des Melancholikers als die Merkmale der Hypochondrie erfaßt, deren Erscheinungsformen überaus genau beschrieben und keineswegs nur in negativer Hinsicht erfahren werden: die Besonderheit wird als Symptom des Selbstbewußtseins positiv gewendet:

»Die Gebrechlichen haben oft Fertigkeiten, deren ein ordentlich gebauter Mensch wo nicht unfähig, doch zu erlernen nicht entschlossen genug ist.« (F 901)[20]

Lichtenberg selbst war bucklig und hat wiederholt über diese ihn entstellende Besonderheit nachgedacht, ohne doch bei bloßen Klagen stehen zu bleiben; er erfaßt die mögliche, durch Entschlossenheit hervorgebrachte Kompensation als besondere Leistung:

»Jedes Gebrechen im menschlichen Körper erweckt bei dem, der darunter leidet, ein Bemühen, zu zeigen, daß es ihn nicht drückt: der Taube will gut hören, der Klumpfuß über rauhe Wege zu Fuß gehen, der Schwache seine Stärke zeigen, usw. So verhält es sich in mehreren Dingen. Dieses ist für den Schriftsteller ein unerschöpflicher Quell von Wahrheiten, die andere erschüttern, und von Mitteln, einer Menge in die Seele zu reden.« (G 77)[21]

Das führt dann weiter zu einer aufbegehrenden Vorurteilslosigkeit und zu der bei Lichtenberg ständig sich wiederholenden, fast trotzigen denkerischen Selbständigkeit:

»Die gesundesten und schönsten, regelmäßigst gebauten Leute sind die, die sich alles gefallen lassen. Sobald einer ein Gebrechen hat, so hat er seine eigne Meinung.« (G 86)[22]

In der vielleicht immer wieder angefochtenen Besonderheit gewinnt der sich selbst Beobachtende seine Sicherheit: Eigentümlichkeit wird als nicht-konformistische Haltung zum verstärkten Selbstbehauptungswillen; Lehrmeinung, Aberglauben, pedantischer Wissensdünkel, Konvention und Vorurteil werden von hier her aufgesprengt: Lichtenberg beklagt sich, daß zu viel gelesen wird,

»wodurch wir so viele Materialien erhalten ohne sie zu verbauen, wodurch unser Gedächtnis gewöhnt wird, die Haushaltung für Empfindung und Geschmack zu führen«. Nötig ist in dieser Lage eine »tiefe Philosophie«, um dem Empfinden seine Unschuld zurückzugeben, »sich aus dem Schutt fremder Dinge herauszufinden, selbst anfangen zu fühlen, und selbst zu sprechen und ich mögte fast sagen auch einmal selbst zu existieren«. (B 264)[23]

Doch eben weil dieses Bewußtsein in der Selbstbeobachtung angefochten ist, fehlt alle Neigung zu verfestigtem, verfestigendem Denken, immer neu wird der Zweifel wach, wird produktiv, denn die Beunruhigung führt zu gesteigerter Aufmerksamkeit, gesteigerte Aufmerksamkeit zu neuer Beunruhigung, die zuweilen wieder an A. Bernd denken läßt:

»Man ist verloren wenn man zu *viel* Zeit bekömmt an sich zu denken, vorausgesetzt, daß man sich nicht als ein Objekt der Beobachtung, wie ein Präparat ansieht, sondern immer als alles was man jetzt ist. Man wird so viel Trauriges gewahr, daß über dem Anblick alle Lust verfliegt, es zu ordnen oder zusammen zu halten.« (J 704)[24]

Nicht minder aber gelingt es, in dieser Situation den Gegenständen neue Ansichten abzugewinnen, ihre Voraussetzungen zu überprüfen, die Bedingungen ihrer Einwirkung:

»Wo habe ich diese Gedanken her, die ich hier schreibe? Ich bin ein freier Mensch, meine Landsleute sind ehrliche Leute, ich spreche wie ich es denke, bin gegen mich selbst aufrichtig und sage mir nicht selbst Dinge nach (...) so kann ich mich überall sehen lassen, ein falsches Urteil wird mir alsdann zum Gebrechen und nicht zum Vergehen angerechnet. Ist es Wahrheit bei dir was du redest oder ist [es] vielleicht der Ton des Lustrums worin du schreibst? Ich sehe tief in meine Seele hinein und ich erkenne, der Gedanke ist ein Produkt meines Systems, nicht eingeführt, ohnerachtet ich nicht zweifele, daß er häufig auf anderm Boden wächst.« (B 321)[25]

Hier kündigt sich der für Lichtenberg entscheidende Schritt von der Selbstbeobachtung zum Selbstdenken an. Aber eben diesem Selbstdenken wird nun das eigene Wesen immer unbegreiflicher; es beruhigt sich nicht bei seinen Resultaten. Zweifel am positiven Sachwissen – Mathematik ausgenommen –, das Gefühl der Unmöglichkeit einer vollkommenen Natur- und Selbsterkenntnis wird immer stärker: was wir am reinsten von der Natur empfangen, was uns am nächsten steht, wir selbst, sind uns kaum zugänglich:

»Es scheint fast, wir sollten bloß würken, ohne uns selbst zum Gegenstand der Beobachtung zu machen: so ist es fast einerlei ob wir aus dem Hainberg den Ursprung der Welt, oder aus unsern Verrichtungen die Natur unserer Seele wollen kennen lernen.« (J 931)[26]

Dann aber wird ihm deutlich, daß jeder Mensch etwas von allen Menschen besitzt, daß also Selbstkenntnis die des Menschen überhaupt sein könnte. Den Beweis hierfür will Lichtenberg in einer »aufrichtigen Beschreibung seiner selbst« finden, wenn eine solche Beschreibung als Charakteristik oder Lebensgeschichte von vielen unternommen wird. Die so entstehenden wachsenden Einsichten sind Momente der Befreiung, die Befreiung aber fordert eigentlich Selbstbewußtsein und Verantwortung, denn nun ist nicht mehr alles an anonyme Gewalten zu delegieren. Ist es wirklich schon so weit? Sarkastisch bemerkt Lichtenberg:

»Wir schlagen zwar den Tisch nicht mehr, an dem wir uns stoßen, wir haben uns aber für andere aber ähnliche Stöße das Wort Schicksal erfunden, das wir anzuklagen wissen.« (J 1666)[27]

Lichtenberg greift fordernd vor und nimmt Resultate vorweg. Antizipierende Phantasie ist das Korrelat des stets wachsamen Zweifels, beide sind Erscheinungsformen der neuen Subjektivität. Es gilt dies für die allgemeinen Beobachtungen genau so wie für Lichtenbergs immer neu formulierte Ansätze zu einer zusammenhängenden Selbstdarstellung. Er habe, so gesteht er in den letzten Jahren seines Lebens, seit seiner Krankheit, 1789,

»die erbarmungswürdige Fertigkeit erlangt, aus allem was ich sehe und höre, Gift *für mich selbst,* nicht für andere zu saugen. Es ist als ob das Drüsensystem meines moralischen Wesens, wodurch bei glücklich organisierten Menschen Ruhe, Nutzen und Vergnügen aus allem gezogen wird, ganz die entgegengesetzte Form angenommen hätte, so wie wenn bei Windmühlen der Wind plötzlich von hinten kommt und alles zerstört. Wie ist da zu helfen?« (K 43)[28]

So beklagt er den älter machenden Gedanken an das zunehmende Alter und die Fülle kleiner Unpäßlichkeiten, die an ihm zu einem Bündel von Krankheiten werden. Dennoch erlahmt die Wachsamkeit nicht; mag er auch hypochondrisch werden, niemals geht er so weit wie der Ich-schwache Adam Bernd, er fängt sich früher. »Ich muß zuweilen wie ein Talglicht geputzt werden, sonst fange ich an dunkel zu brennen«, (K 58) gesteht er.[29]

Schon daß ihm die Gefahr fortdauernder Selbstbetrachtung bewußt wird, gibt ihm Halt, wirkt der Lähmung entgegen. Er rettet sich durch nachdrückliche Ermunterung zur Sachlichkeit, die er wissenschaftlich begründet. Hypochondrie war freilich so etwas wie eine Modekrankheit, nicht nur im Deutschland der Epoche, – man denke an S. Johnson oder an die Tagebücher von J. Boswell –, häufig genug eine Folge individueller und sozial bedingter Frustrationen. Die Problematik dieser Innerlichkeit ist die der Selbsterschöpfung, der Selbstvergiftung. Das Gegenmittel, das Lichtenberg immer wieder anwendet, ist die empirische Wissenschaft, von der seine psychologische Neugier sich leiten läßt. Auch findet er immer wieder Abstand in der Ironie, in Sarkasmen, im boshaften understatement, und immer bleibt die Neugier des Forschers stärker als die Befangenheit und Eitelkeit des Subjektes, das seine Eitelkeit noch zu reflektieren weiß. Beobachtung wird ihm, unabhängig von der Qualität des Gegenstandes, selbst zum Vergnügen. Und noch im Wissen davon empfindet er Genugtuung. Rettung ist also allein in der objektivierenden Beobachtungshaltung des Forschers, der sich vielleicht zwar nicht bessern, aber doch besser begreifen kann. Im Begreifen ist Halt, kontrollierender Einfluß, in der Niederschrift liegt eine objektivierende Kraft, die Lichtenberg bis in die letzten Tage seines Lebens behauptet hat.

Nicht selten wirken Lichtenbergs fragmentarische Einfälle, Fragen und Notizen wie Ergänzungen zu einem Buch, das er, wie es scheint, nicht zur Kenntnis genommen hat, denn wenn er sich auf de Retz, Rousseau und andere, spät sogar auf Jean Paul bezieht, so hätte er auch hierzu gewiß Notizen hinterlassen – denn der »Andreas Hartknopf« wird sogar erwähnt – die gerade in ihrer vermutbaren Affinität höchst aufschlußreich gewesen wären, ich meine den »Anton Reiser« von Karl Philipp Moritz. Bei ihm endet, obwohl nicht ein für alle mal, die Selbsterfahrung in der Zerknirschung, wie sie A. Bernd zu finden verstand, die Rechtfertigung der Leiden, die in falsch versöhnender Absicht Jung-Stilling zum Eingriff der Vorsehung machte, und was bei Lichtenberg in Momenten sichtbar wird, erscheint hier als durchgehendes Prinzip der Autobiographie. Diese wird jetzt zum »psychologischen Roman«, wobei Psychologie mehr meint als die Analyse des Denk-, Willen- und Empfindungslebens eines Heranwachsenden; die Gewalt der sozialen Verhältnisse macht Moritz, der, anders als Lichtenberg, kein einsiedlerisches, wiewohl ähnlich hypochondrisches Dasein führte, sichtbar wie vor ihm kein anderer, damit auch die Bedeutung der Umwelt für die Ausbildung der Individualität, so daß sein Buch schließlich wie das nur weniger seiner Zeitgenossen auch rebellisch genannt werden darf. Das Verhältnis von Selbstbewußtsein und sozialer Lage ist vor ihm von niemand, auch nicht von Rousseau, in dieser Weise thematisiert worden.

Das Selbstbewußtsein ist hier durchaus angefochten, die Subjektivität erfährt sich nicht als unabhängig und an sich selbst, sondern als Bild, das die Anderen davon wiedergeben, das zurückwirkt und als Reaktion auf diesen Reflex. Moritz kann nicht sein Bild von sich entwerfen und durchsetzen, sondern nur auf das ihm zurückgeworfene Bild, das er aufnehmen muß, reagieren. Die Folge davon ist Verzagtheit, Lebensüberdruß, Gekränktheit, dann Flucht in die Phantasiewelt, dann schließlich, und hier findet er wieder Gleichgewicht und Halt, ein neues, ganz eigenes Selbstbewußtsein im Denken, indem das Ich, als Kraft des Erinnerns begreifbar, die Einheit aller bis dahin zerstückelten Momente unterdrückten

Daseins zu fassen vermag. Zum einen also ist die Umwelt ein entscheidendes Moment für die Entwicklung der Individualität, zum andern ist das Bewußtsein ein Moment, die Einflüsse der Umwelt zu bewältigen. Das ist kein Widerspruch, sondern die frühe Erfassung der Dialektik von Wirklichkeit und Bewußtsein, die hier noch in bloß widerspruchsvoller, scheinbar unvermittelter Gegensätzlichkeit sichtbar wird.

Daß Moritz die Erfahrungen des Bewußtseins realistisch fundiert, hat zu Mißverständnissen geführt. So heißt es in einer zeitgenössischen Rezension, er habe mehr eine Biographie mit aus dem Leben genommenen Beobachtungen geben wollen als einen wirklichen Roman, »mehr eine innere Geschichte des Menschen als eine Galerie abstechender Charaktere«. Und weiter:

»Er sieht die Schwierigkeiten dieser Untersuchung selbst ein: und ein Schriftsteller, der nicht mit Augen von Eigenliebe geblendet, in seine Materie einstürmt, der über Schwierigkeiten, die ihm aufstoßen und noch aufstoßen können, reflektiert, ein solcher Schriftsteller kann nie etwas Schlechtes liefern. Was wir an seinem Plane auszusetzen haben, ist der Stand und die Situationen, worin er seine Helden geboren werden und aufwachsen läßt.«[30]

Bemängelt wird ferner, daß Moritz, der doch für Leute schreibe, die lesen können, d. h. »nicht für Handwerker u. dgl.«, sich besser hätte vor Szenen hüten sollen, »deren Details seinen Lesern statt Teilnahme Langeweile erregen müssen«. Empfohlen wird dem Verfasser mehr sichtbarer Zusammenhang, mehr »philosophische als historische Anatomie und Meterologie der Seele«, was nun keineswegs dadurch minder falsch wird, daß der Rezensent später zugibt, er hätte das Dargestellte mehr für Fiktion als für autobiographische Wirklichkeit gehalten.

Moritz hat entsprechend in der Vorbemerkung zum 2. Teil auf die Einwände geantwortet:

»Wem nun an einer solchen getreuen Darstellung etwas gelegen ist, der wird sich an das anfänglich unbedeutende und unwichtig scheinende nicht stoßen, sondern in Erwägung ziehen, daß dies künstlich verflochtne Gewebe eines Menschenlebens aus einer unendlichen Menge von Kleinigkeiten besteht, die alle in dieser Verflechtung äußerst wichtig werden, so unbedeutend sie an sich scheinen.«[31]

Das läßt uns vermuten, daß der »Anton Reiser« mit seinem, wiewohl von anderen Autoren schon geübten, mikrologischen Verfahren in seiner ganzen Bedeutung zu jener Zeit offenbar nicht überall verstanden wurde, Moritz muß sein Unternehmen erläutern und verteidigen: die fortgesetzte, wiewohl erinnernde Introspektive wird hier zum Verfahren einer Beschreibung der Genese des Selbstbewußtseins, seiner Läuterung, Erniedrigung und Festigung. Aus dem pietistischen Tagebuch der Selbsterforschung, der Lebensbeichte, wird die romanesk vermittelte Autobiographie. Pietistische Verhaltenskontrolle wird konsequent zur »Erfahrungsseelenkunde« säkularisiert. Mag der Inhalt zuweilen noch, wie auch die Form, ja, das Vokabular, nur unwesentlich vom Vorbild abweichen, so ist doch die Intention eine andere. Erbaulichkeit und Rechtfertigung weichen der psychologischen Darstellung und dem pädagogisch orientierten Interesse an der Erkenntnis des Menschenwesens, das als das Besondere jeweils auch das Allgemeine heißen muß.

Das Werk sollte »vorzüglich die *innere* Geschichte des Menschen schildern«, es soll die vorstellende Kraft konzentrieren, »den Blick der Seele in sich selber schärfen«. Es geht darum, wie es weiter in dem knappen Vorspruch heißt, »die Aufmerksamkeit des Menschen mehr auf den Menschen selbst zu heften, und ihm sein individuelles Dasein wichtiger zu machen«. Biographie aber ist das Buch, weil die Beobachtungen und Begebenheiten dem wirklichen Leben entnommen wurden.[32] Biographie heißt hier »eine so wahre und getreue Darstellung eines Menschenlebens, bis auf seine kleinsten Nuancen«, wie sonst kaum eine zweite.[33]

Sigmund Freud bemerkt in seinem Aufsatz »Eine Kindheitserinnerung aus Dichtung und Wahrheit«, daß man, wenn man der unbestrittene Liebling seiner Mutter gewesen, für das ganze Leben sich eine Art Eroberergefühl erwirbt und erhält, eine Zuversicht, welche hilft, den Erfolg herbeizuziehen.

»Und eine Bemerkung solcher Art wie: Meine Stärke wurzelt in meinem Verhältnis zur Mutter, hätte Goethe seiner Lebensgeschichte mit Recht voranstellen dürfen.«[34]

Goethe hat, wie man weiß, K. Ph. Moritz wie einen jüngeren Bruder gesehen, »von derselben Art, nur da vom Schicksal verwahrlost und beschädigt, wo ich begünstigt und vorgezogen bin«.[35]

Nur ist, was hier das Schicksal heißt, noch genauer zu bestimmen, nämlich als die Gewalt der sozialen Verhältnisse. Sie waren für Moritz – auch in späteren Jahren noch – in jeder Hinsicht die Umkehrung derer, die Goethe begünstigten und trugen. So wird der »Anton Reiser« durch die Negation, als Gegenprobe, zur Bestätigung der von Freud aufgestellten These: der häusliche Friede ist durch tiefgehende Mißverständnisse und daraus folgende heftige Zerwürfnisse der Eltern dauernd gestört: »Unter diesen Umständen«, so heißt es bereits auf den ersten Seiten,

»wurde Anton geboren, und von ihm kann man mit Wahrheit sagen, daß er von der Wiege an unterdrückt ward.

Die ersten Töne, die sein Ohr vernahm, und sein aufdämmernder Verstand begriff, waren wechselseitige Flüche und Verwünschungen des unauflöslich geknüpften Ehebandes.

Ob er gleich Vater und Mutter hatte, so war er doch in seiner frühesten Jugend schon von Vater und Mutter verlassen, denn er wußte nicht, an wen er sich halten, an wen er sich anschließen sollte, da sich beide haßten, und ihm doch einer so nahe wie der andre war.«[36]

Liebkosungen erfuhr er so wenig wie je das ermunternde Lächeln, statt dessen Unzufriedenheiten, Zorn und die Klagen des zerrütteten Hauswesens. Hierzu bemerkt der Erzähler aus mühsam gefundenem Abstand:

»Diese ersten Eindrücke sind nie in seinem Leben aus seiner Seele verwischt worden, und haben sie oft zu einem Sammelplatze schwarzer Gedanken gemacht, die er durch keine Philosophie verdrängen konnte.«[36]

In dieser gedrängt kommentierten Exposition steckt schon die ganze weitere Entwicklung, und die Ausweitung des Erfahrungsbereichs in Lehre und Schule wird für den Heranwachsenden zur erweiterten Wiederholung und Erneuerung dieser freudlosen und peinigenden Grundverhältnisse. Der von seiner Umwelt nicht ›angenommene‹ Anton Reiser erfährt die sozialen Zustände nur als ein System der Unterdrückung, auf das er durch vielfache Formen der Selbstverachtung, der gefährlichen, durch Lektüre vermittelten Flucht in den Phantasiebereich, der trotzigen Bosheit, der beseligenden Wunsch-Projektion, der kompensierenden Aggression, des masochistischen Genusses erlittenen Unrechts wie der krampfhaften Selbstbestätigung sinn- und ziellos zu reagieren beginnt. Schwankend zwischen Haß und Liebe, Furcht und Zutrauen, bildet sich sein Selbstgefühl nicht aus, so daß er auch dem Verlangen nach einer Freundschaft, deren er dringend bedürfte, nicht nachzugeben wagt, denn

»das niederschlagende Gefühl der Verachtung, die er von seinen Eltern erlitten, und die Scham, wegen seiner armseligen, schmutzigen, und zerrissnen Kleidung hielten ihn zurück, daß er nicht wagte, einen glücklichen Knaben anzureden.«[37]

Er kann nun nicht mehr als sein Schicksal anklagen und dessen blinde Grausamkeit wiederholen, sie im Wiederholen sich voll vergegenwärtigen: seine Spiele noch mit den Kernen von Pflaumen und Kirschen sind die Zelebrierung von Unheil und Verderben:

»Auch über diese mußte ein blindes Schicksal walten, indem er zwei verschiedene Arten als Heere gegen einander anrücken, und nun mit zugemachten Augen den eisernen Hammer auf sie herabfallen ließ, und wen es traf, den traf's.«

Weiter heißt es sodann:

»Wenn er Fliegen mit der Klappe tot schlug, so tat er dieses mit einer Art von Feierlichkeit, indem er einer jeden mit einem Stück Messing, das er in der Hand hatte, vorher die Totenglocke läutete.«[38]

Aus papiernen Häusern baut der Knabe ganze Städte auf, die er verbrennt, um mit einer Mischung aus Genugtuung und Trauer die aschenen Überreste zu besehen.

Genährt von einem hierzulande seltenen psychologischen Scharfsinn, in dem der Pietismus, der seelenbeschauende, seine neue weltliche Ausdrucksform findet, Rousseau nicht unverwandt, dabei von ihm doch in keiner Weise abhängig und lakonisch, ja trocken, wo dieser ausschweifend-beredt sich zeigt, frei auch von dessen apologetischer Heftigkeit, hütet sich der Erzähler in seiner Aufrichtigkeit vor gefährlichen Rationalisierungen; die darstellende Selbstanalyse von einem erreichten Punkte her, dem der bewußten Vergegenwärtigung, dem der Erzählbarkeit des gelebten Daseins, ist von unerbittlicher Konsequenz und deshalb frei von falscher Versöhnlichkeit. Knapp und bitter nur heißt es plötzlich:

»So war Anton nun in seinem dreizehnten Jahre, durch die besondere Führung, die ihm die göttliche Gnade, durch ihre auserwählten Werkzeuge hatte angedeihen lassen, ein völliger Hypochondrist geworden, von dem man im eigentlichen Verstande sagen konnte, daß er in jedem Augenblick *lebend starb.* – Der um den Genuß seiner Jugend schändlich betrogen wurde – dem die zuvorkommende Gnade den Kopf verrückte. –«[39]

Es ist nun nicht so, daß Anton Reiser im weiteren überhaupt keine Ermunterung erfahren wollte: Auffassungsvermögen, Gedächtniskraft, Imitationsgabe, Wissensdrang bei entsprechendem Verständnis und ein instiktiver Drang, sich hervorzutun, führen zu gewissen Erfolgen; der Besuch der Lateinschule wird ihm vermittelt, vor allem der 2. Teil berichtet hiervon, doch ist zu bemerken, daß alle diese Bestätigungen, deren er so dringend bedarf, wieder mit neuen Demütigungen erkauft werden müssen. Wenn sogar die Schule eine Art Zuflucht vor den häuslichen Quälereien war, so warteten doch in der Schule wieder neue Bedrükkungen auf das empfindliche Gemüt. Und die ihm gewährte bescheidene Unterstützung wird zu einer Kette neuer Plagen, die Moritz wie folgt beschreibt:

»Denn alle beeiferten sich zwar, auf die Weise ihm Wohltaten zu erzeigen, aber jeder glaubte auch dadurch ein Recht erworben zu haben, über seine Aufführung zu wachen, und ihm in Ansehung seines Betragens Rat zu erteilen, der dann immer ganz blindlings sollte angenommen werden, wenn er seine Wohltäter nicht erzürnen wollte. Nun war Reiser gerade von so viel Leuten von ganz verschiedener Denkungsart abhängig als ihm Freitische gaben, wo jeder drohte, seine Hand von ihm abzuziehen, sobald er seinem Rat nicht folgte, der oft dem Rat eines andern Wohltäters geradezu widersprach.«[40]

So sind seine Erfolge und Leistungen hierdurch genau wie durch das Erniedrigende der äußeren Lage eingeschränkt, besser: vergiftet. Die mit Mühe zuweilen erlangte Selbstachtung ist stets wieder bedroht, kein Wunder, daß er aus Unsicherheit, zuweilen wohl auch um etwas zu erreichen, ein affektiertes, hin und wieder sogar heuchlerisches Wesen zeigt, obgleich er eine bestimmte einschmeichelnd-geschickte Redeweise niemals erlernt.

Die Gründe sind dem Erzähler sehr wohl bekannt:

»Durch tausend unverdiente Demütigungen kann jemand am Ende so weit gebracht werden, daß er sich selbst als einen Gegenstand der allgemeinen Verachtung ansieht, und es nicht mehr wagt, die Augen vor jemandem aufzuschlagen – (...)«,

so kommentiert der Erzähler diese Situation.[41] Aus der Folge von Demütigungen erwächst schließlich eine Art von Selbsthaß; alle empfangenen Wohltaten oder Vergünstigungen sind dann nur wieder Anlaß neuer Qualen, in denen sich das zurückgesetzte Individuum leidend genießt und in seiner Niedrigkeit bestätigt weiß.

Im 3. Teil werden dann die Phasen des Selbstbewußtseins entfaltet, in denen Anton Reiser über das Vernichtende seiner Lage hinauszuwachsen beginnt. Erste Denkerfahrungen führen ihn zum Gefühl der Leere und Nichtigkeit zurück, bis er sich einmal, wie zufällig, bewußt wird, daß er sich selbst überhaupt nicht zu entrinnen vermag. Das trifft ihn und lastet wie ein Druck auf ihm

»– Daß er einen Tag wie alle Tage *mit sich aufstehen, mit sich schlafen gehen* – bei jedem Schritte sein verhaßtes Selbst mit sich fortschleppen mußte. –

Sein Selbstbewußtsein mit dem Gefühl von *Verächtlichkeit* und *Weggeworfenheit* wurde ihm eben so lästig wie sein Körper mit dem Gefühl von Nässe und Kälte; (...)«[42]

Und so verzweifelt er darüber, daß er unabänderlich bei sich zu bleiben haben werde, gewissermaßen an sich selbst gefesselt. Auf dem Umweg über erste literarische Versuche, die als Selbstdarstellung den Tagebuchnotizen folgen, spürt Reiser dem Begriff des Daseins, des Ich, des Individuums nach. Im Durchdenken des sich selbst vollkommen gleich-Seins, in der Vorstellung der Identität also, beginnt er sich wieder zu entschwinden und tastet sich an der Folge seiner Erinnerungen an das Gewesene zu sich zurück. Hier erkennt er Einheit und Zusammenhang, die ihm dann wieder als Täuschungen zurücksinken ins Gestaltlose. Verloren in der Menge, in der für ihn kein bestimmter Platz sich findet, sieht er sich zu, wird er sich zum Objekt. Mißvergnügen und Langeweile lösen diese Beobachtungen wieder ab, das Leben selbst wird abermals zum sinnlosen Wirken eines blinden Zufalls, das Dasein zerfällt wieder in einzelne Bruchstücke. Neue Demütigungen, die das schwache Selbstgefühl fast zu ertöten vermögen, Lebensüberdruß und Weltschmerzerfahrungen im Anschluß an Lektüre – wie die des »Werther« –, pubertäre Todesnähe, das sind Bedrohungen, aus denen Reiser einen ersten Ausweg durch die Einbildungskraft findet; schließlich fasziniert ihn das Theater.

Wenn er zuweilen eine Kraft in sich spürte, über alles hinwegzudrängen, was ihn herabzubeugen droht, so entwickelt sich eben hieraus eine neue Sicherheit, die er fortan vorübergehend, doch nie mehr völlig verlieren wird: aus dem Festhalten des Daseins an der Kette der Erinnerungen, die keine Brüche mehr zeigt, entwickelt sich die Autobiographie, die nun den Begriff der Individualität gefunden hat, um ihn wieder zu verlieren und dann neuerdings einzuholen:

»Sein Stolz, der sich emporarbeitete, siegte über den Verdruß, den er zuerst empfand – daß er an den Haufen sich nicht anschließen konnte, drängte ihn in sich selbst zurück – und veredelte und erhob seine Gedanken und Empfindungen.«[43]

Er erfährt dann, wie in bestimmten Momenten alle Erinnerungen wach werden, kein gegenwärtiger Augenblick mehr das Dasein beschränkt – »sondern er faßte alles das wieder mit, was schon entschwunden war«.[44]

Diese Erfahrung wird zu einem ungekannten Glücksgefühl, denn nun gewinnt dieses sein klägliches Dasein Interesse für ihn, denn es besitzt Zusammenhang. Schon also wird das Erinnern in einem Buch der Erinnerung thematisiert. Von einem festen Punkte her vermag der Erzähler Imaginationen und Realien mit gleichem sicheren Griffe festzuhalten; in der Genauigkeit, der Schärfe und Sicherheit liegt die eigentliche Spannung des »Anton Reiser«, nicht in der Modernität des Typus, die allerdings noch in das 20. Jahrhundert nachzuwirken scheint.

Darüberhinaus hat Moritz darauf verzichtet, durch einen falschen harmonisierenden Schluß sich und dem Leser etwas vorzutäuschen, er endet mit einer kräftigen Dissonanz, aber im Fehlschlag, in der Enttäuschung, mit dem der Bericht bewußt abgebrochen eher als beendet wird, ist der Horizont für den

Helden wiederum verstellt. Moritz hütet sich sogar, den psychologischen Roman in die Erzählsituation einmünden zu lassen.

Einbildungskraft wird nicht eben selten zu einem Verfahren, in dem sich der Einzelne in seiner Bedrängnis zu schützen versucht: Flucht als letzte Selbstbehauptung. Es kommt dabei zu Kunstgriffen der Phantasie und der reflexiven Reaktion auf wirkliche Bedrängnisse, so daß von der Empfindung wie der Einbildungskraft gesagt werden kann, sie bereite Denkerfahrungen vor oder vermittle sie. Dies aber sind Elemente, die nicht allein bei Moritz, sondern auch bei Lichtenberg, in noch stärkerem Maße dann bei Jean Paul zu finden sind. Sowohl die rebellische Selbstbehauptung Jean Paulscher Gestalten wie ihre oft krankhafte Sonderbarkeit, ihre Versponnenheit und die deutlichen Deformationen stehen in engem Zusammenhang mit dem Material, das Moritz, Erinnerung erzählend, mit kritischer Genauigkeit ausbreitet.

Die wenig beispielhaften Lebensläufe leicht närrisch erscheinender Figuren mit scheinbar hochfliegenden intellektuellen Projekten, die in Wahrheit literarisch wenig sinnvoll sind, erscheinen bald als Anweisungen zur Selbstbehauptung, zur Verteidigung nicht nur gegen das anonyme Schicksal, sondern gegen seine Konkretion in den herrschenden Verhältnissen. Immer wieder und zum Teil in absurder Verschlagenheit suchen die Helden der seltsamen Idyllen Jean Pauls die Wirklichkeit auf ihre Weise für sich zu korrigieren. So kann auch der junge Wutz im Alumneum nicht gebrochen werden, obschon dieses eigentlich einem »Präservationszuchthaus« zu vergleichen ist, wo Hunger und Erschöpfung auch für die Bewahrung der Keuschheit Garantie leisten.

Das Geheimnis solcher Erziehung ist die Marter; die Idylle Jean Pauls erscheint als gebrochen durch das satirische Einverständnis mit und das fiktive Lob pädagogischer Grausamkeit, in der Wutz eine Technik des Überstehens entwikkelt, und zwar durch die in der Einbildung vorweggenommenen Freuden auf das noch nicht Gewährte: im Hunger auf die nächste Mahlzeit, in der Novemberkälte auf einen möglichen warmen Ofen. Wo kein Gedanke mehr hilft, kein religiöser Trost, da tut es der Gedanke an den Schlaf in einem warmen Bett. In die Schlafstatt gerettet, erinnert er sich der erlittenen Kälte und sagt: »Siehst du, Wutz, das ist doch vorbei.«[45]

Der Schüler Wutz entwickelt keine Philosophie, sondern Hilfsmittel des Überstehens und Ertragens: Das freudlose und unterdrückte Dasein behilft sich mit vorgestellten Besserungen und aufgeschobenen, noch ungenossenen Vergnügungen. Noch vor dem Tode verläßt sich der stets kindisch Gebliebene auf eine fast programmatische Fröhlichkeit; auf dem Sterbebett hat er seine Spielsachen liegen, Kinderkram und Schreibbuch, so daß er, da die Zukunft keine Freuden mehr haben wird, die der ersten Kindheit zurückruft und sie zu gegenwärtigen seiner Einbildungskraft macht. Nicht einmal die Trennung von seiner kleinen Familie scheint ihn stark zu belasten. In der Tat: so viel List, Selbsttäuschung und unheroische Tapferkeit wie das Leben sie ihm abgefordert hatte, sind für sein Sterben nicht mehr nötig.

Was man bei Jean Paulschen Helden als idyllische Sanftheit gesehen hat, entstammt keiner naiven Heiterkeit, sondern ist Entbehrungen abgerungen, die einen stärkeren Charakter als den der Schulmeister Wutz oder Fixlein würde gebrochen haben. Nicht Freuden werden in diesen Idyllen gesteigert, wie man es von der Gattung immer wieder gefordert hat, sondern das Unerträgliche wird täglich neu mit kaum glaublicher Anstrengung – und um den Preis, daß sich die Helden über sich selbst nicht deutlich werden – ins eben noch Ertragbare umgestaltet.

So ist das bürgerliche Eintreten in die Welt und das sich-Einrichten von Resignation und Regression gekennzeichnet; Resignation war es wohl auch, was die gesellschaftlichen Zustände, die trotz der Vorgänge in Frankreich eine Veränderung nicht ahnen ließen, allein noch zu lehren vermochten; die »Rheingegenden der Hoffnung«, wie sie Jean Paul einmal nennt, sind weit entfernt, und nur an »utopischen Tagen« werden sie sichtbar. Es gilt auszuharren, ohne sich zerbrechen zu lassen,

»überhaupt trägt der dritte Stand (...) allemal wie ein Rebhuhn die Schale des Werkeltag-Eies, aus dem es sich hackt, noch unter der Vormittagkirche am Steiße herum«.[46]

Emphatisches und dramatisches Aufbegehren findet sich wohl auch, in den Jünglingen des »Hesperus«, in der Schoppe-Leibgeber-Gestalt aus dem »Siebenkäs« und dem »Titan«, hier schon mit dem weiter sich entfaltenden Motiv des Doppelgängers, Schoppe aber endet, »ein herrlicher deutscher Kopf von Kraft und Witz«, so sagt Jean Paul warnend, im Wahnsinn. Gewiß erklärt Mangel an gesellschaftlicher Erfahrung, Privatheit, Isolation, erklärt der Rückgang auf eine oft falsch sich genießende Innerlichkeit manche Deformation, manches Versagen. Aber, dies zeigen Lichtenberg wie Jean Paul, noch in solcher, für deutsche Verhältnisse typischen, Innerlichkeit kann ein trotziger Wille zur Selbstbehauptung und zur Selbständigkeit sichtbar werden. Auch was Moritz eine ›innere Geschichte‹ nennt, ist die Geschichte eines Inneren, das sich in seiner Eigenart durch Druck und Unterdrückung entwickelt, ist weder leeres Blatt, das die Außenwelt mit Zeichen beschreibt, noch bloßes Selbstbewußtsein, das Welt nicht kennt oder ihrer nicht bedarf. In dem, was hier als Subjektivität erscheint, ist der Mensch nicht allein Resultat des von ihm Gewollten, Erlittenen und Geleisteten, ist nicht, was er für sich ist, sondern in zumindest gleichem Maße Resultat der Rückwirkung auf das Bild, das andere von ihm haben, der Gestalt also, in der er anderen erscheint. Das Ich wird, übertrieben ausgedrückt, ein Reflex des Du.

Diderots Anteil. Zur Enzyklopädie

»Man kann uns, denke ich, wenigstens nicht abstreiten, daß unsere Arbeit auf der Höhe unseres Jahrhunderts steht, und dies bedeutet immerhin etwas. Der aufgeklärteste Mensch wird Ideen darin finden, die ihm neu sind, und Tatsachen, die er nicht kennt. Möge die allgemeine Bildung so schnell fortschreiten, daß es nach zwanzig Jahren in tausend Seiten von uns kaum noch eine Zeile gibt, die nicht etwas überall Bekanntes sagt!«

Die Besonderheit des Lebewesens Mensch, die Vernunft, ist Gegenstand eines Éloge historique von Voltaire aus dem Jahre 1775: Erst Jahrhunderte nach dem Lob der Torheit wird das der Vernunft vorgetragen; sie hat sich, heißt es, vor der herrschenden Wut, vor Ignoranz und Fanatismus, mit ihrer Tochter, der Wahrheit, in einem Brunnenloch versteckt gehalten, bis sie es wagen durfte, Europa zu durchqueren, das sie mit ihren wenigen Funken nicht erleuchten konnte, wo die Fackeln und Scheiterhaufen des Fanatismus die Nacht erhellen. Doch beschließt sie immerhin, sich der Welt anzunehmen. Und selbst der Papst läßt sich zur Aufhebung grausamer Vorschriften und zur Herabsetzung drückender Steuern bestimmen. In Italien scheint die Zeit ihrer Herrschaft anzubrechen, das Gesicht der Erde will sich verändern. Auch Deutschland zu sehen, gereicht Mutter und Tochter zu großer Genugtuung. Man hat sich zur Vernunft bekehrt; in Schweden hat sich eine friedliche Umwälzung vollzogen, und wenn es in Polen noch schlimm aussieht, so zeugen doch die hyperboräischen Regionen von herrlicher Erleuchtung. Chile und Australien, ja der antarktische Pol könnten zu Ländern der höchsten Gesittung und des Geschmacks sich entwickeln. England ist das erstaunlichste Land, den anderen nicht nur im Kriege überlegen, sondern auch in Gesetzgebung, Handel und Industrie. Einzig Nordamerika und Indien lasten auf seinem Glück. Auch in Frankreich, von wo man die beiden Frauenzimmer schon wiederholt vertrieben hatte, sind weitreichende Veränderungen in Gang gekommen: Steuererleichterungen, Gleichheit vor dem Gesetz, Abschaffung harter und ungerechter Verordnungen, sogar der Tortur, und anderes mehr scheint hier erreicht worden zu sein. Wie glücklich kann man jetzt sein! In ganz Europa hat man sich den Künsten und den Tugenden zugewandt, die die Härte des Daseins minder drückend machen. Man scheint besser zu denken als man in zahllosen voraufgegangenen Jahrhunderten getan. In welcher Epoche hätte man lieber leben wollen? Es gilt, heißt es sodann, der Nachwelt zu überliefern, daß in diesem Zeitalter die Menschen lernten, sich vor einer tödlichen Krankheit zu schützen, dem Blitz zu trotzen, ja ihn zu bändigen. Im moralischen Bereich ist noch mehr geschehen: von den Gesetzen hat man Gerechtigkeit gegen die Gesetze erlangt, die einst über die Tugend den Stab gebrochen. Schließlich hat man gewagt, das Wort Toleranz auszusprechen. Da sagt die Vernunft zu ihrer begeisterten Tochter trocken und kurz: »Wohlan! ... freuen wir uns dieser schönen Tage, bleiben wir hier, wenn sie dauern, und wenn die Stürme aufkommen, dann kehren wir in unser Wasserloch zurück.«

Hier umreißt Voltaire in seiner raschen, willkürlichen und witzigen Art den Hintergrund, vor dem eines der wichtigsten und meisterwähnten Unternehmen des Jahrhunderts sich vollzieht, eines, an dem er selbst nicht völlig unbeteiligt ist: die Enzyklopädie. Auch aus seinem eigenen »Dictionnaire philosophique portatif« klingt, bei allen Unterschieden in der Behandlung der einzelnen Themen, das Echo zurück: »Wer die Geometrie nicht kennt, kann sie erlernen; jeder kann sich unterrichten; es ist schmählich, seine Seele in die Hände von Leuten zu legen, denen ihr nicht einmal euer Geld anvertrauen würdet; wagt selbst zu denken.« Bevormundung des Denkens und des moralischen Verhaltens erscheint als die Hauptursache aller Übel in dieser Welt– Mündigung als das Heilmittel.

Die Enzyklopädie war als Werk, was Voltaire als Gestalt war: repräsentativ für das europäische Denken des 18. Jahrhunderts, viel mehr als das Resultat seiner Voraussetzungen, eher schon ihre letzte, höchste erschöpfende Steigerung. Sie sollte wissenschaftlich, philosophisch und dennoch allgemein verständlich sein; Wissen sollte nicht länger mehr das Privileg von Wenigen bleiben. Sie war nun zugleich der großangelegte Versuch, alles vorhandene Wissen zu sammeln, es zu prüfen, zu korrigieren, es voranzutreiben und sich im Wissen, durch das Wissen, der Welt zu bemächtigen.

Wörterbücher, Auszüge, Kompendien und Kosmographien hatten dem Unternehmen schon vorgearbeitet – im Leeren läßt ein solcher Bau sich nicht errichten. Im Frankreich des 13. Jahrhunderts hatte Vinzenz von Beauvais schon einen scholastischen »Speculum doctrinale, naturale, morale, historiale« zusammengestellt. Roger Baco hatte, in eben dem Zeitalter, die Totalität der Wissenschaften gefordert, die allein ihre Vollendung garantieren könnte: »Opus magnum de instauratione scientiarum ad Papam Clementem IV«; ebenfalls in England hatte Bacon von Verulam im 17. Jahrhundert den Grundriß zu einer neuen Enzyklopädie unter dem Titel »De dignitate et augmentis scientiarum« entworfen, ein Werk, auf das d'Almenbert und Diderot bewußt zurückgreifen. 1620 erscheint in Herborn die »Encyclopaedia scientiarum omnium« von Heinrich Altstedt.

Unmittelbar voraus geht aber dem Unternehmen Diderots das berühmte Dictionnaire von Pierre Bayle, das unser Gottsched besänftigend ins Deutsche übersetzt, dann der Versuch des Engländers Ephraim Chambers, die enzyklopädische Publikation durch die alphabetische Anordnung auch wirklich gebrauchsfähig zu machen; die »Cyclopedia or a universal dictionary of arts and sciences« erscheint 1727 in London, vier Jahre später schon kann eine neue Auflage veranstaltet werden. Dieses Werk ist es, das der Pariser Buchhändler Le Breton, Imprimeur ordinaire du Roy, auf französisch herausgeben lassen möchte. Nachdem erste Versuche mit anderen Gelehrten fehlgeschlagen waren, wandte sich Le Breton an Diderot, der das Angebot annimmt und d'Alembert für die Redaktion des mathematischen Teiles gewinnt. Aber Diderot muß bald erkennen, daß mit einer bloßen Übersetzung nicht viel gewonnen ist, die Cyclopedia Chambers' muß umgestaltet, erweitert, eigentlich sogar neu konzipiert werden. Was als Übersetzung gedacht war, wird nun zum Ausgangspunkt für ein ganz neues enzyklopädisches Werk, für das die Kenntnisse und Kräfte zweier Männer, wie polyhistorisch auch immer sie orientiert sein mögen, nicht ausreichen. Es entsteht, als Gemeinschaftswerk, die »Encyclopédie ou Dictionnaire raisonné des sciences, des arts et métiers, par une société de gens de lettres«, ein Programm und zugleich, in Anordnung, Auswahl und Darstellung, seine Verwirklichung. In dem Partizip ›raisonné‹ steckt viel vom Geist der Epoche: es handelt sich eben nicht um eine bloße gelehrte Sammlung, sondern um eine wohlüberlegte Auswahl in kritischer Darstellung und so zusammengestellt, daß darin selbst wieder der kritische Geist der Herausgeber erscheint. Die Wissenschaften vom Menschen und von der Natur stehen im Vordergrund; wie Voltaire in seiner Geschichtskonzeption den Leitfaden, den bis hin zu Bossuet die Theologie nach dem Muster des Augustinus geliefert hatte, programmatisch preisgab, um die Zivilisationen, vom Zwang der Heilsgeschichte erlöst, nebeneinander zu stellen und eine menschliche, nicht göttliche geschichtsphilosophische Skizze zu entwerfen, so geschah es auch hier. Empirisch erfahrene Welt, menschliche Gesellschaft, menschliche Selbstkenntnis gehen den Spekulationen der Metaphysik und gehen der Religion voran. Der Mensch erscheint als der, der sich sein Dasein, seine Umwelt, seine Erkenntniszusammenhänge selbst aufgebaut hat. Von ihm her ergeben sich die Zusammenhänge des Wissens, nicht von einem überlieferten System her, gar von einem scholastisch geprägten Wissenskosmos mit den quasi kanonisierten Hierarchien der Erkenntnisbereiche. Die Handlungsweisen des menschlichen Geistes, der den Dingen gegenübertritt, Welt umgestaltet und ihr den ersehnten Nutzen für die eigenen Zwecke abgewinnt, das sind die ersten Mittel zur Unterscheidung und Gliederung der allgemeinen, weitausgedehnten Kenntnisse. Alles wird auf die legitimen Bedürfnisse des Menschen hin orientiert; die Tatsache der wirkenden menschlichen Seelenkräfte, die aufnehmen, erkennen und weiterentwickeln, ist der Ausgangspunkt, d. h. Locke wie Bacon haben, das sagt d'Alembert dann selbst, die Ordnung der neuen Enzyklopädie mitbestimmt.

Sein Discours préliminaire enthält die Grundsätze zur Erklärung dieses Systems des Wissens: die zerstreuten Kenntnisse sollen gesammelt und vereinigt in bestimmten Zusammenhängen dem Menschen dargelegt, die geleistete Arbeit also zusammengefaßt und den kommenden Generationen vermittelt werden. Auch die wirtschaftliche und gesellschaftliche Welt hat hier ihren Platz: sciences, arts et métiers sind aufgenommen worden; zu den intellektuellen Tätigkeiten treten die handwerklich-praktischen, die jetzt als solche ernst genommen werden. Ökonomie, Technik und handwerkliche Produktion melden ihre Ansprüche an –

von den Naturwissenschaften ganz zu schweigen. Unter erheblichen Schwierigkeiten bringt Diderot die équipe zusammen; der Kreis der Mitarbeiter spiegelt aber auch die Gegensätze und Spannungen der aufgeklärten Bourgeoisie des 18. Jahrhunderts: Voltaire und Rousseau harmonisieren nicht miteinander, Diderot und d'Alembert trennen sich im Verlauf der Herausgabe, es kommt zum Bruch mit Rousseau, dann auch mit dem Verleger. Daneben finden wir so verschiedene, teils kurzfristige Mitarbeiter wie Montesquieu, Necker und Turgot, Condillac und Condorcet, Holbach und den von Diderot dankbar genannten Jaucourt. Es entsteht, was man als die neue, philosophisch-wissenschaftliche ›Summe‹, die des dritten Standes bezeichnen könnte, auch wenn die revolutionären Gedanken verkleidet und versteckt werden, um der Zensur und den stets argwöhnischen Klerikalen möglichst wenig Angriffspunkte zu liefern. Zwischendurch wird dann tatsächlich die Druckerlaubnis zurückgezogen, viele Mitarbeiter kündigen ihre Tätigkeit auf. Diderot und Jaucourt müssen fast alleine weitermachen, aber 1780 liegen dann doch 35 Bände vor.

Zum Erfolg des Unternehmens hat der Discours préliminaire wesentlich beigetragen; er besteht aus zwei Abschnitten, von denen der erste die Genealogie der Kenntnisse, der zweite die philosophisch-historische Übersicht über die Fortschritte des menschlichen Geistes in den letzten Jahrhunderten enthält. Der Schlußteil des Discours geht auf den Prospekt Diderots von 1750 zurück, in ihm ist von den einzelnen Mitarbeitern und vor allem von der erhofften Wirkung der Enzyklopädie die Rede.

D'Alembert gibt im Discours préliminaire zwei Ziele an: die Ordnung, die Verknüpfung des menschlichen Wissens ist darzulegen, aber die Enzyklopädie soll auch als Sachwörterbuch der Wissenschaften, der freien und der mechanischen Künste, die Prinzipien und wichtigsten Einzelheiten genau erläutern. Von der Herleitung und Entwicklungsfolge des menschlichen Wissens, von der Unterscheidung der unmittelbaren und der reflexiven Kenntnisse gelangt d'Alembert, die Welt auf Subjekt und äußere Gegenstände undialektisch reduzierend, zur Erläuterung zweier Prinzipien, die im Ich auf einander einwirken und weiter zur Darstellung der Erkenntnis der Materie, von der er zur Algebra überleitet, um, daran anknüpfend, mit der Mathematik wieder bei den Körpern zu landen. Zwei Grenzen schließen unsere Kenntnisse ein: die eine wird durch die Idee de nous-mêmes bezeichnet, die andere durch jenen Teil der Mathematik, der die allgemeinen Eigenschaften der Körper zum Gegenstand hat. Dazwischen liegt das Weltall als ein kaum erkennbares Gebilde, dessen einzelne Erfahrbarkeiten durchaus trügerisch sind. Noch die Natur des Menschen ist dem Menschen ein Geheimnis. So hat die geoffenbarte Religion den Zweck, unsere natürlichen Erkenntnisse zu ergänzen. Das Volk jedoch hat durch sie, die glaubbare Wahrheiten und zu befolgende Gebote vermittelt, in vielen Fragen mehr festen Boden unter den Füßen als die zweifelnd-beunruhigten Philosophen. Diese doppelte Moral der Erkenntnis, offenbar von sozialem Zweckdenken diktiert und von einem vielleicht sogar absichtsvoll sichtbar gemachten Mangel an Konsequenz gezeichnet, dürfte für manche Autoren der Epoche charakteristisch sein.

Sie liefert denn auch eine mögliche Erklärung für Robespierres späteren Vorwurf vom 18. Floréal des Jahres II, die Enzyklopädisten seien politisch unterhalb der Volksrechte stehengeblieben. Sie hätten die Lehren des Materialismus verbreitet, die sich gegen die großen und edlen Geister durchsetzten und man verdanke ihnen diejenige praktische Philosophie, die den Egoismus systematisiert, die Gesellschaft als Kampf der List, den Erfolg als Maßstab für Recht und Unrecht, die Aufrichtigkeit als Geschmacksangelegenheit oder Sache des Anstands, die Welt als Tummelplatz der Egoisten ansieht. Zumindest für Diderot, der von der Tugend eher schwärmt, als daß er sie dem praktischen Erfolgsdenken unterordnet, gilt dies nicht; es ist seltsam zu sehen, daß Robespierre, der nach Mirabeaus Worten glaubte, was er sagte und der die Enzyklopädie doch in das Einleitungskapitel der Revolution aufzunehmen bereit war, zwar den Blick für Schwächen und Inkonsequenzen besitzt, zugleich aber sich von seiner abstrakten Tugendauffassung zu Vorwürfen hinreißen läßt, die man viel eher den unbedingten Verfechtern der alten Ordnung in den Mund legen möchte, mit denen ihn sonst nichts verbindet. D'Alembert, Diderot und viele andere Mitarbeiter sind mit solchen Vorwürfen nicht widerlegt und auch nicht festgelegt. Eher hätte man d'Alemberts Zurückhaltung kritisieren können, da ihn ein Element von Skepsis hinderte, revolutionärer zu argumentieren, als er es tat.

Er war sich bewußt, daß von einer vollkommen erkannten Welt nicht gesprochen werden konnte, wohl aber war sie ihm als zu wissende, zu erkennende bewußt geworden. Der approximative Charakter des Erkennens, das als unendlicher Progreß verstanden wurde, konnte in einer bestimmten Phase in der Enzyklopädie sozusagen nur vorläufig fixiert werden. Nicht immer wird die Philosophie die bestehenden Irrtümer durch endgültige Erkenntnis ersetzen können, aber sie wird sich in dieser Unmöglichkeit ihrer kritischen Funktion bewußt.

Was nun als Wissen vom Gegenwärtigen bezeichnet werden kann, findet nach d'Alembert seine Ergänzung durch das Verlangen, neben der Gegenwart auch Vergangenheit und Zukunft zu ergreifen. Neugier und amour-propre drängen den Menschen über die bloße Zeitgenossenschaft hinaus, er will mit denen kommunizieren, die vor ihm waren, mit denen auch, die nach ihm kommen werden. Hiermit erklärt d'Alembert den Ursprung des Studiums der Geschichte. Es irrt aber, wer meint, die Selbsterkenntnis sei damit nicht bezeichnet worden. Hauptresultate des historischen Studiums sind nämlich die Einsichten in die Entstehung der Gesellschaftsformen und der verschiedenen Arten von Regierung, der Gesetzgebung wie auch der Politik.

Interessant erscheint ihm ferner der Versuch des Menschen, die durch physische Überlegenheit begründete Ungleichheit durch eine andere, die auf intellektuelle Unterschiede zurückgehende Ungleichheit wieder wettzumachen. Denn in diesem Bestreben hat die Hochschätzung der geistigen als der edleren Qualitäten ihre

Wurzel, damit auch die Geringschätzung derjenigen, die von Handarbeit abhängen. Aber es ist nur die Armut, die Menschen veranlaßt, sich einer mechanischen Tätigkeit zuzuwenden, keineswegs die Neigung. Allein das Elend, die Ungleichheit der Ausgangslage liefert diese Menschen einer ungerechtfertigten Verachtung aus. Zufällige Begünstigung ermöglichte es denen, die eine freie geistige Tätigkeit ausüben, sich von der physischen Arbeit abzuwenden. Doch steht der Bevorzugung der sog. freien Künste der größere unmittelbare soziale Nutzen gegenüber, den die mechanischen Künste gewähren. Wohl sollte die Gesellschaft die Genies, die sie aufklären, auch verehren, mahnt d'Alembert, aber sie hat keinen Grund, die Hände zu mißachten, die ihr dienen. Auch von hier gehen Wohltaten für die Menschheit aus; so erklärt sich die Tatsache, daß die métiers in so weitem Umfange in die Enzyklopädie Aufnahme finden. Es gilt – eine Forderung Bacons! – Vorurteile zu beseitigen und die métiers zu rechtfertigen. Mit einer spöttischen Wendung erklärt d'Alembert, selbst die Erfinder seien von der allgemeinen Geringschätzung erfaßt, denn die Namen dieser Wohltäter kenne man kaum, die Geschichte der Zerstörer und Eroberer hingegen kenne jedermann.

Es vollzieht sich nun auch im naturwissenschaftlichen und technischen Bereich eine notwendige Arbeitsteilung, die d'Alembert als Folge der Befreiung vom unmittelbaren Zwang der Bedürfnisse verstanden wissen will; als Spezialisierung ist sie nicht nur unvermeidlich, sondern fruchtbar. Doch wird es deshalb umso nötiger, die Kenntnisse zusammenzufassen und zu gliedern, um sie so dem denkenden Menschen überschaubar zu machen. Jedermann soll sich orientieren können, damit das Labyrinth der Wissenschaften und Künste, in dem der Geist sich so leicht verliert, bewußt und in Verfolgung bestimmter Richtungen sicher durchmessen werden kann. Der enzyklopädische Stammbaum, den d'Alembert die Weltkarte der Erkenntnisse nennt, wird so aufgezeichnet, daß die größtmögliche Vielfalt von Beziehungen der einzelnen Wissensbereiche zueinander sichtbar werden soll. Doch setzt die enzyklopädische Ordnung, zunächst als absichtvolle Gliederung gedacht, nicht notwendig voraus, daß alle Wissenschaften direkt miteinander verbunden sind. Es sind vielmehr Zweige an einem Stamm: dem des menschlichen Verstandes und Verständnisses.

Wichtiger als die Anordnung sind die durchdachten Einzelabhandlungen: die Enzyklopädie soll nicht zuletzt doch ein methodisches Sachwörterbuch sein. Zuvor war nötig, einen historischen Rückblick vorzunehmen, denn in den jeweiligen Fortschritten zeigt sich bereits eine ›naturgemäße‹ Ordnung. So begann man seit der Neugeburt der Wissenschaften mit der Gelehrsamkeit (érudition), fuhr mit den schönen Wissenschaften (Belles-lettres) fort, um schließlich mit der Philosophie zu enden. Die Erde veränderte ihr Aussehen, als nach dem Untergange des byzantinischen Reichs die Reste überlieferten Wissens der europäischen Frühzeit nach Europa gelangten. Hier bezieht sich Aufklärung nun selbst auf die ihr seit der Renaissance vermittelte Tradition. Italien gab die Künste und Wissenschaften weiter, nur in der Philosophie wirkte sich die Tradition der Scholastik noch hemmend aus. War die blinde Bewunderung der Antike nicht ungefährlich, so wurde der Mißbrauch, den sich die Theologie mit der Ergebenheit der Völker gestattete, zum Hindernis. Nur in einige Werke rettete sich die angefochtene Philosophie: d'Alembert nennt Bacon, Leibniz, Locke, Descartes, der es wagte zu zeigen, wie das Joch der Autorität und der bloßen Meinung abzuschütteln sei. Schließlich endet d'Alembert mit einer polemischen Wendung gegen Rousseau, der den Fortschritt der Wissenschaften und Künste für die Verderbnis der Sitten haftbar machen wollte – freilich kann man nicht die Enzyklopädie entwerfen und solchen Thesen anhängen. Und, so heißt es, wollte man die Schädlichkeit der Wissenschaften zugeben, so wäre doch ihre Abschaffung noch lange kein Gewinn: die Laster blieben, und die Unwissenheit hätten wir obendrein. Vielleicht, läßt d'Alembert durchblicken, trägt nicht einmal die Moral zur wirklichen Verbesserung der Sitten bei, höchstens zu ihrer Verfeinerung. Auch muß man sich vor gewaltsamen Eingriffen hüten: nur die Freiheit des Denkens und Handelns bringt große Dinge hervor, und, um vor Ausschreitungen gefeit zu sein, bedarf sie allein der Aufklärung. Also auch hier ist letzter Zweck die Mündigkeit als Folge der entwickelten Vernunft. –

Hier nun fährt d'Alembert mit dem Prospekt Diderots fort, um den Übergang zur Erwähnung der vorzüglichsten Mitarbeiter zu machen. Die Wissenschaften, die freien wie mechanischen Künste sollen nicht nur unter Stichworten erfaßt, sondern sie sollen in ihren Zusammenhängen möglichst lückenlos deutlich werden. Damit entsteht ein Bild von den Leistungen des Menschengeistes in allen Bereichen und allen Epochen. Die geleisteten Vorarbeiten sind durch den beschleunigten Fortschritt unzulänglich geworden. Es gilt neu anzusetzen. Die Enzyklopädie soll ja dem gebildeten Menschen eine Fachbibliothek aus allen Gebieten ersetzen können, dem Fachmann dementsprechend die Elementarbücher aller ihm nicht vertrauten Disziplinen. Sie soll die Kenntnisse raffen, sichern und zu ihrer Vermehrung beitragen.

Von den Fähigkeiten ausgehend, werden nun die Kenntnisse abgeleitet; Geschichte, Philosophie und Poesie korrespondieren dann mit Gedächtnis, Vernunft und Einbildungskraft. Ganz nebenbei wird erwähnt, daß sich auch die Theologie – auf Historie reduziert – dieser Gliederung zu fügen hat, sie wird ihres Vorrangs entkleidet und findet sich nunmehr beengt neben Naturgeschichte und Metaphysik.

Eine wesentliche Schwierigkeit bleibt die, Zusammenhänge herzustellen; wo dies versäumt worden ist, die Lücken zu schließen und die verlorene Einheitlichkeit der Darstellungsform durch andere Qualitäten auszugleichen, die allen Artikeln gemeinsam sein sollten, nämlich: Reinheit des Stils, Klarheit und Genauigkeit. Die Eleganz der Darstellung hat hinter dem notwendigen Ziel der Information zurückzutreten. Diderot spricht die Erwartung aus, daß mit der Sammlung und Weitergabe der Wissenschaften wie der Künste auch ihre Geschichte, die die ihrer Fortschritte ist, der Nachwelt überliefert werden könnte, die sie dann von Epoche zu Epoche weiterführt.

Der Umfang bedingt schon, daß zwei Menschen das nicht leisten können, was hier versucht werden sollte, so galt es, die besten Männer jeden Faches zu vereinigen und ein Gemeinschaftswerk zu planen, das den individuellen Bedürfnissen so sehr genügen soll, wie es Anleitung sein muß für alle, die mitwirken wollen, im Dienste ihrer Mitwelt Aufklärung zu verbreiten.

Ausführlich wendet sich Diderot den mechanischen Künsten zu, deren Geschichte er später als die der angewandten Natur bezeichnet und deren Behandlung nicht weniger Sorgfalt fordert als die der schönen Wissenschaften. Hier gab es fast keine Vorarbeiten, keine Hilfsmittel, nur endlose Schwierigkeiten. Es galt, die Handwerker genau zu beobachten, selbst mit tätig zu werden, sich der Maschinen zu bedienen, um ihre Wirkung zu erfahren und die Art ihrer Produkte zu begreifen. Hier betritt der Sohn des Messerschmieds aus Langres Neuland, das ihn fasziniert, weil er von sich fordert, die Welt als zu erkennende zu sehen. Der Schwierigkeit der langwierigen Erklärung soll durch genaue Abbildungen abgeholfen werden; doch soll die Erklärung nicht nur dem Leser dienen: der Künstler und Handwerker selbst soll durch die Darstellung zur weiteren Vervollkommnung seiner Werkzeuge, Verfahrensweise und Produkte angeregt werden. Ehe er dann zur kurzen Erläuterung des Systems übergeht, zeigt Diderot, daß er sich auch der Grenzen des Unternehmens – und das ist keine Floskel! – bewußt ist: Vollendung wird erst in Jahrhunderten möglich sein. Aber heißt es, »wohlan denn für die Nachwelt und das Wesen, das nie stirbt«.

Fünfzehn Jahre später – 1765 – klingt der Rückblick, mit dem er die letzten Bände ankündigt, schon weniger verheißungsvoll: Diderot hat Erfahrungen machen müssen, die weit über seine Befürchtungen hinausgingen; er hatte wohl die Schwierigkeiten des Gegenstandes selbst ins Auge gefaßt, nicht aber die moralischen Hindernisse, die ihn jetzt fast pessimistisch werden lassen. Wenn sich der Einzelne auch bessert, so wird, meint er resigniert, die Gattung im Ganzen doch dieselbe bleiben; er klagt über Verfolgungen und Ränke aller Art, der Neid, die Dummheit und der Fanatismus sind allzu aktiv gewesen. Zwanzig Jahre der Verleumdung, der Beunruhigung liegen hinter ihm, die unter der anhaltenden Drohung der Verhaftung oder notwendig werdenden Flucht gestanden waren. Aber auch jetzt, das ist charakteristisch, findet er Gelegenheit, für Tugend und Wahrheit ungehemmt zu schwärmen.

Allerdings kann er auch, wenn er die Entwicklung des Werks kennzeichnet, auf unerwartete Hilfe zurückblicken. Er weiß ferner, daß manches Ziel zwar hat nicht erreicht werden können, doch ist die Voraussetzung dafür geschaffen worden, daß künftige Generationen sehr viel weiter gelangen werden. Was als Sammlung der vorliegenden Kenntnisse zunächst geplant war, wurde unversehens durch eine Fülle neuer Entdeckungen und bisher unbeachteter Gebiete erweitert, so daß mehr geleistet worden ist als nur ein Rückblick oder eine Bestandsaufnahme. Die

Arbeit steht auf der Höhe der Epoche, noch der am weitesten aufgeklärte Leser wird darin Neues finden können. Die fortschreitende Bildung wird, so läßt er die Herrschenden listig wissen, auch ihre Sicherheit vermehren; er hofft, auch zur Entwicklung von Liebe, Duldung und Moralität beigetragen zu haben, und das ist dann sicherlich keine von diplomatischer Schläue eingegebene Erwartung. So erklärt sich auch der Anspruch, als Lohn das Urteil entgegenzunehmen, daß ein Leben, welches diesem so weitgehenden Unternehmen gewidmet war, nicht umsonst gelebt worden ist.

Diderot hat anders recht behalten als er meinte. Seine anderen, die literarischen Arbeiten insbesondere, sind origineller – die Mitwelt hat die besten von ihnen gar nicht oder kaum gekannt. Sein Weltruhm lag zunächst in dieser, seiner Enzyklopädie begründet, für die er schließlich nicht minder geschaffen war mit seiner Gabe der Vermittlung, der kritisch-philosophischen Produktivität, mit seiner Beredsamkeit, seiner Vielseitigkeit, die hier, statt ihn zur Zersplitterung seiner Kräfte zu verführen, offenbar wirksam gebunden, vielleicht sogar gesteigert wurde.

Von Diderot stammt eine Reihe von Artikeln zur Geschichte der Philosophie, er übernahm ferner Artikel zur Ästhetik, Grammatik, Rhetorik, auch zur Politik – und hier meist die gefährlichsten –, sogar zur Pädagogik, und schließlich die beinahe tausend Artikel über die technischen Künste, die besonders mühevoll zu schreiben waren. Hinzu kamen noch die aus verschiedenen Gründen plötzlich notwendig gewordenen Ergänzungsartikel aus allen möglichen Gebieten, sogar noch zur Arithmetik oder über Anatomie. Auch »Tier« und »Landwirtschaft« sind von ihm bearbeitet worden. Im Hinblick auf das gesamte Unternehmen nimmt schließlich der Artikel »Enzyklopädie« eine Sonderstellung ein.

Nach dem Vorausblick des Prospektes wird hier anhand des Stichworts die Arbeit noch einmal reflektiert, nicht nur vom Plan des Ganzen ist die Rede, auch von der Taktik der Durchführung. Wer die Bedeutung der Gegenstände erwäge, der werde erkennen, daß sie alle Stoff genug zu langen Abhandlungen enthalten und »daß ich viel mehr zu sagen übrig lasse, als ich gesagt habe, und daß Weitschweifigkeit und Schmeichelei wohl nicht zu den Fehlern gehören, die man mir vorwerfen kann.« Der Artikel enthält nun, was Diderot, durch sein Unternehmen und durch den kritischen Blick auf ähnliche Versuche an Erfahrungen hat gewinnen können; er ist sich aller Schwierigkeiten, doch auch aller Möglichkeiten voll bewußt. Eines ist es, die Entdeckungen zu machen, ein anderes, sie in Zusammenhänge zu stellen, zu ordnen, sie zu vermitteln, um so die Teilnahme an der Aufklärung des Jahrhunderts zu garantieren. Deshalb sind die Mitarbeiter Männer, die, durch Sympathie verbunden, auch ein gemeinsames Interesse an der Sache der Menschheit zeigen, denn diese Motive nennt Diderot in seinem Tugendglauben die ehrlichsten, sogar die dauerhaftesten.

»Man beglückwünscht sich im Stillen zu dem, was man geleistet hat, man gerät in Feuer, man unternimmt für seinen Kollegen und Freund das, was man aus keiner anderen

Rücksicht versuchen würde, und um so zuverlässiger, so möchte ich aus Erfahrung versichern, ist der Erfolg solcher Versuche.«

Das Unternehmen steht aber auch in einem dauernden harten Kampf gegen die Gefahr, durch fortschreitende Entwicklung rasch überholt zu werden; es veraltet, wenn man seine Fertigstellung hinauszögert, es ist in seiner Vollendung schon verspätet, findet dann kein Interesse mehr, nur noch als unzulänglich gewordener Rückblick. Es gilt dies sogar im Hinblick auf den raschen Wandel und die Bereicherung der Sprache wie die fortschreitende Begriffsbildung.

Die großen Umwälzungen vollziehen sich aber auch im Geiste des Menschen; die Philosophie ist zur Herrschaft gelangt, das Joch der Autorität ist von den Kräften der Vernunft abgeschüttelt worden, wachsende Einsicht und kritisches Denken erlangen eine emanzipatorische Bedeutung. Es gibt eben deshalb auch Leute, die der Ansicht sind,

»daß eine fertige Enzyklopädie – eine allgemeine Geschichte der Künste – nichts anderes sein dürfte als ein großes Manuskript, das in der Bibliothek des Monarchen fürsorglich eingeschlossen und nur seinen Augen, nicht aber anderen zugänglich ist: ein Buch für den Staat und nicht für das Volk«.

Diese Leute haben Sorge, die Errungenschaften der Nation, ihre Entdeckungen und Erkenntnisse, die ja die eigene Überlegenheit garantieren, könnten den Nachbarländern zugute kommen. Richtig fügt Diderot hinzu, dann wäre auch zu wünschen, daß man statt Aufklärung fortschreitende Finsternis im Ausland verbreiten dürfte und fragt weiter, ob nicht zu wünschen sei, »daß wir die übrige Erde in Barbarei versenken könnten, um sie desto sicherer zu beherrschen?« Solch primitive Schlauheit ist antiaufklärerisch, weil sie nationalegoistisch ist und antihuman. Diejenigen, die so denken, heißt es, haben vergessen, »daß sie nur einen Punkt auf dieser Erde einnehmen und nur einen Augenblick leben. Diesem Punkt und diesem Augenblick opfern sie das Glück der kommenden Jahrhunderte und der ganzen Gattung«.

Diderot weiß, daß nichts damit gewonnen ist, wenn man nur für die Gegenwart plant, man muß vielmehr der Entwicklung voraneilen und für die kommenden Generationen, nicht nur des eigenen Landes arbeiten wollen. So gilt es auch, einer gewissen Dauerhaftigkeit zuliebe, der Sprache als dem Medium der Vermittlung besondere Aufmerksamkeit zuzuwenden, ihre Wandlung, ihre Bereicherung zu verfolgen, sie auszunutzen und auf Klarheit, Genauigkeit und Eindeutigkeit zu dringen.

Das zweite wichtige Problem ist sodann das des Zusammenhanges der Kenntnisse. Diese wurden, wie d'Alembert bereits sagte, auf die verschiedenen Seelentätigkeiten bezogen, ein psychologisches Prinzip, das unter resoluter Einschränkung auf das wirklich-Erkennbare durchgeführt wird. Der Mensch rückt in den Mittelpunkt, der Mensch als erkennendes Wesen: Ohne ihn endet oder verödet das

»erhabene und ergreifende Schauspiel der Natur (...) Das Weltall verstummt, Schweigen und Dunkelheit überwältigen es; alles verwandelt sich in eine ungeheure Einöde, in der sich die Erscheinungen – unbeobachtete Erscheinungen – dunkel und dumpf abspielen«.

Erst die Gegenwart des Menschen macht die Dinge der Welt interessant, was an ihnen beachtenswert ist, leiht ihnen die Aufmerksamkeit des Menschen. Es ist, als werde hier ein neuer Anfang gesetzt: die Welt ist um der erkennenden und betrachtenden, handelnden und teilnehmenden Menschen willen da; erkennend scheint der Mensch sie erst hervorzubringen, teilnehmend wirkt er auf sie ein. Die methodische Erörterung mündet seltsamerweise wieder in die enthusiastische Verteidigung des großen Unternehmens ein: mit seiner Hilfe wird Freude an der Wissenschaft, Abscheu vor Lüge und Laster wie Liebe zur Tugend verbreitet, »denn alles, was nicht das Glück und die Tugend zum Endziel hat, bedeutet nichts«.

So dient auch die Wendung gegen Autorität und Bevormundung der Wahrheit wie der Tugend, die erst das Glück ausmachen: die Erläuterung liefert der Artikel »Philosophie«, in dem davon die Rede ist, daß Autorität und Systemgeist die Fortschritte der Philosophie lang genug aufgehalten haben. Aber:

»Ein wahrer Philosoph sieht die Dinge nie durch fremde Augen, sondern ergibt sich nur der Überzeugung, die der Evidenz entspringt. Es ist schwer zu verstehen, wie es möglich ist, daß Menschen, die Geist besitzen, bei der Suche nach der Wahrheit lieber den Geist anderer benutzen als den Geist, den ihnen Gott verliehen hat. Zweifellos ist es doch viel erfreulicher und ehrenhafter, wenn man sich von seinen eigenen Augen statt von fremden leiten läßt, und ein Mensch, der gute Augen hat, sollte nie auf den Einfall kommen, sie zu schließen oder sie sich auszureißen in der Hoffnung auf einen guten Führer; dies ist jedoch ein sehr weit verbreiteter Brauch.«

Diesen Brauch abzuschaffen, ist auch ein Ziel der Enzyklopädie; doch sind Fehler, Mängel und Unvollkommenheiten wie Ungleichmäßigkeiten der einzelnen Beiträge überaus störend. Sie waren unvermeidlich; die Vervollkommnung des Werks wird erst einer ferneren Zukunft möglich werden. Aber Diderot tut sich etwas darauf zugute, daß die Verweistechnik in den einzelnen Beiträgen hier in gewisser Hinsicht Abhilfe schafft: Vorurteile werden beseitigt, Begriffe verbunden, Einseitigkeiten korrigiert, Verschweigungen ausgeglichen, Verhüllungen durchsichtig gemacht. Unverblümt gesteht er, wie die Aufmerksamkeit des Lesers scheinbar auch fehlgeleitet werden soll; wenn nämlich ein Vorurteil, dort wo man es erwartet, mit Zustimmung abgehandelt wird, soll es in anderen Beiträgen, die zu entgegengesetzter Einsicht und begründeter Wahrheit führen, wieder umgestürzt werden – eine Form der unaufdringlichen Desillusionierung. Ohne Nachdruck, wie nebenbei, soll so die Denkweise der Mitwelt umgewandelt werden. Das geschieht eben durch die angegebenen Verweisartikel, so daß der Leser jeden wichtigen Beitrag erst in einen bestimmten Zusammenhang zu bringen hat, um ihn richtig zu lesen. Erklärbar ist diese Mischung von Aufrichtigkeit und opportunistischem Sich-Anpassen vor allem durch die stets drohende Zensur; ein Verbot und die Beschlagnahme hätten Herausgeber und Verleger nicht nur geniert, sondern sie finanziell ruinieren müssen, zu schweigen davon, daß eine jahrzehntelange Arbeit dann plötzlich sinnlos geworden wäre. Hinzu kommt die Zahl der Mitarbeiter, die Tatsache, daß Diderot nicht jedem vorschreiben konnte, wie weit er zu gehen habe, so daß die Verweistaktik auch als Korrektur an allzu besorgten Mitarbeitern verstanden werden kann. So darf Diderot doch hoffen, alten Ballast als solchen zeigen und die Schranken einreißen zu können, die nicht jene sind, welche die Vernunft aus strenger Einsicht in sich selbst und die eigenen Fähigkeiten aufgerichtet hat.

Dann wird die Enzyklopädie, über deren Material er nun handelt, auch wirklich das Werk eines philosophischen Jahrhunderts sein:

»Wir fühlten uns ermutigt durch die tröstliche und erfreuliche Idee, daß man noch von uns reden würde, wenn wir nicht mehr wären; wir fühlten uns auch ermutigt durch das wohltuende Geflüster aus dem Munde einiger Zeitgenossen, das uns verkündete, was später jene Menschen über uns sagen würden, für deren Bildung und Glück wir uns aufopferten, die wir schätzten und liebten, obwohl sie noch nicht geboren waren. Wir spürten, wie sich in uns der Keim jenes Wettstreits entwickelte, der dem Tod den besten Teil von uns selbst entreißt und dem Nichts die einzigen Momente abtrotzt, auf die wir wirklich stolz sein können.«

In diesem Sinne sind in der Enzyklopädie die eigenen Ansprüche, mit den Forderungen an die Nachwelt verbunden, niedergelegt. Es ist aber nicht einfach Selbstlob und Ruhmsucht, was hier vernehmbar wird, sondern das Bewußtsein einer Anstrengung und eines moralischen wie intellektuellen Mutes, der alles zu prüfen, alles in Frage zu stellen, vieles umzuwerten, manches beiseitezulegen, einiges sogar erst aufzustellen und den Künsten wie den Wissenschaften ihre Freiheit zurüchzufordern tätig wurde.

Mannigfaltigkeit, Klarheit und Genauigkeit fordert Diderot für den Stil einer solchen Enzyklopädie, das Allgemeinverständliche soll eigenartig, das Eigenartige soll gemeinverständlich vorgetragen werden. Für gute Köpfe anziehend, soll ein solches Unternehmen die gewöhnlichen Köpfe nicht abschrecken. Und noch den idealen Zensor zeichnet er in wenigen, raschen Strichen.

Die folgenden einzelnen Beiträge Diderots müßte man mit denen von Bayle, denen von Voltaire aus dem »Dictionnaire philosophique« vergleichen, um ihre Bedeutung ganz sichtbar zu machen, um zu zeigen, wo und wie Diderot über Voltaire hinausgeht, wo er sich unbefangener, zuweilen auch schärfer zeigt. Im Genie-Artikel etwa wird dies sichtbar, in der Wendung gegen die traditionellen Regeln des Geschmacks, in der Tatsache, daß er, vom Genie handelnd, eine Definition der historischen Größe gibt.

Neu ist eben auch, daß die mechanischen Künste seine besondere Aufmerksamkeit finden; wenn er die Gewerbe gegenüber den freien Künsten rehabilitiert, so dürfte eher d'Alembert in seinem Discours von ihm beeinflußt gewesen sein als umgekehrt. Die gemeinsame Quelle freilich war Bacon. Die Erklärung für die überraschende Hochschätzung dürfte darin liegen, daß der schaffende Mensch die Natur interpretiert, d. h. in diesem Falle auch, daß er sie verändert. Diderot liefert nicht allein das Lob des modernen, zu weiterer Produktion hindrängenden Handwerks, er erkennt schon die weltverändernde Gewalt der Erfindungen. Auch auf diesem Gebiet ist Fortschritt und Vervollkommnung die Folge voranschreitender Aufklärung.

Die Wendung gegen usurpierte Herrschaft, jene also, die nicht naturrechtlich oder durch Vertrag gerechtfertigt ist, macht den Artikel »Autorität« zu einem mutigen Stück politischer Philosophie. Die Ausübung von Herrschaft wird als von der Zustimmung der Völker abhängig vorgestellt, Gesetze beschränken dann auch die fürstliche Autorität. Die Ausübung der Macht kann nur die Folge eines Rechtsvertrages sein. Geschickt hält Diderot den Mächtigen seiner Zeit das Bild des Königs Henri IV vor. Und noch eine andere Autorität erkennt Diderot an: die der öffentlichen Meinung!

Auch die Verteidigung des Eigentums wendet sich vor allem gegen seine Gefährdung durch die Willkür der Herrschenden. Verwerflich sind aber, heißt es unter dem Stichwort »Luxus«, die allzurasch angewachsenen Vermögen; der Reichtum und seine Zur-Schau-Stellung wird zu einem Signum der subjektiven Überlegenheit. Hier fällt der versteckte Hinweis auf die spartanische Republik, der gut fünfundzwanzig Jahre vorwegnimmt und einen Regierungszustand zitiert, der den Reichtum nutzlos macht! Auch im Artikel über die Gesetzgebung ist noch einmal davon die Rede, daß der Gemeingeist den Vorrang vor aller privaten Besitzbindung haben muß: plötzlich wird der Geist des Eigentums – als der des Egoismus und der Herrschsucht – zur Quelle aller Laster. Der Artikel über »Luxus« wird hier wieder zur Ergänzung, ja, er geht weit über den zum »Eigentum« hinaus. Diderot hält es für wahrscheinlich, daß die »Überheblichkeit großer Reichtümer in Widerspruch mit der guten Ordnung und den guten Sitten geraten« muß.

Auch hier wird ein Punkt kritisch angefochten, an dem Voltaire (cf. »égalité«) noch resignierte. Es schießen auch Hoffnungen ein, die sich bis heute noch nicht realisieren sollten: die auf den gemilderten Patriotismus, in einem aufgeklärten Staatenverband, der einen neuen Weltzustand des politischen Gleichgewichts, der wechselseitigen Duldung und Anerkennung vorwegnimmt; ferner die Erwartung, kein Volk Europas werde sich mehr der Macht der Vorurteile unterwerfen, die mit dem Völkerrecht wie den Naturgesetzen nicht zu vereinbaren sind. Die Erfahrungen unseres Jahrhunderts sprechen dagegen, und es ist vielleicht kein Zeichen von Aufklärung, sich darüber zu wundern.

Zwar ist es richtig, Georg Forster hat es später aus Erfahrung begründen können, daß Austausch und Handel ein neues Band herstellen, daß die wachsende Verbindung zu wachsender wechselseitiger Abhängigkeit führt und also wie von selbst die notwendig hieraus resultierende Solidarität entstehen sollte, die den Künsten des Friedens so wohltätig ist. Aber auch hier ist Diderot der Verwirklichung, die leider so viel langsamer ist als das Vernünftige, weit vorausgeeilt. Doch hat er die Gefahr dieser von ihm erhofften Entwicklung nicht minder vorausgesehen und zwar als die der Beschränkung auf das bloß Nützliche.

Warnend klingt es auch, wenn er darauf aufmerksam macht, daß die unterschiedlichen Regierungsformen in Europa Kriege fördern könnten. Doch über die Verteilung der Verantwortung ist er sich im Klaren: er weiß, daß der Geist der Republiken friedlich ist, aber er fügt hinzu, daß diese für die Freiheit kämpfen – eine Erfahrung, die Deutschland dann 1792 machen durfte. Leidenschaftlich ist seine Verteidigung der Freiheit, ausführlich und nachdrücklich; direkt und unmißverständlich ist seine Kritik in den Artikeln »Landbau« und »Mensch«, sogar noch in den lakonischen vier Sätzen, die er dem Tagelöhner widmet und die scheinbar nur definierend sind. Der fatale Heroismus wird in wenigen Worten auf seine Zweifelhaftigkeit reduziert; das ist nun nicht etwa die Kammerdienerperspektive (wie Leute mit Personal das gerne nennen), sondern die des Philosophen, der seine Illusionen losgeworden ist und der die Gegenstände neu zu wägen den Mut besitzt.

In dem Beitrag »Philosoph« hat Diderot wohl so etwas wie ein ideales Selbstporträt entworfen. »Er gleicht einer Uhr, die sich manchmal – sozusagen – selbst aufzieht.«

Vernunft ist ihm, was dem Christen die Gnade ist; die rasche Ideenverbindung, das Geistreiche, ist nicht seine Absicht, die Anstrengung, seine Ideen deutlich zu sondern, ihren Umfang zu bestimmen, ihre Verbindungen genau zu sehen, ist ihm wichtiger. Er besitzt Urteilskraft. Doch er lebt nicht nur im Geist, er ist Mensch unter Menschen.

»Unser Philosoph glaubt nicht, er sei in diese Welt verbannt; er glaubt auch nicht, er befinde sich in Feindesland. Er will als kluger Ökonom die Güter genießen, die ihm die Natur bietet; er will Vergnügen im Umgang mit den anderen finden, und um das zu finden, muß er Vergnügen bereiten. So versucht er mit denjenigen, mit denen er zufällig oder freiwillig zusammenlebt, gut auszukommen und findet gleichzeitig das, was ihm zusagt.«

Denn der Mensch ist ein soziales Wesen, kein Ungeheuer aus der Tiefe des Meeres oder aus der Finsternis der Wälder. Die Bedürfnisse des Lebens selbst zwingen ihn zum Zusammenleben, das eigene Wohl bindet ihn an die Gesellschaft. Vernunft veranlaßt ihn, durch Erkenntnis und Tätigkeit die Eigenschaften zu entwickeln, die für das soziale Dasein unerläßlich sind. Der Philosoph ist unerbittlich in seiner Suche nach Wahrheit, doch im geselligen Dasein realisiert er zugleich Aufrichtigkeit, Tugend und Menschlichkeit. Die gesittete Gesellschaft erscheint ihm als etwas Göttliches; vernünftig denkend, rechtschaffen handelnd, ist er über das stoische Ideal – diese traurige Weise, tugendhaft zu sein, wie Diderot es ausdrückt – mit seiner teilnahmslosen Ungerührtheit weit hinaus. Er ist der Mensch par excellence.

Das aber hat für sein Leben Konsequenzen, die Diderot aus eigener Erfahrung noch hat reflektieren können. Der Enthusiasmus für Tugend und Menschlichkeit scheint einer Bitterkeit gewichen zu sein, die als désillusion wohl nicht minder zu Diderot gehört. Das Selbstgeständnis, auf das Karl Rosenkranz hingewiesen hat, findet sich im »Salon« von 1767 und lautet wie folgt:

»Die Bedürfnisse des Lebens, die gebieterisch über uns verfügen, lassen die Talente sich verirren, indem sie dieselben zu ihnen fremdartigen Dingen verwenden, und setzen oft diejenigen herab, welche der Zufall gut gebraucht hat. Es ist dies einer der Mißstände der Gesellschaft, für welche ich kein Heilmittel weiß. (...) Wie viel Abwege, zu denen man sich für seine Frau und seine Kinder entschließt, die man für sich selbst verschmähen würde! Man möchte (...) sagen: Ein Strohlager auf einer Bodenkammer unter den Ziegeln, ein Krug Wasser, ein Stück harten und schimmeligen Brotes, und Bücher, und Freiheit, der Neigung seines Geschmackes zu folgen! Ist es aber einem Gatten, einem Vater erlaubt, diesen Stolz zu haben, und taub gegen die Klage, blind gegen das Elend zu sein, das ihn umgibt? Ich komme in Paris an. Ich bereite mich vor, unter die Doctoren der Sorbonne einzutreten. Ich begegne auf meinem Wege einer Frau, schön wie ein Engel. Ich will bei ihr schlafen. Ich schlafe bei ihr. Ich habe vier Kinder von ihr und siehe da, ich bin genötigt, die Mathematik, die ich liebte, Homer und Virgil, die ich immer in meiner Tasche trug, das Theater, woran ich Geschmack hatte, zu verlassen, überglücklich, die Encyklopädie zu unternehmen, der ich nun fünfundzwanzig Jahre meines Lebens geopfert haben werde.«

Bedauern ist wohl in diesen Sätzen, aber er lehnt sich nicht auf; die Resignation ist durchaus eine Folge der sozialen Verantwortung, der im Grunde, wiewohl nicht immer ohne Widerwillen, bejahten menschlichen Pflicht.

Die »Pensées sur l'interprétation de la nature« (1754) scheinen einen Teil der Enzyklopädie widerzuspiegeln. Am Schluß dieser Gedankenfolge heißt es, nach einer Reihe pointiert gestellter Fragen:

»Wenn ich meine Blicke über die Leistungen der Menschen schweifen lasse und dabei sehe, wie überall Städte gebaut und alle Elemente dazu benutzt worden sind, wie Sprachen festgelegt, Völker zivilisiert, Häfen angelegt, Meere durchquert, Erde und Himmel gemessen wurden, dann erscheint mir die Welt sehr alt. Wenn ich jedoch feststelle, daß die Menschen über die ersten Anfänge der Heilkunde und des Ackerbaus, über die Eigentümlichkeiten der gewöhnlichsten Substanzen, über die Krankheiten, von denen sie heimgesucht werden, über das Beschneiden der Bäume, über die Form des Pfluges noch im Unklaren sind, so erscheint mir die Erde erst seit gestern bewohnt. Wären die Menschen weise, so würden sie sich endlich solchen Forschungen widmen, die ihr Wohl betreffen, und auf meine unwichtigen Fragen frühestens in tausend Jahren antworten. Vielleicht aber würden sie sich, wenn sie unaufhörlich in Betracht zögen, was für eine kurze Spanne sie in Raum und Zeit einnehmen, auch gar nicht zur Beantwortung solcher Fragen herablassen.«

Die Enzyklopädie will beides: auf die ›unwichtigen Fragen‹ eingehen und auf die Untersuchungen, die das Wohl der Menschen betreffen; nicht zuletzt geht es doch in diesem Unternehmen um die Humanisierung der Welt und der sozialen Zustände, um ein allen erreichbares Glück, um die in Wissen und Erkenntnis garantierte Unabhängigkeit von der direkten Bedrohung durch natürliche und gesellschaftliche Kräfte, so daß sich auch noch die Geschichtsphilosophie eines Condorcet aus dem Geist der Enzyklopädie begreifen läßt. Das literarische

Unternehmen ist zugleich ein soziales, das wissenschaftliche ist zugleich politisch, die philosophische Leistung emanzipatorisch. Die Theologie ist ihr Hauptopfer, andere sollten ihr folgen; der englische Empirismus hat über den Geist der Scholastik gesiegt und Bacon sogar über Descartes, und wenn die Enzyklopädie auch nicht auf Revolution ausgerichtet ist, so ist sie doch revolutionär genug: sie mußte das Bewußtsein durch die Gewalt ihrer philosophischen und politischen Opposition allmählich verändern. Deshalb wurde sie sehr bald als demoralisierend, atheistisch und materialistisch angegriffen. Dabei taten sich die Politiker weit weniger hervor als die Geistlichen. Diderot mußte die Marquise de Pompadour um Hilfe bitten:

»Eine Gesellschaft arbeitsamer Männer, die keinen anderen Anspruch macht, als andern nützlich zu werden, widmet mehrere Jahre der Redaktion eines Wörterbuchs, welches ein Depot menschlicher Kenntnisse sein soll. Die bestunterrichteten Ehrenmänner aller Gesellschaftsklassen bestreben sich, Beiträge zu dieser wichtigen Arbeit zu liefern. Alle Mitarbeiter zeigen dem Neid einen Eifer, von welchem sie nicht glauben, daß man ihnen jemals ein Verbrechen daraus machen kann (...) Das Gebäude erhebt sich und Europa bewundert es. Sofort wird es von obscuren Verfolgern angegriffen, die ihm umso gefährlichere Stöße versetzen, als die Arbeiter, vielleicht mit einem zu weit getriebenen Stolze, verschmähen, ihre Verdächtigungen zurückzuweisen. Indessen beginnt man, unsere Mäßigung als Schwäche auszulegen. Wir müssen uns rechtfertigen, aber mit großer Vorsicht.« (1753)

Er bittet die einflußreiche Frau, Richter und Anwalt des so gefährdeten Unternehmens zu sein. Aber selbst Mme de Pompadour kann hier nicht mehr tun, als Diderot ihres aufrichtigen Wohlwollens zu versichern, auch ihr sind die Hände gebunden; die Klerikalen sind gerade wieder einmal mächtiger. 1759 klagt der Generaladvokat des Parlamentes von Paris gegen die gens de lettres der Enzyklopädie als Deisten, Atheisten, Rebellen und Jugendverführer. Das Unternehmen wird verurteilt, noch aber gilt das von hohen Gönnern gewährte königliche Privileg. Erst als dieses zurückgenommen wird, kann der weitere Verkauf untersagt werden, weil, wie es heißt, Religion und Sitte mehr Schaden leiden als die Wissenschaften Förderung erfahren. Doch hat man sich an das Verbot nicht gehalten. Die Regierung duldet die Fortführung, doch bleibt die Bedrohung, damit Sorge und Entmutigung. Die Situation ist zermürbend geworden.

Aber derartige Feindschaften fördern auch wieder die Wirkung des Unternehmens. Die ersten Bände sind offenbar glänzend aufgenommen worden, die Schar der Subskribenten wächst bis 1757 auf 4000. Vom 6. Band an (1756), nach dem Tode Montesquieus, zählt auch Voltaire zu den Mitarbeitern. Mit dem 7. Band (1757) jedoch beginnt das Zerwürfnis zwischen Rousseau und Diderot. Er bricht mit diesem, obwohl er sich zunächst nur gegen d'Alemberts Genf-Artikel gewandt hatte. D'Alembert ist zu dieser Zeit schon geneigt, von der Redaktion zurückzutreten; er hat angesichts der widrigen Umstände alle Hoffnung verloren, die Enzyklopädie noch zu Ende zu führen. Voltaire empfiehlt, sich mit d'Alembert solidarisch zu erklären. Er will seine Artikel zurückziehen und neue nicht mehr liefern.

Diderot jedoch macht weiter, wenn auch lustlos und verbissen, wie er am 19. 2. 1758 an Voltaire schreibt:

»Ich bin der Reibereien müde. Ich schreie von Morgen bis Abend nach Ruhe, Ruhe, und es vergeht kein Tag, wo ich nicht versucht bin, in der Dunkelheit zu leben und im Schoß meiner Provinz zu sterben. Es kommt eine Zeit, wo alle Asche sich mischt. Was liegt dann daran, Voltaire oder Diderot gewesen zu sein und daß Ihre oder meine drei Silben noch übrig sind? Man muß arbeiten, nützlich sein, Rechenschaft von seinen Talenten ablegen usw. ... Den Menschen nützlich sein? Ist es so gewiß, daß man etwas anderes tut, als sie zu ergötzen, und daß zwischen einem Philosophen und einem Flötenspieler ein großer Unterschied ist? Sie hören den einen und den andern mit Vergnügen oder Verachtung und bleiben was sie sind.«

Immerhin will Diderot, in der Hoffnung, einen achten Band zu machen, der noch einmal so gut wie der vorhergehende sein wird, die Arbeit weiterführen. Wenn diese Hoffnung fehlschlägt, wird auch er abbrechen. Diderot will nicht nur d'Alembert noch halten, der für das Unternehmen so viel bedeutet, er möchte auch die den Buchhändlern gegenüber eingegangenen Verpflichtungen nicht einfach ignorieren; vier Buchhändler, fünfzig Setzer und Drucker, hundert Mitarbeiter und viertausend Subskribenten sind immerhin ›beteiligt‹.

Über diese seine Haltung berichtet Diderot in einem Brief an Sophie Volland am 12. Oktober 1759. Er hatte ein Gespräch mit d'Alembert über die weitere Mitarbeit und erklärte ihm:

»Sie haben einen Vertrag mit den Buchhändlern, die Honorare sind festgelegt, darüber hinaus haben Sie nichts zu fordern. Wenn Sie mehr gearbeitet haben als Sie sollten, so geschah es aus Interesse für das Werk, aus Freundschaft für mich, aus Selbstachtung, und solche Motive bezahlt man nicht mit Geld. Dennoch hat man Ihnen für jeden Band 20 Louisdor gewährt, das sind 400 L., die man Ihnen nicht schuldig war.«

D'Alembert hat sogar das Geld für eine Reise erhalten, und die Buchhändler haben ihm diese Schuld großzügig erlassen:

»Dennoch geben Sie ein Unternehmen auf, in das diese ihr ganzes Vermögen investiert haben; ein Geschäft von 2 Millionen ist eine Kleinigkeit, welche die Beachtung eines Philosophen wie Sie nicht verdient. Sie verderben ihre Arbeiter und stürzen sie in eine Verlegenheit, aus der sie sich so bald nicht ziehen werden. Sie sehen nur die kleine Genugtuung, daß man einen Moment lang von Ihnen spricht. Jene sind gezwungen, sich an die Öffentlichkeit zu wenden; man muß nur sehen, wie man Sie schont und mich preisgibt.«

D'Alembert ist erstaunt, zu sehen, daß Diderot in einem Streit, in dem das Recht offenbar nicht auf seiner Seite ist, die Partei der Buchhändler ergreift. »Nach diesem ganzen Aufwand von Stolz werden Sie zugeben, daß die Rolle, die Sie zur Zeit spielen, recht erbärmlich ist«, muß er sich sogar noch sagen lassen. Diderot verspricht trotzdem, für die neuen Forderungen seines Mitarbeiters sich zu verwenden, er ist notfalls bereit, diesem die geforderte Summe aus der eigenen Tasche zu bezahlen. D'Alembert aber beschränkt sich fortan nur noch auf sein eigenes Fach, verweigert sich allen Vorreden und verpflichtet sich gerade noch, die

Korrekturen zu lesen. Diderots Verhältnis zu d'Alembert war fortan kühl, auch wenn es respektvoll blieb.

Schließlich bietet die russische Zarin Diderot an, die Enzyklopädie in Riga zu Ende zu führen. Das Unternehmen ist gerettet – aber Diderot lehnt ab.

Er läßt Voltaire, der ihm die überraschende Mitteilung gemacht hat, unzweideutig wissen, daß das Manuskript nicht ihm und den Mitarbeitern, sondern den Buchhändlern gehöre, daß jede Ablösung ein Vertragsbruch sein würde. Die Gefahren haben ihn noch nicht kleinmütig gemacht:

»Unser Wahlspruch ist, ohne Gnade für die Abergläubischen, die Fanatiker, die Unwissenden, die Narren, die Schlechten und die Tyrannen, und ich hoffe, daß Sie es an mehr als einem Orte erkennen werden. Heißt man Philosoph für nichts? Was? Die Lüge sollte ihre Märtyrer haben und die Wahrheit nur von Feiglingen gepredigt werden?« (29. 9. 1763)

Das Schlimmste freilich stand ihm noch bevor: für die Publikation der letzten, nur noch geduldeten Bände hatte der Buchhändler Le Breton, demgegenüber Diderot sich so loyal verhalten hatte, ein neues Verfahren entwickelt: er bearbeitete die letzten Korrekturen der druckfertigen Beiträge nach eigenem Gutdünken, tilgte, was eindeutig gefährlich oder auch nur zweideutig verdächtig war, so daß die Verfasser vor entstellten Texten standen und die Erwartungen mancher Subskribenten auch enttäuscht werden konnten. An eine zusätzliche kritische Edition oder nur an einen revidierten Nachdruck war nicht zu denken: Le Breton hatte die Manuskripte nach dem Eingriff sofort vernichtet. Auch war, wie M. Grimm, dem wir diese Mitteilung verdanken, bemerkt, an einen öffentlichen Einspruch nicht zu denken; Diderot hätte so nur zugegeben, daß das Werk fortgesetzt, daß es mit gefährlichen Gedanken durchsetzt war. Am 12. November 1764 wendet sich Diderot an Le Breton:

»Sie haben mich zwei Jahre lang feige betrogen. Sie haben die Arbeit von zwanzig rechtschaffenen Männern zerstört oder durch dummes Vieh zerstören lassen, die Arbeit von Männern, welche Ihnen ihre Zeit, ihre Talente, ihre Nachtwachen umsonst, aus Liebe zum Guten und Wahren und in der einzigen Hoffnung geopfert haben, einige wohlverdiente Achtung dafür zu erwerben, deren Ihre Ungerechtigkeit und Ihre Undankbarkeit sie beraubt haben wird.«

Weiter heißt es betroffen, ja verzweifelt:

»(...) ich habe vor Schmerz bei mir, vor Ihrem Teilhaber (...) vor meiner Frau, meinem Kinde und meinen Dienstboten geweint. Und überdies ist gar kein Gegenmittel möglich (...) Sie haben mich mit einer unbegreiflichen Unwürdigkeit behandelt, aber zum Entgelt dafür laufen Sie Gefahr, streng bestraft zu werden. Sie haben vergessen, daß Sie Ihre ersten Erfolge nicht dem Gewöhnlichen verdankten; daß es vielleicht kaum zwei Menschen gibt, welche sich die Mühe gegeben hätten, eine Zeile Geschichte, Geographie, Mathematik und selbst Technik zu lesen, sondern daß, was man darin gesucht hat und suchen wird, die feste und kühne Philosophie einiger unserer Arbeiter ist. Sie haben dieselbe ohne Urteil, ohne Schonung, ohne Geschmack kastriert, zerstückt, verstümmelt. Sie haben uns geschmacklos und platt gemacht. Sie haben aus Ihrem Buch alles verbannt, was darin den Reiz ausmachte, das Pikante, das Interessante und die Neuheit. Sie werden dafür durch den Verlust an Geld und Ehre gezüchtigt werden.«

So also erschienen die letzten zehn Bände, von 1765 an war Diderot nur noch mit den Erklärungen zu den Kupfern beschäftigt, man kann sich denken, mit welchen Empfindungen er diese Arbeit zu Ende führte. An Sophie Volland schreibt er am 18. 8. 1765:

»Die stupide Ruhe an Le Breton, der sich am Rande des Ruins und der Entehrung befindet, verwirrt mich. Ich habe einen seiner Kollegen gesehen, der nicht mehr ruhig schlafen kann. Er wußte nichts von dem Verfahren Le Bretons. Ich habe ihm alles mitgeteilt und er äußerte sich wie ich. Dieses Betragen erscheint ihm als eine unerhörte Frechheit. Er bezeichnet es als infam, beleidigend für die Compagnons, die Autoren, den Herausgeber, das Publikum. Er sieht alle Folgen voraus. Er hat mir mehr für das Stillschweigen gedankt, das ich gewahrt habe. Er ist mehr von dem Ausbruch erschreckt, den er voraussieht, er leidet Qualen, die ich wohl beschreiben kann (...)«

Im Jahr darauf bei wachsender Unduldsamkeit und wiederholten Terrorurteilen legt Voltaire Diderot die Emigration nach Holland nahe. Wiederum lehnt dieser ab, obwohl er alle Gefahren klar erkennt.

»Was wollen Sie aber, daß ich mit dem Dasein mache, wenn ich es nur erhalten kann, indem ich alles aufgebe, was mir dasselbe teuer macht? Und dann stehe ich jeden Morgen mit der Hoffnung auf, daß die Bösen sich über Nacht gebessert haben; daß es keine Fanatiker mehr gibt; daß die Herren endlich erkennen, daß wir die besten Untertanen sind, welche sie haben. Es ist das eine Dummheit, aber die Dummheit einer schönen Seele, die nicht lange an die Schlechtigkeit glauben kann.«

Auch dies gehört in die Geschichte der Enzyklopädie, auch dies gehört zu Diderots Anteil, denn es zeigt, mit welchen Mühen, Opfern und Enttäuschungen dieses Unternehmen zu Ende geführt wurde, als dessen Hauptautor, Organisator und Stratege Diderot doch gelten muß. Die Enzyklopädie sammelt nicht das Wissen des Jahrhunderts allein, sie ist, indem sie es prüft und vermehrt, die Kritik der Epoche. Eine Kritik freilich, die sich noch hütet, der Revolution das Wort zu reden, die sie, wie unabsichtlich, vorbereiten hilft.

Eine italienische Übersetzung ist anzuführen, eine deutsche nicht. Nachdrucke erschienen in Lausanne bzw. Bern und in Basel. Auch in Paris sollte noch ein Neudruck veranstaltet werden, aber nur drei Bände erscheinen und werden sofort mit Beschlag belegt. Ergänzungen erscheinen 1776 in vier Bänden zu Amsterdam unter dem Titel »Supplément à l'Encyclopédie«. In anderer Ordnung wird ab 1782 das Werk als »Encyclopédie méthodique ou par ordre des matières« noch einmal publiziert. Man spricht von 1 158 000 Francs Herstellungskosten, aber 2 162 000 Francs Reingewinn für die Buchhändler. Soviel man weiß, ist Diderot dabei nicht reich geworden.

Über die Aufnahme der Enzyklopädie in Deutschland hat Roland Mortier ausführlich berichtet. Man kann seiner Darstellung entnehmen, daß von einem Erfolg nicht die Rede sein kann, der hohe Preis, Vorurteil und die andere Situation der deutschen Intellektuellen haben dabei ihre Rolle gespielt. Auf die deutsche Aufklärung wirkt die Enzyklopädie, anders als das Dictionnaire von Bayle, nicht ein. Wenn es schon zu teuer ist, so ist es sicherlich auch zu radikal. In Österreich stand das Werk schon 1762 auf dem Index. Aber es ist natürlich nicht unbeachtet geblieben.

Am ehesten ist, als ein bescheidenes Echo nur, Herders Urteil aus der Schrift »Auch eine Philosophie der Geschichte zur Bildung der Menschheit« von 1774 anzuführen; Herder erkennt die Schwächen des Unternehmens sehr wohl, erwähnt sie auch einmal ablehnend als Dokument reiner Buchkultur, aber Plan und Ziel begeistern ihn, so daß er laut ausruft:

»Endlich gar – herrliche Erfindung! – in Memoirs und Wörterbüchern, wo jeder lesen kann, was und wie viel er will – und die herrlichste der herrlichen Erfindungen, das Wörterbuch, die Encyklopädie aller Wissenschaften und Künste ... Was die Buchdruckerkunst den Wissenschaften, ist die Encyklopädie der Buchdruckerkunst geworden: höchster Gipfel der Ausbreitung, Vollständigkeit und ewige Erhaltung.«

Goethe erinnert sich im 4. Buch seiner Autobiographie an die ihn offenbar noch überfordernden, zutiefst verwirrenden Eindrücke, die von dem gewaltigen Unternehmen ausgingen, dessen Mannigfaltigkeit ihm noch fremd war; es sei ihm und seinen Freunden dann zu Mute gewesen,

»als wenn man zwischen den unzähligen beweglichen Spulen und Weberstühlen einer großen Fabrik hingeht, und vor lauter Schnarren und Rauschen, vor allem Aug' und Sinne verwirrenden Mechanismus, vor lauter Unbegreiflichkeit einer auf das mannigfaltigste in einander greifenden Anstalt, in Betrachtung dessen, was alles dazu gehört, um ein Stück zu fertigen, sich den eigenen Rock selbst verleidet fühlt, den man auf dem Leibe trägt.«

Bei aller verständlichen Befremdung des jungen Goethe enthält der Vergleich doch sehr genau die Elemente des Neuen, die auch die Enzyklopädie kennzeichnen, insofern diese sich auch als ein großes durchorganisiertes Industrieunternehmen der Wissenschaft darstellen läßt.

In dem Abschnitt »Aufklärung« seiner »Phänomenologie des Geistes« hat Hegel das Wesen der ›reinen Einsicht‹ bestimmt, die sich »nur als das formelle treue *Auffassen* dieser eigenen geistreichen Einsicht der Welt und ihrer Sprache verhalten« kann. Die zerstreuenden Züge der Sprache dieser Welt, die Haltlosigkeit der momentanen Urteile faßt sie in ein allgemeines Bild zusammen und macht sie sodann »zu einer Einsicht aller«. Es mag sein, wie L. Goldmann meint, daß hiermit auf die Enzyklopädie hingewiesen wird. Ihr gelten dann auch die folgenden Sätze: sie wird durch »dies einfache Mittel die Verwirrung dieser Welt zur Auflösung bringen«.

Das »ruhig auffassende Bewußtsein« trägt das Urteilen und Räsonnieren, das der Geist dieser Wirklichkeit ist, in seinen »treffendsten und die Sache durchschneidenden Fassungen in eine Sammlung« zusammen und vernichtet die Eitelkeit des Daseins wie die »Eitelkeit des geistreichen Beurteilens«. So zeigt diese Sammlung, die Hegel nicht weiter benennt,

»den Meisten einen bessern, oder allen wenigstens einen vielfachern Witz, als der ihrige ist, und das Besserwissen und Beurteilen überhaupt als etwas Allgemeines und allgemein Bekanntes; damit tilgt sich das einzige Interesse, das noch vorhanden war, und das einzelne Einsehen löst sich in die allgemeine Einsicht auf.«

So gesehen, ist es nicht zuletzt Diderot, durch den die Subjektivität des Urteils und die Unverbindlichkeit des individuellen Verständnisses zu einer allgemeinen Einsicht vermittelt wird; dann ist die Enzyklopädie nicht nur das Denkmal, sondern der objektiv gewordene Geist der Epoche, sie steht nicht nur, wie er hoffte, auf der Höhe des Jahrhunderts, vielmehr wird diese Höhe erst durch sie erlangt und bezeugt.

Rousseau im »Sturm und Drang«

> »An unser kleinfügiges Fachwerk gewöhnt, das unserer Tätigkeit, unserer Denkkraft, unserer Phantasie die Flügel beschneidet, mit denen sie sich ins Unermessene ausbreiten konnten, gelangen wir dann bald dahin, alles Größere für ungeheuer, alles Freiere für gesetzlos, alles Ungewöhnliche für unglaublich zu halten.«
>
> G. Forster in »Ueber historische Glaubwürdigkeit«.

Die Wirkung Rousseaus in der deutschen Literatur des 18. Jahrhunderts ist unschwer festzustellen, schwieriger nachzuweisen und fast unmöglich in ihre Einzelelemente nach Werken und Vermittlungsphasen aufzulösen. Es fehlt deshalb auch, obschon Rousseau wie wenig andere Autoren ein deutsches Echo hervorgerufen hat, an einer umfassenden Darstellung dieses fesselnden Vorgangs, an einer genauen Nachzeichnung seines Wirkens. Der politische Schriftsteller hat anders gewirkt als der empfindsam-romantische Verfasser der »Nouvelle Héloise«, der pädagogisierende Autor des »Emile« anders als der herausfordernd offene, ja rücksichtslose, das Pathologische nicht verbergende Erzähler der »Confessions«. Der Gegner der Enzyklopädisten hat ein wiederum anderes Echo gefunden, so daß wir ständig neu zu sondern gezwungen sind – und es außerdem noch mit der wirksamen Legende vom verfolgten Menschenfreund zu tun haben, d. h. eben auch mit der Vielfalt und der Widersprüchlichkeit des Rousseau'schen Werks wie seiner von ihm selbst in die Welt gesetzten Lebenszeugnisse, Selbstdeutungen und Rechtfertigungen.

Bei einem ersten kritischen Überblick lassen sich mehrere Phasen der Einwirkung und der ihnen korrespondierten Rezeptionsweisen feststellen: die kurze, nur wenig bedeutungsvolle der Aufnahme und Erwiderung in der zumeist noch gelehrten und philosophischen Kritik (Lessing, Mendelssohn, Haller), der die erste wichtigere, also die des Widerhalls, der enthusiastisch wird und zur Identifikation verleitet, sich anschließt. Dann folgt die einschränkend aufnehmende, bei aller Kritik doch grundsätzlich bejahende Form der Aufnahme (Herder, Wieland, Forster), der sich eine nur bejahende oder polemisch abweisende noch anschließt (das aber ist nicht Rezeption, sondern nur eine Form möglicher Wirkung), und zwar im Zusammenhang mit den Ereignissen der Französischen Revolution; schließlich finden sich auch Spuren Rousseaus noch in der konservativen Kapitalismuskritik des frühen 19. Jahrunderts, wobei dann das Verhältnis zu Rousseau notwendig zwiespältig bleiben muß – wie dies seinem Werk denn auch entspricht.

Diese ›Phasen‹ sind freilich nicht einheitlich, sie lassen sich nicht genau voneinander trennen, denn sie gehen z. T. sogar ineinander über und erscheinen auch als widersprüchlich in einem und demselben Schriftsteller. Angemessen wäre es gewiß, die Einwirkungen nach den wesentlichen Publikationen Rousseaus zu unterscheiden, die dann zugleich auch einer zeitlichen Abfolge entsprechen würden, die in der Rezeption ihre Spiegelungen zu finden hätten. Dies sind zugleich thematisch deutlich umrissene Bereiche: die Wirkung der Rousseau'schen Zivilisationskritik, der von ihm ausgehende, befreiende pädagogische Impetus, und schließlich wäre dann zu überprüfen, in welcher Weise der radikale Kritiker des politischen Systems und des aktuellen Gesellschaftszustandes aufgenommen worden ist. In sozusagen übergreifender Weise wäre dann hinzuzufügen die Nachzeichnung des Einwirkens Rousseaus als empfindsamer Erzähler, die des Mannes, der die Natur – die der Landschaft wie die der Liebe – sozusagen wiederentdeckt und neu bestimmt hat. Ein solches Vorgehen würde mit der Behandlung bestimmter Werke konvergieren: zu sprechen ist vom 1. wie vom 2. Discours, sodann vom »Emile« und vom »Contrat social«; schließlich wäre von der »Nouvelle Héloise« zu handeln, dann von den »Confessions« und den »Rêveries« und ihrer Wirkung auf die Entfaltung der Autobiographie im deutschen Bereich. Dann würden wir uns dem Phänomen nicht von den deutschen Autoren her, die von Rousseau berührt worden sind, nähern, sondern von den so aufgenommenen Werken her, was die Kenntnis der Einwirkung in einem breiteren Umfange bereits voraussetzt.

So bleibt zunächst nur der etwas kleinliche Weg, die Spuren Rousseaus bei einzelnen Autoren zu verfolgen, so auch die Phasen der Einwirkung zu bestätigen oder zu modifizieren. Der historische Aspekt hat, zunächst einmal, zugleich schon individualpsychologisch nuanciert, den Vorrang gegenüber dem werkgebundenen chronologischen, der zu Rousseau zurückführen würde. –

Für jeden Autor, Goethe wie Herder, Klinger wie Schiller, Hölderlin wie Jean Paul, gilt, weil jeder Schriftsteller als Künstler immer auch schon ›beeinflußt‹ ist: es ist in der Tat minder interessant, was dieser oder jener Mann zu bestimmten Zeiten seines Lebens, seiner Tätigkeit, über Rousseau gedacht haben mag als vielmehr, wie er ihn – vielleicht sogar im Gegensatz zu später formulierten Urteilen oder einfach ganz unabhängig von solchen – aufgenommen, d. h. welche Anstöße er von ihm empfangen, welche Momente seines Werks, seines Denkens er weitergeführt oder transponiert hat. Hier und da einzelne Gedichte stets neu auf Natur, Tugend, Freiheit, Empfindung, Einfachheit und sanfte Sitte abzusuchen, ist dabei ein bis zum Primitiven simples und zugleich auch anfechtbares Unterfangen. Denn Stichworte allein genügen offenkundig nicht, sie besitzen kaum schon Indizien-Charakter, wenn nicht zuvor hat geklärt werden können, in welchem Umfange die Verwendungsmöglichkeit solcher mots clefs und ihr emotionaler Gehalt von einer wirklichen, nicht nur indirekt, gar schlagwortartig vermittelten Einwirkung Rousseaus abhängig heißen kann. Nicht die Verwendung bestimmter Vokabeln mit dem entsprechenden semantischen Gehalt ist hier entscheidend, sondern die durch die Auseinandersetzung mit einem bedeutenden Autor erfahrene Umwandlung oder Ausformung der eigenen Anschauungsweise, der Erweiterung oder gar der Ausbildung einer zuvor anders geprägten oder noch fast schlummernden Sensibilität. Aber eben hier lassen uns, wenn nicht zufällig autobiographische Zeugnisse sehr zuverlässiger Art vorliegen – etwa Geständnisse in der Form des Briefes oder Tagebuchs, die also nicht der oftmals trügerischen Erinnerung entstammen – die Dokumente gewöhnlich im Stich.

Lägen sie vor, so wären sie so lange noch nicht verbindlich zu nennen, als sie nicht mit den dichterischen Arbeiten übereinstimmen, die doch davon geprägt oder berührt sein müßten. Wir bewegen uns also im Felde von Vermutungen, Wahrscheinlichkeiten und Verdacht; was man gern beweisen möchte, wird nicht beweisbar, sondern höchstens evident, was dem Positivsten nicht genügen kann, ohne daß man ihm das schon verdenken sollte. Im Gegenteil hat seine unangebrachte Forderung den Vorzug, zur Behutsamkeit anzuleiten und nicht dort auf Beweisbarkeiten zu pochen, wo diese nicht zu leisten sind.

Wirksam gewordener Einfluß setzt eine latente Disposition voraus; selten ist der völlige Umsturz einer Denk-, Vorstellungs- und Darstellungsweise unter einer plötzlichen Einwirkung, häufiger die sich entwickelnde produktive, oft auch durchaus willkürliche Aneignung. Sie allein zählt. Dann ist Einfluß nicht irgendwie geartete passive Einfärbung, sondern ruft die produktive Reaktion hervor.

Wo Rousseau namentlich genannt wird, ist oft nur wenig über ihn zu erfahren; gegenwärtig ist er nur zu oft auf vielen Seiten, die seinen Namen nicht enthalten. Ein starker Einfluß kann so selbstverständlich geworden sein, daß man sich seiner kaum noch deutlich bewußt ist. Man verständigt sich im Namen Rousseaus oder auch in dem von ihm inspirierten Empfinden wie in den von ihm direkt hergeleiteten Forderungen. Dies gilt insbesondere für die deutsche Empfindsamkeit und den »Sturm und Drang«, die beide im Sinne einer außerdeutschen Literaturbetrachtung präromantische Phänomene im Zeitalter der europäischen Aufklärung sind, der sie als ein ihr inhärentes, kritisches und ergänzendes Moment tatsächlich zugehören, ohne deswegen für Deutschland schon antiklassizistisch zu sein, weil es nun einmal noch keine Klassik gab; eben deshalb aber konnte auch der plebejisch-provokative Charakter Rousseaus hierzulande kaum so wahrgenommen werden wie etwa in Frankreich selbst. Das rebellische Potential dieser Schriften drohte hier nicht ein ganzes Literatursystem zu erschüttern – es sei denn das längst nicht mehr interessierende von Gottsched. Deshalb mußte Rousseau in Deutschland notwendig anders wirken als in Frankreich, und so war es auch möglich, daß er hierzulande zeitweise sogar stärker hat wirken können als da, wo man ihn bewunderte oder parodierte, achselzuckend entschuldigte oder ihm einfach aus dem Wege ging, weil er schlicht lästig geworden war – bis dann in der Revolution seine Stunde wieder schlagen sollte. Das war auch der Grund dafür, daß Rousseau zu eben dieser Zeit in Deutschland wieder stark umstritten war. Literarische Einwirkung aber läßt sich in den der Revolution vorausgehenden Jahren für Deutschland heftiger und häufiger verzeichnen als für das zeitgenössische Frankreich. Fast könnte man zu behaupten versucht sein, Rousseau sei hierzulande schließlich weniger fremd gewesen als im Lande seiner Wahl und Muttersprache, wiewohl nicht in dem seines Glaubens. Für die Protestbewegung des »Sturm und Drang« hat Rousseau gewissermaßen Pate gestanden,[1] nicht minder jedenfalls als Herder, den man gern in dieser Rolle sehen möchte und der doch selbst wieder wichtigste Impulse von Rousseau aufgenommen hat – auch dort, wo er sich mit ihm nicht einverstanden weiß.

Der Protest des »Sturm und Drang« richtet sich in allgemeiner Weise gegen die bloße Verstandesherrschaft, die das frühbürgerliche Bewußtsein kennzeichnet. Dieser unterlag auch die Sinnlichkeit, die ausgegrenzt wurde wie der Luxus, der gleich der selbstverständlich gewordenen Sittenlosigkeit als ein zweifelhaftes Vorrecht der höfisch-feudalen Gesellschaft gelten konnte. Was – seit Montesquieu bewußt – dem Adel die Ehre, das ist nun dem Bürgertum (sehr allgemein gesagt) die Tugend. Aber das neue Tugendpathos drängt zu einer standesneutralen Auffassung von Tugend, sie soll auf naturnahe Weise allgemein menschlich sein. Gleichzeitig wird aber der Sinnlichkeit des Menschen durch eine alles regelnde Vernünftigkeit ständig Gewalt angetan; und nun entdeckt man die Natur der Leidenschaft, die ihre eigene Tugend haben kann, Torheiten begeht und die gesetzten Schranken einzureißen droht. Die so gesehene Natur ist dann nicht mehr die projizierte Rationalität erkennbarer Naturgesetzlichkeit. Rousseau hat mehr als einer Generation den Blick dafür geöffnet, daß die gesellschaftlichen Institutionen den Menschen seines ihm eigenen menschlichen Wesens beraubt haben. Die Zivilisation, Triumph des Menschen, hat ihn enthumanisiert, d. h. aber auch denaturiert. Eben hier setzt der meist vergebliche Versuch ein, den Zwiespalt von Sinnlichkeit und Vernunft zu überwinden.

Konsequenterweise wird auch die domestiziert-idyllische Landschaft nun durch eine andere abgelöst, die Geborgenheit, Sicherheit und den rational erstellten Rahmen, der ihr Gewalt angetan, nicht mehr kennen soll, die also, wie der Mensch es für sich will, wieder sie selbst sein soll. Seit Rousseau sind schöne Landschaften – vom rettenden locus amoenus abgesehen – schwierige, wilde, oft auch düstererhabene Landschaften, die man sonst eher als bedrohlich angesehen hatte. Es entsteht die gewaltige oder die zärtliche Landschaft, in der das befreite Gemüt sein Äquivalent sehen möchte. Indem die Natur wieder versinnlicht und zum Membran einer ›Stimmung‹ wird, kann sie auch, wie dies im »Werther« (der »Nouvelle Héloise« nachfolgend) geschieht, durch die Metaphorik erotisiert werden. Zugleich jedoch öffnen sich neue Abgründe: die nicht konsequent unterworfene Natur enthüllt nicht allein ihre furchtbare, sondern auch ihre vernichtende Gewalt. Wie die Natur selbst kann der starke, der freie Mensch über mögliche Opfer hinwegschreiten, wie dies schon im »Urfaust« geschieht – und dann, im Namen der zu befreienden Menschheit, in der großen Revolution. Heinse wird dann im »Ardinghello« den Naturzustand wie den des Krieges feiern, so daß die angestrengte Identifikation mit der Natur schließlich sogar der Rechtfertigung von Machtträumen dienen darf. Aber auch sie haben ihre kompensatorische Funktion: sie sind wie der Protest des »Sturm und Drang« weitgehend Einspruch und Erwiderung auf die drückende, die erstickende Enge der deutschen Verhältnisse; so kann man sagen, daß der »Discours sur l'origine de l'inégalité« dem Unbehagen des »Sturm und Drang« weitgehend entspricht, ja daß er es vielleicht sogar erst hat bewußt werden lassen.[2] In der Ablehnung der modernen Zivilisation und des aktuellen Gesellschaftszustandes werden, etwa im Problem der Selbsthilfe und der Verteidigung eines sozusagen natürlichen wie menschlichen Rechtes gegen das festgeschriebene Recht in der Form des Gesetzes (»Götz von Berlichingen«, »Die Räuber«) durchaus anarchische Tendenzen sichtbar. Heftige Angriffe gegen die Staatsordnung führt auch Herder in seinen frühen Veröffentlichungen. Die Dramen des »Sturm und Drang« sind voll von leidenschaftlich wirkenden sozialkritischen Motiven, wie viele der Romane Klingers es gleichfalls sind. Die Verklärung einer ländlichen Existenz und eines oft recht ›einfachen Lebens‹, wie sehr sie auch Rousseau zu verdanken sein mag, hat hingegen weitgehend Fluchtcharakter wie Natur und dörfliche Stille im »Werther«: nur hier, in einer von allen Zwängen scheinbar freien Welt und Umwelt, vermag das feiner empfindende und leidenschaftlich bewegte Individuum seine eigenen Absichten zu verfolgen.

Rousseau macht dieser Generation bewußt, wie pathologisch ihre Existenz genannt werden kann. Das Individuum richtet seine produktive, die geniale Kraft, gegen alle ästhetischen Regeln, bürgerliches Zweckdenken und sozialen Konventionen. Spontaneität ist alles, der extreme Subjektivismus ist sich der eigenen Willkür nicht bewußt und will sich als Natur verstehen, wie er sich in der äußeren Natur und ihren Kräften spiegeln möchte. Zwischen Individuum und Gesellschaft klafft nun gleichfalls ein Abgrund; der »Sturm und Drang« füllt ihn nicht aus, so wenig wie er ihn überspannen kann; mit Pathos macht er ihn bewußt, mit Verzweiflung zeigt er seine Tiefe.

Kann der fragwürdige ›Naturzustand‹ diesen Abgrund einebnen? Man kann nur sagen, daß er ihn nicht gekannt hat. Aber er läßt sich sowieso nicht wiederherstellen, nur hier und dort – so in den Kindern, wie Werther sie liebt – lassen sich die Spuren davon entdecken. Doch die Rückkehr zur Einfalt bleibt ein halbfrommer Wunsch. Aber das Verlangen danach hat Rousseaus Naturevangelium wachgerufen. Volkslied, Ossian und Shakespeare werden bedeutend durch das Licht, das von Rousseau her auf sie fällt. Er läßt sie erst sichtbar werden – Wirkungen, die er in Frankreich, wo man Richardson und Gessner las, nicht hatte. Hier schien doch erreicht, was auch ästhetisch gefordert wurde: die Nachahmung der Natur wird vom Ausdruck der sog. ›wahren‹ Natur abgelöst.[3] Über allen Kunstregeln steht wieder die Schöpfung selbst, für die Herder sich auf Instanzen beruft, die eher der Empfindungssphäre als dem Kunstverstand angehören.

Noch in den Protagonisten der Dramen und Erzählwerke im Zusammenhang mit der kurzen Phase des »Sturm und Drang« wird das rebellische Moment immer neu erkennbar: es sind Verfolgte, Unterdrückte, Scheiternde, Aufrührer, Ausgestoßene, Betrogene und sozial Erniedrigte, es sind die Hilflosen am Rande einer in ihrer sich erst entfaltenden Unmenschlichkeit allmählich erkannten gesellschaftlichen Ordnung.

Welche Rolle Rousseau selbst dabei spielt, läßt sich hier nur an wenigen Beispielen deutlich machen.

Im 13. Buch von »Dichtung und Wahrheit« berichtet Goethe, wie er im Freundeskreis der Sophie von La Roche zu Koblenz den jungen Leuchsenring kennenlernt, der in der modernen Literatur so gut Bescheid weiß und sich interessanter Bekanntschaften zu rühmen vermag. Stets führt er einige Schatullen mit vertraulicher Korrespondenz bei sich, wie ja Briefe damals häufig einem weiteren Bekanntenkreis zugänglich gemacht zu werden pflegten. Dann heißt es, es seien in diesen Schatullen manche Schätze gewesen, darunter auch Briefe der Julie Bondeli, die hoch geachtet war:

»sie war als Frauenzimmer von Sinn und Verdienst und als Rousseau's Freundin, berühmt. Wer mit diesem außerordentlichen Manne nur irgend in Verhältnis gestanden hatte, genoß Theil an der Glorie, die von ihm ausging, und in seinem Namen war eine stille Gemeinde weit und breit ausgesäet.«[4]

Die leicht distanzierte Bemerkung läßt den Schluß zu, daß Goethe selbst zu dieser Gemeinde nicht eigentlich hat gerechnet werden wollen. Die Vermutung wird noch dadurch gestützt, daß Goethe stets ausführlicher und bedeutungsvoller auf Voltaire und auf Diderot eingegangen ist als auf Rousseau, dem er weit weniger Platz in seinem Werk einräumt. Diderot, heißt es in der Autobiographie, sei es gewesen, der,

»wie Rousseau, vor dem geselligen Leben einen Ekelbegriff verbreitete, eine stille Einleitung zu jenen ungeheuern Weltveränderungen, in welchen alles Bestehende unterzugehen schien.«[5]

Bei aller eingestandenen Ablehnung der französischen Literatur in der Straßburger Zeit wird doch, was die französische Welt bietet, hingenommen, denn, so die Begründung, »Rousseau hatte uns wahrhaft zugesagt«.[6] Goethe hat den Einfluß nicht verschwiegen, sondern absichtsvoll gedämpft; an den Freunden – wie dann an Klinger – läßt er ihn deutlicher sichtbar werden. Diderots »Naturkinder«, so bemerkt Goethe,

»die er mit großer rednerische Kunst herauszuheben und zu adeln wußte, behagten uns gar sehr, seine wackeren Wilddiebe und Schleichhändler entzückten uns, und dieses Gesindel hat in der Folge auf dem Deutschen Parnaß nur allzusehr gewuchert.«[7]

Eigentlich wird hier, wie nebenbei und kommentarlos, Diderot eine Wirkung zugeschrieben, die man eher mit dem Namen Rousseau zu verbinden pflegt: Naturkinder in der Rebellion gegen das Unrecht und die Sklaverei der fortgeschrittenen Gesellschaft. Die Anspielung auf die »Räuber« ist unüberhörbar, aber das Thema der gerechten Selbsthilfe sollte ja auch Goethe beschäftigen, wie später noch Kleist. Denkt man aber daran, daß Rousseaus Thesen z. T. auch von Diderot sind vorgetragen – ja, vielleicht sogar schon inspiriert worden, der sie in den erzählerischen Exempeln wie den »Deux amis de Bourbonne« dargelegt hat, so ist, was Goethe hier sagt, weniger überraschend.

Goethes Distanzierung, allerdings im Rückblick vorgenommen, konstrastiert mit der Emphase, in der Herder schon in seinen Anfängen, so den »Fragmenten über die neuere deutsche Literatur«, Rousseau'sche Gedanken aufnimmt und verarbeitet. Hier wird deutlich, in welcher Weise Ideen sehr rasch Gemeingut werden können, so daß die sog. Einflußforschung auch Verdacht auf sich zu lenken vermag; man wird so leicht nicht ausmachen können, was direkter und was indirekter Einfluß in diesen Frühschriften Herders ist, der hier von Sprache und Empfindung handelt und beklagt, daß die Lebendigkeit der Dichtung abgestorben sei, da doch

»der Ausdruck nichts als Kunst wurde, da man ihn von dem, was er ausdrücken sollte, abtrennete; der ganze Verfall der Dichterei, daß man sie der Mutter Natur entführte, in das Land der Kunst brachte und als eine Tochter der Künstelei ansah (...)«.[8]

Hiermit tritt Herder bereits in deutlichen Widerspruch zum Literatur-Konzept der Aufklärung und die bisher hinter ihm noch stehenden klassizistischen Normen.

Übereinstimmungen, wie sie sich dergestalt im Ansatz schon zeigen, müssen nicht notwendig aus Auseinandersetzung und fremdem Einfluß hergeleitet werden; aber natürlich hat Herder, durch Vermittlung Hamanns und Kants, Rousseau gekannt und auch gelesen. Er bezieht sich auf ihn direkt wie unausgesprochen in seinem rousseauistisch-rhapsodischen »Journal meiner Reise im Jahr 1769«. Rousseau ist für ihn einmal paradox und sophistisch, er frappiert und übertreibt, bis Wahres aufhört, noch wahr zu sein. Er sucht das Außerordentliche und stiftet daher auch Schaden.[9] Aber doch sehr deutlicher – und auch pathetischer – als sonst zeigt sich sein Einverständnis als der sozusagen doch rousseauistische Einspruch gegen die gesellschaftlich festgelegten Bildungsverhältnisse in der lockeren Notizenfolge, als er sich, zwischen Himmel und Wasser an Bord des Seglers, unterwegs von Riga nach Kopenhagen auf sich selbst, sein bisheriges Leben und seine Zukunftspläne besinnt. Er beklagt sich, Jahre seines Lebens verloren zu haben, nicht genossen, sich den leichteren Studien anbequemt, das Wichtige aber versäumt zu haben. Viel falsche Ehre, Ehrgeiz und Empfindlichkeit, falsche Liebe zur Wissenschaft, Betäubung des Kopfes, ja »Unsinn im Lesen, Schreiben und Denken« hätte er sich ersparen können.[10] Die frühzeitige und einseitige Ausrichtung auf Wissen und bloße Kenntnisse hin wird als dem Menschen verderblich verstanden. Es ist schädlich, sagt er, Früchte vortäuschen zu müssen, wenn man erst noch Blüten entwickeln sollte: das Unzeitige ist nicht echt, deshalb fallen solche Blüten ab und zeugen für das Verderbnis des Baumes. Das Bild ist deutlich genug: der Baum ist der Mensch und wird Sinnbild der

Verderbtheit des zivilisatorischen Zustandes, in dem die aufgeklärte Menschheit des Jahrhunderts sich nunmehr befindet.

Werther-Töne werden bereits vernehmbar:

»Auf der Erde ist man an einen festen Punkt angeheftet und in den engen Kreis einer Situation eingeschlossen. Oft ist jener der Studierstube in einer dumpfen Kammer, der Sitz an einem einförmigen, gemieteten Tische, eine Kanzel, ein Katheder – oft ist dieser eine kleine Stadt, ein Abgott von Publikum aus dreien, auf die man horcht, und ein Einerlei von Beschäftigung, in welche uns Gewohnheit und Anmaßung stoßen.«[11]

Kühne Assoziationen, wunschgeprägte Spekulationen vermengen sich mit der eifernden Ungeduld Rousseaus; nicht mehr für nützliche und erbauliche Literatur plädiert der Pädagoge sodann, sondern, dem Zustand der Fahrt entsprechend, für Abenteuerberichte, für die Odyssee, die Äneis und den Robinson. Als Philosoph ohne Bücher solle man lernen, aus der Natur zu philosophieren: der neuen Erfahrung verdankt Herder eine ungewöhnliche Situation und spürt, daß Wissen auch Ballast werden kann. Primärerfahrung und daraus resultierende Reflexion wird dem bloßen Buchwissen entgegengesetzt, genau wie im »Emile«, dem Evangelium einer neuen Erziehung.

Dann entwickelt Herder in enzyklopädischer Absicht ein Erziehungsprogramm für die baltischen Provinzen. Dahinter steckt eher der »Emile« als der 1. oder 2. Discours Rousseaus: Menschentum, Tugend und Praxis stehen im Vordergrund und müssen der Kleinlichkeit der Erziehung, der Sklaverei des Geburtsstandes, dem Bagatellkram des Jahrhunderts, das den Menschen immer noch einschränkt, abgerungen werden.

Freilich hat ein jedes Zeitalter seine eigene Art von Glückserfahrung, und wir

»schweifen aus, wenn wir wie Rousseau Zeiten preisen, die nicht mehr sind und nicht gewesen sind, wenn wir aus diesen zu unserm Mißvergnügen Roman-Bilder schaffen und uns wegwerfen, um uns nicht selbst zu genießen.«[12]

Es gilt also, aus den Dokumenten der Vergangenheit das herauszulösen, was für den Lebenden bedeutungsvoll sein kann, so der Prediger der Tugend nicht eines vergangenen, sondern des eigenen Zeitalters zu sein.

Hier liegt auch die Abgrenzung von Rousseau – im Vorstoß zu einer humanen, über gelehrtes Vielwissen hinausdrängenden Bildung und nicht im Verzicht auf diese, da sie noch der Tugend förderlich und nicht als Zivilisationsfortschritt dieser schädlich zu sein vermöchte. In vielem kann Rousseau ein »großer Lehrer« sein, nicht aber darin, wie man für die Gesellschaft könne herangebildet werden. Herder will nicht gegen die Gesellschaft erzogen wissen. Schließlich stellt er Rousseau, so ihn seiner von anderen gern hervorgehobenen Einzigartigkeit entkleidend, in eine Reihe als Redner, Lehrer, Schriftsteller mit Voltaire, Fénelon, Fontenelle und anderen, die einen wahren Begriff von der Schönheit des französischen Stils vermitteln, denn, das ist charakteristisch, die lebenden Sprachen sind für Herder wichtiger als die toten.

Der Enzyklopädie steht Herder hingegen hier noch ablehnend gegenüber; sie ist ihm ein nur-zivilisatorisches, heißt kein originales Werk, sondern lediglich Abregé und Sammlung, so ist sie schon ein Zeichen des Niedergangs.

Es kommt schließlich bei der Ankunft in Nantes zu einer Verwerfung der gegenwärtigen französischen Kultur, wenn er plötzlich – man wird bald darauf das Echo beim jungen Goethe vernehmen – herausfordernd erklärt:

»Italiener sind die feinsten und empfindsamsten; (...) der ganze französische Parnaß ist aus Spanien und Italien gestohlen; in beiden Ländern lebt mehr wahre Natur, Genie, Schöpfung.«[13]

Die Begründung interessiert hier mehr als der Wahrheitsgehalt einer solchen Feststellung, die Herder Anlaß gibt, sich sofort aus Frankreich weg und nach Italien zu sehnen.

Herders Verhältnis zu Rousseau scheint, wie auch das Goethes, auf einem durch die Lektüre geweckten oder an ihr erst bewußt gewordenen Einverständnis zu beruhen, das vielleicht partiell, aber stark ist. Eine solche Übereinstimmung ist nicht Identifikation, sondern sieht eher nach Zustimmung und Bestätigung aus. Rousseau vermittelt vor allem Impulse und Ermutigungen. So ist Herder kein ›Schüler‹ des Genfers, sondern als Denker, Schriftsteller, Pädagoge willig, die eigenen Intentionen durch diesen zu legitimieren. Dem Jüngeren werden Einsichten und Forderungen gewissermaßen erleichtert, bestimmte Denkwege vorgezeichnet oder auch abgekürzt. Was Rousseau-Einwirkung heißen mag, ist noch insofern ein Dokument seiner Eigenart, als Herder doch sichtbarlich selektiv verfährt. Das tut man nicht bei starker Abhängigkeit, eher schon im Bewußtsein einer grundsätzlichen Übereinstimmung, die hier nicht zuletzt im Einspruch gegen eine enge, einseitige, nur rationale und oberflächlich optimistische, Fortschritte feiernde Aufklärungsphilosophie zu suchen ist.

Erste Ausführung dessen, was im Reisejournal sich ankündigte, ist die Schrift von 1774 »Auch eine Philosophie der Geschichte zur Bildung der Menschheit«, Vorklang der »Ideen zur Philosophie der Geschichte der Menschheit«, die zehn Jahre später zu erscheinen beginnen. Es ist dies eine durchaus polemische Schrift, polemisch wie die beiden Diskurse Rousseaus, in denen selbstverständlich gewordene Denkgewohnheiten in Frage gestellt werden. In der anders bestimmten deutschen Situation tut Herder dies nun auch: er wendet sich gegen die vereinfachende Methode, den gegenwärtigen Vernunftzustand zum Maßstab zu nehmen und etwa vom Priestertrug zu sprechen; hier liegt, wie auch im Hinweis auf andere, prärationale Denk- und Vorstellungsweisen, die Übereinstimmung mit G. Vico. Frühe Menschheitsstufen, heroische und idyllische Anfänge setzt Herder gegen das Raisonnement Voltaires über die Trümmer der säkularen Geschichte – es ist dies die 2., schon fortgeschrittene Stufe des Naturzustandes, die auch Rousseau zur historischen Heimat und damit zum Maßstab gemacht hatte:

»*Mensch, Mann, Weib, Vater, Mutter, Sohn, Erbe, Priester Gottes, Regent* und *Hausvater,* für alle Jahrtausend sollt er da gebildet werden! und ewig wird, außer dem tausendjährigen Reiche und dem Hirngespinste der Dichter, ewig wird *Patriarchengegend* und *Patriarchenzelt das goldene Zeitalter der Kindlichen Menschheit* bleiben.«[14]

Auf philosophische Kritik an den älteren Epochen sieht Herder nur mit dem Blick des Unwillens, ja des Ekels. Er weiß wohl, daß er nicht allein steht mit solchen Überlegungen, in denen Fortschritt und Zuwachs stets mit Nachteilen und Verlusten sich verschlingen.

Der Gang und die einzelnen Argumente sind hier nicht nachzuzeichnen, da vor allem doch die Zusammenhänge mit Rousseau interessieren, wobei sich in der angedeuteten Dialektik von Verlust und Gewinn bereits Einwände gegen dessen Einseitigkeiten finden lassen. So pocht Herder auch stets auf Eigenrecht und -wert einer jeden Entwicklungsstufe: was das Laster förderte, hob auch die Tugenden, und nur daß die Menschheit in ihrem aktuellen Zustande der Vollkommenheit überhaupt fähig sei, läßt sich bezweifeln. So wenig wie das glücklichste Volk kann es die allein glückliche Epoche geben und gegeben haben. Inzwischen freilich ist alles Philosophie und Gedanke geworden, Raisonnement, doch fehlt, was Menschen eigentlich nötig haben: »*Herz! Wärme! Blut! Menschheit! Leben!*«[15] Das ist nun nicht das Ideal des neuen Zustands, zu dem die Menschheit sich hätte hinbilden sollen, um das zu sein, was ihre Mitglieder sind, Menschen nämlich und Bürger eines Vaterlandes. Statt dessen steht ein jeder nur noch in der Uniform seines Standes da. Das Stichwort lautet: Maschinen.

In »künstliche Denkart« eingeweiht, entsteht im Menschen schließlich Überdruß im Überfluß, der krank macht. Scharf wendet sich Herder gegen die lebensferne Buchstabenkultur des Jahrhunderts. Das Gedichtete und Geschriebene hat keine Wirkung mehr. Erfahrungswissen ist zu »Papierkultur« geronnen, Wirkungslosigkeit das Stigma des Geistes der Epoche, wo er doch einst die praxisbestimmende Weisheit des Bürgers der antiken Polis war. Von Fortschritt kann in diesem Zusammenhange keine Rede mehr sein. Mit Hohn und Verachtung überschüttet Herder die allgemeine Wendung von der Wiederherstellung der Wissenschaften. Allerdings hat Kultur sich ausgebreitet, liest alle Welt Voltaire, Branntwein macht die wilden Völkerschaften zur Bekehrung reif – sie werden Menschen sein wie wir. Herders Blick auf die Segnungen der europäischen Zivilisation ist so berechtigt wie auf Rousseau'sche Weise einseitig; er ist auch, im Widerspruch zu vorausgehenden Ansätzen, undialektisch, wie das bald darauf in den Arbeiten Forsters deutlich gemacht werden sollte, der immerhin erkennt, daß die moralische Empörung hier nicht ausreicht und aller Fortschritt, leider, durch Habgier und Eigennutz hindurch, wider Wissen und Willen der Länder erobernden und Handel erzwingenden Europäer sich vollziehen kann.

Nachdem er Fortschritt und Zufriedenheit der Epoche ad absurdum geführt hat, scheint Herder als einzige Hoffnung allein den Rückschlag zu formulieren:

die Ketten, mit denen die Europäer die anderen Völker fesseln, werden vielleicht dazu dienen können, diese zu ziehen.

»Wir nahen uns einem neuen Auftritte, wenn auch freilich bloß durch *Verwesung!*«[16]

Man darf wohl fragen, ob dieser leidenschaftliche Protest ohne Rousseau wäre formuliert worden, aber die Frage ist müßig. Wahrscheinlich hätte er dann anders ausgesehen, wie aber, das läßt sich nicht entscheiden. Herder vereint sich mit Rousseau im Einspruch gegen die Größe und den Gipfel des Zeitalters, d. h. gegen sein Selbstverständnis, und beklagt den verlorenen friedvollen, den menschlich-einfachen Zustand des patriarchalischen Zeitalters, wie das Alte Testament und Homer ihn überliefern; er blickt auf die Trümmerhaufen des Fortschritts, die seine Wegmarken sind, auf den Raubbau Europas an der fremden Welt, auf die hochzivilisierte Unmenschlichkeit, aber er greift bestimmte Thesen Rousseaus, wie die über den Zusammenhang von Verfeinerung und Verfall in jeder Epoche und die Sehnsucht nach Rückkehr zu einfacheren Zuständen nicht auf. Er hat mehr historische Beispiele zur Hand und beharrt auf der Berechtigung eines jeden Kulturzustandes, der mit den Nationen sich entfaltet und wieder verschwindet. Die Irreversibilität des Vorgangs scheint ihm, wie wider Willen, aufgegangen zu sein, doch zieht er daraus noch keine Konsequenzen, außer eben der einen von der Unwiederholbarkeit der Antike, welche die Frage nach ihrer möglichen Überbietbarkeit hinfällig macht.

Später, in den »Ideen«, wird Herder dann etwas präziser verfahren: ob Künste und Wissenschaften das Glück der Menschen befördern, will er deshalb nicht entscheiden, weil es auf den Gebrauch des Erfundenen ankommt, das unser Dasein erleichtern soll, um so das Leben der Menschen lebbarer zu machen. So korrumpiert auch nicht die Zivilisation den Menschen, sondern der Despotismus, die institutionalisierte Sklaverei, die, enthumanisierend, allen Fortschritten entgegenwirkt.[17] Doch wenn er sich nunmehr, fast optimistisch, immer neu wieder gegen Rousseau zu wenden wagt, wird seine Erwartung doch von ihm selbst immer wieder in Frage gestellt. Seine Skepsis geht nicht auf die sich bietenden Möglichkeiten, sondern auf die faktische Verwendung der zivilisatorischen Mittel. Das geschichtsphilosophisch-kritische Konzept Herders ist im Zusammenhang mit der polemischen Wendung gegen eine einseitig rationale Aufklärung, ihre Verengung, ihren vereinfachenden Optimismus zu sehen, die dann der »Sturm und Drang« zugleich gegenüber der klassischen Ausgewogenheit, der Harmonie auch im Bereich der Ästhetik einnimmt. Eine neue Leidenschaftlichkeit, neue Empfindungsweisen, auch neue Traditionen, kennzeichnen diese kurze Phase, zu deren Hauptanregern und -figuren Herder zweifellos gehört. Wie der »Sturm und Drang« in seinem »Unbehagen in der Kultur« auf die Enge der nichtsdestoweniger rückständigen deutschen Verhältnisse reagiert, findet er in den beiden Discours Rousseaus die Urkunden, die seinen Einspruch bestätigen oder verstärken. Auch die anders geartete Situation in Deutschland fordert immerhin eine Kritik des Gesellschaftszustandes, der Unterdrückung, Rechtlosigkeit und Armut in der bestehenden Weise gestattet. Schuld am Geschmack-, Bildungs- und Kulturverfall ist auch bei Herder der moderne, mechanisch arbeitende absolutistische Staat. Auch wenn von einer als Muster sich aufdrängenden Gesellschaftsform der Frühzeit nicht mehr die Rede sein kann, so bleibt seine Wendung gegen ausbeutende Naturbeherrschung und seine Vorliebe für patriarchalisch geprägte Frühkulturen unübersehbar. Eine gewisse Entwicklungsstufe muß überhaupt schon erreicht sein, damit man von ›Menschen‹ sprechen kann. Eigentlich sucht Herder das als göttlich zu verstehende Naturgesetz in der Geschichte.

Antiklassizistisch wie aufklärungs-kritisch sind auch Herders Schlüsselbegriffe: über allen Regeln stehende Schöpfung, Empfindung, Leidenschaft, Herz, Naturwahrheit, die aller regelgemäßen Naturnachahmung entgegensteht. Es sind dies zugleich von Rousseau vermittelte Schlagworte, in denen eine neue Generation sich verständigt.

Im »Götz von Berlichingen« wird man Motive der im Sinn einer außergesetzlichen Gerechtigkeit vorgenommenen Selbsthilfe ausmachen können, so daß man an Diderots von Gessner übersetzte moralische Erzählungen denken darf, auf die Goethe in »Dichtung und Wahrheit« anspielt: Götz arbeitet mit Geiselnahme und Erpressung, um Wehrlosen und Geschädigten zu ihrem Recht zu verhelfen, doch wird auch Rousseau'scher Einfluß erkennbar: als Götz im 1. Akt mit dem gefangenen Weislingen nach Jaxthausen zurückkommt, wird er von seinem kleinen Sohn, der sich zuvor von der Tante hat Geschichten erzählen lassen, begrüßt. Es ist unmöglich, beim folgenden Gespräch nicht an den »Emile« zu denken. Das nur-Gelernte, Buch- und bloßes Sachwissen versagt vor der wirklichen Erfahrung und vor der Erkenntnis von Zusammenhängen. Das altkluge, verzärtelte Kind, vollgepfropft mit Geschichten, das sich einer seine Altersstufe übersteigenden Sprache bedient, weiß nicht, wovon es spricht, und der Vater erinnert sich, daß er alles Wichtige kannte, bevor er davon zu sprechen gewußt. Ihm ging es zuerst um sinnliche Welterfahrung, dem Kind aber verstellt das Gelernte schon die wirkliche Welt, in der es doch lebt. Der robustere, weltkundige, wiewohl ungelehrte Ritter steht dem Kind, das kaum ein Kind mehr ist, sondern eher ein vorzeitig abgerichteter Erwachsener, so fremd gegenüber, wie nur Rousseau als der Verfasser des »Emile« dies gewollt haben kann, da sinnliche Erfahrung stets primär sein sollte und Weltaneignung dem Denken und Wissen voranzugehen hatte.

Was hier als Karikatur erscheint, ist nur die begründete Wendung gegen aktuelle Erziehungspraxis; pointiert ausgedrückt, wird gegen die herrschende weltfremde Dressur des künstlich ausgerichteten Zeitalters die natürliche, auf Umwelterfahrung bauende, einfachen Lebensverhältnissen angepaßte Entwicklung gestellt. Indem das Kind den Herrn von Berlichingen nicht kennt, obschon es sich um den Vater handelt, ist es durch falsches, leeres Wissen sich selbst entfremdet, bevor es noch im Wissen zu sich hat finden dürfen. Als Folge der falschen Erziehung entfremdet es sich auch seinem Vater; es ist gelehrsam, aber im fruchtlos überflüssigen Wissen untüchtig und frühzeitig gleichsam verdorben. Zum einen mit sinnlosen Kenntnissen belastet, ist es zum andern verweichlicht, ohne deswegen in stärkerem Maße sensibilisiert zu sein. Dem Selbstverständlichen steht der Junge staunend und starr gegenüber, das Erstaunliche aber, wie etwa jahrhundertalte Herrschaft, ist ihm deshalb selbstverständlich, weil er dies als solches gar nicht mehr wahrzunehmen vermag. Er hat gelernt, aber er hat nichts vom Gelernten begriffen. Dramaturgisch ist diese Szene übrigens durchaus entbehrlich; der Knabe ist eine unwesentliche Kontrastfigur zu seinem Vater, sein Auftreten eine Huldigung an Jean-Jacques Rousseau. –

Spuren Rosseaus in den »Leiden des jungen Werthers« nachzuzeichnen, ist nicht allzu schwer; auf den Zusammenhang mit der »Nouvelle Héloise« hat sogar Goethe selbst mehr als einmal hingewiesen, allerdings unter dem Zeichen der neuen Empfindsamkeit.[18] Man muß sich freilich hüten, die etikettierenden Sonderungen zu weit zu treiben, denn auch der empfindsame »Werther« enthält Momente, die den »Sturm und Drang« charakterisieren, wie er ja auch ein Buch der Auflehnung und des Protestes heißen kann.

Überdies hat der Streit um Rousseau in der Auseinandersetzung mit dem »Werther« und in seiner Wirkung eine nur zu deutliche Spiegelung erfahren.[19] Selbst wenn man einwendet, vieles im »Werther« wäre weniger Rousseau-Lektüre und -Einfluß als vielmehr Zeitstimmung, so ließe sich immerhin erwidern, daß solche ›Zeitstimmung‹ wiederum weitgehend durch die Werke Rousseaus vermittelt sein dürfte.

Hier nun interessiert weniger der schwelgerische Selbstgenuß des Protagonisten, die Korrespondenz von Seelenstimmung und Landschaft, als vielmehr seine Außenseiterstellung, die solchen Stimmungskult erst hervorruft. Werthers Narzißmus, wie rousseauistisch auch immer, ist minder wichtig in diesem Zusammenhang als sein Trotz, seine Absage an die Gesellschaft und ihre Ungerechtigkeit, ihre falschen Wertungen, ihre leeren Vergnügungen. So heißt es am 17. Mai über die Fremdheit der sozialen Beziehungen:

»Es ist ein einförmiges Ding um das Menschengeschlecht. Die meisten verarbeiten den größten Theil der Zeit um zu leben und das Bißchen, das ihnen von *Freiheit* übrig bleibt, *ängstigt* sie so, daß sie alle Mittel aufsuchen, um es los zu werden. O Bestimmung des Menschen!«[20]

Den einfachen Menschen, mit denen er umzugehen vermag wie mit den Kindern, ohne sich herablassen zu müssen, stellt Werther einen mit seinen Kenntnissen nicht eben unzufriedenen jungen Mann gegenüber, der von den Akademien kommt, Bildung, Wissen besitzt – und der ihn gar nicht interessiert. Denn der vermag kein wirkliches Leben zu leben, um das es doch geht. Aber es scheint dies auch, wenn er es begehrte, kaum möglich zu sein, da überall die Schranken so deutlich aufgebaut sind.

Natürlich hat Goethe nicht einfach Rousseau in deutsche Empfindsamkeit übersetzt. Parallelismmen sind dabei minder wichtig als die Aufnahme und Verarbeitung Rousseau'scher Gedanken. Werther ist gleichsam von diesem erzogen worden: er verficht die Ideen von Menschlichkeit, Natur, Tugend und Einfachheit – sie haben die Grenzen seines Fühlens und Vorstellungsvermögens wie seines Kunstverständnisses niedergerissen. Er weiß es und ist stolz darauf, indem er zugleich die gesellschaftlichen Nachteile davon in Kauf zu nehmen bereit ist. Mit dem verschärften Bewußtsein dieser Situation erweitert und vertieft sich auch der Abstand von der Gesellschaft, die ihn brauchen kann ohne ihn doch zu benötigen – und auf die er auch wieder meint verzichten zu können, weil Einsamkeit seinem Herzen so wohl tut wie der konventionell bestimmte Umgang es erkaltet. Betrübt muß Werther erkennen, wie der Bürger sein Gärtchen zum Paradies verklärt und wie ergeben auch der Elendeste seine Last fortschleppt und jeder nur am Leben klebt. Es gilt dagegen, sich seine Welt zu bilden aus sich selbst. Das aber ist nicht möglich in einer Welt, die nur auf Zwecke ausgerichtet ist und deren Sinn allein darin besteht, diesen Weltzustand zu perpetuieren; nur dem Künstler ist dies noch möglich. Als dilettierender Zeichner will Werther sich nun allein an die Natur halten, da nur sie den bedeutenden Künstler zu bilden vermag. Regeln in der Kunst entsprechen den Gesetzen der bürgerlichen Gesellschaft; wer sie befolgt, wird nichts wirklich Schlechtes hervorbringen bzw. kein Bösewicht werden – und doch geht darüber das wahre Naturgefühl wie der wahre Ausdruck der Natur verloren. Widerstand gegen die klassizistische Kunstauffassung konvergiert mit dem gegen die Gesellschaft und ihre Institutionen, die so hilfreich sind wie sie das wirklich Große, Starke, das Extreme nicht gestatten können. Keinen fiktiven Urzustand setzt Werther dagegen, präzivilisatorische Wildheit etwa, sondern den einfachen und bescheidenen einer bereits fortgeschrittenen Menschheitsentwicklung, den Homerischen eigentlich, der frei ist von Zwang und Korruption der Gegenwart. Dementsprechend schwelgt er auch in Homer wie in »Ossian« – und eine ständige Erinnerung an solche frühen Stufen sind ihm die Kinder. Doch sie, die als Muster anzusehen wären, werden als bloße Untergebene behandelt. So stößt er die herrschenden Wertvorstellungen allmählich um; Werther widerspricht den gültigen Normen und richtet, gleichsam im Namen Rousseaus, Gegenvorstellungen auf.

Dies tut er ohne viel Hoffnung, da er sich dauernd in eine Verteidigungsposition gedrängt fühlt. Wo er sich nicht mehr behaupten kann, flüchtet er in die Natur, nicht mehr die der sanften und besänftigenden englischen Gartenlandschaft, sondern die wilde, ungezähmte, wie sie Rousseau gewissermaßen entdeckt hat. Natur wird zum Zufluchtsort des Einsamen und Unverstandenen:

»(...) wie faßte ich das alles in mein warmes Herz, fühlte mich in der überfließenden Fülle wie vergöttert, und die herrlichen Gestalten der unendlichen Welt bewegten sich allbelebend in meiner Seele. Ungeheure Berge umgaben mich, Abgründe lagen vor mir, und Wetterbäche stürzten herunter, die Flüsse strömten unter mir und Wald und Gebirg erklang; und ich sah sie wirken und schaffen ineinander in den Tiefen der Erde, alle die unergründlichen Kräfte (...)« (18. August)

Es wird eine wilde Gebirgslandschaft gemalt, wie sie bis zu Rousseau, der ihren ›romantischen‹ Charakter enthüllen sollte, eher Schrecken und Abscheu erregt hatte, und sich jedenfalls der Seelenstimmung nicht anbot, war sie doch weder zu zähmen noch irgendwie ›schön‹. Die neue Subjektivität, die Abgründe in sich selbst ausmacht, schreckt auch vor solchen Abgründen nicht mehr zurück, sie genießt den Schauder des der Menschenhand entzogenen Erhabenen. Zwischen diesem und der künstlichen Menschenwelt ist kein Zusammenhang mehr herzustellen. Doch hat Werther diese Spannung nicht lange ertragen können. Nicht als Vertreter Rousseaus erscheint er hier, sondern als der jener Generation, für deren Denken und Empfinden Rousseau eine auslösende Funktion übernommen hatte.

Die Grundthemen sind damit angeschlagen; was folgt, ist nicht mehr entscheidend, außer als Ausformung und Variation. Man könnte versucht sein, den »Sturm und Drang« danach zu bestimmen, wie weit von Rousseau herleitbare Einflüsse und Tendenzen, sei es auch in verzerrter Weise, bei den Autoren einer bestimmten Generation, eben der Herders, Goethes, Klingers wirksam geworden sind. Dann wird man auch auf G. A. Bürger jedenfalls hinweisen müssen, der auf seine Weise die Problematik dieser Epoche durchzustehen suchte, um endlich doch zu scheitern, sowohl biographisch als auch im Sinn der Epoche literarisch, so daß die berühmte Rezension von Schiller zu einer Art von Exekution hat werden können. Seine literarischen Vorbilder sind wie die des »Sturm und Drang« Shakespeare und Homer, englische Naturpoesie und deutsches Volkslied. Herder hat für ihn eine kaum minder bedeutungsvolle Rolle gespielt als für Goethe und dann die Romantik. Von ihm empfängt Bürger seine Vorstellungen von Genie und Originalität, von Natur, von nationaler, d. h. volkstümlicher, also nicht-klassischer Überlieferung, wie von der Fragwürdigkeit der aufklärerisch gelehrten und der Bildungspoesie.

Dennoch gibt es bei Bürger keine Naturlyrik; natürliche Poesie ist für ihn etwas anderes, Poesie nämlich, die von der Natur des Menschen spricht, ihr sich zuwendet, so wie sie, potentiell, wenn auch verschüttet, vom jeweiligen Stand fast unabhängig, in jedem Menschen noch vorhanden ist. Hier liegt eine dem bürgerlichen Trauerspiel analoge Konzeption vor. In diesem Sinne war es Bürgers Ehrgeiz, kein Autor der Gebildeten zu sein, sondern ein ›Volksdichter‹. So verwirklicht er Herdersche Impulse, hinter denen wiederum Rousseau'sche Gedanken zu suchen sind. Das Laute und Grelle hat er dabei so wenig vermieden wie die Tendenz, in eingebildeter Kraft zu schwelgen. Natur, dies Zauberwort Rousseaus, wird auch für Bürger zur bedeutungsvollen Losung, um gegen Verhältnisse zu protestieren, in denen menschlich zu leben kaum noch möglich ist.

Der Göttinger Hainbund hat so viel vom »Sturm und Drang« – als seine norddeutsche Spielart sozusagen – wie der »Werther« von der Empfindsamkeit. Beide Phänomene sind nicht eindeutig abzugrenzen und beide durchdringen sich. –

Deutlicher und direkter noch als bei Goethe, gar bei Bürger, zeigt sich die Gegenwart Rousseaus in den Schriften von J. M. R. Lenz. Auf den Zusammenhang zwischen Werther und St. Preux hat Lenz schon früh hingewiesen, und zwar in den »Briefen über die Moralität des jungen Werthers« (wohl 1775). Die Schicksale der Helden, stellt er fest, ähneln sich, jedoch nur auf den ersten Blick, bei genauerer Betrachtung gewinnen sie an Verschiedenheit, so daß sich der Vergleich schließlich zu verbieten scheint. Die Unterschiede aber führt Lenz auf solche der Nationalität zurück, deren eigentümlichen Anforderungen die Autoren auf verschiedene Weise zu entsprechen haben. Wenn Rousseau für verdorbene Sitten schrieb, für eine Nation, in der Witz und Leichtsinn zu Unordung und Aufhebung auch der heiligsten Bande entarteten und keines der großen Laster mehr Aufsehen erregt, so mußte er seinen Helden dementsprechend mit Philosophie, Rechtschaffenheit und Seelenstärke ausstatten, so daß er ein zärtlicher Franzose blieb, nachdem er kein leichtsinniger mehr war, der nun als eine Lehre für die Nation dastand.[21]

Anders Goethe, der für die deutschen ›steifen Sitten‹ schrieb, wo man von Moral und Sitten redet, doch überall Kraft und Leben vermissen muß, wo eiserne Fesseln altertümlicher Konvention nicht zu brechen sind und die edelsten Hoffnungen in der rauchigen Enge der Studierstube ersticken, wo Furcht, Ernst und Pedanterie in der Gesellschaft dominieren. So stellt Goethe einen jungen Mann vor, der mutig und lebensvoll ist, der auch weiß, was er will und selbst den Tod nicht scheut. Der so idealisierte Werther wird in den Augen von Lenz minder Identifikationsfigur als Wunschbild. Er warnt die imaginären Freunde davor, sich als Werthers zu fühlen, denn es sei dies keine Kleinigkeit: man muß dementsprechend gelitten haben. Damit wird Werther hier weniger eine Inkarnation der Empfindsamkeit als vielmehr eine Heldengestalt des »Sturm und Drang«; er ist ein Prometheus, der zum Exempel werden soll.

Gegen Nicolai und seinesgleichen versichert Lenz mit dem Blick auf das umstrittene Werk,

»daß jeder Roman, der das Herz in seinen verborgensten Schlupfwinkeln anzufassen und zu rühren weiß, auch das Herz *bessern* muß, er mag aussehen wie er wolle.«

Auch hier scheint einzig zu gelten, was genau so von Rousseau könnte gesagt werden. In seinem Namen treten die frühen Werke Goethes jetzt zusammen.

Denn wenig zuvor hatte Lenz in einem Manuskript über den »Götz von Berlichingen« die Charakteristik der Epoche aus Rousseau abgeleitet; die mechanische, unfreie Existenz in der Gesellschaft wird zur Folie, vor der ein Charakter wie der des Götz seine volle Bedeutung erlangt. Entfremdete und enthumanisierte Lebensverhältnisse sind das Stigma der Gegenwart. Lenz versichert, nicht deklamieren zu wollen, er will nur verdeutlichen, was jeder müßte fühlen können. Das ist daraus zu lernen, daß Handeln die Seele der Welt ist,

»nicht genießen, nicht empfindeln, nicht zu spitzfündeln, daß wir dadurch allein Gott ähnlich werden, der unaufhörlich handelt und unaufhörlich an seinen Werken sich ergötzt [...]«

Der Geist als handelnde Kraft soll Körper, Sinnen und Empfinden erst ein wahres Leben verleihen; ohne ihn ist der Genuß der Empfindungen, all unser Wissen »doch nur ein Leiden, doch nur ein aufgeschobener Tod!« Die letzte Konsequenz einer solchen Einsicht ist dann, daß die handelnde Kraft nicht zu wirken aufhören kann, bis wir uns Freiheit geschaffen haben: Freiheit ist der Raum zu handeln –

»und wenn es ein Chaos wäre, das da geschaffen, Wüste und Leere, aber Freiheit wohnte nur da und wir könnten dir nachahmend darüber brüten, bis was herauskäme – Seligkeit! Seligkeit! Göttergefühl!«

Bis in fast anarchisch zu nennende Momente hinein wird hier emphatisch der Protest beschrieben, begründet, wiederholt, damit auch die Situation, die einen wertherischen Charakter zum Außenseiter machen mußte. Da nun die Gegner ihr Feuer verwenden, das Leiden als süß und wohltätig hinzustellen, so soll man, das Handeln zu preisen sein Feuer »aus Himmel und Hölle zusammenraffen«.

So gibt es denn für das deutsche Publikum nur eine Lehre aus dem Drama zu ziehen: erst Götz nachahmen, denken, empfinden, handeln lernen und wenn dies gut tut, dann erst über Götz ein Urteil fällen. Das Werk soll nicht wie die französischen Dramen bloß Literatur bleiben, angenehm wirken und stimmen, sondern auf das lebendige Dasein einwirken, anstatt nur Divertissement zu bleiben.

Anspielungen auf Rousseau, emphatische Hinweise auf den ›göttlichen‹ Mann finden sich häufig in den Schriften von Lenz. Er wird als einer der größten Philosophen bezeichnet, als der hartnäckige Genfer Diogenes, den Deutschen ein Ärgernis wie Torheit den Franzosen, selbst im »Pandämonium Germanicum« wird er herbeizitiert, dann ist es auch kein Wunder, daß die Wertheriade »Der Waldbruder« auf Rousseau zurückweist. So schildert Herz seine zurückgezogene Existenz:

»Ich schreibe Dir dieses aus meiner völlig eingerichteten Hütte, zwar mit Moos und Baumblättern, aber doch für Wind und Regen gesichert.«[22]

Das auch im Winter milde Klima (Odenwald!) schien solches Dasein auch äußerlich leichter erträglich zu machen, das er sich ohne Zwang gewählt hat. Die Gegend nennt er ›malerisch‹:

»Grotesk übereinander gewälzte Berge, die sich mit ihren schwarzen Büschen dem herunterdrückenden Himmel entgegen zu stemmen scheinen, tief unten ein breites Tal, wo an einem kleinen hellen Fluß die Häuser eines armen aber glücklichen Dorfs zerstreut liegen.«

Bedürftigkeit soll glücklich, Wildnis anziehend sein, wie der angewandte Rousseauismus es will. Der zurückgezogene Intellektuelle blickt auf die ihm überlegen erscheinende dörfliche Existenz wie mit schlechtem Gewissen. Es macht ihm auch wenig aus, dem ländlichen Biedersinn zum Gespött zu werden; Dürftigkeit hat aufgehört, beschwerlich zu sein; Äußerliches scheint den Waldbruder nicht mehr zu berühren, wiewohl ihm ein Bauer sogar, nicht etwa ein hergereister Stadtbewohner, sein letztes Geld gestohlen hat. Er will verzichten und notfalls, gegen den drohenden Mangel angehend, als Tagelöhner schaffen. Er versichert, glücklich zu sein, noch die vorwinterlich herbe Landschaft ist ihm ein reizvoller Anblick. Düstere Wollust erwacht in ihm, da er sich in ihr zu spiegeln sucht, allein die Lehre vom Absterben ihr abzulauschen sucht. Doch quält ihn, daß Rousseau gesagt, der Mensch solle nicht verlangen, was seinen Kräften nicht entspricht, da er sonst ein unbrauchbarer, ein halber Mensch bleiben würde. (»Emile«, II, 3).

»Wenn ich nun aber schwach, halb unbrauchbar bleiben will, lieber als meinen Sinn für das stumpf machen, bei dessen Hervorbringung alle Kräfte der Natur in Bewegung, zu dessen Vervollkommnung der Himmel selbst alle Umstände vereinigt hat. O Rousseau! Rousseau! wie konntest du das schreiben!«

Werther-Haltung, die Verweigerung, wird hier gegen Rousseaus von republikanischen Vertu-Vorstellungen geprägte Bedenken im Namen eben Rousseaus verteidigt. Daß Herz als Waldbruder derartig werthert, wie er im Dasein und Verhalten den realen Jean-Jacques zitiert, ergibt sich auch aus einer Bemerkung über ihn im 4. Teil der Briefe, wo er, als ein irrender Ritter apostrophiert, folgende Charakterisierung erfährt:

»Ich muß sagen, diese Erscheinung wirkt sonderbar auf mich, der Mensch ist so ganz was er sein will, und da er eine der schwersten Rollen auf Gottes Erdboden spielt, so repräsentiert er doch nicht im mindesten.«

Genau genommen, spielt er die Rolle dessen, der keiner Rolle mehr bedarf. So erscheint Herz als das Gegenbild der sozialen Realität, die von Heuchlern, Stutzern und Schmarotzern bestimmt wird. Der Prägestempel der Natur ist auf seinem Bilde noch erkennbar geblieben. Er vermag noch rein zu empfinden, und seine Wertvorstellungen machen ihn nur deshalb lächerlich, weil sie noch nicht korrumpiert werden konnten. Lenz hat nicht daran gedacht, zu verbergen, was er dem citoyen de Génève verdankt, und das ist mehr als nur Anregung. Für Lenz steht Rousseau eigentlich sogar neben Shakespeare, den schon Herder im Sinn Rousseaus, doch mit genauerer historischer Perspektive gedeutet hatte. Man muß sich dafür dann auch die charakteristische Traditionslosigkeit des »Sturm und Drang« vergegenwärtigen, die durch die literarische Situation und die einer verengten Aufklärung gegeben ist; Herder hat diese Lage in den »Fragmenten« genau genug beschrieben. So blieb eben nur die Übernahme der englischen Vorbilder, Shakespeare, Young und »Ossian« vor allem, wie auch der englischen Balladendichtung, und dann die Orientierung an nicht-klassizistischer französischer Literatur, Diderot, Rousseau und auch Mercier. Als Dramatiker sinnt Lenz auf Charaktere, nicht auf Kunstfiguren, und der Stil der Komödie sollte dem Geschmack, also der Bildung des ›Volkes‹ angemessen sein; erhebt sich dieser, so könnte auch das Drama eine verfeinerte Gestalt annehmen. Seine Holzschnittmanier ist also nicht, wie man vermuten könnte, der Willkür zu verdanken, gar dem Unvermögen.

Seine Protagonisten sind Menschen außerhalb der Gesellschaft oder werden doch aus ihr herausgedrängt, weil innerhalb ihrer Schranken Selbstverwirklichung nicht denkbar ist. So ist die Auto-Kastration des Hofmeisters keine dramaturgische Lösung – zumal sie als solche durch ein zynisch zu nennendes happy end widerrufen wird –, sondern eher eine Metapher für die Verstümmelung, welche die gesellschaftlichen Zustände, Moral und Standesschranken dem Einzelnen zufügen, so ist sie auch makabres Gegenbild zum tugendhaften Einlenken des St. Preux. Freilich kündigt sich dabei auch etwas an, was man als bedrohliche Übermacht der angeblich durch Vernunft gebändigten Natur bezeichnen darf, damit auch ein Zweifel in die Stärke der entweder als anerzogen verstandenen oder als autonom gedeuteten Moralität, damit weiter an der Autonomie des im Aufbegehren schon wieder gedemütigten Individuums. Allen idealen Forderungen spricht die Wirklichkeit Hohn. So ist Lenz offenbar, und anders als Rousseau, nicht auf Lösungsvorschläge aus, sondern zunächst nur darauf, die zur unerträglichen Spannung vorangetriebenen Widersprüche herauszuarbeiten, dies weniger an den höheren Ständen, deren Gebaren selbst schon ein Widerspruch ist, als vielmehr an Figuren aus dem 3. Stand wie auch aus dem der Dienenden, aus dem also, was man damals das ›Volk‹ nannte.

Allein in der Komödie »Der neue Menoza« weicht er weitgehend von diesen Grundsätzen ab. Prinz Tandi, obschon als Prinz nicht geboren, so doch aufgewachsen, erscheint, aus orientalischer Fremde kommend, als eine elegantere und ironische Erneuerung des natürlichen Menschen, eine der Figuren, in denen der Traum vom edlen Wilden, in dem das XVIIIe so viel Selbstkritik wie auch verdrängte Schuldgefühle unterbrachte, Gestalt gewinnen sollte. Dabei bedeutet es wenig, daß er der ›edle Wilde‹ gar nicht ist; er wird als solcher gesehen und versteht insbesondere sich selbst im Widerspruch zu einer Welt, der er seiner Herkunft nach zwar, aber nicht seiner Erziehung zufolge entstammt.

Der junge Thronfolger von Cumba will, vom ersten Auftritt an, keineswegs als der Mann von hoher Geburt erscheinen; er möchte, was später auch seine genealogische Rechtfertigung finden sollte, als Sohn des Hauses behandelt werden, in welchem er zu Gast ist. Als künftiger Herrscher hat er die edelsten Absichten: er will die Menschen kennen, die er später zu regieren hat. Doch kennt er Europa schon zu gut, um die Sitten dieses zivilisierten Erdteils in seine Heimat verpflanzen zu wollen. Schwärmerische Vorstellungen vom herannahenden goldenen Zeitalter, die okzidentale Selbstzufriedenheit, erregen seinen begreiflichen Zorn.

Im 2. Akt steht Tandi vor der Heimreise; er hatte edlere Menschen zu finden gehofft, er meint, in dieser Welt ersticken zu müssen. Der aufgeklärte Weltteil zeigt ihm nichts als laue Lässigkeit, ohnmächtige Begierde, Geschwätz statt Tätigkeit und eine Art von Tod für das lebendige Leben. Er wird, in seine Heimat zurückgekehrt, für jeden, der aus Europa kommt, erst einmal eine Quarantäne einführen. Die Europäer wissen viel und tun nichts; es herrscht bei ihnen eine allgemeine Oberflächlichkeit. Verschlagenheit und List triumphieren über alle Empfindung, welche doch die wahre Wollust ist. Alle Tugend ist Schminke, die herrschende Brutalität zu übertünchen.

Auch als er dann erfahren muß, nicht nur die Tochter des edlen Gastfreundes geheiratet zu haben, sondern auch die eigene Schwester, pocht er noch auf die Würde seines Schmerzes, anstatt sich von gescheiten Aufklärungstheologen die falschen Rechtfertigungsgründe liefern zu lassen. Nicht der alles erklärende Verstand kann ihm helfen, wo das Glück und damit auch das Unglück des Menschen im Spiel der Empfindungen liegt.

In einer Welt, die von Halunken, Egoisten, Opportunisten, Intriganten, psychisch Deformierten und moralisch Indifferenten bevölkert wird, ist der scheinbar exotische Prinz fast die einzige normale, also menschliche Figur – nur noch ein Diener richtet sich selbst für die Untaten, die man ihn begehen hieß. Der Perversion im Zustand einer »vollendeten Zivilisation« (Chamfort) tritt er nicht als Naturmensch einer Rousseau'schen Abhandlung, sondern nur als natürlich Empfindender gegenüber – eine Konstellation, die im Grunde wohl bis heute noch nicht ›erledigt‹ ist.

In der Selbstrezension dieses Bühnenwerks, dessen mangelnde Wirkung Lenz nicht beklagt, sondern erklärt, erscheint der Prinz, wieviel er auch vom »Ingénu« Voltaires besitzen mag, fast als ein kleiner Rousseau, den er nicht erst lesen mußte, um sich seine Meinung zu bilden:

»Ein Mensch, der alles, was ihm vorkommt, ohne Absichten schätzt, und in dem Maße als seine nicht versäumten Kenntnisse und Talente zureichen, ist, wenn er anderen Leuten seine Urteile nicht aufdringen will, wie unsere Journalisten, immer ein hochachtungswürdiger, in unserm eigennützigen Jahrhundert der einzige hochachtungswürdige Mensch.«[23]

Es ist der einzige nicht im Werk von Lenz. Man denke nur an Gestalten aus dem »Zerbin« oder an den Pfarrer aus dem »Landprediger«. Die Gestalt der Marie, Opfer des kleinbürgerlichen Ehrgeizlings Zerbin, die schweigend ihr Schicksal auf sich nimmt, verdient nicht weniger Hochachtung. Sie exemplifiziert die Frage des Erzählers:

»Wir leben in einem Jahrhundert, wo Menschenliebe und Empfindsamkeit nichts Seltenes mehr sind: Woher kommt es denn, daß man so viel Unglückliche unter uns antrifft? Sind das immer Unwürdige, die uns unsere durch hellere Aussichten in die Moral bereicherten Verstandesfähigkeiten als solche darstellen?«[24]

Auch erliegt Zerbin den Umständen, denen nachzugeben er in so hochherzigem wie abstraktem Enthusiasmus für menschenunwürdig gehalten hatte.

Wie man aber erziehen sollte, das weiß der Landprediger Mannheim sehr wohl: so sanft wie überlegen und so, daß nicht ›erzogen‹ wird. Dann ist jene Unabhängigkeit denkbar, zu der es Zerbin nicht gebracht hat. Mannheims Söhnchen wird von ihm selbst erzogen – à la Rousseau –

»nicht daß er ihn viel unterrichtete, sondern nur, daß er ihm die Bücher hingab, aus denen er lernen konnte, und ihm erlaubte, ihn zu fragen, wenn er nicht fortkam. Er hatte den Grundsatz, daß alles, was aus dem Menschen wird, aus ihm selber kommen muß und daß seine Erzieher aufs höchste nur als Stahl dienen müssen, etwas aus ihm herauszuschlagen.«

Woher hat er ihn? Aus dem »Emile« vermutlich, der hier zitiert wird, ohne genannt zu werden, so selbstverständlich wie die Empfindungsweise der »Nouvelle Héloise« an anderer Stelle, so wie auch die Zivilisationskritik Rousseaus manchen der pessimistischen Erwägungen bei Lenz zugrunde liegt, ohne daß ein emphatischer Begriff von Natur schon Rettung verheißen könnte. Zudem ist eine unterdrückte Natur keine Garantie menschlicher Freiheit. So hat sich auch der Hofmeister durch seine Selbstverstümmelung nur eine falsche Freiheit verschaffen können. Ohne Freiheit aber, so belehrt der Geheime Rat seinen Vater,

»geht das Leben bergab rückwärts, Freiheit ist das Element des Menschen wie das Wasser des Fisches, und ein Mensch, der sich der Freiheit begibt, vergiftet die edelsten Geister seinen Bluts, erstickt seine süßesten Freuden des Lebens in der Blüte und ermordet sich selbst.« (II, 1)

Wieder erscheint die verlorene Freiheit der Moderne, wie Rousseau sie mit einem Posaunenstoß verkündet hatte, als die Signatur des erstorbenen Lebens. Daß eine Veränderung der sozialen Verhältnisse und die Verweigerung gegenüber den herrschenden Bedingungen allein von einem solchen in der Selbstpreisgabe endenden Denken befreien könnte, deutet sich bei Lenz lediglich an, wird aber ein wenig deutlicher in der Berufung auf Rousseau – dann aber auch mit dem Blick auf die Folgen seines Werks, die erst von der Französischen Revolution her zu übersehen waren. Formal-künstlerisch hat Lenz so viel von Shakespeare aufgenommen wie gedanklich-kritisch von Rousseau. Sein Werk ist nicht einfach ein Widerhall davon, aber es wird dieser doch in ihm stets wieder neu vernehmbar, stärker auch als bei vielen anderen deutschen Autoren seiner Generation.

Es bleibt von F. M. Klinger, der aus dem Frankfurter Kleinbürgertum stammte und als Kaiserl. Russischer Generalleutnant starb, vom »Sturm und Drang«, so heißt es einmal, nicht mehr übrig als die Sehnsucht nach einem einfachen Leben im Geschmack Rousseaus.[25] Ich bin da anderer Ansicht; denn eben damit verknüpft bleibt doch wohl die Kritik an der Gesellschaft in der Erscheinungsform der Höfe, der sog. großen Welt. Dieser Welt setzen sich spontane, die schöpferischen Kräfte des Einzelnen entgegen, seine Unabhängigkeit verteidigt sich wider alle tötende Konvention. Alles wettert und werthert beim jungen Klinger, der in den frühen Jahren Erfahrungen zu machen hatte, die denen Rousseaus entsprechen sollten – kein Wunder, daß der beredte citoyen de Génève sein Leitbild werden und bleiben konnte bis in die späten Romane hinein, insbesondere die »Geschichte eines Teutschen der neueren Zeit«, wobei auch der Faust-Roman mit seiner von Rousseau inspirierten oder legitimierten Sozialkritik nicht zu vergessen ist. Freilich ist dies der Klinger, den man nicht mehr dem »Sturm und Drang« zurechnet. Der war vorbei.

Goethes Erinnerung ist in diesem Zusammenhang, anders als im Falle von Lenz, höchst aufschlußreich. War dieser für ihn nur ein »vorübergehendes Meteor«, so wird jener als Schriftsteller, auch als Mann der Weltgeschäfte, einer, der »sich noch bis auf diese Zeit« erhalten hat.[26] Gemüt und Entschiedenheit des Charakters erwarben ihm Goethes Zutrauen; stolze Unabhängigkeit weiß Goethe an ihm zu rühmen, die sich auch dadurch erklärt, daß Klinger alles, was an ihm war, sich selbst ver- und geschafft hat.

»Einem solchen Jüngling«, fährt Goethe fort, »mußten Rousseaus Werke vorzüglich zusagen. Emil war sein Haupt- und Grundbuch, und jene Gesinnungen fruchteten umso mehr bei ihm, als sie über die ganze gebildete Welt allgemeine Wirkung ausübten, ja bei ihm mehr als bei andern. Denn auch er war ein Kind der Natur, auch er hatte von unten angefangen; das was andre wegwerfen sollten, hatte er nie besessen, Verhältnisse, aus welchen sie sich retten sollten, hatten ihn nie beengt; und so konnte er für einen der reinsten Jünger jenes Natur-Evangeliums angesehen werden, und in Betracht seines ernsten Bestrebens, seines Betragens als Mensch und Sohn, recht wohl ausrufen: alles ist gut, wie es aus den Händen der Natur kommt! – Aber auch den Nachsatz: alles verschlimmert sich unter den Händen der Menschen! drängte ihm eine widerwärtige Erfahrung auf. Er hatte nicht mit sich selbst, aber außer sich mit der Welt des Herkommens zu kämpfen, von deren Fesseln der Bürger von Genf uns zu lösen gedachte.«

Gedämpfte Sympathie, wohlwollender Respekt, Verständnis und auch Abstand lassen sich erkennen. Dazu wird schon deutlich, was die Figuren Klingers kennzeichnet: das Individuum in seinem Eigenwert steht gegen eine Welt der Widerstände aus Satzung, Konvention und Vorurteil; es wendet sich gegen Autorität und gesellschaftlichen Zwang. Daß dann die Emanzipation in ihren hypertrophen Formen zur Selbstzerstörung werden kann, ist eine andere Sache, die als Experiment oder auch kritisch abgehandelt wird. Im Pathos versichern die so isolierten Gestalten sich gewissermaßen lautstark ihrer selbst.

Nicht was Klinger privat an Rousseauschen Ideen aufgenommen hat, ist bedeutsam, sondern die Art, wie solcher Impuls produktive Umsetzung findet. Nicht antityrannische Bekenntnisse, Aufbegehren gegen Unrecht und Ungleichheit, antiklerikale Vorstellungen und die Behauptung, das Volk sei tugendhaft, der Gebildete korrupt, soll man mit Genugtuung aus den Werken Klingers herauslösen, sondern die Konsequenz der Umsetzung in Wirken und soziales Verhalten, Modifikation oder Verfolgung und Erweiterung.

Das erste der bedeutenderen Dramen, Klingers zweites Werk, ein durchaus bürgerliches Trauerspiel, »Das leidende Weib« (1775), thematisiert Schwäche und Tugend im Kampf mit Korruption und Laster, setzt bürgerlichen Anstand gegen höfische Intrige. Franz, Sohn des Geheimen Rats, den man sich als erfolgreichen und beliebten Minister a. D. denken muß, erteilt dem Hofleben gleich im 1. Akt eine entschiedene Absage. Was auch sein Schwager, der beruhigend auf ihn einzuwirken sucht, sagen mag, er kann sich so wenig wie Werther oder einer der republikanischen Helden Jean Pauls in die Hof-Existenz schicken; vielmehr will er aufs Land gehen, um dort sich selbst zu leben (I, 3). Hätte er es getan, so wäre ihm vieles erspart geblieben. Aber Erfahrungen macht der Mensch nicht, indem er sich weigert, sich ihnen überhaupt auszusetzen. Die unangefochtene moralische Stärke hat es stets leicht, sich zu behaupten.

Überaus schroff wird die Gegenfigur, ein Vertreter der höfischen Welt charakterisiert: Graf Louis muß sich als Taugenichts beschimpfen lassen, er könne auch nichts anderes sein, weil ihn der Fürst im Ehebruch gezeugt –

»und dein Vater ließ es geschehen und nahm Geld; du kannst nichts Bessers sein.« (II, 1)

Unter den zahlreichen bewußt eingebauten literarischen Anspiegelungen und Berufungen auf Autoren, nimmt die auf Rousseau und die »Nouvelle Héloise« einen besonderen Rang ein.

»Schilt mir das Buch nicht«, sagt Franz. »Es ist das einzige von den vielen – und ist von meinem Rousseau.« (II, 3)

Als schließlich nach der durch die Verführung seiner Schwester ausgelöste Katastrophe nur noch Franz und sein Schwager mit den Halbwaisen übrig geblieben sind, finden wir, ein Jahr später, die Restfamilie auf dem Lande in einer symbolischen Situation: der ehemalige Gesandte gräbt den Acker um, zwei Kinder spielen daneben, und Franz macht sich an einem Baum zu schaffen, auf den er ein Reis pfropfen möchte. Auf eine Frage erwidert der Schwager:

»Mir ist's ganz wohl. Was kann uns fehlen? Wir haben alles.«

Franz, der doch bereit gewesen war, die Schwester um ihres Fehltritts willen, den der Gatte schon verziehen hatte und den sie dann selber sühnte, zu erschießen, hat jetzt die Situation gefunden, die er zu Beginn der Handlung vorweggenommen hatte:

»Sie haben uns eine Last abgenommen, da sie uns Vergnügen und Ehrenstellen nahmen. Bruder, wir leben uns.«

»Ja«, erwidert dieser, »wir leben uns!« (V, 7)

Der pathetische und abstrakte Protest hat sich totgelaufen, übrig bleibt der Verzicht in der Form der Selbstgenügsamkeit einer vom Welttreiben gelösten ländlichen Existenz, die wiedererlangte Unschuld des Daseins, doch um den Preis des Mitwirkens an und in der Welt, die, je verderbter ihr Zustand ist, doch umso mehr der Tätigkeit der Tüchtigen bedarf. Es ist der Rousseau der – späteren – »Rêveries«, der hier als die resignierende Konsequenz der ersten beiden Diskurse erscheint, während Voltaires Schlußwort aus dem »Candide« viel eher doch auf ein symbolisches Handeln deutet.

Die kraftstrotzenden, energieschnaubenden Helden der frühen Dramen sind in ihrer pathetischen Selbstdarstellung von Rousseau'schen Ideen unberührt, viel eher deutet sich, wie zufällig, etwas an, was dem Mißtrauen in die Natur, das zur Verzweiflung werden kann – so wie Lenz es schon sichtbar gemacht hatte,[27] – entspricht. Im wahrhaftig wirrwarr-reichen »Sturm und Drang« ist nur der Zartfühlende Negerknabe als Figur eines ›edlen Wilden‹ so etwas wie ferner Nachhall Rousseau'scher Ideen.

Der starke Charakter des Titelhelden im »Simsone Grisaldo«, eines wunderwirkenden Heroen, findet sein Glück in der niemals versagenden Kraft als Feldherr wie als Liebhaber und weiß, daß alle Feindschaft, die ihn bedroht, daraus entsteht, daß er dem Maß der gemeinen Welt entwachsen ist. Die Welt umzuschaffen, fühlt er sich nicht fähig; Stärke und Tugend machen ihn zum Außenseiter in einer Welt von ehrgeizigen Schwächlingen, Heuchlern und Schmarotzern, gegen die er sich mit Kraft und Mut behaupten muß.

Der Maurenprinz, zu Gast am kastilischen Hof, ist es vor allem, der, wiederum ein ›edler Wilder‹, dieser Welt das Maß ihrer Zivilisation zu nehmen wagt. Er wundert sich über das klägliche Leben der Kastilier, die Genuß und Sinnenfreude nicht kennen und deren Sitten die Wonne der freien geschlechtlichen Vereinigung nicht gestatten wollen. Ihn stören die »Falten in den Gesichtern«, die Bräuche, das Zeremoniell. Er durchschaut auch die freudlos-ehrgeizigen Physiognomien der ihn umgebenden Kastilier rasch. Schließlich versteigt er sich zu dem herausfordernden Ausspruch:

»O mir! Wie eng ist alles hier! Wenn ich dieses Land ein Jahr unter meiner Herrschaft hätte, beim Prophet! Es sollte anders sein. Aber so seid ihr. Immer Dunst, immer heuchlerischer Glanz und in den Winkeln seid ihr Schweine und nennt uns doch Barbaren.« (IV, 1)

Das bleibt als ein Rousseau-Nachhall eher laut als kraftvoll, bleibt relativ unbestimmt, zudem auf erotische Freibeuterei bezogen, die als das Natürliche, ein Restbestand eigentlich, gepriesen wird. Deutlicher wird der Nachhall in den entschieden republikanisch ausgerichteten Dramen, wofür der »Damokles« eines der weniger bekannten Beispiele ist. Hier wird die Anmaßung eines Tyrannen, des Adels Schwäche, Wankelmut des Volkes, der Konflikt von Bürgersinn und Liebesleidenschaft, dann der Stolz des Einzelnen, der den Tyrannen nicht gestürzt sehen will, wo das Volk der Freiheit noch nicht würdig scheint, überzeugend und dramaturgisch geschickt entfaltet. Der Atem des »Contrat social« durchweht das Stück – und der der Revolution:

»Ihr vom Adel wolltet uns immer fühlen lassen, daß ihr allein der Geist des Staates seid und wir rohen Bürger die Maschine, die nur von euch sich muß beleben lassen. Doch wissen wir wohl, daß ohne euch der Staat bestehen kann, aber nie ohne unsre stärkeren, arbeitsameren Hände. Auch ist's leichter, in weicher Ruhe ein wenig Weisheit zu erlernen, als in dem Schweiß des Angesichts für sich und mehr für andre noch zu arbeiten«, erklärt Kreon für den 3. Stand (1. Akt).

Bürgertugend will sich nicht ausstellen: »Gesunken ist das Volk, wo man die Tugend für Verdienst hält!« sagt Damokles den Volksvertretern – gerade weil ihm Bürgertugenden keine leeren Träume sind. In diesem Wissen klagt Damokles den vom Wahlkönig gebrochenen Herrschaftsvertrag ein, um dann aber von den anderen im Stich gelassen und der Rache des Tyrannen ausgeliefert zu werden.

Wenn hier und dort in Klingers Dramen der Einfluß des Citoyen de Génève spürbar wird und auch sein Name fällt, so heißt das nicht mehr, als daß auch Klinger, wie andere seiner Generation in der Überlieferung der europäischen, speziell der französischen Aufklärung stehen dürfte. Seltsam ist höchstens, daß man das so lange hat verkennen wollen, um den »Sturm und Drang« der Aufklärung entgegenzusetzen, wie selbst Korff dies noch tut. Freilich ist Klinger gelegentlich – so im »Damokles« als einem recht durchsichtig verkleideten Werk – radikaler, entschiedener republikanisch als viele seiner Freunde. Es gilt dies auch für den Zyklus seiner Romane, der dieser Phase nicht mehr zugehört. Die politischen Begebenheiten, nicht zuletzt die Entwicklung und der Ausgang der Französischen Revolution, haben ihn, der nunmehr auch, anders als die meisten Autoren, Erfahrungen im praktisch-politischen Leben hat machen können, desillusioniert. Sie haben Modifikationen, Milderungen, Kompromisse, doch keine grundsätzlichen Änderungen seiner Ansichten verursachen können. Immer wieder kreist sein Denken um die öffentliche Bewährung der privaten Tugend, die, wenn sie nur im privaten Bereich wirkt, nicht mehr als nur Rechtschaffenheit ist. Der pathetische Anspruch des Frühwerks wird wohl zurückgenommen, Klinger reflektiert nun das Machbare. Das tun auch seine Protagonisten, aber sie müssen, bei edelsten Absichten, scheitern am dumpfen Widerstand der erstarrten Welt. So ist auch die »Geschichte eines Teutschen der neueren Zeit« die Geschichte eines Scheiterns – wie der Versuch des Damokles, in Rhodos die Freiheit zu retten.

Aber diese Versuche geschehen doch im Namen und gleichsam unter der Aufsicht des Jean-Jacques Rousseau. –

Wilhelm Heinse im Zusammenhang mit dem »Sturm und Drang« zu behandeln, scheint nur willkürlich, wenn man die zahllosen Berührungspunkte von beiden übersieht, die bei ihm stärker sind als die zur Galanterie des XVIIIe; zumindest mit dem »Ardinghello« schließt sich Heinse an die Renaissance-Thematik bei Klinger und anderen wie an die Kraftgenialität, den erotischen und bürgerlichen Freiheitsdrang, das ihm zugehörige Pathos so eng an, wie seine Kunstauffassung ihm wieder eine besondere Stellung verleiht.

Mit dem jungen Goethe verbindet ihn mehr als der Protest gegen die Gefangenschaft in den Verschlägen der Gesellschaft. Der Traum von der Antike und die Wirklichkeit der Schweiz, die Goethe dann in Werthers »Briefen aus der Schweiz« ihres Freiheitsnimbus zu entkleiden wagt, müssen Heinses Verlangen stillen; seine relative Zurückgezogenheit, die materielle Abhängigkeit und manche biographischen Umstände lassen seine Arbeiten und Skizzen z. T. als kompensatorische

Wunscherfüllung erscheinen. Es hat an Vorwürfen und Einwänden gegen die leichtfertigen und libidinösen Passagen seines Werkes nicht gefehlt, eher schon an Nachfolgern. Heinse besaß den Mut, sinnlichen Genuß zu feinern, wie dies Goethe, dem der »Ardinghello« vermutlich zu schwelgerisch war, erst in den »Römischen Elegien« wagen sollte. Es wird in diesem Zusammenhange auch bei Heinse ein durchaus anarchischer Zug erkennbar: die »barbarische Moral« der Epoche erscheint ihm als der Feind des Lebendigen; so ist es nur konsequent, wenn er die große, starke (selbst wieder barbarische) Natur feiert, der Religion der Ohnmacht wie der Angst die der Wollust und der Freude entgegenzusetzen sucht. Wo alles Verlangen natürlich ist, da ist seine Erfüllung reines Glück. Heinses Erotizismus darf als die emphatische Beschwörung der letzten Momente elementarer Natur in einer alles reglementierenden, schon mechanisierten Gesellschaft verstanden werden. Die Gleichheit von Schönheit und Lebenskraft geht freilich nur auf, wenn dies auf Kosten der Schwächeren geschehen kann. Sinnlichkeit erscheint bei Heinse niemals als Fessel, sondern stets als Fülle, dementsprechend ist Lebensfülle auch in der Natur, an der teilzuhaben sie lebendig empfinden heißt – darin liegt dann die Wiederherstellung des zerteilten und zerstückelten Menschenwesens. Aber Heinses Protest wird schließlich zur Apotheose der Kunst, die als gesteigertes und zusammengefaßtes Leben erscheint, Gegenbild gegen die Wirklichkeit der Epoche, des Daseins Räderwerk, wo Zwang zur Gewohnheit, Gewohnheit Überdruß und Langeweile wird. Die Ästhetisierung des unmöglich gewordenen natürlich-freien Lebens erlaubt es Heinse sogar, in Feindschaft und Krieg das belebende Element reiner Kraftentfaltung anzuerkennen, die als solche unschuldig sein soll.

In der Stärke der Lebensenergie liegt der Wert des Menschen; so herrscht im »Ardinghello« der genialische Mensch in seiner wilden Kraft und Lebensfülle, neben dem alles Schwächere in ein Schattendasein zurückfällt. Als hoher Überfluß ist auch die Kunst wesentlich Genuß. Heinse entdeckt ihn in der Malerei etwa eines Rubens wie in der Musik der Italiener; das reine natürliche Leben jedoch sollen allein die Griechen haben. Nur die Antike zeigt den wahren Menschen.

Damit ist nun für Heinse der Naturbegriff eben das, was er dem korrekten Klassizismus entgegenhält, auch ihm ist jede Schönheit charakteristisch bevor sie schon kanonisch ist. So werden denn seine Landschaften, wenn sie nicht wie im »Ardinghello« fiktiv sind und idealisch bleiben sollen, individuell und in ihrer Nuanciertheit bis zur Lokalisierbarkeit realistisch.

1774 beginnt er die Sammlung seiner Einfälle, Notizen und Betrachtungen als Tagebücher anzulegen, von denen viele Seiten Reiseberichte und Landschaftsschilderungen sind. Darunter finden sich Kabinettstücke wie die Beschreibung des Rheinfalls bei Schaffhausen, die des Hochgebirges der Urkantone wie des Genfer Sees. Nicht allein in Goethes »Werther« und der »Schweizer Reise«, sondern auch in Heinses Notizen und Briefen vollzieht sich für Deutschland die Entdeckung der Landschaft, für die Rousseau die Vorbilder geliefert hat. Auch Heinse setzt nun die Weite der Natur gegen die Enge der Gesellschaft, elementare Ursprünglichkeit, die bei ihm allerdings auch zur Triebhaftigkeit des schönen Raubtiers werden kann, gegen Domestizierung und Dressur. Er sucht nicht die gute Natur gegen ihre Depravierung und gegen das Böse in der Zivilisation zu retten, sondern eine moralisch indifferente Natur- und Lebensvorstellung gegen die verkrüppelte Existenz in der Gegenwart aufzurufen. Sein Naturzustand ist eine renaissancehaft aufgeladene Antike, und so scheint er oft genug Stendhal näher zu stehen als Rousseau, den er aufs höchste bewundert.

»Der Mensch, das endlose Geschöpf, ist gemacht, nach meinem System, Zone von Zone zu durchwandern und mit seiner Seele Besitz zu nehmen von allem, was gut und schön ist; und das ist sein *wahrer einziger Reichtum*. Unsere neuen Staatsverfassungen sind alle Utopien außer der Natur, und die Quellen und Bäche der ersten Schöpfung Gottes sind zu stillen toten Seen geworden«, klagt er in einem Brief an Gleim (15. 2. 1776).[28]

Kunst als sublimiertes Dasein tritt jedoch in Heinses Werk wiederholt hinter die Natur zurück, wie andererseits Kunstwerke auch in ihrer unverfälschten, also ›wollüstigen‹ Sinnlichkeit aufgefaßt werden. Aber sie sind unveränderlich. Und Unveränderlichkeit erscheint Heinse als Voraussetzung für das Glück der Gattung wie des Einzelnen. Der Gesellschaftszustand stellt sich ihm mit allem Zubehör – Verfassung, Religion, Moral, Kunst, Wissenschaft – als organisch, d. h. als entwickelte Natur dar: er vergleicht ihn dem angepflanzten Wald, der wächst und wieder abstirbt. Zumindest die »verdorrenden Bäume« sind abzuhauen, damit Neuanpflanzung möglich wird. Das leisten seiner Ansicht nach in den Gesellschaften.

»die großen Genien, die Eroberer, die Alexander, die Cäsarn, die Mahomete, die Sokratesse, Platone, die Shakespeare, Arioste, Helvetiusse, Voltaire, Robertsonen – jeder in seiner Sphäre; die Menschheit wird wieder zu ihrem Ursprunge, zu dem glücklichen Stande der Natur zurückgebracht, von dem sie so ausgeartet ist, daß man keine Spur mehr davon finden kann; da muß niedergehauen, niedergerissen werden das alte Werk ohne Barmherzigkeit, da gehören lykurgische Genies dazu, deren Stärke eine gewisse Art von Grausamkeit vertragen kann. – Sie fangen eine neue Ordnung der Dinge an, gleich der wiederkehrenden Frühlingssonne. Die unnützen Mitglieder der Gesellschaft werden ausgerissen, abgeschnitten, das Land wird umgepflügt, Samen hineingestreut [...]«[29]

Ein solcher Naturvergleich – an anderer Stelle sieht Heinse den Staat als ein Tier, als sich selber steuernden Organismus – ist nicht ungefährlich: er rechtfertigt gewaltsames politisches Handeln mit all seinen Konsequenzen als unschuldiggigantischen Naturvorgang. Allerdings gibt Heinse gewisse Bedenken durchaus zu. Aber man muß sehen, daß er hier radikalen Vorstellungen Rousseaus in veränderter Form durchaus das Wort redet, bis hin zu jener Konsequenz, die sie bei Robespierres im Medium des Schreckens sich entfaltender Tugendrepublik dann finden sollte. Jedoch nach 1789 verfolgte Heinse diese Vorgänge als die aus dem imaginären Geist der Natur sich vollziehende Erneuerung mit Abscheu und Betrübnis. Im Grunde hat man es bei Heinse mit einem ins Hedonistische gewendeten Rousseau zu tun. Gewaltsame Neuerung scheint bei ihm ein Naturrecht zu sein, das des großen Mannes, der die Geschichte als einen natürlichen Kreislauf stets neu erfüllt. So gesehen, ist der Geschichts- und Revolutionsbegriff bei Heinse trotz seiner Berufung auf Voltaire hier und Rousseau dort eigentlich der zyklische der Antike. Das aber würde bedeuten, daß die bei ihm auftauchenden Vorstellungen von Perfektibilität sozusagen stets wieder zurückzunehmen sind.

»Was dem Menschen vor allen anderen Tieren eigen ist, das ist die Perfektibilität, oder daß er sich zu immer größrer Vollkommenheit bilden kann und läßt. Und dies geschieht hauptsächlich durch die Gesellschaft. Was wäre jeder einzelne Mensch ohne die Gesellschaft?«

Doch erscheint die Vortrefflichkeit der Menschennatur nicht im Einzelnen, sondern im ganzen Menschengeschlecht als dem Gattungssubjekt, da das Leben des Individuums nicht ausreicht, sich umfassend zu bilden, sich voll zu entfalten. Wie sein Tun nun Stückwerk bleiben muß, so ist auch seine Existenz nur Teil eines ihn übergreifenden Ganzen. Dieses Ganze ist für Heinse stets Naturzusammenhang.

Rousseau findet somit eine seltsame Wendung bei Heinse. Daß er es ist, entnimmt man zahlreichen Anklängen, auch biographische Äußerungen sprechen dafür. Nur führt Überdruß, Verachtung der Gegenwart Heinse zu anderen Konsequenzen.

»Unser heutiges Leben«, beklagt er sich, »ist in der Tat nur ein gemachtes Leben, ein Uhrwerk. Es hat gar die Veränderung, Neuheit und Mannigfaltigkeit nicht mehr wie die Natur. Das beste Leben muß dem Wetter gleichen. Wind und Regen und Sonnenschein, Sturm und Erdbeben, Winter und Sommer. Unser Stubensitzen, unsere Regelmäßigkeit bringt uns um alle Freuden. Man sollte nichts bis zur bloßen Gewohnheit kommen lassen.«

Gewohnheit und Eintönigkeit der Wiederkehr sind in der Tat Erscheinungsformen des entwickelten und arbeitsteilig bestimmten gesellschaftlichen Daseins, Folge der künstlichen Einrichtung des menschlichen Zusammenlebens. Heinse vergißt darüber die anders geartete Monotonie des natürlichen Kreislaufs. Der Öde und Starre des wirklichen Daseins seiner Zeit hält er im »Ardinghello« das bis zur Freibeuterei freie und sinnlich-freudige Leben auf den glückseligen Inseln entgegen, ein Fluchtbild eher als eine Utopie.

Schillers Jugendwerk ist der Ausklang des »Sturm und Drang«, ein Epilog von ungewöhnlicher Stärke, der das Bisherige zum größten Teil weitgehend überbietet. Auch sein Protest steht im Zeichen Rousseaus, der einer der Erzieher seiner Jugend war. Freilich trat Schiller niemals als Naturapostel auf, wie man sich Rousseau-Jünger damals in Deutschland gelegentlich vorstellen mochte, aber ihm, der sich als sentimentalischer Dichter par excellence verstand, war die ›Botschaft‹ Rousseaus in ihren Grundzügen doch ein Zeichen des Verlustes der Natur, die es wiederzufinden gilt. Einheit mit und Harmonie in der Natur wie den

Lebensverhältnissen lagen für ihn nicht in einer vagen frühen, vorzivilisatorischen Stufe der Menschheitsentwicklung, sondern, präziser, nicht wieder einholbar, in der Antike.

»Schöne Welt, wo bist du? Kehre wieder / Holdes Blütenalter der Natur! /Ach, nur in dem Feenland der Lieder / Lebt noch deine fabelhafte Spur. / Ausgestorben trauert das Gefilde, / Keine Gottheit zeigt sich meinem Blick, / Ach, von jenem lebenswarmen Bilde / Blieb der Schatten nur zurück«, heißt es in »Die Götter Griechenlands«.[30]

Im »Spaziergang« schweift der Blick weiter zurück in Zustände, da der Mensch noch mit dem Acker ›zusammen‹ wohnte. Hier war ein Glück gewährleistet, das es zu erkennen gilt.

Doch schon bald kündigt sich ein neuer, minder erfreulicher Zustand an; der ›liebliche Anblick‹ verschwindet, und ›fremder Geist‹ verbreitet sich über die fremder werdenden Gefilde.

»Spröde sondert sich ab, was kaum noch liebend sich mischte,
Und das Gleiche nur ists, was an das Gleiche sich reiht.
Stände seh ich gebildet, der Pappeln stolze Geschlechter
Ziehn in geordnetem Pomp vornehm und prächtig daher.
Regel wird alles und alles wird Wahl und alles Bedeutung,
Dieses Dienergefolg meldet Herrscher mir an.
Prangend verkündigen ihn von fern die beleuchteten Kuppeln,
Aus dem felsigten Kern hebt sich die türmende Stadt.
In die Wildnis hinaus sind des Waldes Faunen verstoßen,
Aber die Andacht leiht höheres Leben dem Stein.
Nähergerückt ist der Mensch an den Menschen. Enger wird um ihn,
Reger erwacht, es umwälzt rascher sich in ihm die Welt.«[31]

Ackerbau, Städtegründungen, Götterkulte und Kriege sind Zeichen der folgenden Stufe, der der antiken Welt, wie Spartas Krieger unter Leonidas sie verteidigt; Eigentum und Gewerbefleiß, Handel und Bergbau, Seeverkehr und Weltverbindungen entfalten sich:

»Da gebietet das Glück dem Talente die göttlichen Kinder,
Von der Freiheit gesäugt, wachsen die Künste der Lust.
Mit nachahmendem Leben erfreuet der Bildner die Augen,
Und vom Meißel beseelt, redet der fühlende Stein.«

Wissenschaft erforscht die Naturgesetze, schriftliche Überlieferung erreicht auch die Nachwelt, das alles ist kein Niedergang, sondern erscheint in der Sicht optimistisch gefärbter Aufklärungsphilosophie. Doch nicht lange mehr,

»Da zerrinnt vor dem wundernden Blick der Nebel des Wahnes,
Und die Gebilde der Nacht weichen dem tagenden Licht.
Seine Fesseln zerbricht der Mensch. Der Beglückte! Zerriß er
Mit den Fesseln der Furcht nur nicht den Zügel der Scham!«

Vernunft und Begierde verlangen gleichermaßen nach Freiheit und entreißen sich der Natur. Alles erscheint als Auflösung und heillose Verwirrung, Ende von Wahrheit und Treue; die Herrschaft des Verrats setzt ein:

»Deiner heiligen Zeichen, o Wahrheit, hat der Betrug sich
Angemaßt, der Natur köstlichste Stimmen entweiht;
Die das bedürftige Herz in der Freude Drang sich erfindet;
Kaum gibt wahres Gefühl noch durch Verstummen sich kund.«

Am Ende des philosophischen Gedichts steht allerdings die Erwartung, daß nach langer Zeit die Menschheit sich rächen und versöhnt zur Natur zurückkehren werde – eine abrupt auftauchende Hoffnung nach der rousseau'schen Verdammung der Gegenwart, als Lösung geschichtsphilosophisch zu einfach und auch poetisch nicht ausgewiesen. Man sieht aber, die Rousseau hier nachwirkt, vor allem in Hinsicht auf den Naturbegriff und die damit korrespondierende Zivilisationskritik, wobei Schiller geschichtsphilosophisch genauer und konsequenter verfährt, weil er eben nicht nur mit methodisch orientierten Modellen arbeitet. –

In die spätere Sammlung seiner Gedichte hat Schiller nur die 1. und die 7. Strophe seiner Rousseau-Hymne aufgenommen, die als das eindeutige, unmittelbarste Zeugnis seiner Beziehung zum citoyen de Génève gelten darf:

»Monument von unsrer Zeiten Schande!
Ewige Schandschrift deiner Mutterlande!
Rousseaus Grab! Gegrüßt seist du mir.
Fried und Ruh den Trümmern deines Lebens!
Fried und Ruhe suchtest du vergebens,
Fried und Ruhe fandst du hier.«[32]

Die Verse sind eine enthusiastische Verteidigung des Vielgeschmähten, den der Neid durch die Länder trieb, den frommer Eifer verfolgte, der im Dasein kein Vaterland mehr hatte. Man versteht, daß Schiller später nicht mehr alle Strophen dieses hochgetriebnen pathetischen Huldigungsgedichts hat wollen gelten lassen:

»Und wer sind sie, die den Weisen richten?
Geisterschlacken, die zur Tiefe flüchten
Vor dem Silberblicke des Genies;
Abgesplittert von dem Schöpfungswerke
Gegen Riesen Rousseau kindsche Zwerge,
Denen nie Prometheus Feuer blies.«

Rousseau, dergestalt abgesetzt von seinen Gegnern, erscheint als Meteor:

»Neu und einzig – eine Irresonne,
Standest du am Ufer der Garonne
Meteorisch für Franzosenhirn.
Schwelgerei und Hunger brüten Seuchen,
Tollheit rast mavortisch in den Reichen,
Wer ist schuld – das arme Irrgestirn.«

Er ist ein Opfer der Verleumdung geworden; Schiller suggeriert, daß der Flüchtling nur durch ein Versehen der Parze einst am Seinestrand war gesäugt worden, die Nachwelt soll Mühe haben, Rousseau als Franzosen zu begreifen.

»Wann wird doch die alte Wunde narben?
Einst wars finster – und die Weisen starben,
Nun ists lichter – und der Weise stirbt.
Sokrates ging unter durch Sophisten,
Rousseau leidet – Rousseau fällt durch Christen,
Rousseau – der aus Christen Menschen wirbt.«

Der Widerspruch der Religion als Lehre und als Institution wird von Schiller angeprangert; Vorurteil und Eigennutz regieren die Welt, der Tugendhafte wird ihr Opfer. Doch der große Dulder entzieht sich ihnen – in die Ewigkeit.

»Nicht für diese Welt warst du – zu bieder
Warst du ihr, zu hoch – vielleicht zu nieder –
Rousseau, doch du warst ein Christ.
Mag der Wahnwitz diese Erde gängeln!
Geh du heim zu deinen Brüdern Engeln,
Denen du entlaufen bist.«

Diese schönen, verklärenden Tiraden haben nur als biographische einen indikatorischen Wert – und als Beispiel für das nicht eben geschickte Pathos der Frühzeit Schillers, der in jungen Jahren der Begeisterung überstarken Ausdruck geben möchte. Aber das ist noch nicht ein Moment der Einwirkung – »Der Spaziergang« zeigt sie deutlicher, auch die »Briefe über die ästhetische Erziehung«, noch deutlicher zeigt sie das dramatische Frühwerk, vor allem »Die Räuber« und der »Fiesco«. Aber auch auf die geschichtsphilosophischen und ästhetischen Schriften mit ihren zeitkritischen Voraussetzungen ist hinzuweisen. –

Hinter der Konzeption der »Räuber« steht dramaturgisch gesehen natürlich Shakespeare. In der unterdrückten Vorrede spricht Schiller von seinem ›dramatischen Roman‹. Aber nicht Shakespeare bestimmt die sozialkritischen Invektiven: es sei nötig gewesen, manchen Charakter auftreten zu lassen,

»der das feinere Gefühl der Tugend beleidigt und die Zärtlichkeit unserer Sitten empört. (Ich wünschte zur Ehre der Menschheit, daß ich hier nichts denn Karikaturen geliefert hätte, muß aber gestehen, so fruchtbarer meine Weltkenntnis wird, so ärmer wird mein Karikaturenregister.) Noch mehr – diese unmoralischen Charaktere mußten von gewissen Seiten glänzen, ja oft von Seiten des Geistes gewinnen, was sie von Seiten des Herzens verlieren.« (Ostern 1781)[33]

Die veröffentlichte Vorrede zur Erstauflage klingt dagegen gemäßigt, Schiller erklärt mehr und verzichtet auf weitere Angriffe. Auch der unterdrückte Bogen des Erstdrucks (I, 2) ist eben seiner Heftigkeit wegen umgearbeitet worden.

Karl Moor empört sich über den Weltzustand und stampft mit den Füßen vor Wut:

»Über die verfluchte Ungleichheit in der Welt! Das Geld verrostet in den Kisten ausgedörrter Pickelheringe, und Mangel muß Blei an die kühnsten Begierden des Jünglings legen. (...)

Das ist nur der Auftakt zu der großen Anklage, die ohne Rousseau so nicht formuliert worden wäre. Warum, so heißt es, sind Despoten da? Warum müssen Tausende sich nach den Launen eines Magens richten, abhängig sein von seinen Blähungen?

»Das Gesetz bringt es so mit sich – Fluch über das Gesetz, das zum Schneckengang verderbt, was Adlerflug worden wäre! Das Gesetz hat noch keinen großen Mann gebildet, aber die Freiheit springt über die Palisaden des Herkommens und brütet Kolosse und Extremitäten aus.«

Ein Loblied auf die Bedeutung des Teufels schließt sich an; Spiegelberg, der zustimmt, beginnt nun ebenfalls zu poltern, beide überbieten einander kraftprotzend, doch hinter den Worten Karl Moors stehen Einsichten und Absichten, Spiegelberg sieht nur das Abenteuer: Grundsätzlich ist aber in dem unterdrückten Bogen nichts, was nicht auch im korrigierten Stück ist. Das Thema, das der Selbsthilfe, von Diderot stammend, wird auf Rousseau'sche Weise mit dem Pathos der Gegenwartsbeschuldigung behandelt. Das Unrecht, gegen das K. Moor aufbegehrt, trägt das Gewand seines Jahrhunderts und bedient sich seiner Methoden. Das Jahrhundert ist zu eng für große Charaktere – die Schlußworte des »Götz von Berlichingen« schwingen in dieser Konzeption mit. Karl ist im Einklang mit sich – doch steht er dafür im Widerspruch zu seinem Zeitalter. Er ist, wie Rousseau, fremd in seinem Jahrhundert, dem das prometheische Feuer abhanden gekommen:

»Da krabbeln sie nun wie die Ratten auf der Keule des Herkules und studieren sich das Mark aus dem Schädel, was das für ein Ding sei, das er in seinen Hoden geführt hat. Ein französischer Abbé doziert, Alexander sei ein Hasenfuß gewesen; ein schwindsüchtiger Professor hält sich bei jedem Wort ein Fläschchen Salmiakgeist vor die Nase und liest ein Kollegium über die Kraft. Kerls, die in Ohnmacht fallen, wenn sie einen Buben gemacht haben, kritteln über die Taktik des Hannibals – feuchtohrige Buben tischen Phrases aus der Schlacht bei Cannä auf und greinen über die Siege des Scipio, weil sie sie exponieren müssen.«

Die Szene wird zur Strafpredigt; Fluch und Pfui ruft er aus über das »schlappe Kastraten-Jahrhundert«, das nur noch die Taten der Vorzeit wiederkäuen und die Helden der Antike mit Kommentaren schinden, mit Tragödien verhunzen kann. »Da verrammeln sie sich die gesunde Natur mit abgeschmackten Konventionen«, sie schmeicheln und heucheln, werden ohnmächtig, wenn Gänseblut fließt, klatschen aber in die Hände, »wenn ihr Nebenbuhler die Haare ausrauft über dem Brandschutt seines Hauses«.

So ist das Jahrhundert gekennzeichnet durch die Pervertierung aller Tugenden und Naturverhältnisse. Als er lernen muß, daß die Vaterliebe nichts mehr bedeutet, Reue verworfen, Haß gepredigt wird, wo Vergebung menschlich wäre, da wird er zum Anführer einer Schar verwegener Briganten – im Aufruhr gegen sein Jahrhundert, dessen Heuchelei und raffinierte Niedertracht, dessen geschminkte Rohheit, Engigkeit und Starre. Als der alte Moor die Nachfolge seinem Sohn Franz überlassen muß, bricht auch eine neue Zeit an: wo der alte Edelmann patriarchalisch gewirkt hatte, vertraut mit den Menschen wie mit Kindern und Brüdern, tritt Franz als barbarischer Despot die Herrschaft an, drohend, gewalttätig und gnadenlos; Elend und Furcht ist das Los, das die von ihm Abhängigen erwartet.

Immer wieder erscheint Karl Moor, ein ›Verbrecher aus verlorener Ehre‹, als Rousseau im Harnisch. Dem Pater, der die im Wald umstellten Briganten zur Ergebung auffordert, hält er entgegen, was sein subjektives Recht begründet:

»O über euch Pharisäer, euch Falschmünzer der Wahrheit, euch Affen der Gottheit! Ihr scheut euch nicht, vor Kreuz und Altären zu knien, zerfleischt eure Rücken mit Riemen und foltert euer Fleisch mit Fasten; ihr wähnt mit diesen erbärmlichen Gaukeleien demjenigen einen blauen Dunst vorzumachen, den ihr Toren doch den Allwissenden nennt, nicht anders als wie man der Großen am bittersten spottet, wenn man ihnen schmeichelt, daß sie die Schmeichler hassen (...)« (II, 3)

Das sind Anklänge an einen durch Herder gebrochenen Rousseau, Wendungen gegen den institutionalisierten Betrug, gegen die Hand, die nimmt, da sie zu geben scheint und bereit ist, die herrschende Gewalt stets abzusegnen. Das Menschenleben selbst ist verkommen: Bienensorgen und Riesenprojekte, Götterpläne und Mäusegeschäfte, ein ständiger Wettlauf nach einem chimärischen Glück, in solchen Kontrasten faßt Karl Moor das Schauspiel dieses Daseins zusammen.

Als er dann unerkannt die Heimat wiedersieht, läßt die Verzweiflung des Mannes das vergangene Glück der Kindheit nur umso schöner erscheinen; dieses wiederum vergrößert die Verzweiflung des Mannes, den der Geist der Rache ergreift, als er den angestifteten Betrug entdeckt und erkennen muß, daß alle von ihm selbst verantworteten Greuel fast nichts sind, wo die Bande der Natur wie hier zerrissen sind. Auch wo er schuldig wird, ist er das Opfer eines komplizierten Weltzustandes, in dem Natur und Menschlichkeit nichts mehr gelten sollen. Es gibt auch in dieser Lage des edlen Empörers, der sich außerhalb der menschlichen Gesetze gestellt hat, Momente der Empfindsamkeit im Stil des Jean-Jacques, Erinnerung an Kindheit, Tugend und Einklang mit der Naturwelt der Heimat, die nun für immer verloren ist.

In beiden Momenten steht Rousseau, als Vorbild weniger wohl denn als ein Anspruch da, als der Vermittler von Vorstellungen, der einer ganzen Generation ihre Ideenwelt bewußt werden läßt. Natur, Wahrheit, Gerechtigkeit, Tugend, Gesellschaft, Freiheit, Republik sind wohl auch als Schlagworte verwendbar; wo sie aufhören, es zu sein, verständigt sich eine Generation neu über ihre Existenz, ihre Ziele, ihre Schranken. Es ist dabei nicht einmal nötig, die Argumente aus Rousseaus Schriften zu übernehmen und Zitate in den Text zu streuen.

Noch der Republikanismus des »Fiesco« nährt sich davon, ohne daß man es Wort für Wort belegen müßte. Nicht wird, wie in den »Räubern«, der Gesellschaft von Außenseitern der Krieg erklärt, sondern es wird dem Alleinherrscher der Prozeß gemacht; Freundschaft und Liebe sogar müssen zurücktreten hinter dem Eifer für die Freiheit der Polis. Dennoch fehlt es auch hier nicht an empfindsamen Zügen, so als Leonore den Ehrgeiz Fiescos erkennt und ihn vor der Gefahr der Krone warnt, Entsagung fordert und durch ihre Liebe für alles entschädigen will.[34] Sie schlägt den Rückzug vor – in die Idylle:

»laß in den Staub uns werfen all diese prahlende Nichts, laß in romantischen Fluren ganz der Liebe uns leben«, bittet sie, und dann in letzter Steigerung noch einmal: »unser Leben rinnt dann melodisch wie die flötende Quelle zum Schöpfer.« (IV, 14)

Auch dieser Anachronismus ist Rousseau zu verdanken, ihm auch die bittenden Worte des düsteren Verinna zu Fiesco, der den älteren Freund doch nicht verlieren möchte: »Der erste Fürst war ein Mörder und führte den Purpur ein, die Flecken seiner Tat in dieser Blutfarbe zu verstecken. –« (V, 16)

Im Zuschauer des Bühnenwerks und in seiner Ergriffenheit sucht der junge Schiller den ›natürlichen Menschen‹. Ihn will er mit dem »Fiesco« erreichen, einer Gestalt, die nach seinen Worten nichts so sehr empfiehlt, als die Tatsache, daß Rousseau sie in seinem Herzen getragen.[35]

Ein derartiger Überblick, der seine Lücken nicht verbergen will und kann, zeigt doch vor allem, wie schwer es ist, die Einwirkung eines so umfangreichen und vielseitigen Gesamtwerks, wie das Rousseaus es ist, zu erfassen, genau zu bestimmen und in seinen Folgerungen nachzuzeichnen. Es liegt dies nicht daran, daß es an Nachweisbarkeit fehlen würde, vielmehr daran, daß die nachweisbaren Beziehungen zu wenig hergeben im Hinblick auf die tatsächlichen und sehr viel subtileren intellektuellen wie moralischen Verflechtungen, um die es in einem solchen Falle vor allem geht.

Einfluß setzt eine wirkende Kraft voraus – in diesem Falle die Werke und die Gedankenwelt Rousseaus, aber auch eine Sphäre, in der diese Kraft zur Geltung kommt, hier also die wichtige Phase der deutschen Literatur der 70er Jahre des 18. Jahrhunderts, und das bedeutet die Disponibilität bestimmter Autoren, einer ganzen Generation sogar, für die diese Schriftsteller zu Wortführern hatten werden können (etwa zwischen 1770 und 1785). Als das Erscheinen einer typischen Jugend-Generation in der Literatur ist der »Sturm und Drang« nicht eine bedeutende epochale Tendenz wie Romantik und Klassik in Deutschland, gar eine machtvolle Zeitströmung wie die Aufklärung, der er in einem weiteren Sinne zweifellos so zugehört, wie auch schon von einer Vor-Romantik gesprochen werden könnte. Das bedeutet, daß er für viele Autoren nur die eigene Jugendphase markiert, mit der die literarische Produktion praktisch endet, wie dies für Leisewitz gilt und für Lenz. Pathos und Sinnlichkeit, Geniekult und programmatische Natürlichkeit wie Rebellion sind nicht durch ein ganzes Leben hindurch unverändert aufrecht zu erhalten. So wird der »Sturm und Drang« eben überführt oder zurückgelassen wie bei Herder, Goethe, Klinger, Schiller. In seiner Rezension von Bürgers Gedichten hat Schiller dann sozusagen den eigenen und nicht allein den ihm eigenen »Sturm und Drang« liquidiert.

Doch bleibt über diese Phase hinaus die Bedeutung Rousseaus bestehen, obschon die Gestalt und die Art ihrer Ein- und Nachwirkung notwendig sich wandeln. Ähnliches läßt sich auch von der damaligen Shakespeare-Wirkung sagen. Für beides aber gilt, wiewohl in verschiedener Weise, daß sie wie im biographischen Bereich für den einzelnen Autor – Heinse, Schiller oder Hölderlin – so in einem weiteren Sinne für die Jugend-Entwicklung der neueren deutschen Literatur im 18. Jahrundert ein entscheidendes geistiges Erlebnis darstellen. Rousseau ist somit ein Moment der Bildungsgeschichte der Deutschen geworden, auf ganz selbstverständliche Weise assimiliert und aus ihrer Vergangenheit fortan nicht mehr wegzudenken.

Damit hängt auch zusammen, daß das Phänomen so schwer faßbar wird, faßbar im Sinn einer ganz genau nachweisbaren Gegenwart an Motto, Anspielung, Replik und Zitat. Dementsprechend haben wir es mit Variationen und Anstößen wie Folgerungen zu tun, die in sich ihre Herkunft keineswegs verleugnen, aber auf diese nicht stets detailliert festgelegt werden können. Deshalb findet auf dieser Ebene – anders als in der Publizistik und der philosophisch-literarischen Kritik, keine Auseinandersetzung mehr statt wie zuvor bei Lessing, Haller, Wieland und anderen. Jean-Jacques Rousseau ist bereits auf eine so selbstverständliche Weise gegenwärtig, daß es schon fast als überflüssig erscheint, sich noch ausdrücklich auf ihn zu berufen. Denn nicht das ist wichtig, was man von Rousseau gelesen, wie man von ihm gedacht und warum man sich zu ihm bekannt hat, sondern wie man mit ihm gedacht und wie man ihm nachgedacht hat.

Wenn H. A. Korff behauptet, nicht Klopstock, Hamann, Shakespeare und Ossian, sondern Rousseau bezeichne den Durchbruch der neuen Generation, den »Umschwung des Geistes für die Zeitgenossen«,[36] so ist dies zweifellos richtig, obschon etwas einseitig. Für ihn aber ist dies alles die Entwicklung zur ›Goethe-Zeit‹, und der »Sturm und Drang« dann, mehr als nur einseitig, eine Wendung gegen die Aufklärung. Doch das Moment des ›Unbehagens in der Kultur‹ der Aufklärung hat als erster doch wohl Rousseau ausgesprochen und bewußt gemacht, Entwicklung als Zersplitterung und Desintegration erkannt, Arbeitsteilung, spezialisierte Inanspruchnahme des Individuums gesehen, dessen Bewußtsein sich demzufolge als ein unglückliches, zerrissenes begreifen muß.

Bildung aber ist nicht Wissen, Kenntnis, ein Magazin von Argumenten, sondern Einsicht, assimilierendes Denken, anverwandelnde Gesinnung und Wertvorstellung, ist Urteilskraft und Intention, Empfindungsvermögen, und eben in diesem Sinne ist Rousseau mehr und anderes als ein Vorbild, literarischer Fixpunkt und Modell, sondern eben ein Bildungselement in der deutschen Literatur des 18. Jahrhunderts, hierin Shakespeare gleich und sogar Diderot übertreffend und wirksam von Goethe zur Romantik, von Kant zu Hegel, von Herder und Forster zu Jean Paul und Hölderlin.

Fürstliches Elend.
Die Memoiren der Wilhelmine, Markgräfin von Bayreuth

Alles, was frühere Generationen, Herausgeber, Forscher und wohl auch Leser an den Memoiren der Markgräfin von Bayreuth interessiert hat, der Quellencharakter, die Aufschlüsse über das Verhältnis zu ihrem bedeutenden Bruder, die Vorgänge am preußischen Königshof, zumal die Ereignisse im Zusammenhang mit der Flucht des Kronprinzen, die Freundschaft mit Voltaire, die ohne Trübung bis zu ihrem frühzeitigen Tode gewährt hat, die Beziehungen auch zum Württemberger Hof – der Herzog Karl Eugen ist ihr Schwiegersohn – wie die zu Maria Theresia, ihre Enttäuschungen in der Ehe mit dem Markgrafen von Bayreuth, der Klatsch und die Intrigen, das alles ist für uns heute minder bedeutend geworden; anderes erregt unsere Aufmerksamkeit: nicht die Tatsache, daß es sich um die Lieblingsschwester Friedrich II. von Preußen handelt, aber die freimütige und oft sehr geistreiche, in knappen Porträts auch boshafte Darstellung, die dem Leser einen zuweilen fast erschütternd wirkenden Einblick in die höfische Welt des 18. Jahrhunderts in Deutschland vermittelt.

Um es vorwegzunehmen: Armut und Sparsamkeit bis an die Grenze des Hungerns, Intrigen bis zum Verrat, Härte bis zur Grausamkeit und zur Entwürdigung bestimmen das Leben der fürstlichen Kinder bereits, die wesentlich Objekte oder Figuren im Ränkespiel der höfischen Rivalitätsverhältnisse sind, menschliche Zuneigung eigentlich wohl nie erfahren haben und dergestalt unter Umständen, die oftmals als kaum noch zivilisiert gelten können, weniger heranwachsen als vielmehr verkrüppeln und verkümmern, wenn sie nicht einmal doch durch Geist, Begabung, Charakterstärke und individuell geprägtes Selbstbehauptungsvermögen schließlich über solche Sozialisationsbedingungen sich zu erheben in der Lage sind. Das eigentliche Elend der Fürsten wird hier in einer Weise deutlich, daß man ihnen manches wieder nachzusehen versucht sein könnte.

Höchst aufschlußreich sind in den Memoiren der Wilhelmine von Bayreuth die zahlreichen Details, die nicht allein die persönliche Entwicklung des Kronprinzen, Intrigen und Erziehung, den Haushalt der Hohenzollern und vorteilhafte Heiratspläne betreffen, sondern auch den Bildungsstand der höfischen Welt, die Wehrlosigkeit der Prinzen und die z. T. doch objektiv bedeutende administrative Tätigkeit, d. h. das haushälterisch-kameralistische, dem Leichtsinn, der Verschwendung und den Ausschweifungen an anderen Höfen der Epoche entgegenstehende Verantwortungsbewußtsein des preußischen Königs, der ansonsten ein privater wie öffentlicher Tyrann und im Umgang von stets furchteinflößender Unbeherrschtheit, so hart wie jähzornig und fast unberechenbar gewesen ist. Aber nicht allein Friedrich Wilhelm I., ein calvinistischer Hausvater, mißhandelt seine Kinder; je nach Lage der Dinge ist jeder Prinz, jede Prinzessin, das Opfer des Ehrgeizes der eigenen Mutter oder auch der Wut erbarmungsloser Erzieherinnen. Ständige Krankheiten sind die natürliche Folge, Zustände der Verzweiflung, welche die Prinzessin überkommen und der Verlassenheit, die Todessehnsucht weckt. So also sehen die Reaktionsformen auf ein menschenunwürdiges Dasein aus, das nicht schon ausreichend charakterisiert ist, wenn man es, der Etikette entsprechend, als einfach lückenlos reglementiert bezeichnet.

Läßt man die ganz anders gearteten Memoiren des Herzogs von Saint-Simon einmal beiseite, so gibt es wohl kein Memoirenwerk, das derart schonungslos das Elend der Fürstenhöfe enthüllt: unzureichende Kost, kalte Zimmer, verschlissene Tapeten, zeitraubende Zeremonien, langweilige Abendempfänge, schlafraubende Repräsentationsbeschäftigungen, ein Dauergefühl von Angst, pausenlose Beaufsichtigung, ja Überwachung und unnachgiebige Strenge machen das Dasein, in dem es keinerlei Vertrauen, Wärme, Geborgenheit, Intimität, Spontaneität, ja überhaupt keinerlei Privatheit gibt, zu einer in Palästen angesiedelten Hölle.

Als sozialgeschichtliches Dokument wie als schriftstellerische Leistung gleich bedeutend, ist das Erinnerungswerk der Markgräfin von Bayreuth zu unrecht beinahe vergessen worden. Wir kennen den Glanz der Höfe und ihrer Feste, den Druck, den sie ausübten und der sich fortsetzte in entlegene Provinzen und ihre verarmte Bevölkerung, die Willkür fürstlicher, absolutistischer Herrschaft in jenem aufgeklärten Jahrhundert, nicht aber ihr Elend und die institutionalisierte Unmenschlichkeit der ›repräsentativen Öffentlichkeit‹ (Habermas), die wahrzunehmen, sozusagen kaum Gelegenheit bestanden hat.

Doch eine solche Feststellung bedarf der Begründung und der Erläuterung. Wie sehen diese Memoiren, die ja keineswegs als Klagelibell abgefaßt worden sind, tatsächlich aus?

Vorausgeschickt werden muß noch, was nicht ganz unwichtig ist, daß die Memoiren der Wilhelmine von Bayreuth offenbar wirklich nicht für die Veröffentlichung, also für die Nachwelt bestimmt gewesen sind, sondern daß die Markgräfin das Manuskript ihrer Tochter, sozusagen aus privaten Gründen, hatte überlassen wollen und auch erwogen haben mag, es zu vernichten, so daß dadurch eine besondere Ungeschminktheit, ein Verzicht auf Verbergen und Verschweigen sonst vielleicht doch unerquicklicher Einzelheiten erklärbar wird. Andererseits weiß man nicht, wie weit solchen Erklärungen Glauben zu schenken ist; immerhin können sie auch gegeben werden, um manche undiplomatische Offenheit, Drastik und Boshaftigkeit, wenn nicht zu rechtfertigen, so doch vorwegnehmend zu entschuldigen.

Die Memoiren beginnen ganz ›klassisch‹ im Sinn des Genres, d. h. genealogisch, was hier noch fast gleichbedeutend mit historisch verstanden wird:

»Nach dem Hinsterben meiner Großmutter Sophie Charlotte von Hannover, Königin von Preußen, dachte König Friedrich der Erste, mein Großvater, darauf, seinen einzigen Sohn, den Kronprinzen, zu verheiraten. Seine Absicht war auf die Prinzessin Ulrike von Schweden, die Schwester Karls des Zwölften, gerichtet; demzufolge schickte er den nachmaligen Feldmarschall, Grafen von Finkenstein, nach Stockholm, um über diese Heirat zu verhandeln. Der Kronprinz, welcher aber die Prinzessin von Hannover, sein Geschwisterkind, schon gesehen, und sich in sie verliebt hatte, wußte den Grafen Finkenstein zu bestimmen, daß dieser nicht allein eine sehr wenig vorteilhafte Beschreibung von der Prinzessin von Schweden machte, sondern auch versicherte, daß ihre Gesundheit keine Hoffnung gäbe, jemals Mutter zu werden; da nun der König sehnlichst wünschte, sich in seiner Nachkommenschaft wieder aufleben zu sehen, entsagte er der Verbindung mit Schweden und gab zu der Heirat seines Sohnes mit der Prinzessin von Hannover, Tochter des Kurfürsten Georg, nachmaligen Königs von England, seine Einwilligung. Diese Ehe wurde gegen Ende des Jahres 1706 vollzogen, und gab meinem Großvater Gelegenheit, seine ganze Prachtliebe zu zeigen. Wie man mir sagte, soll es nie etwas Schöneres und Glänzenderes gegeben haben, wie die damaligen Feste. Für die Kronprinzessin war aber hierbei das angenehmste, daß mein Großvater sie sehr liebgewann und ihr bei allen Gelegenheiten Achtung bewies; doch eben dies ward ihr eine Quelle des Kummers, denn der Kronprinz faßte eine so heftige Eifersucht gegen seinen eigenen Vater, daß er nun seine Frau ziemlich hart behandelte. Ein Sohn erst, von welchem die Prinzessin entbunden ward, stellte den Frieden zwischen den Eheleuten wieder her.«[1]

In gewisser Weise präludiert der Absatz das folgende: am Anfang steht eigentlich schon eine Intrige und, dementsprechend in dieser Welt ohne Vertrauen, die Drohung von Spannung und Konflikt. Daran wird sich nichts mehr ändern.

Der ersehnte Kronprinz, Prinz von Oranien, lebt nicht lange; als nächstes Kind wird Wilhelmine 1709 geboren; die Könige von Dänemark und Polen, gerade zu Besuch in Berlin, sind ihre Taufpaten; man erblickt darin ein gutes Omen und verheißt ihr soviel Kronen als bei ihrer Taufe zugegen waren (drei also!). »Von allen schönen Dingen, welche man mir damals wahrsagte, ist nichts eingetroffen. Wäre man dabei stehen geblieben, mir zu sagen, daß ich mit meinem Schicksal zufrieden sein würde, so hätte man die Wahrheit gesagt, denn ich bin es wirklich und würde meine Lage nicht gegen alle Kronen der Welt vertauschen.« Nun, hier macht sie aus ihrer Resignation den Zustand der Zufriedenheit.

Ein nachgeborener Prinz stirbt bald nach der Geburt, 1712 wird dann Friedrich geboren, mit dem zusammen sie erzogen wird. Mit dem Tode des ersten preußischen Königs ändern sich dann die Verhältnisse am Hofe:

»Alles bekam in Berlin ein anderes Aussehen. Wer sich beim neuen König beliebt machen wollte, setzte den Helm auf und schnallte den Küraß um. Alles wurde militärisch, und vom alten Hofe blieb nicht die kleinste Spur.«[2]

Grumbkow wird leitender Minister, der Fürst von Anhalt und Dessau übernimmt die Organisation des Heeres; die durch die Prachtliebe Friedrichs I. zerrütteten Finanzen des armen Landes werden neu geregelt.

In diesem Zusammenhange liefert sie ein interessantes Porträt ihres Vaters, keineswegs unkritisch, aber doch voll Bewunderung für seine nicht gewöhnlichen Qualitäten. Freilich hat man den Eindruck, daß sie dabei nicht von ihrem Vater spricht, sondern von einem fremden Menschen, so wie sie im selben Atemzug und eben diesem Stil auch Grumbkow und den Fürsten von Anhalt zeichnet.[3]

Ein Beispiel für die Kunst der schonungslosen Porträtierung gibt auch das Bild, das sie von ihrer Mutter zeichnet:

»Die Königin ist nie schön gewesen. Ihre Züge sind scharf ausgeprägt und keiner ist schön. Sie ist weiß, ihre Haare sind dunkelbraun, ihre Taille ist eine der schönsten in der Welt gewesen. Ihre edle und majestätische Haltung flößt allen, die sie sehen, Ehrfurcht ein. Große Weltkenntnis und glänzender Verstand scheinen mehr Festigkeit zu versprechen, als sie besitzt. Sie hat ein gutes, edles und wohltätiges Herz und liebt die schönen Künste und Wissenschaften, ohne sich sehr darauf gelegt zu haben. Jeder Mensch hat seine Fehler, und auch sie ist davon nicht ausgenommen. Aller Hochmut und Stolz des hannoverschen Hauses ist in ihrer Person konzentriert. Ihr Ehrgeiz kennt keine Schranken, ihre Eifersucht kein Maß. Bei einem mißtrauischen und rachsüchtigen Charakter verzeiht sie denen nie, von welchen sie sich beleidigt glaubt.«

Man wird ein solches Porträt nicht gerade schmeichelhaft nennen, es ist jedoch im Ausgleich von Vorzügen und Nachteiligem zweifellos eher von der Absicht diktiert, auf glänzende Weise gerecht zu sein als verleumderisch. Auch wird in der Folge deutlich, wie solche Charakterisierung zu erklären ist; die Erklärung wird durch die Begebenheiten nachgeliefert. Von einer herzlichen Beziehung zur Mutter kann keinesfalls die Rede sein. Es ist, abermals, als spräche die Markgräfin von einer fremden Person.

Lange Zeit scheint sie überhaupt vor allem mit ihrem Bruder in engerer Verbindung zu stehen. So heißt es nach ausführlicher und aufschlußreicher Berichterstattung über eine Intrige, sie habe bislang lediglich Tatsachen berichten können, die sie persönlich nicht betroffen hätten:

»Ich war erst acht Jahre alt. Mein zu zartes Alter erlaubte mir nicht, an dem was vorging, teilzunehmen. Ich war alle Tage durch meinen Lehrer beschäftigt, und meine einzige Erholung war die, meinen Bruder zu sehen. Nie gab es eine größere Zärtlichkeit als die unsere. Er besaß sehr viel Verstand, seine Gemütsstimmung war düster, lange dachte er nach, eh er antwortete, aber dafür antwortete er richtig. Er lernte nur sehr schwer, und man erwartete, daß er künftig mehr gesunden Verstand als Geist besitzen werde. Ich im Gegenteil war sehr lebhaft, schnell mit einer Antwort fertig und hatte ein außerordentliches Gedächtnis. Der König liebte mich leidenschaftlich. Er hat nie so viel Aufmerksamkeit für seine anderen Kinder gehabt als für mich. Oft nutzte ich meine Gunst, um Gnaden zu erhalten, und habe manchem Unglücklichen das Leben gerettet, denn der König schlug mir nie eine solche Bitte ab! Dagegen war ihm mein Bruder verhaßt und dieser erschien nie vor ihm, ohne gemißhandelt zu werden, was ihm eine unbesiegbare Furcht vor seinem Vater einflößte, die er auch selbst bis in die Jahre der Vernunft behalten hat.«[4]

Erstaunlich ist, daß überhaupt noch Vorstellungen von einem Familienleben vorhanden sind; doch ist dies keine Situation, die einer Entwicklung vorteilhaft wäre. Überhaupt bietet der höfische Alltag keinerlei Attraktion: abends besucht der König, im Winter jedenfalls, wo er nicht in Potsdam ist, die Assembleen; tagsüber ist die Königin im Zimmer des Königs eingesperrt, die beiden Kinder sind ihre einzige Gesellschaft. Eingesperrt heißt hier natürlich nur zurückgezogen, es wird einfach erwartet, daß sie die Räumlichkeiten nicht verläßt. Sie kann auch nicht verhindern, daß man sich ihrer Kinder bemächtigt: die spätere Markgräfin ist tatsächlich schon als Kind Gegenstand der Intrige: die Hofpartei mit Grumbkow und dem Fürsten von Anhalt will sie, um so an Einfluß zu gewinnen, an den Markgrafen von Schwedt, einen Neffen des Dessauer Fürsten, verheiratet sehen, die Königin aber denkt schon an den gleichaltrigen Vetter, den Herzog von Gloucester, den Enkel des englischen Königs. Das Kind wird dementsprechend angehalten, alles auszuplaudern, was in den Zimmern des königlichen Paares geschieht und besprochen wird. Das Kind lernt aber zu schweigen, und so gibt es eine Szene, die an eine ganz analog zu lesende in den Memoiren der Marguerite von Valois erinnert: die Mutter hat Wilhelmine mit falschen Vertraulichkeiten auf die Probe gestellt und sieht, daß sie Grund hat, mit dem Kind zufrieden zu sein. Dieses gelobt Verschwiegenheit und erfährt dafür die Genugtuung, als erwachsene Person behandelt zu werden und das Vertrauen der Mutter zu genießen. Sie wird Person, indem sie Partei ergreift für eine der feindlichen Gruppierungen am Hofe. Sie hat dafür mit Ohrfeigen und Faustschlägen zu büßen:

»Diese Auftritte kehrten alle Abende zurück; ich war in der gräßlichsten Verzweiflung, sei es aber Eitelkeit oder Furcht, ich wollte ihr (d. h. ihrer Erzieherin) niemals etwas wiedererzählen.«[5]

Doch ist es mit dem einen Male nicht ausgestanden, durch den ganzen Winter halten diese Auftritte an:

»Ich hatte keinen Tag mehr Ruhe und mein armer Rücken wurde alle Tage bearbeitet. Dafür schmeichelte ich mich immer mehr bei der Königin ein, so daß sie nichts mehr vor mir verborgen hielt. Sie bat den König, ihr zu erlauben, mich zu sich zu nehmen. Der König willigte mit Vergnügen darein und wünschte auch gleiches für meinen Bruder.«

Die Prinzessin macht mit der Familie den ersten Ausflug, sie tritt bald in das elfte Lebensjahr. Ihre brutale Erzieherin ist nun nicht dabei, und von ihrer zwischenzeitlichen Erzieherin heißt es mit einer bezeichnenden Wendung, sie habe außerordentliche Verdienste gehabt,

»aber obgleich sie stets in der großen Welt gewesen war, so hatte sie doch das Benehmen derselben sich nicht angeeignet. Sie konnte für eine wackere Dame vom Lande gelten, voll Vernunft, aber ohne Geist. Sie war sehr fromm und ich mußte zwei bis drei Stunden hintereinander beten, was mir viele Langeweile machte. Dann sagte ich den Katechismus auswendig her und lernte ebenso die Psalmen, aber ich war dabei so zerstreut, daß ich täglich gescholten wurde.«

Als sie dann in der Sommerhitze lebensgefährlich an der Ruhr erkrankt, der ein jüngerer Bruder auch erliegen sollte, erholt sie sich nach acht schweren Tagen nur langsam. Das Verhalten ihrer Erzieherin verzögert offenbar die Genesung: »Sie mißhandelte mich am Tage und hinderte mich des Nachts am Schlafen, da sie wie ein Grenadier schnarchte.« Mehr noch: als die Königin dieser Erzieherin die kalte Schulter zeigt, rächt sich die Person für eine solche Mißachtung:

»Fuß- und Fauststöße waren mein tägliches Brot; es gab gar keine Schimpfwörter, deren sie sich nicht gegen die Königin bediente (...). Dies war die vortreffliche Moral, die sie mich lehrte. Ich ward böse und grämte mich so sehr, daß die Galle mir endlich ins Blut trat und ich acht Tage nach meinem Ausgang die Gelbsucht bekam. Zwei Monate lang behielt ich sie und genas nur von dieser Krankheit, um in eine andere viel gefährlichere zu fallen. Sie fing mit einem hitzigen Fieber an, das zwei Tage darauf zu Scharlach ward. Ich lag im steten Delirium und mein Übel nahm am fünften Tage so zu, daß man mir nur noch einige Stunden Leben schenkte.«

Die Prinzessin übersteht jedoch die Anfälle, nachdem man sie schon aufgegeben hatte, dies wohl aufgrund einer eher zähen als kräftigen Konstitution, doch bedauert sie noch im Nachhinein, zu so viel Kummer und Unannehmlichkeiten wieder ins Leben zurückgerufen worden zu sein, was ihre zu Beginn der Memoiren geäußerte Zufriedenheit dementiert.

Als die grausame Erzieherin schließlich entlassen wird, hat die junge Prinzessin wieder Mitleid, sie schenkt ihr Schmuck, Gold und andere Kostbarkeiten. Zum Dank nimmt ihr die Person noch alle Kleider mit, so daß sie neu ausgestattet werden muß. Ihr psychischer wie physischer Zustand dürfte erschreckend gewesen sein; sie ist völlig verschüchtert, sie zittert vor der Strenge der neuen Gouvernante und ist unfähig, ohne Stocken zwei Worte hintereinander von sich zu geben. Aber die Erziehung ändert sich nun; es werden ihr sogar Zerstreuungen gestattet, ihr Empfindungsvermögen wird angeregt; so findet sie immer größere Lust an der Lektüre, sie lernt Sprachen, beschäftigt sich mit Philosophie, Geschichte, Geographie und, was ihr noch sehr wichtig werden sollte, mit Musik.

Dennoch wird in ihrer Erziehung mehr fehlgeleitet als gefördert, sie wird lediglich abgerichtet. Aus Anlaß des Besuches, den der König von England, der Bruder der Königin, dem preußischen Hof abstattet, wobei es um die künftige Verbindung der Prinzessin mit dem englischen Thronfolger geht, die eine andere Clique hintertreiben möchte, erfährt Wilhelmine fast nur noch Mißhandlungen. Sie wird dauernd getadelt, und die ehrgeizig verblendete Mutter sieht nicht, daß diese fortdauernde Verletzung der Eigenliebe nur negative Folgen haben kann. »Ich habe«, gesteht die Prinzessin im Rückblick,

»von jeher das Unglück gehabt, viel über mich nachzudenken, ich sage das Unglück, denn man ergründet oft in der Tat zuviel Dinge und entdeckt dabei sehr betrübendes. Es ist gut, über sich selbst nachzudenken, aber man würde weit glücklicher sein, wenn man sich Mühe gäbe, jede unangenehme Idee zu verbannen. Es ist ein physisches Übel, aber ein moralisches Gut, und obgleich mir dieses moralische Gut manchmal sehr zur Last fällt, so finde ich es doch für das Benehmen selbst sehr nützlich. Indem ich jedoch gegen zu vieles Nachdenken ankämpfe, fühle ich, daß ich selbst Betrachtungen anstelle, welche nicht zum Faden meiner Geschichte gehören.«[6]

Sie begreift nicht, weshalb sie von der Königin so hart getadelt wird, weil sie doch selbst ihre Fehler zu kennen meint und sich zu bessern ehrlich bestrebt ist, sei es auch nur, um Achtung und Beifall zu gewinnen. Das Ehrgefühl, so meint sie, würde als Stimulans schon genügen und nicht der bloße Vorsatz, dem Herzog von Gloucester zu gefallen. Als Königstochter fühlt sie sich dem englischen Vetter sowieso ebenbürtig und weiß überdies auch gar nicht, ob sie mit ihm glücklich würde leben können. Zuneigung freilich empfindet sie nicht, im Gegenteil weckt die Königin durch ihr Verhalten nur Abneigung ihm gegenüber. Sie weiß, daß sie mit solchen Überlegungen recht hat: »Ich war von Natur furchtsam, und dieses immerwährende Ausschmälen gab mir wahrhaftig keinen Mut.« Doch die Vorstellungen dieser Art fruchten nichts.

Daraufhin erkrankt sie wieder; monatelang hindurch leidet sie an Kopfschmerz und Ohnmachten, darf aber doch nicht auf ihrem Zimmer bleiben, da die Königin dies nicht leiden will, weil sie selbst, eine offenbar recht starke Natur, Krankheiten fast überhaupt nicht kennt und natürlich auch keine Ahnung von den psychischen Ursachen der Erkrankungen ihrer Tochter haben kann.

Aus Sorge, das Kind etwa zu verweichlichen, wird eine starke Dressur angewandt:

»(...) obgleich ich manchmal halbtot war, so mußte ich doch immer bei guter Laune sein, sonst wurde sie furchtbar zornig gegen mich. Am Abend vor ihrer Ankunft ergriff mich ein hitziges Fieber mit Gehirnentzündung und solchen Kopfschmerzen, daß man mich auf dem Schloßplatz schreien hörte. Sechs Personen mußten mich Tag und Nacht halten, um mich zu verhindern, mich umzubringen.«

Die Königin ihrerseits ist auch von krankhafter Eifersucht; wenn sich der König seiner Tochter liebevoll oder gar großzügig zuwendet, so führt das nur zu leidvollen Verstimmungen mit der Mutter. Zwischenträger und Intriganten, die ihre Vorteile suchen, zögern nicht, sich rasch solche Situationen zunutze zu machen.

»Ich ward alle Tage mißhandelt, und die Königin hörte nicht auf, mir die Gnade, welche der König für mich hatte, vorzuwerfen. Ich wagte nur zitternd und voll Furcht, mit Härte dafür bestraft zu werden, ihn zu liebkosen. Ebenso war es mit meinem Bruder. Es genügte, daß der König ihm etwas befahl, um ein Verbot von ihr zu erhalten. Wir wußten manchmal nicht, zu welchen Heiligen wir beten sollten, da wir so zwischen Tür und Angel standen. Weil wir nun beiderseits die Königin sehr lieb hatten, richteten wir uns nach ihrem Willen. Das war die Ursache aller unserer Leiden, wie man in der Folge dieser Memoiren sehen wird. Das Herz blutete mir jedoch, daß ich die Wahrhaftigkeit meiner Gefühle dem Könige zu zeigen nicht mehr wagen konnte. Ich liebte ihn leidenschaftlich und er hatte mir, seit ich auf der Welt war, viele Güte gezeigt, da ich aber mit der Königin leben mußte, mußte ich mich auch nach ihr richten.«[7]

Die Spannungen zwischen dem Königspaar beeinflussen dergestalt die elementaren menschlichen Gefühle und drohen sie zu paralysieren.

Wie der Alltag aussieht, ist nicht minder aufschlußreich; ein glückloseres Dasein jedenfalls ist kaum zu denken außer in den Sphären des realen Elends und in der Existenz eines Anton Reiser.

Nach der Geburt eines Prinzen begibt sich die Königsfamilie nach Potsdam. Hier führte man, wie Wilhelmine erklärt, das traurigste Leben von der Welt. So seltsam dies auch klingen mag, so wird man es doch der Prinzessin abnehmen müssen, denn sie beschreibt dieses Dasein sehr genau und völlig glaubwürdig dazu:

»Früh, sowie es sieben schlug, weckte uns die Übung von dem Regiment des Königs auf, sie fand vor unseren Fenstern, die zu ebenem Boden waren, statt. Das ging unaufhörlich: Piff, Puff, und den ganzen Morgen hörte das Schießen nicht auf. Um zehn Uhr gingen wir zu meiner Mutter und begaben uns mit ihr in die Zimmer neben denen des Königs, wo wir den ganzen Morgen verseufzen mußten. Endlich kam die Tafelstunde. Das Essen bestand aus sechs kleinen, übel zubereiteten Schüsseln, die für vierundzwanzig Personen hinreichen mußten. Am ganzen Tisch sprach man von nichts, als von Sparsamkeit und Soldaten. Die Königin und wir, unwürdig, den Mund aufzutun, hörten den Orakelsprüchen mit demütigem Stillschweigen zu. Nach aufgehobener Tafel setzte sich der König in einen hölzernen Lehnstuhl, der so hart wie ein Esel war, und schlief zwei Stunden; doch vorher gab es immer für die Königin oder uns einige unangenehme Reden. Solange der König schlief, arbeitete ich, sobald er aufwachte, ging er fort; die Königin begab sich dann in ihr Zimmer zurück, wo ich ihr bis zu des Königs Rückkehr vorlesen mußte. Er blieb nur einige Augenblicke und ging dann in die Tabagie. Diese Zeit war zu meiner Erholung bestimmt; ich liebte die Musik sehr, übte mich und machte Fortschritte in ihr. Um acht Uhr speiste man zu Abend; der König wohnte der Tafel bei, von der man meistens hungrig wieder aufstand. Vor vier Uhr des Morgens kam der König selten aus der Tabagie zurück, und so lange mußten wir ihn erwarten. Die Königin spielte mit ihrer und meiner Hofmeisterin, welches die einzigen Damen waren, die uns umgaben, Karten, und ich blieb mit meiner Schwester allein. Da ihr Alter mit dem meinen in gar keinem passenden Verhältnis stand, blieb mir kein anderer Zeitvertreib übrig als meine Bücher. Ich hatte eine kleine Bibliothek, die in allen Betten, unter allen Tischen versteckt war, denn der König, der alle Wissenschaften verabscheute, wollte durchaus nicht, daß ich mich anders als mit weiblichen Arbeiten und Haushalt beschäftigen sollte. Würde er mich je lesend oder schreibend gefunden haben, so hätte er mich vielleicht durchgepeitscht, und so hätte ich meiner Mutter, die mich mehr und mehr aufforderte, meinen Geist zu bilden, großen Kummer gemacht.«[8]

Der König ist wegen seiner starken Heftigkeit sehr gefürchtet, zumal gegen den Kronprinzen ist er zuweilen derart aufgebracht, daß alle für ihn zu fürchten beginnen. Den kaum Vierzehnjährigen will er wegen Ungehorsams in den Kerker sperren lassen. Jähzorn und übergroße Strenge sind die Kehrseite seiner eingestandenen Hypochondrie und seiner pietistischen Gesinnung, die der berühmte Franke aus Halle befestigt.

»Dieser Geistliche fand ein Vergnügen daran, Gewissensskrupel bei den unschuldigsten Dingen zu erregen. Er verbot alle Vergnügungen, die er verdammlich fand, selbst Jagd und Musik. Man durfte von nichts anderem reden, als von der Bibel, jedes andere Gespräch war untersagt. Er selbst war der größte Redner an der Tafel, wo er das Amt eines Lektors wie in den Refektorien übernahm. Der König hielt uns alle Nachmittage eine Predigt, sein Kammerdiener intonierte einen Gesang, in den wir alle einstimmten. Man mußte diese Predigt mit ebenso vieler Aufmerksamkeit anhören, als ob sie die eines Apostels gewesen wäre. Meinem Bruder und mir kam oft die Lust zu lachen an, und nicht selten brach sie aus. Sogleich belegte man uns mit allen Anathemen der Kirche, die wir mit zerknirschter und trauriger Miene, welche uns sehr schwer ward, anhören mußten.«

So sind Musik, Lektüre, die Wissenschaften und die Künste überhaupt, natürlich auch dem Kronprinzen verboten, der doch in ihnen allein so etwas wie Trost in seiner grenzenlosen Verlassenheit zu finden sucht. Auch verführt ihn dieser Zustand zu dem, was seine Schwester als »Liederlichkeit« vermerkt. Der König nennt ihn zwischendurch nur noch »den Schurken Fritz«. Wilhelmine aber heißt dann wegen der von der Königin geplanten Verbindung mit dem Haus von Hannover »die englische Canaille«.

Der schwer gichtbrüchige König läßt sich in seiner pathologischen Unruhe auf einem Rollstuhl durch das Schloß fahren:

»Seine beiden Arme waren auf Krücken gestützt, die ihn aufrecht hielten. Wir folgten stets diesem Triumphwagen wie arme Gefangene, die ihr Urteil hören sollten. Der arme Fürst litt sehr, und schwarze Galle, die sich ihm ins Blut ergossen hatte, war schuld an seiner schlechten Laune.«[9]

Solche Bilder gehören auch stilistisch zum eindrucksvollen Charakter dieser Memoiren, eben weil sie es zugleich sachlich sind. Es fehlt natürlich nicht an Momenten des Aufbegehrens der Kinder gegen die täglichen Mißhandlungen und Entwürdigungen, woraus dann wieder neue Spannungen und Quälereien erwachsen, weil nunmehr der Königin vorgehalten wird, daß sie die Kinder schlecht erzogen habe. So sagt der König dem Kronprinzen: »Du solltest deine Mutter verfluchen, denn sie ist schuld daran, daß du so ungeraten bist.« Angstzustände und Ohnmachten sind die natürlichen Folgen solcher Ausbrüche, Fieberanfälle und Schwächezustände und vielleicht noch anderes, was die Prinzessin sich verschweigt.

Eine schwere Erkrankung der Königin führt dann doch einmal angesichts ihres zu befürchtenden Ablebens zu einer wirklichen Versöhnung – man verzeiht und man ermahnt sich, alles scheint in Ordnung zu sein; das so wiederhergestellte Einverständnis beschleunigt die Gesundung der Mutter. Doch da der König nun nicht mehr in Sorge war,

»so begann sein alter Haß gegen mich und meinen Bruder wieder; weil er aber doch für die noch schwankende Gesundheit seiner Gemahlin fürchtete, so machte er uns in deren Gegenwart ein freundliches Gesicht, um uns, sobald wir außerhalb ihrer Zimmer waren, desto mehr zu mißhandeln«.[10]

Schließlich ist auch die Standhaftigkeit des Kronprinzen erschöpft, er sinnt darauf, den Leiden zu entrinnen und zu flüchten. Da die Schwester offenkundig im Komplott ist, muß auch sie nach der mißglückten Flucht und anschließenden Verhaftung wie nach den Verhören des Leutnants von Katt auf alles mögliche gefaßt sein, nicht nur auf die Hinrichtung selbst ihres Bruders:

»Die unseligsten Ideen stellten sich meiner Einbildung dar. Mein Schicksal verursachte mir keine Unruhe, mein Geist hatte sich seit frühester Jugend an Kummer und Mißvergnügen gewöhnt und ich sah den Tod als das Ende meiner Leiden an; aber das Schicksal so vieler Personen, die mir teuer waren, interessierte mich so, daß ich tausend Tode für einen erlitt, wenn ich an ihre verschiedenen Lagen dachte. Ich war am folgenden Tage außerstande, das Bett zu verlassen, konnte mich nicht auf den Füßen halten und hatte von den Stößen, die ich bekommen, die fürchterlichsten Kopfschmerzen.«[11]

In ihrer strengen Bewachung hat die Prinzessin nicht einmal ausreichend zu essen, zu schweigen von der anhaltenden Ungewißheit über ihr und ihres Bruders Schicksal. Eines Tages, mit einer Kammerfrau bei Tische, d. h. einer Wassersuppe mit Salz und Ragout von alten Knochen – Haare und Schmutzereien, so fügt sie noch hinzu – klopft etwas ans Fenster: es ist eine Krähe, mit einem Stück Brot im Schnabel, was die beiden zu Tränen rührt und von ihnen als wunderbares Omen genommen wird, als seien schon die Tiere von Mitleid ergriffen.

Es war eine abgerichtete Krähe, aber die Bedienten sind so gerührt, daß sie den Vorfall weitererzählen und bald die ganze Stadt Bescheid weiß:

»Dadurch fühlte sich die französische Kolonie so von Mitleid mit meiner Lage durchdrungen, daß sie mir auf die Gefahr hin, sich den Verdruß des Königs zuzuziehen, alle Tage in Körben Essen schickte, die sie vor meiner Garderobe niederstellte (...). Dieses und der Eifer, den sie für meinen Bruder bewies, hatten mir solche Hochachtung für diese Nation eingeflößt, daß ich es mir zum Gesetz gemacht habe, sie, so oft ich nur Gelegenheit hatte, zu unterstützen und zu fördern.«

Die geplante Doppelheirat mit dem englischen Königshaus, die der Wilhelmine und die des Kronprinzen, wird hintertrieben; die englische Verwandtschaft ist empört über das beleidigende Verhalten gegenüber ihrem Gesandten, der König wiederum über die aus London erhaltenen Antworten und läßt seine Wut an der Königin aus; Wilhelmine darf nun gar nicht mehr vor ihm erscheinen. Er droht sogar, sie auf Festung zu bringen, wenn sie eine von ihm geplante Ehe womöglich nicht eingehen will. Schließlich läßt sie sich bereden, den Markgrafen von Bayreuth zu ehelichen; der König verspricht ihr dafür immerhin eine bevorzugte Behandlung gegenüber den Geschwistern, die Versöhnung mit der Königin, die Freilassung des inhaftierten Kronprinzen und überhaupt Frieden in der Familie. Nur ein Punkt macht ihr die Zusage schwierig: die Königin, welche doch über Jahre hinweg die englische Heirat betrieben hatte, will nicht nachgeben, daher droht ein endgültiger Bruch mit der Mutter.

»Meine Eigenliebe fand sich durch das, was ich getan hatte, geschmeichelt; ich billigte es innerlich und fühlte eine geheime Zufriedenheit, Personen, die mir so teuer waren, von aller Verfolgung befreit zu haben. Dann aber stellte sich mir die Idee meines Schicksals dar, um mich in die grausamste Unruhe zu versetzen.«[12]

In der Tat ist die Reaktion der beleidigten Mutter von unglaublicher Härte; die Prinzessin ist nicht in der Lage, einen diesbezüglichen Brief vollständig wiederzugeben, da sie die Königin nicht noch nach Jahren durch dieses Dokument kompromittieren möchte. Jedenfalls will die Mutter sie nicht mehr als ihre Tochter anerkennen, schwört ihr immerwährenden Haß und daß sie ihr niemals verzeihen werde. »Diese letzten Worte machten mich schaudern«, gesteht Wilhelmine. Das war der ›Stolz des Hauses Hannover‹.

Auch was hier geschah, war Resultat einer Intrige in einer Situation, in der niemand dem anderen trauen konnte. Schließlich sehnt Wilhelmine die Heirat sogar herbei, um der Behandlung durch die Mutter, den täglichen Spannungen und Demütigungen entrinnen zu können. Sie resümiert: in den Augen der Mutter sei sie der Wegwurf des Hofes gewesen,

»der meine Geduld durch seine Verachtung und Insolenz auf die Probe stellte. So ist der Lauf der Welt. Die Gunst der Großen entscheidet über alles. Man wird gesucht und angebetet, solange man diese besitzt, und ihr Wegfall zieht Verachtung und Beleidigungen nach sich. Ich war der Abgott eines jeden, solange ich ein glänzendes Glück zu hoffen hatte, man machte mir den Hof, um dereinst an meinen Wohltaten teilzuhaben, man kehrte mir den Rücken, sobald diese Hoffnungen verschwanden. Ich war sehr töricht, mich über den Verlust solcher Freunde zu betrüben«.

Schließlich aber gelingt es doch, die Königin dem ungewollten Schwiegersohn ein wenig geneigter sich zeigen zu lassen: man läßt sie einfach wissen, der König bereue seinen Schritt, wolle die Verlobung rückgängig machen und die Tochter mit dem Herzog von Weißenfels vermählen. Das genügt; die Königin ergreift nunmehr Partei für den Markgrafen von Bayreuth, denn was der König billigt, findet ihren Widerstand, und was er ablehnt, fordert ihre Zustimmung heraus.

Empört aber ist die junge Braut darüber, daß der Erbprinz nun in preußische Dienste tritt und ein Dragonerregiment übernimmt: »Man brauchte nur in Dienste zu treten, um als Sklave behandelt zu werden«, kommentiert sie.

Sie weiß, was das bedeutet, denn auch ihre jüngeren Brüder haben keinen anderen Rang als den ihrer militärischen Stellung, kennen lediglich die kleine Garnison, keinen geistvollen Umgang und sinken »zum Tiere« herab, da sie sich mit nichts beschäftigen als dem Exerzieren der Truppen.

Inzwischen hat im Grunde niemand mehr ein großes Interesse an dieser Heirat, selbst der Erbprinz will zurücktreten, um nicht an einem Schritt schuld zu sein, den sie wenig später vielleicht bedauern könnte. So bleibt nichts als Verdruß zurück, und für Wilhelmine lediglich die Freude, daß sie den Kronprinzen, wiewohl stark verändert, endlich wiedersehen und in Freiheit wissen kann. Das Verhältnis zur Mutter aber ist endgültig zerstört.

»In der Tat liebte sie auch ihre Kinder nur insofern, als sie sich auf ihre ehrgeizigen Absichten bezogen. Die Dankbarkeit, die mein Bruder mir wegen seiner Wiederaussöhnung mit dem König schuldete, machte ihr mehr Verdruß als Freude, weil sie nicht die Veranlassung dazu gewesen.«[13]

Sogar die Freude, den Bruder wiederzusehen weicht einer gewissen Enttäuschung über dessen Verhalten; er zeigt Stolz, Kühle und Gleichgültigkeit. Sie kann ihren

Bruder kaum wiedererkennen und bricht verstimmt ab, um zu anderen Begebenheiten überzuleiten, da sie ihre Erinnerungen nicht durch tragische Vorgänge bis zur Langeweile belasten will.

Geradezu komisch dagegen ist, wie sie sich bei ihrem Vater, der sie nach der Hochzeit kaum noch ansieht, beliebt macht. Alles, was er ihr zuvor versprochen hatte, löst sich nun in nichts auf:

»Es gab nur zwei Mittel, sich bei ihm zu insinuieren. Das eine war, ihm große Leute zu verschaffen, das andere, ihm mit einer Gesellschaft, die aus seinen Günstlingen bestand, zu essen zu geben und ihn tüchtig trinken zu lassen. Das erste dieser Mittel war für mich unerreichbar (...) Man mußte also die zweite Partie ergreifen. Ich lud ihn zur Tafel. Alle Fürstlichkeiten waren mit dabei. Die Tafel bestand aus vierzig Kuverts und lieferte, was es nur Ausgesuchtes gab. Der Erbprinz machte die Honneurs des Weinbergs. Er allein unter allen diesen Männern blieb bei seinen fünf Sinnen. Der König und die übrigen Gäste waren total betrunken. Ich habe jenen nie so lustig gesehen. Er aß mich und den Prinzen vor Liebe fast auf.«

Auch das gehört in den Alltag des preußischen Hofes, in den des Elternhauses der jungen Markgräfin von Bayreuth, damals noch Erbprinzessin. Der Abschied schließlich vor der Übersiedlung nach Bayreuth vollzieht sich doch nicht ohne Rührung – jedenfalls was den König betrifft. Die Mutter bleibt allen Bemühungen ihrer Tochter zum Trotz kalt wie Eis und ohne jedes Zeichen des Wohlwollens oder auch nur der Verbindlichkeit.

Hatte der erste Teil der Memoiren von der bitteren Jugend am preußischen Königshof gehandelt, so ist im zweiten Teil von der an Enttäuschungen nicht eben armen Zeit der Ehe in Bayreuth die Rede.

Ein historisch interessantes Aperçu betrifft die Reise durch die Winterlandschaft über Leipzig und Gera durch den Thüringer Wald nach Hof und in die fränkische Residenzstadt.

»Ich hatte nie Berge gesehen, denn des Königs Land ist sehr eben, und war nie gereist. Wie ich nun die fürchterlichen Abgründe sah, machte ich große Augen und schwitzte große Tropfen. Auf jeder Station ward der Weg schlechter, ich war wie gerädert. Trotz allem, was man mir sagte, stieg ich aus und ging, soviel mir möglich war, zu Fuß – die Furcht vor den Abgründen gab mir Kräfte. Ich dachte in Lappland zu sein, in diesen mit Schnee bedeckten Bergen, in denen man nichts als fernhin einige Waldungen sah, seufzte leise, und fragte, wann diese abscheulichen Berge endigen würden, aber leider erhielt ich nicht viel Trost, denn man versicherte mir: sie dauerten fort bis Bayreuth.«[14]

Man sieht, die Landschaft in ihrer Wildheit und Ursprünglichkeit als beinahe unzugängliche Natur, ist sozusagen noch nicht entdeckt, sie bietet nichts als Unbequemlichkeit, Fremdheit, Schrecken und Gefahr.

Doch auch von den Menschen ist die junge Erbprinzessin enttäuscht. In Hof empfängt sie der Adel der Provinz, berühmte Namen sind darunter, und sie tritt ihm erwartungsvoll entgegen.

»Es mochten einige dreißig sein, die mich bewillkommneten (...) lauter Gesichter, um kleine Kinder aus Furcht zu Bette zu jagen, und um ihre Antlitze noch zu verschönern, hatten sie ihre Haare in Gestalt von Perücken zugestützt, in welchen Läuse, welche ihren Stammbaum wenigstens so weit wie sie selbst hinaufführen konnten, seit undenklichen Zeiten ihren Sitz aufgeschlagen hatten. Auch ihre Kleidung bezeugte ihr Altertum; sie bestand aus lauter Erbschaftsstücken ihrer Voreltern, und war nach der Weise von ihnen zugeschnitten, die meisten paßten ihnen gar nicht auf den Leib, und ungeachtet es ihre Staats- und Feströcke waren, sahen die Tressen so schwarz und schäbig aus, daß man kaum erkennen konnte, daß es Gold sei. Ihre Sitten waren ihren Gesichtern und ihrer Kleidung ganz angemessen – man hätte sie für Bauern halten sollen, und um allen diesen Liebesreizen die Krone aufzusetzen, war noch der größte Teil von ihnen krätzig.«

Im übrigen kann sie die Leute gar nicht verstehen, der Dialekt verhindert die Konversation.

Die Geistlichkeit des Landes erscheint der keineswegs sehr verwöhnten preußischen Prinzessin kaum minder exotisch:

»Das waren nun wieder andere Art Tiere. Die hatten große Halskrausen wie Waschkörbchen; ihre Anreden wurden sehr langsam vorgetragen, damit ich sie besser verstehen konnte, sie sagten das lächerlichste Zeug von der Welt, und ich hatte wieder alle Mühe, mein Gelächter zu unterdrücken.«

Bei Tische hat Wilhelmine die größten Schwierigkeiten, ein Gespräch mit diesem ›Viehzeug‹, wie sie es zu nennen wagt, aufkommen zu lassen. Alles scheint vergeblich. »Endlich brachte ich es auf das Wirtschaftsfach, und da ging ihnen das Herz auf. Augenblicklich erhielt ich Kenntnis von ihren Herden und Höfen (...)« Die Frauen des Adels werden übrigens nicht weniger boshaft beschrieben; Häßlichkeit, Unbildung und Schmutz in zerschlissenem Prunk sind auch hier die Hauptmerkmale.

Die ihr zugewiesenen Räume im Bayreuther Schloß übertreffen dann die allerschlimmsten Erwartungen: ein schmutziger Vorsaal, bis zur Unkenntlichkeit zerschlissene Tapeten – »die verblichenen Gesichter guckten mich wie Gespenster an« –, die Farbe des Brokats im Kabinett ist nicht mehr zu bestimmen, der Damast ist zerrissen, die Bettvorhänge fallen in Stücken herunter, wenn man sie anrührt. Das Essen erscheint ihr, die Aufwand doch nicht kennt, als geradezu ungenießbar, die Speisen sind mit Essig, Rosinen und Zwiebeln gewürzt. Die Zimmer sind ungeheizt, die Fensterscheiben teilweise zerbrochen. Der verheißene Glanz erweist sich als die blanke Armut, und von Entschädigung in anderer Hinsicht kann kaum die Rede sein; die Leute erscheinen ihr jedenfalls als unerträglich, außer über Ökonomie und Pferde kann man sich nicht mit ihnen unterhalten. Wilhelmine rechnet sie gar nicht zur ›guten Gesellschaft‹, denn ihre Hauptleidenschaft ist es, von morgens bis abends zu trinken. Unbarmherzig charakterisiert sie die einzelnen Personen des Hofes. Der regierende Markgraf, ihr Schwiegervater, wird mit folgenden Einzelheiten festgehalten:

»(...) von mittlerer Größe, mit einem Gesichte, das weder schön noch häßlich war, und weder etwas sagte noch versprach, nur das nahm man bei scharfer Beobachtung wahr, daß seine Augen etwas Falsches hatten. Er war außerordentlich mager und hatte krumme Beine, an Grazie fehlte es ihm ganz und gar, und doch wollte er sich eine solche geben; sein Kopf war beschränkt, seine Unterhaltung ungeheuer langweilig, sein Betragen höflich aber unangenehm. Er war von Eigenliebe besessen, sprach von nichts als seiner Gerechtigkeit und seiner Regierung und maßte sich eine Festigkeit an, die in den meisten Fällen in Schwäche ausartete. (...) Weder geizig noch großmütig, gab er nie etwas, wenn man ihn nicht daran erinnerte. Ungeachtet er wenig Verstand hatte, besaß er doch einen durchdringenden Blick, alle Menschen an seinem Hofe kannte er bis in des Herzens Grund.«

Dies ist der einzige positive Satz ihrer Charakterisierung; man hat den Eindruck, sie wollte sich in solchen Porträts für die ihr bereitete Enttäuschung rächen oder schadlos halten.

Die Urteile, die Wilhelmine fällt, die Porträts, die sie, dem französischen Muster folgend, entwirft, die Wiedergabe von Anekdoten, die sie in die Darstellung einarbeitet, ihr Verhalten in bestimmten Momenten, das alles zeugt von Scharfsinn, Überlegenheit, Geist und im Selbstbewußtsein gegründeter Festigkeit. Dennoch ist deutlich, daß die Markgräfin von Bayreuth, da es auch bei späteren Besuchen in Berlin zu einer Aussöhnung mit der Mutter so wenig kommt wie zu einem spannungslosen Verhältnis zu ihrem Vater, der immerhin, neben allem anderen, doch ein verantwortungsvoller Ökonom und puritanischer Landesvater ist, im Grunde nicht glücklich ist, auch nicht in der Ehe mit dem von ihr zumindest geachteten Mann. Bei wiederholten schweren Erkrankungen hat sie kaum jemals wirkliche Fürsorge erfahren und wiederholt erwogen, daß ihr der Tod – und keineswegs aus religiösen Überzeugungen, keinesfalls ein Schrecken oder ein großes Übel sein werde.

Sie fürchtet, ihre Lebensbeschreibung werde durch die Häufung von traurigen Begebenheiten ermüdend wirken, denn ihr Leben sei »eine Verkettung von Übeln« gewesen, deren Wiedergabe sie aber bewußt durch komische Einschübe auflockern möchte. Nur zu oft war sie Zeugin von brutalen und fürchterlichen Szenen, dementsprechend weiß sie sich verängstigt, schreckhaft und hypersensibel. Außer in der engen, obgleich auch schon überschatteten Verbindung mit ihrem Bruder ist sie vollkommen einsam, ohne dieses Gefühl durch ihre Repräsentationspflichten oder auch durch Intrigen zu überdecken oder ausgleichen zu wollen oder zu können. »Ich bin«, sagt sie einmal,

»stets ein wenig Philosophin gewesen und Ehrgeiz ist mein Fehler nicht. Ich ziehe Glück und Ruhe im Leben jeder Größe vor. Aller Zwang und jede Beschränkung sind mir verhaßt; ich liebe die Welt und ihre Freuden, aber ich hasse zu große Zerstreuung. Mein Charakter, so wie ich ihn beschrieb, paßt daher durchaus nicht an den Hof, für welchen die Königin mich bestimmte, das fühlte ich bei mir selbst und fürchtete mich daher, dort mein Bleiben finden zu sollen.«[15]

Insofern war die Heirat nach Bayreuth, die sie mit solchen Sätzen noch einmal zu rechtfertigen versucht, so sehr wirkt die Härte ihrer Mutter noch nach, vielleicht ganz richtig, aber genau genommen, läßt sich auch die Folgerung ziehen, daß sie eigentlich an gar keinen Hof wirklich passen konnte und daß spätere Mißgeschicke und Verstimmungen in Bayreuth auch damit zusammenhängen dürften. Ihre Stellung war ihr Unglück, was in gewisser Hinsicht sogar für ihren Bruder gelten könnte.

»Ich bin«, so heißt es bei anderer Gelegenheit, »weder stolz noch ränkesüchtig, aber ich will, daß mir ein jeder das meinige zugestehe und tritt man mir zu nahe, so weiß ich so gut wie eine andere, auf mein Recht zu halten.« Das bezieht sich auf einen charakteristischen Rangstreit, und als es zum Konflikt zu kommen droht, erklärt sie:

»(...) ich finde auch nichts lächerlicher, als sich Vorrechte zuzueignen, die uns nicht zukommen, und noch lächerlicher, auf solche nicht zu halten, zu denen wir berechtigt sind.«[16]

Allerdings muß sie umso mehr ohne falschen Stolz auf ihren Rang halten, als man sie bei ihren Besuchen in Berlin als die arme Verwandte zu behandeln pflegt. Nichtsdestoweniger scheut sie sich nicht, in aller Offenheit sogar von wenig schmeichelhaften Einzelheiten, d. h. auch von entwürdigenden Vorgängen zu berichten. So erklärt sie, sie wolle nichts verschweigen und auch amüsante Anekdoten mitteilen, eine freilich, die sie wiedergibt, machte auf viele Leute, denen man sie erzählte, einen großen Eindruck,

»nur auf mich nicht, denn mein vieles Studieren und Nachdenken hat mich dahin gebracht, manches Vorurteil zu überwinden, und ich tue mir sogar etwas darauf zugute, ein wenig Philosophin zu sein«.[17]

In der Tat: sie ist eine aufgeklärte, hochgebildete und kritische Frau, und will man ihr glauben, so schreibt sie ihre Erinnerungen nur, um sich zu vergnügen und nicht, um sie auch drucken zu lassen. Allerdings überwiegt in ihrem Bericht das, was, auch in der Erinnerung, nur wenig Vergnügen bereiten kann. In ihrer Wahrhaftigkeit sieht sie selbst ihr Verdienst, verschweigt deshalb auch ihre Fehler nicht und sagt dazu:

»gegen die Regeln der Politik habe ich vielleicht gefehlt, aber meiner Rechtschaffenheit habe ich keinen Vorwurf zu machen.«

Das klingt durchaus wahrscheinlich, auch wenn die Fürstin in der Erinnerung manches verschärft und verzerrt wiedergegeben haben mag. Auf eindrucksvolle Weise hat sie, wie wohl niemand sonst, die höfische Welt ihres Glanzes entkleidet.

Der junge Boswell

Der erste, der in Deutschland von James Boswell gesprochen hat, ist zweifellos Helfrich Peter Sturz gewesen. In seinen wenig bekannten »Briefen im Jahre 1768 auf einer Reise im Gefolge des Königs von Dänemark geschrieben« berichtet er auch von seinen Gesprächen mit Samuel Johnson und daß er sich nach Boswell erkundigt habe. Johnson, so heißt es weiter, »scheint ihn sehr zu lieben, und fühlt, aber vergibt ihm seine Schwärmerei; Boswell ist ein feuriger Jüngling, der steif und fest an die Heldentugend glaubt, und der im Rausche seines Herzens so gut in Deutschland, als in Korsika, einen Halbgott aufgespürt hätte«.[1] In einer Anmerkung wird Boswell sodann als der Verfasser des »Account of Corsica« und als Johnsons Begleiter auf seiner Reise nach den Schottland westlich vorgelagerten Inseln vorgestellt – eines Ausflugs in ossianische Landschaften und an die Grenzen der Zivilisation; beide haben diese Reise beschrieben, auch wenn die Darstellung Boswells, von dem wir außerdem nun auch das Tagebuch der Hebridenfahrt besitzen, in erster Linie wiederum ein Buch über Samuel Johnson ist.

H. P. Sturz muß von Boswell schon auf anderem Wege erfahren haben, denn der »Account of Corsica« erscheint erst im Jahre 1769. Das Tagebuch seiner Kavalierstour durch Europa wie auch der Korsika-Bericht werden wenig später schon ins Deutsche übersetzt, noch einige Jahre später (1787) erscheint auch eine deutsche Version des Berichts von der Reise zu den Hebriden. Darüber hinaus – ganz abgesehen davon, daß auch das bald wieder vergessen wird – bleibt James Boswell bei uns beinahe unbekannt, nur dem Namen nach präsent durch sein umfangreiches Hauptwerk »The life of Samuel Johnson, DD. litt.« (1791), so daß man ihn irrtümlicherweise als Johnsons Eckermann zu bezeichnen gewagt hat. Doch hinkt ein solcher Vergleich gewissermaßen auf beiden Beinen; er stimmt weder sachlich noch formal. Johnson ist so wenig Goethe wie Boswell ein Eckermann. Sein Werk erschöpft sich auch nicht in der Biographie des verehrten älteren Schriftstellers, Kritikers und Philologen, auch wenn es darin vielleicht gipfelt. Boswell wußte selbst, daß sie in ihrer Art einzig war. Eckermanns Werk erschöpft sich in den unerschöpflichen Gesprächen mit Goethe, die seine eigenen Gedichte zu recht sehr bald vergessen sein ließen; er existiert allein im Schatten Goethes. Anders James Boswell: Seine Johnson-Biographie, in der er als der Geschichtsschreiber und Registrator dieser Existenz, aber dazu als Gesprächspartner und jüngrer Freund sichtbar wird, macht neugierig auch auf ihn. Wer war James Boswell?

Die Begegnung mit dem berühmten Mann war für sein Leben und Schreiben von entscheidender Bedeutung. Sie erscheint wie ein Vorklang der Differenzen und dennoch vorhandenen Zusammenhänge zwischen der klassizistischen und der vorromantisch-empfindsamen Generation, wie sie auch im Verhältnis von

Voltaire zu Rousseau erkennbar werden. Allerdings vertragen sich Johnson und Boswell sehr viel besser als die beiden französischen Schriftsteller von europäischer Wirkung – die weder Johnson noch Boswell je erlangen sollten. So wenig wie Johnson Voltaire zuzugesellen ist, so wenig auch Boswell dem citoyen de Genève. Doch wie dieser verkörpert er die Subjektivität, die sich bewußt in Szene setzt, was Rousseau doch zumindest schreibend tut. Zuweilen erscheint Boswell, gar als ein gedämpfter und geschickt sich anpassender Byron; im Gegensatz zu diesem ist er jedoch voller moralischer wie religiöser Skrupel, die er zu seinem Glück dann wieder ziemlich rasch vergißt. Boswells gelegentlich sichtbar werdender Zynismus ist doch nur die Kehrseite seiner Skrupel, was man von Byron kaum wird behaupten wollen. Temperatur und Ausmaß der Leidenschaften sind verschieden, auch fehlt bei Boswell der Wille zur Provokation, der tragische Akzent. Dennoch ist manches davon schon wie im Keim vorhanden. Wie soll man sich und mit wem darüber verständigen, wenn es sich um einen fast unbekannten Autor handelt – hierzulande jedenfalls?

Natürlich nicht in England. Vor vielen Jahren hat Virginia Woolf aus Anlaß der neuedierten Briefe Boswells an seinen Freund W. J. Temple einen Kurz-Aufsatz veröffentlicht, der nicht allein stilistisch faszinierend, sondern auch sachlich höchst aufschlußreich ist. Denn sie hat ihn durchschaut, aber sie mag ihn trotzdem und spricht sogar von seinem Genie. Bewunderung und Kritik gehen so zusammen, und daß Boswell fast niemals ohne den Gedanken an die Nachwelt geschrieben hat, macht sie ihm nicht zum Vorwurf. Seinem Freunde Temple, so sagt sie, zeigt er sich in seinen Briefen von Jugend an; dieser »who had reflected the image of what Boswell would like to be, was used ever after as the person who had a right to know what became of Boswell.«[2] So gebraucht er also seine Freundschaften, um seine Eigenart und Entwicklung sich zu spiegeln.

Exzentrisch, glänzend und verantwortungslos nimmt der junge Boswell seine Narrheiten etwas voreilig für Geist. Da er nun dauernd ein Bild von sich in der Vorstellung trägt, ist es schwer zu entscheiden »how much of genuine feeling he put into these imaginations.« Seine Eitelkeit ist zwar von nicht gewöhnlicher Qualität, aber, sagt V. Woolf, »It kept him alive and it gave a point to him.« So wirkt er nichtsdestoweniger anziehend; wir möchten gern wissen, was er empfand, man geht mit ihm um wie mit lebenden Personen, von denen wir meinen, daß wir es bei genauerem Hinsehen herausbekommen würden. »But when we try to say what the secret is, then we understand why Boswell was a genius.«

War er das wirklich? Wirkt hier nicht vielleicht doch ein wenig der Geschmack des 19. Jahrhunderts nach? Was gibt uns Veranlassung, uns mit ihm zu beschäftigen, einem Autor vom zweiten Rang und erstklassiger Selbstgefälligkeit, der uns seiner Bedeutung und seines Charmes stets neu zu versichern für nötig hält – oder nicht uns, sondern vielleicht nur sich selber? Was für eine Figur ist das nun, dieser James Boswell, der lange Zeit doch fast nur als Johnson-Biograph einen Ruf für die Nachwelt besaß, allerdings einen bedeutenden, und dessen Tagebücher, die lange verschollen waren, auf abenteuerliche Weise vor einigen Jahrzehnten erst entdeckt worden sind, ebenso wie zuvor die Briefe an Temple, die man als Einwickelpapier in Boulogne fand?

Liest man ihn selbst, also seine Tagebücher, und vergißt die biographische Leistung, über deren Anlage, Methode und Wert er sich allerdings schon im klaren war, so ist man erstaunt: er nimmt sich sehr wichtig, er ist selbstbezogen, geradezu ein Snob, hält sich für so bedeutend, daß seine Gesprächspartner ihm das auch bald glauben müssen, ist aber wiederum empfindsam, schwermütig bis zur Hypochondrie, naiv und verschlagen zugleich; er schmeichelt sich bei den Menschen ein, bei Johnson, Garrick, Goldsmith, Sheridan, bei Rousseau wie bei Voltaire, beim Hochadel in der Hauptstadt wie in den Residenzen auf dem Kontinent. Erotisch ist er höchst freizügig, ein Genußmensch, der sich mit Straßendirnen in den Nebenzimmern einer Weinstube, in den Seitengassen der Hauptstadt oder im Park vergnügt. Offenbar war er zu Lebzeiten sogar ein wenig verrufen, in der Familie erinnerte man sich nicht allzu gern an ihn und verbirgt seine Papiere, da sie ja doch nur wenig anständige Enthüllungen enthalten dürften. Es ist allerdings unzureichend, zu meinen, er sei durch seine Notizen, was man eine kulturhistorische Quelle nennt. Das sind seine Tagebücher auch, aber sie sind mehr.

Boswell ist Presbyterianer, durch und durch national und konservativ gesinnter Schotte aus bester Familie; er ist exzentrisch und ein Komödiant dazu, er ist kokett, versteht es aber, die Leute zum Reden zu bringen, so daß sie ihn bald für einen ebenbürtigen Partner halten – was er wahrscheinlich auch gewesen ist.

Durch die Tagebücher gelangt der künftige Johnson-Biograph zur Selbstdarstellung. Wie auf Johnson ist er auch auf sich bezogen. Vom 16. Mai bis zum 30. Juli 1763 vergegenwärtigt er die Annäherungen an Johnson, der sein Vater sein könnte und ihn recht bald sympathisch findet. Beide sind sie Hypochonder, der berühmte Kritiker ist fast ein wenig ungeschliffen und derb, entschieden und macht nicht viel Umstände, Boswell ist raffinierter, vielleicht sogar berechnend, dabei auch unsicher und anmaßend, frühreif zugleich und spätpubertär. Er ist besorgt um sich und seinen Lebenswandel, den er doch nicht ändern kann. Wenn er sich ›zusammennehmen‹ will, so hält er diesen Vorsatz doch niemals lange durch. In Johnson findet er ein Vorbild an Gradlinigkeit und Festigkeit. Die ersten Begegnungen sind zuweilen geradezu komisch; so heißt es am 24. Mai 1763: »I was proud to sit in such company.«[3] Er hört den Gesprächen zu, achtet auf die Urteile und beschließt, diese Bekanntschaft zu pflegen. Unter dem 25. Juni notiert er sodann: »He was vastly obliging to favour me with his company. I was quite proud to think on whom I was with.« Dann ist Gelegenheit, von sich und seinen Lebensproblemen zu sprechen, was Boswell sehr gerne tut, bis er den gelehrten Mann ganz für sich eingenommen hat: »Cive me your hand. I have taken a liking to you«, darf er sich sagen lassen. Er ist wahrscheinlich davon überzeugt, daß er diese Sympathie verdient hat, aber er will ihrer in noch höherem Maße würdig werden. »Since my being honoured with the friendship of Mr. Johnson, I have more seriously considered the duties of morality and religion and the dignity of human nature«, versichert er sich am 16. Juli.

Wie Samuel Pepys notiert er, was ihm durch den Kopf geht, verschweigt auch völlig ungeniert die eigenen Escapaden nicht, so wenig wie die sich bald darauf einstellenden ähnlich regelmäßigen Anwandlungen von Reue, er analysiert seine Seelenzustände wie Lichtenberg dies tut; zuweilen, obschon wir es doch nicht mit einer Autobiographie zu tun haben, sondern mit einem Tagebuch, könnte man versucht sein, ein wenig an Rousseau zu denken. Aber es fehlt hier die Tendenz der Selbstrechtfertigung, es fehlen auch die in der Verteidigung heimlich geführten Angriffe. Alle Aspekte der Empfindsamkeit liegen hier offen zutage; interessanterweise fehlt aber bei Boswell das Bild der Landschaft.

Verblüffend ist immer wieder von neuem die z. T. naive Selbstgefälligkeit des jungen Mannes von eben zwanzig Jahren; so sagt er zu einem Freunde: »Don't I make your existence pass more cleverly than anybody?« – »Yes, you do.« – »Don't I make you say more good things?« – »Yes, you do extract more out of me, you are more chemical to me than anybody.« (20. Dezember 1762) Das hört er gern, aufschreibend genießt er es ein zweites Mal. Er ist eben neugierig, auch mit dem Blick auf sich selbst. Selbsterkenntnis im Sinn der delphischen Devise ist sein Ziel:

»For surely this knowledge is of all the most important. I might enlarge upon this. But grave and serious declamation is not what I intend at present. A man cannot know himself better than by attending to the feelings of his heart and to his external actions, from which we may with tolerable certainty judge ›what manner of person he is‹. I have therefore determined to keep a daily journal in which I shall set down my various sentiments and my various conduct, which will be not only useful but very agreeable. It will give me a habit of application and improve me in expression; and knowing that I am to record my transactions will make me more careful to do well. Or if I should go wrong, it will assist me in resolutions of doing better. I shall here put down my thoughts on different subjects at different times, the whims that may seize me and the sallies of my luxuriant imagination. I shall mark the anecdotes and the stories that I hear, the instructive or amusing conversations that I am present at, and the various adventures that I may have.« (Introduction)

Die Absicht ist klar und die moralische Bedeutung charakteristisch für die Selbstüberwachung des aus der Beichtpflicht entlassenen Subjektes. Er beichtet sich selbst, straft sich und spricht sich rasch wieder frei.

»Indeed, I have a strong turn to what the cool part of mankind have named superstition. But this proceeds from my genius for poetry, which ascribes many fanicul properties to everything. This I have great pleasure from; as I have now by experience and reflection gained the command of it so far that I can keep it within just bounds by the power of reason, without losing the agreeable feeling and play to the imagination which it bestows.« (15. November 1762)

Er empfindet nicht allein, er überwacht auch seine Empfindungen. Auf der Fahrt nach London hat er Angst vor Straßenräubern:

»A great many horrid ideas filled my mind. There is no passion so distressing as fear, which gives us great pain and makes us appear contemptible in our own eyes to the last degrée. However, I affected resolution [...]« (18. November 1762)

Während einer Predigt über die Mittel und Wege für einen jungen Mann, seinen ordentlichen Weg zu finden, in der von den Vorteilen der frühen Frömmigkeit gehandelt wird, schmiedet er eifrig Pläne, Frauen zu haben und ist sich nichtsdestoweniger der aufrichtigsten religiösen Gefühle bewußt. Zugleich aber fesselt ihn auch der Gedanke an die Unbeständigkeit des menschlichen Geistes. Sie scheint ihn eher zu amüsieren als zu beunruhigen, und halbwegs entschuldigend fährt er fort:

»I imagine that my want of belief is the occasion of this, so that I can have all the feelings. I would try to make out a little consistency this way. I have a warm heart and a vircious fancy. I am therefore given to love, and also to piety or gratitude to GOD, and to the most brilliant and showy method of public worship.« (28. November 1762)

Er genießt es sehr, daß man ihn sympathisch findet, so denkt er ja auch von sich selbst; so achtet er auf sein Betragen und schlüpft zuweilen wohl auch in gute Manieren wie ein Schauspieler in eine bestimmte Rolle.

»And as I have a good share of pride, which I think is very proper and even noble, I am hurt with the taunts of ridicule and am unsatisfied if I do not feel myself something of a superior animal. This has always been my favourite idea in my best moments.«

Dem freilich folgt sofort wieder die Einschränkung: »Indeed, I have been obliged to deviate from it by a variety of circumstances.« (1. Dezember 1762) Der Unterton dieser Einschränkung ist jedoch nicht ganz frei von Apologie.

Bei Gelegenheit sagt der berühmte Garrick zu ihm, indem er ihn zum Tee bittet, er werde eines Tages ein sehr großer Mann sein. Er solle sich dann an dieses Jahr, 1763, erinnern. Boswell kommentiert danach wie folgt:

»What he meant by my being a great man I can understand. For really, to speak seriously, I think there is a blossom about me of something more distinguished than the generality of mankind. But I am much afraid that this blossom will never swell into fruit, but will be nipped and destroyed by many a blighting heat and chilling frost.« (20. Januar 1763)

Boswell betrachtet sein Verhalten und notiert zuweilen, daß er mit sich recht zufrieden gewesen sei, aber solche Zufriedenheit ist doch relativ selten, kaum ist sie mehr als die Empfindung eines erinnerten Augenblicks. Sofort wachen die Skrupel und die Zweifel wieder auf, Ungenügen wird wach: »I had a good opinion of myself, and I could perceive my friend Temple much satisfied with me«, heißt es am 13. Mai 1763. Dem folgt der Wunsch: »Could I but fix myself in such a character and preserve it uniformly, I should be exceedingly happy.«

Es wäre also zu einfach, Boswell der Eitelkeit zu zeihen und sich darüber zu amüsieren, wie er künftige Bedeutung und vorerst noch geborgte Würde vor sich herträgt. Seine Sicherheit, seine Übereinstimmung mit sich selbst sind erkauft durch Zweifel, Momente der Mutlosigkeit und der Besorgnis, dem Wunschbild, das er von sich hegt, nicht entsprechen zu können, also abzugleiten und ›gewöhnlich‹ zu werden.

Dieser so sehr auf sich bezogene junge Mann ist keineswegs nur innerlich bestimmt; reizbar, sinnlich, empfänglich nimmt er die Außenwelt wahr, Menschen, vor allem die Frauen, die Großstadt; Wein nimmt er oft genug mehr zu sich als ihm bekommt. Als er in London eintrifft, wo er schon einmal einige Monate mit religiösen Zweifeln und erotischen Vergnügungen zugebracht hatte, stellt er fest:

»The noise, the crowd, the glare of shops and signs agreeably confused me. I was rather more wildly struck than when I first came to London. My companion could not understand my feelings. He consideres London just as a place where he was to receive orders from the East India Company.« (19. Nov. 1762)

Er, Boswell, freilich kommt nach London nicht um Anweisungen entgegenzunehmen, sondern um zu leben, selbst wenn er zuweilen so tut, als wollte er sich eigentlich ein Offizierspatent bei den Garden verschaffen.

»In reality, a person of small fortune who has only the common views of life and would just be as well as anybody else, cannot like London. But a person of imagination and feeling, such as the Spectator finely describes, can have the most lively enjoyment from the sight of external objects without regard to property at all. London is undoubtedly a place where men and manners may be seen to the greatest advantage. The liberty and the whim that reigns there occasions of variety of perfect and curious characters. Then the immense crowd and hurry and bustle of business and diversion, the great number of public places of entertainment, the noble churches and the superb buildings of different kinds, agitate, amuse, and elevate the mind. Besides, the satisfaction of pursuing whatever plan is most agreeable, withouth being known or looked at, is very great. Here a young man of curiosity and observation may have a sufficient fund of present entertainment, and may lay up ideas to employ his mind in age.« (5. Dezember 1762)

Die typischen Kennzeichen der Großstadt hat Boswell rasch erfaßt und festgehalten: Lärm und Menschenmenge, Waren, Freizügigkeit, Zerstreuung und Anonymität. Vier Wochen ist er bereits (wieder) in der Hauptstadt, da wundert er sich:

»It is very curious to think that I have now been in London several weeks without ever enjoying the delightful sex, although I am surrounded with numbers of freehearted ladies of all kinds: from the splendid Madam at fifty guineas a night, down to the civil nymph with white-thread stockings who tramps along the strand and will resign her engaging person to yout honour for a pint of wine and a shilling. Manifold are the reasons for this my present wonderful continence.« (14. Dezember 1762)

Er hat mehrere Gründe für so viel Enthaltsamkeit anzugeben: zum einen sucht er zu sparen, zum anderen hat er sich schon wiederholt eine venerische Krankheit zugezogen und scheut das Risiko. Schließlich sind die Ärzte in der Hauptstadt auch nicht eben billig. Überdies ist auch ein wenig Stolz im Spiel: er erinnert sich, daß Venus ihn schon so sehr begünstigt habe, daß er die kostbarsten Affären mit schönen, empfindsamen und geistvollen Frauen gehabt hat, die seinem romantischen Genius ganz zu entsprechen vermochten. Offenbar will er nicht einfach ›absteigen‹. Aber dieser Stolz hält nicht sehr lange vor. Zu groß sind die Freuden der erotischen Verbindung, Freuden des Körpers und des Geistes zugleich, während ihm dabei doch noch immer das Bewußtsein eigener Überlegenheit erhalten bleibt: die Würde seines Geschlechtes wird gewahrt. Auch in der Liebe, die für ihn nicht Passion, sondern Genuß ist, genießt er, die Frau genießend, sich selbst.

Überdies versteht er es auch, einsam zu sein, dann nämlich schreibt er Briefe oder sein Tagebuch und unterhält sich »happy in solitude«. Er stellt fest, was die Großstadt ihn lehrt:

»Indeed there is a great difference between solitude in the country, where you cannot help it, and in London, where you can in a moment be in the hurry and splendor of life.« (19. Dez. 62)

Auch die Neugier zu sättigen ist schon eine Art von Glück.

»As we drove along and spoke good English, I was full of rich imagination of London, ideas suggested by the Spectator and such as I could not explain to most people, but which I strongly feel and am ravished with. My blood glows and my mind is agitated with felicity.« (8. Januar 1763)

London ist voller Abenteuer für ihn und als Großstadt von beispielloser Vielfalt; ein Stadtteil ist vom anderen unterschieden wie ein Land vom anderen, stellt er fest.

»As I was carried along and viewed the streets by the lights of the lamps, I was amused by considering the variety of scenes going on in this metropolis with which I was now wholly unconnected during my state of confinement.« (3. Februar 1763)

Nicht nur für seine Neugierde, seinen Geschmack an Gesellschaft, an erotischen Vergnügungen, am Theater ist London der richtige Ort, sondern auch für seine Unbeständigkeit, die ihm dann hin und wieder zu denken gibt. Am 16. Januar 1763 geht er morgens in die Kirche, frühstückt dann bei Freunden und besucht anschließend eine Geliebte, mit der er erst seit kurzem vertraut ist.

»I then went to Louisa and was permitted the rites of love with great complacency; yet I felt my passion for Louisa much gone. I felt a degree of coldness for her and I observed an affectation about her which disgusted me. I had a strong proof of my own inconstancy of disposition, and I considered that any woman who married me must be miserable. Here I argued wrong.«

Er korrigiert sich nun sofort: die freie Liebe als Kind der Leidenschaft hat keinen soliden Grund und dementsprechend keine Dauer, vernünftige und auf Achtung gegründete Verbindungen aber sollten solide sein ...

Seltsam sind die Überlegungen Boswells in dieser Hinsicht, seltsam auch seine

Empfindungen: am Haymarket bändelt er eines nachts mit einem jungen und kräftigen Frauenzimmer an, nimmt sie unter den Arm und spaziert mit ihr zur Westminster Bridge; gegen Ansteckung geschützt, heißt es sodann,

»did I engage her upon this noble edifice. The whim of doing it there with the Thames rolling below us amused me much. Yet after the brutish appetite was sated, I could not but despise myself for being so closely united with such a low wretch.« (10. Mai 1763)

Man sollte das aber nicht gleich als Heuchelei verstehen; Boswell meint schon, was er sagt, denn grundsätzlich steht für ihn fest, daß das männliche Geschlecht das höhere, das höher entwickelte ist.

Immer wieder aber reflektiert James Boswell auf sein Tagebuch. Er notiert fortlaufend auf kleine Merkzettel, später schreibt er dann in Ruhe und zusammenhängend, oft erst nach einigen Tagen, aus der Erinnerung alles nieder, also nicht unmittelbar und zuweilen schon, obgleich nur über einen sehr kurzen Zeitraum, ausformend und erinnernd. Es freut ihn dann einfach, Material für sein Tagebuch zu haben, das zu führen eine ihm immer wichtigere Beschäftigung wird. Sollte es zunächst der Selbstkontrolle dienen, so wird es bald zu einem eigenen Zweck. Die Dinge werden unter dem Gesichtspunkt des Platzes betrachtet, den sie darin einnehmen. »This day makes a very good figure in my journal«, heißt es am 11. Dezember 1762. »It has been lucky, as I am happy.«

Als er sich dann wieder einmal infiziert hat und zu Hause bleiben muß um sich zu kurieren, wird er traurig – weil er nichts erleben kann:

»What will now become of my journal for some time? It must be a barren desert, a mere blank. To relate gravely that I rose, made water, took drugs, sat quiet, read a book, saw a friend or two day after day, must be exceedingly poor and tedious. My journal must therefore, like the newspapers, yield to the times.« (24. Januar 1763)

Wenig später freut er sich darüber, daß er so gut schreibt:

»I am really pleased with myself; words come skipping to me like lambs upon Moffat Hill: and I turn my periods smoothly and imperceptibly like a skilful wheelwright turning tops in a turning-loom. There's fancy! There's simile! In short, I am at present a genius; in that does my opulence consist, and not in base metal.« (9. Februar 1763)

Wenn er nun einmal gar nichts zu schreiben hat, so wird auch das noch notiert: »Nothing worth putting into my journal occurred this day. It passed away imperceptibly, like the whole life of many a human existence.« (11. Februar)

Andererseits will er doch auch nicht so fortgerissen werden, daß er darüber womöglich sein Tagebuch vernachlässigen müßte, er braucht die Nähe zum Dasein wie den Abstand.

»When I went home in the evening, I felt myself quite dissipated by running about so much. I was indolent and careless and could not fix to anything. Even this my journal was in danger of being neglected. Near a whole week had elapsed without my writing a single page of it. By way therefore a penance for my idleness, and by way of making up for the time lost and bringing up my business, I determined to sit up all this night; which I accordingly did, and wrote a great deal.« (21. März 1763)

Auch Samuel Johnson rät ihm bald, ein Tagebuch zu führen, und zwar ganz offen und unverhohlen. Noch als Vergnügen in späteren Jahren, wenn die Vorstellungen aus der Erinnerung geschwunden sind, werde es ihm unendliche Genugtuung bereiten. Boswell erwidert, daß er das bereits seit seiner Abreise aus Schottland getan hat, worüber sich Johnson sehr zufrieden zeigt; es sei dies ein gutes Projekt. Dies berichtend, wendet sich Boswell auf etwas komische Weise seinem Tagebuch als einer aufmerksamen Person zu:

»And now, o my journal! art thou not highly dignified. Shalt thou not flourish tenfold? No former solicitations or censures could tempt me to lay thee aside; and now is there any argument which can outweigh the sanction of Mr. Samuel Johnson? He said indeed that I should keep it private, and that I might surely have a friend who would burn it in case of my death. For my own part, I have at present such an affection for this my journal that it shocks me to think of burning it. I rather encourage the idea of having it carefully laid up among the archives of Auchinleck. However, I cannot judge fairly of it now. Some years hence I may. I told Mr. Johnson that I put down all sorts little incidents in it. ›Sir‹, said he, »there is nothing too little for so little a creature as man. It is by studying little things that we attain the great knowledge of having as little misery and as much happiness as possible.« (16. Juli 1763)

Nach und nach wird das Tagebuch nicht mehr nur Gefäß Boswells für den Inhalt seines Daseins, es wird nun selbst zum Inhalt seiner Tage. Zu Beginn hatte es noch geheißen, er wolle dadurch bewahren, was sonst in Vergessenheit geraten würde, er werde dadurch Beschäftigung finden, was ihn vor Trägheit und vor ›spleen‹ bewahrt und überdies einen Vorrat von Vergnügen für die späteren Tage anlegen, weil in der späteren Reflexion viele Szenen vergnüglicher werden, als sie selbst zuvor waren; Beschäftigung und Vergnügen jedes Tages wolle er festhalten und, damit die Mühe ihn nicht veranlaßt, es beiseite zu legen, wolle er sich nicht um Korrektheit bemühen (Introduction).

Dennoch wird das Tagebuch bald zur Aufgabe: am 23. Juli 1763 notiert Boswell:

»I sat up all last night writing letters and bringing up my lagging journal, which, like a stone to be rolled up a hill, must be kept constantly going.«

Der junge Boswell will es nicht anders. Am letzten Tag in London, vor der Abreise nach Holland, wo er studieren wird und von wo aus er dann weiter reist durch die wichtigsten Länder des Kontinents, notiert er, daß dieser eine sehr wichtige Periode in seinem Tagebuch markiere. Verräterisch ist die Formel, die dann folgt: »Let me recollect my life since this journal began. Has it not passed like a dream?« (4. August 1763) Er sieht im Grunde schon nicht mehr auf das Leben, sondern auf das Tagebuch, in welchem dieses ›aufgehoben‹ ist, ausgebreitet und gefiltert. Er ist zufrieden mit dem Gelebten, das aber heißt hier: mit dem Geschriebenen. Die wichtigen Markierungen dieser Existenz vermitteln sich durch das Tagebuch. Der Weltstoff und er selbst sind vor allem durch das Tagebuch gegenwärtig. Was nicht notiert ist, das ist gewissermaßen nicht gewesen, wie es umgekehrt nicht für ihn lohnt, mehr zu erleben als man aufschreiben kann. Nur als Geschriebenes ist das Gewesene wert erinnert zu werden. Als Boswell zum Tagebuch als der ihm eigenen Form gelangt, findet er durch das Tagebuch auch zu sich. Das Leben weniger als das Tagebuch hat ihn verwandelt. Er weiß jetzt mehr von sich. Sein Leben hat einen Inhalt bekommen, der nicht nur Vergnügen ist: das Tagebuch.

Boswell verläßt London, Johnson und seine zahlreichen Liebschaften, er begibt sich auf den Kontinent. Es handelt sich dabei um den Grand Tour, nicht um eine ›große Reise‹, wie die deutsche Übersetzung lautet oder um die Wanderjahre, wie man sinngemäß richtiger vorgeschlagen hat, sondern eben um die Bildungsreise des Adligen der Epoche, die Kavalierstour.

Er reist dann, von Holland kommend, ganz im Bewußtsein seiner künftigen, allerdings leider noch nicht bewiesenen Bedeutung, sucht Aufmerksamkeiten und Anerkennung – wie Liebschaften –, knüpft Verbindungen an, ist aufdringlich, altklug, beeinflußbar, launisch, kritisch und selbstgefällig wie immer. Er sucht berühmte Leute und erotische Abenteuer, läßt sich zwischendurch von Glaubenszweifeln plagen und gibt Proben der Spleenigkeit wie der allmählich modisch werdenden Empfindsamkeit. Allerdings meint er selbst, als Philosoph zu reisen; er schreibt Briefe, die er nicht abschickt, aber aufhebt und verwahrt, um sie dann, nach London zurückgekehrt, mit Samuel Johnson gemeinsam zu lesen und sich zusammen mit ihm daran zu delektieren. Empfindsamkeit erscheint hier bereits als ein Medium des Selbstgenusses. Sie wird gewissermaßen inszeniert und in der Reflexion als inszenierte ganz bewußt ausgekostet. Der Gefühlskult der Epoche erscheint hier als weitgehend literarisiert.

Auch die Reise wird für Boswell im Medium seines Journals zur Selbstdarstellung, selbst wenn ihm Straßenmädchen wie Münzkabinette, Gemäldegalerien und Naturaliensammlungen nicht minder als Musikinstrumente durchaus interessieren. Boswell ist aber seiner selbst keineswegs immer so sicher wie er gern erscheinen möchte: er hält sich sogar für schlecht erzogen und fürchtet, daß er die vornehmen Manieren erkünsteln muß, mit Mißvergnügen bemerkt er an sich schauspielerische Gewohnheiten. (18. Oktober 1764)[4] Gelegentlich gewinnt man sogar den Eindruck, daß Boswell nicht so sehr die Welt sehen als vielmehr in ihr die Anerkennung finden möchte, die er erst später verdient haben sollte.

Den König von Preußen, der ja in England nicht allein als großer Herrscher und Verbündeter Englands, sondern auch als Verteidiger des Protestantismus höchstes Ansehen genoß, bestaunt er wie ein Denkmal. Seine Selbstsicherheit bewundernd, sieht er ihn wie einen Magneten, der Nadeln bewegt. Es ist für ihn ein eindrucksvolles Schauspiel, als er auf dem Paradeplatz von Potsdam den Herrscher unter seine Offiziere treten sieht. Er findet englische Offiziere in preußischen Diensten und überhaupt alles viel angenehmer, als er es sich vorgestellt hatte. Aber, charakteristisch für sein skeptisches Denken, mit dem er immer wieder

Empfindsamkeiten ausbalanciert und den Enthusiasmus wieder dämpft, es fällt ihm doch bald ein, daß die so prächtig erscheinenden Soldaten nur ausgebildet werden, um sich abschlachten zu lassen. Dann jedoch sind die Menschen kaum besser als Heringe in einer guten Fangzeit. Und wenn ein paar Regimenter mehr oder minder nicht weiter wichtig sind, was, so fragt er dann zurecht, was gilt dann noch ein Einzelner? (13. Juli 1764)

Sehr rasch erkennt er die Kehrseite des Ruhms und all des kriegerischen Glanzes: verängstigte Soldaten beim Exerzieren, die man für Kleinigkeiten prügelt wie Tiere. Pragmatisch, wie er auch sein kann, stellt er dann wiederum fest, daß derartig dressierte Menschen, die wie Maschinen sind, die zuverlässigsten Soldaten abgeben können. Auch wenn ihn das Spießrutenlaufen anwidert, so verringert sich seine Bewunderung für Friedrich II. erst, als es ihm trotz intensiver Bemühungen nicht gelingen will, dem König vorgestellt zu werden. Der König verbreite Furcht wie ein böses Tier, heißt es plötzlich. Boswell konstatiert, daß es mit seiner Vorliebe für die Monarchie aus ist (22. September 1764).

Schließlich überzeugt bei seinen schwankenden Meinungen nichts so sehr wie seine Reflexionen über sich selbst. Dadurch wird der Bericht von seiner Europa-Reise mehr Tagebuch als Reisedarstellung.

Ein Höhepunkt allerdings und wiederum aufschlußreich für Boswell selbst ist der Besuch bei Jean-Jaques Rousseau und in Ferney bei Voltaire. Boswell ist – soweit die Tagebuchnotizen dies wiedergeben – zugleich befangen, einschmeichelnd und aufdringlich, dies zweifellos mit großem persönlichen Charme; immer wieder registriert er ganz naiv (?), daß er gefällt. Es gelingt ihm, daß sich die bedeutenden Männer, von denen der eine sein Vater, der andere gar sein Großvater sein könnte, sich mit ihm als gleich zu gleich unterhalten. Er erbittet Rat in Lebensfragen, Anweisungen, und, um die Bitte zu erläutern, muß er sich selbst darstellen, doch es fehlt ihm dabei die Servilität und alles Devote.

Es kommt ihm dabei seine Herkunft, das Selbstbewußtsein des Sohnes aus hochadlig verschwägertem und gebildetem Hause Schottlands zweifellos zustatten. So verzichtet er auch auf Empfehlungsbriefe, die er sehr wohl benutzen könnte, weil er doch um seiner selbst willen empfangen, nicht von anderen Personen protegiert und vorgestellt werden möchte. Aber er erwähnt dann auch, daß er auf sie verzichtet hat. Seine eigenen ›meisterhaften‹ Briefe sollten ihn empfehlen, seine Offenheit, seine Menschlichkeit. Schließlich aber hat er auch wieder Sorge, ein Bild von sich entworfen zu haben, an das er in Wahrheit kaum schon heranreichen kann. Er erklärt einfach, daß Rousseau keinen Menschen, der wie er, Boswell, das Recht hat, über seine Schwelle zu treten, von sich weisen dürfe. Das ist eine raffinierte Strategie, instrumental verwendete Naivität, verschlagen zubereitete Offenheit oder wie man das auch nennen will. Da er nun obendrein geistreich ist und ein wenig auch ein komischer Schauspieler (wenn es sein muß), so gewinnt er. Immer wieder ist er offenbar recht gern gesehen – was er mit Genugtuung registriert. Wenn er von seiner Aufdringlichkeit Bericht erstattet, wird immerhin doch deutlich, daß er diese durch Züge des Drolligen zu mildern wußte. Es fehlt nicht viel, und Voltaire hätte zu ihm wie Johnson gesagt: »I have taken a liking to you.«[5]

Die Frage, was wohl aus Boswell geworden wäre ohne seine Freundschaft mit Samuel Johnson, dürfte mittlerweile als überflüssig ausgewiesen sein. Er war nicht das getreue Sprachrohr, dessen sich dieser »schwergelehrte Bär« (Lichtenberg) bediente, vielmehr war dieser für ihn bei den starken Spannungen, in denen er zu seinem Vater stand, eine wirkliche Vaterfigur. Vielleicht hat Johnson in ihm sogar etwas wie einen ein wenig ungeratenen Sohn gesehen. Einzelne Szenen der Johnson-Biographie Boswells deuten immerhin diese Möglichkeit an.

Im Grunde ist auch der Vergleich Boswells mit Rousseau nicht richtig: Boswell erzählt sein Leben nicht zu seiner Rechtfertigung, hat keine Geständnisse zu machen, er beschreibt es von Tag zu Tag und liefert so ein sehr persönliches, ein vielfältig schillerndes Porträt; mit dem Hintergrund aber, den er auch vermittelt – Beobachtungen aus dem Alltag, Anekdoten, Klatsch und aufschlußreiche Wirtshausgespräche – gelingt ihm wie nebenbei eine Folge von historisch-dokumentarischen Bildern. Im Vergleich zu Lichtenberg, der sich trotz seiner aphoristischen Tendenz zuweilen als Parallele anbieten würde, fehlt ihm das witzig-Erhellende, das Paradoxe, auch geht ihm der skurril verkleidete Tiefsinn ab. So gesehen, könnte der junge Boswell eher etwas albern wirken. Lichtenberg war ein outsider, Boswell aber agiert, seiner Abkunft zum Trotz – vielleicht auch nur zum Schein – als Dandy und als Snob. Ein Lebemann und Verführer, faunisch eher als phantastisch, zeigt er sich als ein junger Mensch, der sich ungewöhnlicher Talente bewußt ist, die er noch gar nicht entfaltet hat, auf die hin er sozusagen glanzvoll, doch auch zuweilen wieder zweifelnd bescheiden, zu existieren beginnt. Er lebt so, wenn man das in dieser Weise ausdrücken kann, wie auf selbstgewährten Kredit, stets empfänglich, überaus neugierig, niemals langweilig und dabei doch geradezu pedantisch an sein Tagebuch sich klammernd, in dem das Beste von ihm aufgehoben sein soll. Man mag ihn einen zwiespältigen Charakter nennen, es ist nicht viel damit gesagt; gelänge es ihm nicht, diesen so lebendig vor uns hinzustellen, ihn gegenwärtig und trotz allem attraktiv zu machen, so würde uns das alles überhaupt nicht interessieren. Er jedenfalls kommt mit seinem Zwiespalt, seinen Widersprüchen zurecht, mit seiner Selbstzufriedenheit wie mit seinen religiösen und moralischen Anfechtungen auch.

Bedeutende Einsichten findet man – verglichen mit den großen moralistischen Schriftstellern Frankreichs und sogar Deutschlands – verhältnismäßig wenig. Doch lebhaft und reizbar, genau im Erfassen des Atmosphärischen, der Charaktere wie in der Wiedergabe der Gespräche, steht Boswell nicht nur als Zeuge für das vor uns, was unter seinen Augen geschah, sondern als der Zeuge seiner selbst, als der autobiographische Held.

Die Verknüpfung von Autobiographie und Tagebuch ist evident, die von Selbstdarstellung und Reisebericht ist ein Problem für sich. Es gibt Grenzfälle wie die Bildungsreise, in welcher die Form wie das Erleben nur das Mittel der Selbsterhellung und -darstellung ist, so daß wir daraus mehr über das Subjekt erfahren als über die von ihm bereiste Welt. Die Reisenotizen Boswells sind dementsprechend mehr Tagebücher als Reisebericht. Das ist eine bloße Feststellung, keine Bewertung. Doch auch in solchem Zusammenhang kann man bei Boswell, wie in seiner diaristisch geprägten Johnson-Biographie, das Gegenteil finden: in seinem »Account of Corsica« nämlich, der nicht zuletzt aus politischen Gründen, durch die Parteinahme für die Sache der Korsen und Pasqual Paolis, zwanzig Jahre vor Ausbruch der Französischen Revolution in ganz Europa überaus erfolgreich war. Wenn er aus Coquetterie zu Rousseau sagte, er wolle als sein Gesandter nach Korsika gehen, so wurde daraus beinahe Ernst.

Doch ist er eigentlich Diarist, wird immer wieder als der Schreibende erkennbar, als ein Mensch im Spiegel seines Tagebuchs. »It will be curious too«, so bemerkt er später in seinem Tagebuch der Hebridenreise,

»to perceive how the impression made by reading this my Journal some years after our roving will affect the mind, when compared with the recollection of what was felt at the time« (19. Oktober 1773).[6]

Der Hiatus zwischen Erlebtem und Geschriebenem, zwischen Geschriebenem sodann und zu Erinnerndem, wird thematisiert. Die Inkongruenz von Beschreibung und Wirklichkeit entsteht aber – positiv – durch die umgestaltende Kraft der Phantasie; das Erfahrene gewinnt an Bedeutung im Medium der Einbildungskraft. Samuel Johnson bestätigt ihm das auf seine eigene trockene Weise: er solle sein Tagebuch alle drei Jahre wieder lesen, empfiehlt er ihm, denn: »Your journey (...) will always be more agreeable to you.«

An einer Stelle seiner Hebriden-Reise wirft er sich vor, nicht genug Takt und Feingefühl und Mitscham bewiesen zu haben, es sei dies, als wenn man sich vor anderen ausziehen wollte. »Mental nakedness« aber gilt es zu vermeiden«, fügt er hinzu (9. Oktober 1773).

Aber gerade durch sein Tagebuch handelt er dieser Maxime zuwider. Er könnte auch sonst nicht schreiben, ›mental nakedness‹ gehört zu diesem Gewerbe, die dosierte Aufrichtigkeit, die kontrollierte Unbefangenheit und arrangierte Unmittelbarkeit wie auch die stilisierte Unverfrorenheit. Ohne sie wäre James Boswell nicht der, der er heute, eine Entdeckung, für uns ist, zweihundert Jahre später, in denen das Private und Persönliche zurückgetreten und das Subjekt zum Exempel geworden ist.

Er hat ja selbst alles dafür getan, dergestalt lebendig zu bleiben oder wieder zu werden. So gesteht er nach der Rückkehr von den Hebriden auf die Hauptinsel:

»Often must I have occasion to upbraid myself that soon after our return to the mainland, I allowed indolence to prevail over me so much as to shrink from the labour of continuing my Journal with the same minuteness as before; sheltering myself in the thought that we had done with the Hebrides, and not considering that Dr. Johnson's memoriabilia were likely to be more valuable when we were restored to a more polished society. Much has thus been irrecoverably lost.« (1. November 1773)

Immerhin hat er genug gerettet; gerettet hat Boswell auch sein eigenes Bild, und man ist versucht, ihm zurückzuerstatten, was er einmal (27. Oktober 1773) als Huldigung an den väterlichen Freund gerichtet hat: »I know not that he said anything absolutely new, but he said a great deal wonderfully well [...]«.

Die Rolle der Frau in den Ansichten eines Junggesellen

Hippels Schrift »Über die bürgerliche Verbesserung der Weiber« beschert uns eine doppelte Überraschung: die Forderungen, die er erhebt, sind nun schon fast zweihundert Jahre alt und heute noch sind sie trotz mancher Veränderungen in unserer Gesellschaft weitgehend unerfüllt.

Nachdem Theodor Gottlieb von Hippel als Fünfzigjähriger 1791 seine Autobiographie geschrieben hatte, machte er sich, als diese Erinnerungen mit den Studien- und Reisejahren vorzeitig abgeschlossen waren, an die Abhandlung »Über die bürgerliche Verbesserung der Weiber« und an seinen zweiten Roman »Kreuz- und Querzüge des Ritters A bis Z« (1793). Auch die 4. Auflage der Schrift »Über die Ehe« erscheint im Jahre danach, 19 Jahre nach der Erstauflage. 1801 werden dann die Aufzeichnungen über weibliche Bildung aus dem Nachlaß veröffentlicht. Ehe, weibliche Bildung und die gesellschaftliche Stellung der Frauenzimmer haben den eigenwilligen humoristischen Schriftsteller und eingefleischten Junggesellen, den Polizeipräsidenten und späteren Oberbürgermeister von Königsberg, der im Beruf wie als Autor die Anonymität liebte, auffallend stark beschäftigt.

Aus Hippels Autobiographie wird deutlich, daß er eine glückliche Kindheit und Jugend nicht gekannt hat, und im Rückblick hält er sogar jede Art von Erziehung für negativ, weil sie den Menschen um sein Selbstvertrauen bringt; gemeinsame öffentliche Erzichung lehnt Hippel ab, weil man in Gesellschaft nur den zerstückelten Charakter der bürgerlichen Gesellschaft anzunehmen lernt; man wird kein Mensch dabei, beklagt er sich, sondern nur Stückwerk kann das Ergebnis sein; man wird also zu einem Compositum der anderen, nicht zu jenem Ich, auf das hin die Natur den Menschen doch angelegt hat. Was ihm wichtig dünkt, Selbstachtung, Selbstdenken und bürgerliche Selbständigkeit werden, wenn überhaupt, nur durch die private Erziehung ermöglicht. Das gesellschaftliche Moment aller Erziehung wird von Hippel einseitig negativ erfaßt, ihre mögliche sozial positive, die sozial notwendige Tendenz wird von ihm ignoriert.

Dennoch, der Einsame, der Unverheiratete verfaßt eine Abhandlung über die Emanzipation der Frauen. Immer hatte bei ihm das Eingebildete den Vorrang vor dem Wirklichen.

Im Reisetagebuch von Johann Friedrich Abegg, der 1798 nach Königsberg kommt, erfahren wir durch seine Gespräche mit Hippels Freunden wie Scheffner und Kant viel Aufschlußreiches über den widersprüchlichen Mann. So wird etwa von Scheffner der folgende Ausspruch mitgeteilt: »der Hippel sey ein Despot gewesen, wiewohl er die Freiheit verteidigt habe.« Hippel gilt als überlegen, genau, besonnen, aber mißtrauisch im Verbergen seiner Autorschaft, nachtragend wo er sich verletzt wähnte, ja sogar als »Wollüstling«. Die Freunde beklagen, daß er sich ständig versteckt habe, Scheffner ist verärgert, erst so spät hinter die Kulissen dieser Existenz gekommen zu sein. Dennoch wird übereinstimmend erklärt, wie der Umgang mit Hippel doch hinreissend gewesen sei, denn der tote Freund gilt als uneingeschränkt scharfsinnig, lehrreich im Gespräch, konsequent in seinem Denken.

Abegg und andere üben auch Kritik an der Schrift über die Stellung der Frau in der bürgerlichen Gesellschaft als an einer seiner schlechtesten Arbeiten; die aufgestellten Behauptungen von den Vorzügen der Frauenzimmer seien unbeweisbar. Darauf erhebt sich einer der Anwesenden, es ist Christian Friedrich Jensch, und erklärt, wenn sie schlecht sei, so sei dies seine Schuld, er nämlich habe diese Schrift großenteils verfertigt und stehe für die Richtigkeit ihres Inhalts ein. Mit Nachdruck stellt er fest, kein Mann könne je so weit gelangen wie eine Frau:

»Sie sind in Naturanlagen uns überlegen. Man setze sie nur in den Stand, sich zu entwickeln. Es ist Barbarei, Grausamkeit, sie von allen Stimmrechten in der bürgerlichen Gesellschaft auszuschließen.«

Schließlich entstehen daraus auch Nachteile für die Männer, wird weiter vermerkt.[1]

Ob nun wirklich Jensch der eigentliche Autor der umstrittenen Schrift gewesen ist, oder nicht, muß uns nicht weiter interessieren; es ist dies auch hier nicht weiter zu verfolgen, so wenig wie die Diskrepanz, die sich bei Hippel zwischen Denken und Leben auftut. Es mag wohl sein, daß Hippel auch der heimliche Protokollführer und teilnehmende Spion der Gespräche seiner Freunde, wie auch in anderen Fällen sonst gewesen ist, daß er Anregungen, Aperçus und Gedanken aufgenommen und festgehalten hat – er hat dies selbst bei Belanglosigkeiten getan, halb aus Neugier, halb auch aus Mißtrauen, doch hat er das so Aufgenommene entwickelt und weiter ausgeführt, dann hat er es schließlich publiziert. Die Schrift ist in diesem Sinne dann doch von ihm, und wenn Jensch, der ihn offenbar doch gar nicht eines Plagiats hat bezichtigen wollen, die Grundgedanken der Schrift über die Weiber gesprächsweise dargelegt haben mag, so hat er doch das Buch dann nicht geschrieben. Hingegen hat er es verteidigt, als es, wie damals sicherlich noch öfters geschehen ist, bei höchst aufgeklärten Menschen sogar noch auf Widerspruch stieß.

»Die Wahrheit bedarf keiner Schminke, und wer der Schönheit wegen schreibt, unterwirft sich dem Schicksal einiger Damen unserer verderbten Zeit, die sich viel lieber erkälten, als dem Putze das Mindeste von seinem modischen Rechte entziehen.«[2]

Dieser Satz ist wohl charakteristisch für Hippel: angesichts der Situation argumentiert er polemisch und satirisch.

Sein Zugriff ist in mancher Hinsicht erstaunlich; die Art etwa, wie der geschlechtsbestimmte Unterschied in der Gesellschaft fixiert ist, wird als eigentlich unwahrhaftig erkannt, das überlieferte, starre Rollensystem erscheint ihm als falsch. Er erkennt auch den Grund davon: die männliche Anmaßung eines Vorzugs gegenüber den Frauen ist auf die Entwicklung der gesellschaftlichen Zustände zurückzuführen, und ob dies nun die einzige Möglichkeit der sozialen Entwicklung in diesem Bereich gewesen sein soll, bleibt noch dahingestellt. So führen gesellschaftliche Vorgänge zu unterschiedlichen Positionen, Pflichten und Rollen, die dann ihrerseits wieder auf das Gesellschaftssystem zurückwirken.

Glück und Unglück des Menschen entstammen nach Hippel der Gesellschaft; zwischen dem, was sie sein könnte und dem, was sie nun wirklich ist, klafft ein Widerspruch. Das jedenfalls hat Hippel bereits erkannt, daß politisch-bürgerliche Ungleichheit ein ganzes, eben das sog. andere Geschlecht als minderwertig oder doch minder würdig hinzustellen gestattet, daß dieser Zustand sich hat verfestigen können und somit, vermag man zu folgern, aus der behaupteten Minderwertigkeit wiederum die Argumente für gesellschaftliche Benachteiligung bezogen werden können. Diesen Zustand zu perpetuieren, ist Angelegenheit der Männer, denn bislang wurden die Gesetze nun einmal von Männern gemacht.

Sehr viel hat sich daran nicht geändert, auch in Dingen, welche die Frauen allein oder vor allem betreffen, wird bekanntlich fast immer noch allein von den Männern entschieden. Tatsächlich ist objektiv von einer maskulinen Vorherrschaft noch immer zu sprechen, obschon nicht mehr ganz in dem Maße, wie zu Hippels Zeiten, wobei er allerdings darüber hinweggesehen hat, daß die Frauen auf indirekte Weise sehr wohl sich Möglichkeiten der Mitwirkung zu verschaffen wußten, die Memoiren der Madame Roland, aber auch Lady Montagu, Caroline Schlegel oder Rahel Varnhagen geben davon ein bemerkenswertes Zeugnis.

Hippel geht ferner den Gründen nach, die den diese scheinbar endgültige Situation bestimmenden Unterschied schon in der Erziehung der beiden Geschlechter zur Folge haben sollten. Was unterscheidet sie in Anlage, Herkunft und menschlicher Bestimmung? Er weiß, daß man auch anders verfahren könnte als man pädagogisch tut und fordert:

»Die Scheidewand höre auf! man erziehe Bürger für den Staat, ohne Rücksicht auf den Geschlechtsunterschied, und überlasse das, was Weiber als Mütter, als Hausfrauen wissen müssen, dem besondern Unterricht; und alles wird zur Ordnung der Natur zurückkehren. Noch lange ist Erziehung nicht das, was sie seyn könnte und sollte.«[3]

Die Erziehung, der er doch sonst mißtraut, steht am Anfang; sie prägt das die Frau stets zurücksetzende Rollenbewußtsein und das Rollengefüge in der Gesellschaft, bis das Herkömmliche als natürlich erscheint. Deshalb muß die Erziehung verändert werden; somit ist der Zweck der Erziehung zunächst einmal neu und anders festzulegen. Dabei ist Erziehung mehr als nur Unterricht und Unterweisung, denn es geht darum, Bürger zu bilden, d. h. die Menschen beider Geschlechter in gleicher Weise auf eine Gesellschaft von Freien und Gleichen hin zu erreichen. So ist die fortgeführte Entmündigung der Frauenzimmer in den Augen Hippels ein Anachronismus, mehr als nur verzeihliche Inkonsequenz der Gesetzgebung. Denn diese zeigt ihre einseitig ausgerichtete Brutalität voll und ganz, wenn es gilt, die um ihre Rechte in vieler Hinsicht Betrogenen bei Vergehen vor dem Gesetz zur Verantwortung zu ziehen. Wohl mit dem Blick auf das zeitgenössische revolutionäre Frankreich wagt er festzustellen: »Staaten, die zum Schutze der Menschenrechte entstanden, entziehen ihn der Hälfte ihrer bürgerfähigen Einwohner!«[4]

Wie aber kommt solche Situation zustande, woher stammt das ihr zugrundeliegende Vorurteil? Wer hat die Arbeitsteilung angeordnet, die doch weit über die natürlichen biologischen Bedingtheiten hinausgreift? Es ist schließlich weltweit zu konstatieren – hier beruft Hippel sich auf Beobachtungen, die Cook während seiner Reisen hat machen können – daß auch frühe, also gewissermaßen ›naturnahe‹ Gesellschaftsformen die kastenhafte Trennung der Pflichten und Rechte von Mann und Weib kennen und aufrechterhalten. Hippel findet Ansätze zu einer materialistisch anmutenden Herleitung; dies scheint ihm die Kette der Entwicklung zu sein: der Instinkt lehrte den Menschen die Vorratswirtschaft, Vorrat aber bedarf der Wartung, und so entsteht Hausrat, Tierzucht und Tierhaltung zur Arbeit. Hier setzt dann die Arbeitsteilung ein: dem Manne gehört die Jagd wie die Frau ins Haus. »So ward das Weib allmählich die Befehlshaberin der Hausthiere, und eh' es sich's versah, das erste Hausthier selbst.«[5]

Die Folgen dieses Schrittes erscheinen als klar: die Jagd ertüchtigt, kräftigt, macht besonnen, geschickt und mutig, und durch dergestalt akkumulierte Erfahrungen und Bewährungen wird der Mann allmählich überlegen – auch den Frauen, deren Kräfte nicht geübt, also auch nicht entfaltet werden. An das Haus gebunden, sind sie, mit Schwachem und Schwächendem beschäftigt, dazu bestimmt, immer schwächer und endlich zu Sklavinnen zu werden. Die Konsequenzen gehen noch weiter:

»Der bittere, nicht unverdiente Vorwurf, den man unserem Geschlechte macht *›daß es heut zu Tage keine Kinder mehr gebe‹*, – stehet er nicht mit unserer Grausamkeit, die Weiber als große Kinder zu behandeln, in engerer Verbindung, als man denken sollte?«[6]

Hippels psychologische Genauigkeit nötigt zur Bewunderung; er erkennt, wie die Trennung, die dem Manne den weiteren Wirkungskreis gestattet, auch Einsicht und Vernunft vermehren hilft, woraus sich dann die gegenteiligen Konsequenzen für den eingeschränkten Wirkungsbereich der Frau schon von allein ergeben. Die Pflichten in der bürgerlichen Welt nehmen einen höheren Schwung, die Begriffe erweitern sich, aber die Fähigkeiten der Frau, die solcher Tätigkeit nicht für würdig befunden wird, schrumpfen dementsprechend ein, da sie auf die Enge des Haushalts eingeschränkt wird, die Spannkraft verliert sich dementsprechend, und so hören dann die Frauen auch auf, Bürgerinnen zu sein, da sie es doch nicht dürfen; mit den Bürgerrechten verlieren sie aber auch, ohne es zu wissen, die Menschenrechte – um schließlich einen Teil davon gnädig wie als gewährte Gunst zurückzuerhalten.

Um so die alten Quellen zu lesen und zu deuten, ist der philosophische Kopf nicht zu entbehren: »In uns«, bemerkt Hippel,

»liegt das Vermögen, aus jenen Bruchstücken der alten Welt, wo nicht ein Gebäude, so doch eine Hütte zu zimmern, und ein Ebenbild unseres Geistes, eine Einheit zu schaffen, die ohne Forscherblick weder in der Weltgeschichte, noch auch in der Geschichte jedes einzelnen Menschen gefunden werden kann.«[7]

So ist auch das Studium seiner selbst für einen jeden unerläßlich, will er geschichtliche Erkenntnisse gewinnen, und nur so können Ursache und Wirkungen verkettet werden. Das sind allgemeine Reflexionen Hippels, die seine weiteren Erwägungen rechtfertigen sollen.

Aber welches ist die ursprüngliche Lage der Dinge, die des Ausgangs, die dem Manne so früh das Schwert in die Hand gab, der Frau aber die Spindel, wenn es doch weder die physische Überlegenheit noch die des männlichen Intellektes war? Diese Erwiderung bleibt der Autor uns schuldig; doch ist die Einsicht zu akzeptieren, daß das Schwert oder der Jagdspieß dem gegebenen Maß von physischen und psychischen Kräften vermutlich nichts hinzugefügt hat, so wenig, wie die Tatsache, daß die Frau eine solche Waffe nicht handhaben sollte, ihr davon zunächst auch nicht etwas genommen haben wird; aber der Nichtbesitz, die Nichtverfügung, die verhinderte Handhabung konnte Furchtsamkeit, Mißtrauen angesichts unbegriffener und unbekannter Kräfte durchaus zur Folge haben.

Gelegenheit macht nicht nur Diebe und Liebe, Gelegenheit macht auch Stärke und Tapferkeit. So sind die ›Ausschweifungen‹ des weiblichen Geschlechts nach Hippel mehr die Frucht der Eitelkeit als der Begierde. »Sie haben«, sagt er in Konsequenz seiner anderen Ausführungen, »keine andere Olympische Bahn, als Männer zu fahen; man öffne ihnen andere, und sie werden Wunder thun.«[8] Hippel scheint, obschon er von Liebe nicht spricht und sein Leben nichts davon sagt – nur die Gestalt der Mutter in seinem Hauptwerk »Lebensläufe nach aufsteigender Linie« läßt etwas davon ahnen – im Grunde doch ein aufrichtiger Verehrer der Frauen gewesen zu sein. So heißt es auch einmal huldigend, die Frauen »sind das Salz der Erde, das Allem Geschmack giebt, das Licht, das überall erleuchtet, es mag als Mond des Hauswesens, oder als Sonne des Staates aufgehen«.[9]

All das genügt vielleicht schon: die historische Überprüfung, die idealtypisch konzipierte Entwicklung, die Feststellung ursprünglich gleicher Anlagen, wie auch der Mut, nun zu fordern, daß selbst die Rechtspflege kein Monopol der Männer sein sollte, so wenig wie das Stimmrecht in öffentlichen Angelegenheiten. Denn Gleiche sollen über Gleiche entscheiden, was auch bedeutet, daß die Frauen eben nicht mehr länger im Zustand einer scheinbar naturbedingten bürgerlichen Ungleichheit zu halten sind. Es ist offenkundig ein Unrecht vor der Vernunft, den Frauen die Mitwirkung als Richter oder als Schöffen zu verweigern. Ja, Hippel geht so weit, den Frauen eine gewisse Überlegenheit zuzusprechen, denn:

»Weiber wissen Wahrnehmungen zu Beobachtungen zu erhöhen; und da Männer Sätze zu Grundsätzen zu erheben wissen, (die, wohl zu merken! der Philosoph sogar dem Mathematiker vorschreibt) und mit ihnen Tausend schlagen: so schlügen Weiber mit ihrem Witze gewiß Zehntausend, wenn Männer ihn nicht durch eine Art von Gründlichkeit (die genau genommen wenig oder nichts bedeutet) zu lähmen und in Verlegenheit zu setzen suchten. Weiber besitzen die Geschicklichkeit, alle Seelenkräfte auf Witz zurückzubringen.«[10]

Um so mehr Grund findet Hippel, ihr Los zu beklagen; er weist auf die vielleicht nicht einmal bewußt praktizierte Härte hin, die darin liegt, daß mündige Menschen sich einem fortgeführten Patriarchat unterwerfen sollen. Das aber ist in Wahrheit die Situation der Frauen in der bürgerlichen Gesellschaft, ja überall. Aber schon ist die Zeit gekommen, da der Ruf nach Freiheit auch hier ertönt, so daß endlich auf Veränderung zu sinnen ist. Nichts berechtigt die Männer mehr, eine Abart von Herrschaft aufrechtzuerhalten:

»Hat Gott bei dem andern Geschlecht etwas versehen? oder sind es die Männer, die sich an diesem Geschlechte wider den Willen des Schöpfers versündigen? Warum sollen die Weiber keine Person seyn? Warum nicht wissen: das ist mir gut, und das ist gut, oder das ist vorteilhaft, und das ist recht?«[11]

Ist Freiheit, fragt Hippel ironisch, wirklich ein Wort, mit dem man schrecken kann, wie sonst Gespenster taten – und das im 18. Jahrhundert? Nein, eigentlich nicht; die Frauen fordern lediglich zurück, was sie ohne eigene Schuld verloren haben, ja, schränkt er ein, sie fordern es nicht einmal, voller Großmut erwarten sie nur, daß männliche Weitherzigkeit es ihnen endlich zurückerstatten möge ...

Listig wendet sich Hippel hiermit an das männliche Überlegenheitsgefühl, dem er so entlocken will, was es doch lieber verschenken als sich abtrotzen lassen möchte. Der folgende Dialog resümiert drastisch seine Absichten:

»*Ich wollte um Vieles, um Alles in der Welt kein Weib seyn;* –
ich auch nicht –
und doch –
und eben darum.
Wer hat nun Recht? –
Wer die Wahrheit sagte.
Und wer sagte die Wahrheit? nicht wahr: wer Recht hatte?
Wer die Sache der Unterdrückten führte, und wer der Menschheit sich annahm.
Der Menschheit?
Sind etwa Weiber nicht Menschen?
Der Unterdrückten?
Sind wir nicht ihre Tyrannen?«[12]

Auffällig, wiewohl für Hippel doch wohl charakteristisch, ist, daß er die erotische Frage ausklammert, zudem hatte er von ihr, freilich überaus zurückhaltend, in seinem Ehe-Buch gehandelt. Sexuelle Gleichberechtigung ist, der weitverbreiteten und geduldeten Galanterie des Jahrhunderts zum Trotz, offenkundig für ihn kein Thema. Hat er erotische Freizügigkeit, die für Männer niemals etwas Entehrendes besaß, wohl aber für die Frauen, nun auch diesen gestatten wollen? Keineswegs. Er hat, wie man in der Schrift »Über die Ehe« nachlesen kann, in der doch manche Argumente zur bürgerlichen »Verbesserung der Weiber« schon vorgebildet sind, die erotischen Freiheiten der Männer nicht gebilligt, die der Frauen aber mit ungleich schärferen Worten verworfen. Er hat hier sogar noch im intellektuellen Bereich an vorgegebenen Unterschieden weiter festhalten wollen. Die Frau ist für ihn in anderem, bedeutenderem Sinne Natur als der Mann. Eine gelehrte Frau, meint er, ruft doch überall nur ein Lächeln hervor. Sie sollte besser auf Metaphysik und Transzendentalphilosophie Verzicht leisten und sich dafür auf das beschränken, was die menschliche Glückseligkeit betrifft.

»Ein Weib wird einen bessern Brief schreiben, als ein Mann; allein zur Dichtkunst, die allemal einen Schöpfer erfordert, scheint die Natur nur wenige berufen zu haben. Die zehnte Muse, mascula Sappho, mag ich hier nicht anführen, und wenn es auch nur wäre, weil sie sich *Phaons* wegen vom Felsen herunter gestürzt hat. Die Weiber selbst sind nur *natürlich* schön gebauet; der Bau von Mannspersonen ist *künstlich schön.*«[13]

Vollkommen frei von den Vorurteilen, die er so nachdrücklich bekämpft, ist Hippel wohl doch nicht immer gewesen.

Daneben aber kann Hippel, der philosophische Schriftsteller, da er noch immer so wenig bekannt ist, auch als Moralist überraschen, der scharfsinnig das Welttreiben durchschaut und kommentiert, der die Welt auch deshalb kennt, weil er sich selbst kennt – und umgekehrt. So muß seiner Ansicht nach im Theater jedenfalls die wahre Welt zum Vorschein kommen, wenn sie überhaupt noch sichtbar werden sollte, »denn in der *wirklichen* Welt wird Komödie gespielt«.[14] Doch ist eine solche Kritik auch damals schon ein Topos. Schärfer und kühner liest sich seine Kritik an der staatlichen Administration, an der Bürokratie also, die er ja sehr gut gekannt hat, da er doch selbst ein hoher Beamter des preußischen Staates war, der nach einem Wort von Novalis seit dem Tode Friedrich Wilhelms I. wie kein anderer Staat als Fabrik ist verwaltet worden. In der »maschinistischen Administration« sah Novalis eine Gefahr für den Staat selbst. Vor lauter Räderwerk, so stellt Hippel nun fest, vermag hier der Einzelne gar nichts mehr auszurichten, über allen Eingängen und Ansichten wird das Thema vergessen; Ausschüsse, Collegien und Gerichte, die Mitwirkung bei der herkulischen Arbeit an Aktenbergen und in Versammlungen machen bei seiner Charakterisierung des Entfremdungsvorgangs der Verwaltung den Teilnehmer zu nicht mehr als einem »Papierhändler von höherer Würde«. So ist das Leben für den Staat kein Leben mehr, weil dieses darin erstirbt.[15]

Solche Gedanken sind es, die verständlich machen könnten, warum Hippel Wert darauf gelegt hat, als Autor anonym zu bleiben. Auch hat er den Staat nicht als Selbstzweck, sondern als Mittel angesehen; der Zweck aller sittlichen Gesetze war für ihn die Vollkommenheit des Menschen. Die »Beziehung der Staatskunst auf das Glück der Menschheit« (Georg Forster) wird auch von Hippel klar erkannt. Kantisch klingt dann die Feststellung, daß die so verstandenen Gesetze auf alle Menschen in der gleichen Weise auszudehnen, also anzuwenden sind. Denn der Mensch ist mehr und anderes als nur ein Mittel zu höheren Zwecken.

Was ist der Mensch – und gilt eine Bestimmung für Mann und Frau in gleicher Weise? Er ist ein Mikrokosmos, ein »Miniaturstück von Welt«; deshalb mag auch »die Geschichte des einzelnen Menschen immerhin ein Schattenriß von der Geschichte der Menschheit abwerfen, und den Anfang derselben, so wie ihren Fortgang, in Hieroglyphen dem Auge des Sehers, wenn gleich nicht völlig, so doch kennbar darstellen«.[16]

Die Freiheit ist immer unteilbar, so warnt er dann an einer anderen Stelle, und duldet keine Unterschiede. So hat er wohl noch einmal die Situation der Frauen im Blick – und doch nicht sie allein – wenn er feststellt: »Die Sklaverei, wenn sie auch nur im Kleinen, in einer einzigen Beziehung, geduldet und geübt wird, macht über kurz oder lang Alles zu Sklaven.«[17]

Dennoch steht Hippel nicht völlig allein mit seinen oft kühnen Überlegungen; wenn sie uns heute überraschen, dann doch vor allem, weil sie erstaunlicherweise von so geringer Wirkung waren, daß man auf sie hat vergessen können. Die Aufklärung aber, die ihm vorausgeht und an der er teil hat, wird von ihm mutig neuartikuliert und verschärft. Gedanken dieser Art hatte, wiewohl noch weit vorsichtiger, selbst Gottsched schon anklingen lassen, aber auch auf Georg Philipp Harsdörffers »Frauenzimmer Gesprechspiele« (1641 ff.) ist in solchem Zusammenhange hinzuweisen. Dabei galt stets, vereinfachend, die nachzuholende Bildung der Frauen als die Voraussetzung für ihre allmähliche Emanzipation.

Für die Jahre, in denen Hippel seine Schrift erscheinen ließ, muß man weiter an Mary Wollstonecraft und ihre Schrift »A Vindication of the Rights of Woman« (1792) denken. Graf Schlabrendorf, der sie sehr gut gekannt und deshalb auch bewundert hat, sagte nach einer Mitteilung C. G. Jochmanns folgendes von ihr:

»Sie wollte das Menschenrecht des Weibes in der bürgerlichen Welt gegen das harte Loos wiederherstellen, welches ihm noch, ohne Ausnahme in allen Staaten, gewaltthätig durch die Stärke des Mannes, durch Willkühr und Gesetzgebung aufgezwungen wird. Und konnte sie dies verletzte, unterdrückte Recht nicht aus Überzeugung wiederherstellen, wollte sie es doch wenigstens sich selber nicht nehmen lassen. Damit trat sie aus dem Kreis der Vorurtheile und des gesellschaftlichen Aberglaubens hinaus, und das Urtheil der Welt wandte sich gegen die Unglückliche. Es ist gefährlich, dem grauen Ungeheuer der Volksansicht einen Krieg zu machen.«[18]

Aus eben diesen Jahren stammt auch das Wort von Nicolas Chamfort: »La société qui rapetisse beaucoup les hommes, réduit les femmes à rien.«[19]

Wenig später schon sieht Friedrich Schlegel in seiner Bestimmung der Prüderie als einer »Prätension auf Unschuld, ohne Unschuld«, daß die Frauen wohl derart prüde bleiben müßten, »solange Männer sentimental, dumm und schlecht genug sind, ewige Unschuld und Mangel an Bildung von ihnen zu fordern. Denn Unschuld ist das einzige, was Bildungslosigkeit adeln kann«, fügt er hinzu[20]. Seine Vorstellungen von »bürgerlicher Verbesserung« (und das ist Emanzipation) gehen am erotischen Moment nicht vorbei. Deshalb hat auch die »Lucinde« Skandal gemacht, aber Schleiermacher hat sie gegen »die Gebildeten unter ihren Verächtern« in Schutz genommen, wobei er den »Geschlechtsdespotismus« der Männer in den »Vertrauten Briefen« hat angreifen lassen; die Eifersucht der Frau erweist sich dabei als Antwort auf die Unfähigkeit des Mannes, seine Liebe anders als im Wechsel ihrer Einzelelemente zu verwirklichen. Auch hier setzt die Emanzipation der Frau die des Mannes voraus, die von seiner Rolle, seinen Vorurteilen, seinen maskulinen Egoismen.

»Jetzt ist die Frau Sklavin geworden«, notiert Novalis einmal[21], und Jean Paul stellt in seiner »Levana« fest: »Je verdorbener ein Zeitalter ist, desto mehr Verachtung der Weiber. Je mehr Sklaverei der Regierungsform oder -unform, desto mehr werden jene zu Mägden der Knechte.«[22] Daß Unterdrückung verlagert und weitergegeben wird, ist auch Jean Paul nicht verborgen geblieben; so bestätigt er nur auf eine scharfe Weise, was der Hippelschen Schrift zugrundeliegt: daß die Freiheit der Frau auch die des Mannes ist, daß aber die des Mannes ohne die ihre nicht viel wert sein kann.

Lichtenbergs Skepsis

»Durch das planlose Umherstreifen durch die planlosen Streifzüge der Phantasie wird nicht selten das Wild aufgejagt, das die planvolle Philosophie in ihrer wohlgeordneten Haushaltung gebrauchen kann.«

(G. Chr. Lichtenberg, Sudelbuch J 1550)

Die Bemerkungen, die aus Lichtenbergs Sudelbüchern erst nach seinem Tode (1800ff.) veröffentlicht wurden und nicht für andere, sondern wohl ohne Seitenblick auf den möglichen Leser für ihn selbst geschrieben worden waren, bezeichnen, von heute aus gesehen, den Beginn der deutschen Aphoristik, obschon es sich keineswegs um Aphorismen in dem strengen Sinne handelt, wie sie die französische Literatur damals bereits in reicher Folge besitzt. Vielmehr handelt es sich oft genug nur um sporadische und scharfsinnige Einfälle, lockere Vermutungen, überraschende Assoziationen, um Wortspiele, Einwände und Fragen. Wir haben es also gewissermaßen mit einer Materialsammlung zu einem umfangreichen Denkbuch, nicht mit einem als aphoristischer Sammlung geplanten Werk zu tun, sondern um Bruchstücke aus weiteren Zusammenhängen, so daß hier ganz besonders die Warnung zu beachten ist, die ein zeitgenössischer französischer Schriftsteller ausspricht, die nämlich, daß der Faule und der Mittelmäßige sich rasch davon entbunden glauben, über die Maxime hinauszugehen und ihr leicht eine Allgemeinheit zuerkennen, die der Autor ihr gar nicht habe geben wollen[1]. Es bietet sich also, scheint es, bei Lichtenberg der Vergleich mit den unvollendeten »Pensées« von Pascal[2] eher an als der mit den Maximen und Sentenzen der ›bewußten‹ Moralisten. Dies aber gilt zunächst nur in einem äußerlichen Sinne, dem der Entstehung und der mangelnden Vollendung, keineswegs gilt es auch immer gleich thematisch. In der Haltung ergeben sich vielmehr wiederholt Analogien zu den »Essais« von Montaigne.[3]

Mißtrauen herrscht vor, Zweifel, der produktiv zu werden beginnt, wo aus ihm die Neigung zum intellektuellen Experiment erwächst; es finden sich Beobachtungen, ironische Vergleiche, Vermutungen und Fragen, aber kaum Grundsätze und Forderungen, selten nur Definitionen. Ursprung der Notizen ist die Haltung der fortgesetzten Selbstbeobachtung; noch wo die Gegenstände visiert werden, führt, was sie von ihrer Eigentümlichkeit dem fremden Blick preiszugeben bereit sind, oft genug wieder auf das Ich des Beobachters zurück. Die kritische und lockere Form der Mitteilung wird freigeistig, die der Sprache abgelauschte, scheinbar unverbindliche Witzigkeit wird boshaft und rebellisch; die Einsichten des Verfassers widersetzen sich deutlich der herrschenden Konvention.

Aber als Gegner der zu seiner Zeit modisch gewordenen Empfindsamkeit und Schwärmerei registriert Lichtenberg auch an sich selbst die von ihm verspotteten

Regungen des Enthusiasmus und heftige Gefühlsausbrüche; die Einsicht in die eigenen Widersprüche wirkt als dauernde Spannung, die ihn wachsam, beweglich und vorsichtig macht. Es sind dies Eigentümlichkeiten, die sich auch seiner Prosa mitteilen und das damals bei uns noch unansehnliche, bald aber immer wirksamer werdende und auf den deutschen Meridian umvisierte Genre deutlich prägen. Lichtenberg unternimmt es, auf kleinstem Raum Kontraste auszuprobieren, er findet den unnachahmlichen, den individuellen Ausdruck für das Selbstempfundene, Selbstgemeinte, Selbstgedachte, das nun wiederum als wirksamer Anstoß zum Selbstdenken erscheint, das sich auf alle Gegenstände der Welt richtet, die also nur zum Anlaß werden, den Prozeß der Welterfahrung und der Selbsterkenntnis des Menschenwesens fortzuführen. Der bewußt hypothetische Charakter zahlloser Bemerkungen deutet Relativierungen und kritische Korrekturen oder doch deren Notwendigkeit an: der Mensch erscheint hier als eine Fehlentwicklung, und es gilt erst noch, seine wahre Gestalt aus der älteren Geschichte herauszuholen (F 385).[4] Die konsequente Selbsterforschung und fragmentarische Selbstdarstellung, die seinen Notizen Zusammenhang verleiht, wird beispielhaft, vorbildlich wird aber auch die rasche, geistreiche, gelenkige und dabei nüchterne Prosa, an der sich immer wieder einzelne bedeutende Leser von Jean Paul und Hebbel über Schopenhauer und Nietzsche bis zu Musil, Kraus, Benjamin und Heissenbüttel zu entzünden vermochten[5]. Das von vielen aufklärerischen Zügen gekennzeichnete Selbstgespräch des einsamen Lichtenberg, die Selbstbeobachtung, die dem pietistischen Erbe wahrscheinlich nicht viel mehr als der Neugier des Naturforschers verdankt, wird begleitet von einem niemals ermüdenden und einem sozusagen munteren Zweifel.

Wie aber Skepsis bei Lichtenberg sich äußert, das gehört in gleicher Weise zu seinem Denken wie zu seinem Stil.

Die Form des Aphorismus und die Skepsis selbst werden bei Lichtenberg nicht zum Problem und in den Notizen als solche reflektiert, das aber geschieht, noch zu seinen Lebzeiten, Ende des Jahrhunderts, bei der jüngeren Generation – und was vorausgeht, faßt Platner zusammen[6]. In der »Blüthenstaub« betitelten Aphorismenreihe bemerkt Novalis einen Zusammenhang von Unwissenheit und »Kapazität des Wissens«, einen Zustand, in dem jede neue Erkenntnis nur nachhaltiger wirkt; fortschreitendes Studium, vermehrtes Wissen mindert diese Kapazität, Ergebnis ist eine der ersten ursprünglichen entgegengesetzte Unwissenheit, die aus dem Überfluß, besser: aus der Übersättigung stammt, wie jene aus dem Mangel. Diese letztere nun »pflegt die Symptome des Skeptizismus zu haben«, eines Skeptizismus, den Novalis deshalb als unecht bezeichnet, weil er einer individuellen, d. h. einer durch die je eigene Entwicklung verursachten Schwäche des menschlichen Erkenntnisvermögens entstammt[7].

Bei Friedrich Schlegel ist in den »Philosophischen Lehrjahren« der Skeptizismus zunächst bloße Kritik, ist, wie Empirismus, Kritizismus und Mystizismus nur eine Art der Darstellungen des Geistes, nicht ein System. Skepsis erscheint aber schon wenig später als Ursprung der Philosophie – an anderer Stelle freilich auch wieder als Leugnerin aller Erkenntnis und aller Philosophie. Die »furchtsame Nüchternheit« dieser Haltung entfernt sie von Kunst und Poesie, sie bringt F. Schlegel zum Begriff einer negativen Philosophie[8]. Als Übergangszustand durchaus geeignet, den Trieb zur absoluten Philosophie zu fördern, bedeutet er doch zunächst nur Resignation, Enthaltsamkeit, Ruhe und Selbstbeschränkung, er steht nach Schlegel der Polemik dabei näher als der eigentlichen Philosophie. Er muß, will er produktiv sein, Kritik werden und diese als eine Hauptwissenschaft begreifen. Es besteht aber nach Schlegel das Wesen der Skepsis »Im Schweben«, sie leidet keine andere als nur »rhetorische Ironie«. Zwar gibt es keine skeptische Wissenschaft, aber Skepsis hält sich im Vorhof nicht nur, sondern im Zentrum der Philosophie auf[9]. Das bedeutet weiter, daß Skepsis keine Ansicht ist, sondern ein Zustand des Subjektes. Hegel nennt in seinem Skeptizismus-Aufsatz von 1802 den Skeptizismus – Vorbild ist die Gestalt, die er im Parmenides-Dialog gefunden hat – jedem echten Systeme noch implizit, »denn er ist die freie Seite einer jeden Philosophie«[10]. Als solche hatte sie auch Diderot verstanden.

Was F. Schlegel wie Hegel in ihrer Stellungnahme verschweigen, ist der oft genug sichtbar experimentierende Charakter dieser neuen Art von Skepsis, dies, weil es in beiden Fällen um eine Auseinandersetzung mit den Möglichkeiten und mit der Zielsetzung der Philosophie geht, nicht um solche mit einem vorwiegend skeptischen Autor. Dafür hat nun allerdings Goethe wieder den Blick besessen, der an Lichtenberg, über den er sich gelegentlich auch mißmutig geäußert hat, bewundert, wie er die Karten zur Verfügung gehabt und sie habe ausspielen können und dem er dann nachrühmt, man könne sich seiner als der »wunderbarsten Wünschelrute« bedienen, denn »wo er einen Spaß macht, liegt ein Problem verborgen[11].« Goethe findet in ähnlichem Zusammenhang, in den »Maximen und Reflexionen«, die Vorstellung einer tätigen Skepsis, die unablässig bemüht sei, »sich selbst zu überwinden, um durch geregelte Erfahrung zu einer Art von bedingter Zuverlässigkeit zu gelangen«. Hierzu paßt auch die Einsicht:

»Es ist mit Meinungen, die man wagt, wie mit Steinen, die man voran im Brette bewegt: sie können geschlagen werden, aber sie haben ein Spiel eingeleitet, das gewonnen wird.«

Der hier angedeutete spielerisch-experimentierende Charakter der aphoristisch präzisierten Ansicht und Meinung, die mehr Denkempfehlung als Vorschrift und Lehre ist, scheint wie auf Lichtenberg gemünzt zu sein und hätte sogar aus seinen Notizen abgeleitet werden können. –

Das behutsam bohrende Vorgehen, das stets wachsame Mißtrauen gegen Autoritäten, Dünkel, Übertreibung, Vorurteil und Unduldsamkeit äußert sich in den Sudelbüchern in skeptischen Fragen, launischen Formulierungen und kritischen Mutmaßungen, deren heimliche Stärke eben darin besteht, daß sie nicht fordernd und bestimmend, sondern zurückhaltend, bescheiden und in wohlüberlegter Unscheinbarkeit sichtbar werden, Lichtenberg nennt sie »Pfennigswahrheiten« und bloße »Ideen-Körner«. Das Que sçais-je? Montaignes wird gewissermaßen in die Frage übersetzt: Wie ginge es anders? Und nicht selten wird die Erwiderung scheinbar unverbindlich vorweggenommen. Der Versuch, nachdrückliche Formulierungen zu vermeiden, wird umso auffälliger, als nur selten die Maximen Lichtenbergs eine wirklich entschiedene und dann allerdings wiederholt variierte Formulierung erhalten: die nämlich, den Mut zum Zweifel aufzubringen und die andere, damit zusammenhängende, stets selbst zu denken, unabhängig von Lehrmeinungen und überlieferten Autoritäten:

»Bei unserm frühzeitigen und oft gar zu häufigen Lesen, wodurch wir so so viele Materialien erhalten ohne sie zu verbauen, wodurch unser Gedächtnis gewöhnt wird die Haushaltung für Empfindung und Geschmack zu führen, da bedarf es oft einer tiefen Philosophie unserm Gefühl den ersten Stand der Unschuld wiederzugeben, *sich* aus dem Schutt fremder Dinge herauszufinden, *selbst* anfangen zu fühlen, und *selbst* zu sprechen und ich mögte fast sagen auch einmal selbst zu existieren.« (B 264)[12]

Wenig später wird diese Forderung schon wieder in der harmlosen Verkleidung eines alltäglichen Sachverhalts in das Witzige überführt: das Selbstdenken wird nunmehr seiner Bequemlichkeit wegen angepriesen, als Selbstbelehrung und Selbstprüfung, und ist, so heißt es weiter, doch

»nicht so gefährlich als sich selbst zu rasieren, jedermann sollte es in einem gewissen Alter lernen, aus Furcht irgend einmal der Raub eines übelgeführten Schermessers zu werden.« (B 279)

Der Vergleich liefert sofort auch die Metapher für die Gefahren geistiger Abhängigkeit und Unmündigkeit. Die kürzeste Aufforderung zum Zweifel aber ist ein Lichtenbergischer Imperativ, der herausfordernd noch das Axiom der Überprüfung ausliefern möchte: »Zweifle an allem wenigstens Einmal, und wäre es auch der Satz: zweimal 2 ist 4.« (K 303)

In dem aber, was man gemeinhin ihre Schwäche nennen würde, erkennt Lichtenberg die eigentliche Stärke der Vernunft:

»Wahrhaftes unaffektiertes Mißtrauen gegen menschliche Kräfte in allen Stücken ist das sicherste Zeichen von Geistesstärke.« (F 326)

Also gilt es, die Dinge anders zu betrachten als die Gewohnheit es gelehrt hat; die Maxime lautet eher wie eine ironische Empfehlung an sich selbst denn wie eine wirklich herrische Devise: »Neue Blicke durch die alten Löcher.« (F 879)[13] Dieser neue Blick ist der böse Blick des Zweifels:

»Dinge zu bezweifeln, die ganz ohne weitere Untersuchung jetzt geglaubt werden, das ist die Hauptsache überall.« (J 1276)[14]

Doch auch diese Aufforderung findet noch eine anschauliche Einkleidung in die Alltagssprache, die dann fast vergessen lassen könnte, daß es sich um eine Metapher handelt. Es gilt, die eigenen Wege zu finden, sich um das zu kümmern, was scheinbar nur die Sache der andern ist, denn, und das steckt hinter Lichtenbergs Formulierung, im Gebiet des Denkens stehen wir mündig auf republikanischem Boden:

»Verlasse hier einmal die Landstraße, und glaube ja nicht, daß diese Sache nur für andere Leute auszumachen gehöre, denke immer du bist ein Mitglied des Rates.« (J 1331)

Dahingegen ist der gewöhnliche Kopf stets einverstanden mit der herrschenden Meinung und denkt über den gegebenen Zustand nicht hinaus; er weiß weder was er denken soll, noch weiß er was er sein könnte. Dem großen Genie hingegen (– nicht dem sog. Original-Genie der Epoche!) fällt immer wieder ein: *»könnte auch dieses nicht falsch sein?«* (C 194)

Allerdings ist, was so durch neue Ansicht, neue Beleuchtung, unbefangene Neuprüfung erreicht werden kann, auch nur Stückwerk, denn:

»Wir sehen in der Natur nicht Wörter sondern immer nur Anfangsbuchstaben von Wörtern, und wenn wir alsdann lesen wollen, so finden wir, daß die neuen sogenannten Wörter wiederum bloß Anfangsbuchstaben, von andern sind« (J 2154)

Daß wir entziffernd an kein Ende kommen im Studium des großen Dictionnaire, das die Natur uns vorlegt und wir immer nur buchstabieren können, ist eine entmutigende Erfahrung, sie führt aber bei Lichtenberg keineswegs zur Niedergeschlagenheit. Die Erfahrung der Endlichkeit wie der Vorläufigkeit unserer Feststellungen macht ihn keineswegs verzagt: docta ignorantia erscheint ihm als Weisheit, als der Anfang des Wissens, denn schließlich ist es die Unwissenheit, die sich selbst ignoriert. Vorteil dieser Haltung der docta ignorantia ist der Verzicht auf Rechthaberei und Verabsolutierung fragmentarischer Einsichten. So bleibt auch, was Lichtenberg ausspricht, durchaus vorläufig; die Sprache wird geschmeidiger im Übergang von der der Affirmation zu der der Vermutung. Auch die Negation äußert sich noch mit aller Vorsicht, an die Stelle der Gegenbehauptung tritt die Einschränkung:

»Ich glaube kaum, daß es möglich sein wird zu erweisen, daß wir das Werk eines höchsten Wesens, und nicht vielmehr zum Zeitvertreib von einem sehr unvollkommenen sind zusammengesetzt worden.« (D 412)[15]

Lichtenberg weicht einer Entscheidung aus; formal steht hier Aussage gegen Aussage, der Kontrast erscheint als ausgewogen, aber die antithetisch nachgestellte Möglichkeit hat neben dem von der Negation regierten Nebensatz das stärkere Gewicht für sich, das beschwerende ›vielmehr‹ und den wirksameren Rhythmus: das letzte Wort gehört nicht der nachdrücklichen Verneinung einer überlieferten Vorstellung, sondern eben jener anderen Möglichkeit, mit allen Vorbehalten formuliert, die den Menschen auf beunruhigende Weise als ein Geschöpf der Willkür und des Zufalls hervortreten läßt: als bloß ›zusammengesetzt‹ und noch einmal abwertend durch das finale ›zum Zeitvertreib‹, das uns der Zufälligkeit unterstellt.

Lichtenbergs Prüfen und Bohren erklärt sich durch diese Wachsamkeit gegenüber der Welt der Gegenstände nicht nur, sondern auch der Vorstellungen und

Meinungen, selbst der der Worte. Er will von den Dingen weit mehr erfahren als die Bestätigung der geprägten Formeln; der entlarvende Blick, der die konventionelle Ansicht als Illusion durchschaut hat, deckt andere Motive an den Gesinnungen und Handlungen auf, als die, welche man gemeinhin unterstellt[16]:

»Ich möchte was darum geben, genau zu wissen, für wen eigentlich die Taten getan worden sind, von denen man öffentlich sagt, sie wären *für das Vaterland* getan worden.« (K 292)

Der Zweifel zielt auf die Diskrepanz von Wortgebrauch und Sache, er wendet sich gegen falsches Bewußtsein.

Das hier so nachdrücklich hervortretende Mißtrauen, das allgemeinen Sprachgebrauch in Frage stellt, wird dann weiter ausgedehnt auf das Medium der Erkenntnis und des Denkens, d. h. auf die Sprache wie auf das erkennende Subjekt als erkennende wie als moralisch handelnde Person. Alles Sprechen stellt sich für Lichtenberg bereits als Philosophieren dar, d. h. hier wohl als ein Interpretieren von Welt, für das die sog. akademische Philosophie als die offizielle eine fortlaufende Berichtigung des Sprachgebrauchs zu liefern sucht (H 146). Die wahre Philosophie wird in der Sprache der falschen gelehrt. Lichtenberg hat auch Freude an den materiellen Beeinflußbarkeiten und Abhängigkeiten unseres Denkens und Empfindens, er berührt sich hierbei zuweilen mit Diderot[17]. Sein Pragmatismus vergleicht die Gottesvorstellung, die der Mensch sich entwickelt, mit jener Zweckmäßigkeit, aus der heraus die Spinne das Netz zum Fliegenfangen webt. Auch hier versteckt sich im unscheinbaren Vergleich der entlarvende Zug eines im Wesentlichen kühnen Denkens:

»Sollte es nicht Wesen geben, die uns wegen unsrer Ideen von Gott und Unsterblichkeit eben so bewunderten wie wir die Spinne und den Seidenwurm?« (L 952)

Aber die Kühnheit wird durch die Vorsicht des Ausdrucks verschleiert, und der scheinbar unverbindliche Scherz weiß sie immer wieder zu mildern:

»Es ist als wenn unsere Sprachen verwirrt wären; wenn wir einen Gedanken haben wollen, so bringen sie uns ein Wort, wenn wir ein Wort fordern, einen Strich, und wo wir einen Strich erwarteten, steht eine Zote.« (F 503)

So ist alle Erkenntnis eine Übersetzung in die dem Menschen eigene Sprache und Vorstellungswelt, aber erschwerend tritt hinzu, daß auch die Sprache ihr Eigenleben hat, die Wörter ihre Bedeutung verändern und der Mensch sie also niemals völlig zu ›beherrschen‹ lernen kann. Derartige Warnungen und Einwände erkenntniskritischer Art sind in eben dem Maße ein Schritt auf die Wahrheit hin, als sie zur vorurteilslosen Überprüfung auffordern und Zeichen des Aufbegehrens gegen intellektuelle Trägheit heißen dürfen.

Es geht auch nicht darum, den Menschen deshalb zu verkleinern, aber es könnte falsch sein, ihn ohne weitere Überlegung voreilig zu erhöhen. Seine grandeur und seine misère gehören auch bei Lichtenberg untrennbar zusammen; es ist der Widerspruch des Menschenwesens selbst, den er in vielen Gegensätzen auseinanderfaltet. Wo ein ›aber‹ stehen könnte, da setzt er, als wäre es ganz selbstverständlich das verbindende ›und‹ ein, was wohl nicht heißen kann, daß der Widerspruch noch gar nicht bewußt geworden ist, sondern eher, daß Lichtenberg ihn durch eine boshafte Selbstverständlichkeit verstärken möchte:

»Der Mensch. – Jede Größe ist sich selbst gleich, sagt er, und wiegt endlich die Sonne mit allen Planeten ab. Er weiß die Zeit der Bedeckung entfernter Planeten und weiß den Untergang einer Welt nicht, die seinen Körper ausmacht. Ich bin nach Gottes Bild geschaffen, sagt er, und dort schlurft er den Urin des unsterblichen Lama. Staunt eine Bienen-Zelle mit Verwunderung an, und kann selbst Peterskirchen bauen. Wirft Hirsenkörner durch das Ohr einer Nadel oder bestreicht sie mit einem Stein und findet auf dem Meer seinen Weg. Nennt Gott bald das tätigste Wesen, bald den Unbeweglichen, gibt dem Engel bald Sonnenlicht zum Gewand und bald Vielfraß-Pelz (Kamtschatka), betet bald Mäuse und Würmer an, glaubt hier an einen Gott vor dem tausend Jahre sind, wie der Tag der gestern vergangen ist, und bald an gar keinen. Ermordet sich selbst, kastriert sich selbst, brennt und hurt sich zu Tode, tut Gelübde der Keuschheit, und verbrennt einer ... wegen Troja. Frißt seine Mitbrüder, seinen Mist. *(Mehr verdaut und besser geordet)* (F 191; eine Vorform unter D 398).

Die absichtsvolle Häufung der Kontraste erscheint ihm offenbar noch als ungegliedert, und in der Tat: zum Schluß des Abschnittes hin verschiebt sich die Technik der Gegenüberstellung zugunsten des Menschen und endet in einer Akkumulierung nicht mehr seiner Widersprüche, die prüfend in ein Gleichgewicht zu bringen wären, sondern seiner Wahnsinnstaten, so daß die Schale mit den Widersinnigkeiten beschwert zu sinken beginnt. Wo freilich die Weisheit Gottes, auf die sich die Menschen so gerne berufen, nur die ihres eigenen Verstandes ist –

»Aus der Weisheit Gottes manche Sachen schließen zu wollen ist nicht viel besser, als es aus seinem eignen Verstand zu tun« (C 103) –,

wo unreflektiert fortbestehende Achtung vor überlieferten Bräuchen und unbefragten Vorschriften die Quelle allen Übels in der Welt heißen muß (D 369), wo der Mensch sich weigert, die unbequeme, oft erschreckende Einsicht in sich selbst zu tun, gilt es zunächst, sein Selbstvertrauen, seinen Stolz zu erschüttern, um ihn für die unerfreuliche Wahrheit empfänglich zu machen, wie dies Montaigne in der »Apologie de Raimond Sebond« bereits unternommen hatte. Das heißt wiederum nicht, ihn zu entwürdigen, sondern ihm die Spannungen, in denen er steht, bewußt machen. Stärke und Schwäche, Licht und Blindheit, Kleinheit und Größe des Menschen aufzählen, das bedeutet auch bei Diderot in den »Pensées philosophiques« nicht, ihm den Prozeß zu machen – »c'est le définir.«[17]

Lichtenberg nimmt das Recht zu solchem Verfahren aus sich selbst, da er doch nicht allein das Subjekt, sondern auch das Objekt seiner Aufzeichnungen und Beobachtungen ist; allen Einsichten liegt die Selbsterkenntnis zugrunde, die er im Mosaik der Nachrichten über sich selbst festgehalten hat, ohne Hintergedanken, Verschleierung und Beschönigung, wie es ihn an de Retz und Rousseau beeindruckt hatte, bloß daß er nicht zu einem Ergebnis kommt, sondern nur Momente eines Prozesses festzuhalten vermag. Aber auch hier sind Vorsicht, radikale Aufrichtigkeit und die Imagination des Ausgefallenen am Werk: so erklärt er von sich (in der 3. Person), er sei vom Leben »zwar kein allzu ökonomischer, aber doch kein ruchloser Besitzer« gewesen (B 81) und möchte seine Geschichte gerne so sehen, wie sie sich in den Köpfen der anderen darstellt (B 257). Er gesteht aber, gleichsam ergänzend durch seinen Widerspruch, das, was die anderen nicht von ihm wissen können:

»Findet oft ein Vergnügen darin, Mittel auszudenken wie er diesen oder jenen Menschen ums Leben bringen könnte, ohne daß es gemerkt würde, oder Feuer anzulegen ohne daß man es merkte. Ohne jemals den festen Entschluß gefaßt zu haben so etwas zu tun, oder auch ohne nur die mindeste Neigung zu haben, ist (er) sehr oft mit solchen Gedanken eingeschlafen.« (F 1217)

Nach eigenem Geständnis hätten seine Bemühungen, das Herz des Menschen zu kennen, doch besser minder glücklich sein sollen (F 511). Merkwürdige Einsichten sammeln sich in solchem Zusammenhang: seine Hypochondrie nennt er eine

»Fertigkeit aus jedem Vorfalle des Lebens, er mag Namen haben wie er will, die größtmögliche Quantität Gift zu eigenem Gebrauch auszusaugen«. (K 23)

Für die Neuauflage seines Lebens, wenn der Himmel sie für richtig halten wollte, möchte er nur einige Bemerkungen anbringen, die hauptsächlich die Wiedergabe des Porträts, aber auch den »Plan des Ganzen« betreffen (J 659). Dann aber, weiter lotend aus den Zusammenhängen der Unzufriedenheit heraus:

»Mein Körper ist derjenige Teil der Welt, den meine Gedanken verändern können. Sogar *eingebildete* Krankheiten können wirkliche werden. In der übrigen Welt können meine Hypothesen die Ordnung der Dinge nicht stören.« (J 1208)

Der Nachsatz, der die Besonderheit solcher Einwirkung unterstreicht, zielt auf einen Vorzug des Menschen, den Lichtenberg zu seinem Nachteil auszumünzen weiß. Die positive Ansicht der Erscheinung zu erwägen, fällt ihm nicht ein. Er ahnt weiter, daß er selbst, das Ich, nicht der Schreiber sei, der alles Gehörte und Geschaute notiert. Jedenfalls stellt er vorsichtig die Frage nach den verschiedenen Wirklichkeiten dieses Ich, die auf verschiedenen Ebenen des Bewußtseins agieren: »Wer ist dieser *Ich?* bin ich und der Schreiber nicht einerlei?« (K 38)

Schließlich reflektiert er noch den Grundzug seines Denkens und erklärt, indem er den Vorzug in Schwäche zu verkehren vorgibt:

»Wenn auch meine Philosophie nicht hinreicht, etwas Neues auszufinden, so hat sie doch Herz genug, das längst Geglaubte für unausgemacht zu halten.«[18] (K 49)

Nichts ist stärker bezeichnend für seine doppelte Vorsicht, der den Konventionen gegenüber wie der, die er noch vor dem eigenen Denken bewahrt, als diese einschränkende Versicherung (wenn auch ... so doch), wobei natürlich der abschließende Hauptsatz den Akzent trägt und damit das im Vorsatz gemachte Geständnis der Schwäche in gewisser Weise wieder zurückgenommen wird. Es bleibt, aller versicherten Bescheidenheit zum Trotz, die widerspenstige Selbstbehauptung in der Reduktion auf die eigene, als solche anerkannte Unzulänglichkeit, doch noch immer des Mutes gewiß zu sein, der der unbefragten Überlieferung und Lehrmeinung mit den Waffen der Vernunft gegenübertritt und so die Schwäche in einen wie immer neu relativierten Vorzug verkehrt. Hier ist die Reflexion wirklich nach einem Wort F. Schlegels zugleich Phänomen und Experiment[19].

Mit dem modernen Stilbegriff, der von der Identität von künstlerischem Subjekt und darzustellendem Objekt ausgeht (Marcel Proust), mit dem Nietzsches, der vom klassischen und großen Stil die Darstellung von »Ruhe, Vereinfachung, Abkürzung, Konzentration« verlangt, ja nicht einmal mit dem Goethes, demzufolge der Stil »auf den tiefsten Grundfesten der Erkenntnis, auf dem Wesen der Dinge« – soweit in sichtbaren Gestalten erkennbar – beruht, kommen wir hier allerdings nicht weiter[20]. Solche Anwendung wäre reine Willkür. Lichtenbergs Stilbegriff ist, seinem Denken entsprechend, anders, und nur der, den wir von außen herantragen, der Personalstil, der die Äußerungen eines Schriftstellers in einer ungefähr gleichen Weise kennzeichnet, läßt sich hier anwenden. Lichtenberg zeigt mehr eigene Individualität als das Wesen der Dinge, deren Zugänglichkeit er gerade bezweifelt, aber er zeigt sie in einer Haltung, die eigentümlich und also unverwechselbar ist und bedient sich dabei einer stets neu überprüften Sprache, die dieser Haltung, die diesem vorsichtigen Denken in vollkommener Weise entspricht. Wie er den heroischen und den leidenschaftlichen Empfindungen mißtraut, so auch den großen und schönen Worten, den Versuchen, das Unsägliche zu beschwören, der »Pracht-Prosa«, die ihm als verlogen erscheint (F 1138). Er plädiert für die »simple Schreibart«, die auf das Kunstvolle und Gewaltsame verzichten kann (G 126). So setzt er aus Mißtrauen gegen die Worte und den Selbstbetrug, den sie anbieten, Simplizität gegen Pathos (L 107), Genauigkeit gegen Lyrismus (vgl. E 240, F 802), Ehrlichkeit gegen Eleganz (B 20, B 405), Knappheit und Raschheit gegen Weitläufigkeit und Fülle (E 39). Wie zur Bestätigung notiert er sich eine Stelle aus Buffon, der für das unbefangene beau naturel argumentiert: »Le stile doit graver des pensées (...)« (F 709). Der Stil steht im Dienste des Gedankens. Aber nicht nur die Gedanken will Lichtenberg festhalten, sondern auch die Weise, sie zu denken. Haltung und Ausdruck, wo sie nicht identisch sind, korrespondieren doch miteinander.

»Es soll Menschen gegeben haben, die, sogleich wenn sie einen Gedanken niederschrieben, auch sogleich die beste Form getroffen haben sollen. Ich glaube wenig davon. Es bleibt allemal die Frage ob der Ausdruck nicht besser geworden wäre, wenn sie den Gedanken mehr gewendet hätten, ob nicht kürzere Wendungen wären getroffen worden, ob nicht manches Wort weg-geblieben wäre was man anfangs für nötig hielt, welches aber eigentlich doch nur unnütze Erläuterung war, wenigstens für den verständigen Leser.« (J 283)

Nicht um die Fixierung des Gegenständlichen geht es in Lichtenbergs Notizen, sondern um die schwierigere des Verhältnisses eines Subjektes zu den realen und imaginären Gegenständen und ihren wechselnden Wirkungen. Daher die stets geübte Vorsicht in der Darstellung der nicht unmittelbar wahrnehmbaren Beziehungen zwischen Subjekt und Objekt, die Restriktionen und Selbstkorrekturen, die Hilfsverben, die unpersönlichen Ausdrücke, die formelhafte Einleitung zu partikularen Urteilen oder die Verkleidung des Urteils in einen Vergleich. Imaginäre Gegenstände und hypothetische Vorgänge haben hier ihren Platz; ihnen entsprechen die adverbialen Zusätze, die konjekturalen Wendungen wie der Gebrauch des 1. Futurs im Sinn der Mutmaßung. Mit solchen Stilmitteln wie mit direkten Fragen und den Äußerungen einer angedeuteten Wahrscheinlichkeit rückt der Verfasser den Konventionen und den Vorurteilen zu Leibe. Auch die absurde Perspektive, spöttische Umkehrungen, die scheinbar schon die Nähe zum Adynaton herstellen – so der Blick des Krebses auf den Menschen, der sich seltsamerweise vorwärts bewegt (D 125) – gehören in diesen Zusammenhang. Die absurde Perspektive stellt das Selbstverständliche in Frage:

»Gäbe es nur lauter Rüben und Kartuffeln in der Welt, so würde einer vielleicht einmal sagen, es ist schade daß die Pflanzen verkehrt stehen.« (C 272)

Noch auf das Medium des Denkens, die Sprache eben, erstreckt sich sein Mißtrauen (F 776), aber es gilt hier wie in anderen Zusammenhängen, daß sich keine langsame und nachkontrollierbare Entwicklung zu einer abschließenden Klärung vollzieht, sondern, da Lichtenberg im Medium der Sprache die Sprache prüfen und ausprobieren muß, die widersprechenden und widersprüchlichen Einsichten zu jedem Zeitpunkt seines Lebens gleichzeitig in ihm herrschen. Und weil er auch dies weiß, hat alles, was er ausspricht, den absichtsvollen Charakter des Vorläufigen.

Die Form dieser Vorläufigkeit und Vorsicht ist der Konjunktiv; die Kategorie der Ungewißheit wird in ihm aktualisiert. Dies geschieht bei der Wiedergabe fremder Meinungen, die als solche nicht ungeprüft übernommen werden sollen: »Die Menschen können nicht sagen, wie sich eine Sache zugetragen, sondern nur wie sie meinen, daß sie sich zugetragen hätte.« (C 375)

Es geschieht dies weiter bei der zurückhaltenden Fixierung der eigenen Ansicht, wo dann die Aussage einen gewissen Probecharakter erhält oder sogar in die Form des Wunsches gekleidet wird (A 137). Teile seines Werkes selbst sind der Versuch, die Erfüllung eines solchen Optativs zu finden:

»Ich wollte, daß ich mich alles entwöhnen könnte, daß ich von neuem sehen, von neuem hören, von neuem fühlen könnte. Die *Gewohnheit* verdirbt unsere Philosophie.« (H 21)

Die Verwendung des Irrealis dient der versuchsweisen Aufhebung von bedingenden, meist einschränkenden Umständen, die zur Verdeutlichung eines verschleierten Tatbestandes führen soll:

»Wir würden gewiß Menschen von sonderbarer Gemüts-Art kennen lernen, wenn die großen Striche, die jetzo Meer sind, bewohnt wären, und wenn vielleicht in einigen

Jahrtausenden unser gegenwärtig festes Land Meer und unsere Meere Länder sein werden, so werden ganz neue Sitten entstehen, über die wir uns jetzo sehr wundern sollten.« (A 39)

Der Übergang in den Indikativ kann in der Folge die Möglichkeit, die als solche noch kaum vorstellbar war, erhalten oder verstärken. Dann bleibt die Prämisse hypothetisch, das Resultat hingegen erscheint bereits als real. Die Form des Potentials tritt beim Ausprobieren, Antizipieren oder Andeuten von noch zweifelhaften Resultaten im Gedankenspiel ein (F 301). Zuweilen wird sie auch von einem Konditionalsatz gefolgt wie in der Feststellung:

»Die Menschen schreiben viel über das Wesen der Materie, ich wünschte, daß die Materie einmal anfinge über das menschliche Gemüt zu schreiben. Es würde herauskommen, daß wir einander bisher gar nicht recht verstanden haben, (muß besser und menschlicher ausgedrückt werden NB)« (L 908).

Bei grundsätzlicher Unsicherheit der Erfahrung soll der Konjunktiv offenbar eine Form der Überraschung und der bereits reflektierten Betroffenheit ausdrücken:

Was würde es geben, wenn man einmal in London die 10 Gebote während als (es) 12 schlüge aufhübe.« (F 301)

Lichtenbergs Skepsis, die das überlieferte Urteil, die gedruckte Lehrmeinung, die gewohnte Ansicht, das Vorurteil, aber auch die Anmaßungen der Vernunft stets neu in Frage stellt, bedient sich nur weniger Imperative, Postulate und Ermahnungen, selten nur der nachdrücklichen Wunschform. Die Experimente seines Denkens stehen im Konjunktiv, noch die eigene Meinung wird, behutsam genug, in den Modus der Möglichkeit gehoben. So erscheint selbst die Welt noch als Versuch von einem, der die Sache noch nicht recht verstanden haben kann (K 69). Das Gegebene wird als Anlaß zum denkerischen Experimentieren verstanden, zum Erwägen und Überprüfen neuer Möglichkeiten; die Wirklichkeit selbst scheint, unvollkommen, immer wieder zum Antizipieren von richtigeren Varianten und – wenn auch nur theoretisch – zu Veränderungen aufzufordern, da sie doch schon in jedem Subjekt als eine andere erscheint (F 760). Das geht bis zum Erdenken nur scheinbar spielerischer Irrealitäten, die das nachdrücklichere Adynaton Lichtenbergisch übersetzen. Zwischen dem schematischen Ja/Nein und dem Entweder/Oder erlaubt es der Konjunktiv dem Denken, die Welt als Bereich von Möglichkeiten zu behandeln, sie als veränderbar zu betrachten, Ausgleich für das Versäumte und Versagte zu suchen und zwischen bloßem Verzicht und starrer Zuversicht die Welt nicht einfach als ›nur-gegeben‹ hinzunehmen. So wird scheint es, dem skeptischen Geist die Welt nicht etwa ärmer, wie man oft gemeint hat, sondern sogar reicher: dem Abbau von Vorurteilen entspricht ein Aufschließen neuer Möglichkeiten.

Lichtenbergs Zweifel richtet sich in wesentlich kritischer Funktion nicht nur auf die Erscheinungen, die sich anders darstellen, als man gemeinhin anzunehmen sich gewöhnt hat, nicht nur auf die Beschränkungen des Instrumentes, mit dem wir aufnehmen und denken, messen, vergleichen und erkennen und die es nach seinen Worten immer besser zu durchschauen gilt (A 137). Aber eben nicht bloß die Einschränkungen, sondern auch Möglichkeiten weiß diese Skepsis ausfindig zu machen. Sie richtet sich weiter auf die Sprache, die nicht wiedergeben kann, was das Subjekt, noch undeutlich, jenseits des Bekannten und Gewohnten zu erfassen wähnt. Doch gerade hier wird seine Skepsis auch lähmend und hindert ihn, so weit zu gehen, wie wenig später schon Jean Paul und Novalis. Wie sehr ihn Tod und Traum auch immer wieder faszinieren, so sehr schreckt er stets von neuem davor zurück, sich Mächten hinzugeben, die sich der Erklärung und der Kontrolle entziehen.[21] So macht ihn die Skepsis auf der Tagesseite produktiv, weil wachsam und zu spöttischen Reaktionen bereit, sie lähmt ihn vielleicht, wo ihm von der Nachtseite Einsichten zuströmen, die zu formulieren er nicht wagt oder nicht liebt.

Doch versagt sich Lichtenberg damit auch jede Gewaltsamkeit; seine Skepsis wird niemals zum anmaßenden Indifferentismus, der sich der Mühe enthoben glaubt, weiter zu fragen, sie ist vielmehr eine zögernde Beunruhigung, offene Wachsamkeit, die niemals steril bleibt, sondern entdeckerisch wird. Man kann dann nachverfolgen, wie aus dem Zweifel selbst eine neue Ansicht der Gegenstände hervorgeht, sei es vielleicht zunächst auch nur probeweise, spekulativ und spielerisch. Gegen das Vorgeformte und Hergebrachte erhebt sich das Mögliche[22], bis dann die Dinge neuartig, verändert oder doch modifizierbar erscheinen. Man möchte fast annehmen, daß dies auch auf die Selbstbetrachtung anzuwenden sein sollte, und so ein Mensch wie Lichtenberg schreibend erst Ansichten und Möglichkeiten seiner selbst zu entfalten vermochte, an die zuvor überhaupt noch nicht zu denken war. Wie er durch seine Urteile und Aussagen nicht überzeugen oder etwas vorschreiben wollte, sondern allein zum Stutzen, zum Nachdenken, hin und wieder zu Korrekturen ermutigen, so wird er sich selbst nicht überzeugend, sondern nur nachdenklich und zuweilen stutzend gegenübergestanden sein, immer neu und anders überrascht von dem Unerwarteten, das ihm aus dem scheinbar-Bekannten entgegentrat.

Zur Theorie der Revolution in Georg Forsters Schriften

Als Georg Forster 1793 in seiner Eigenschaft als Deputierter des rheinisch-deutschen Nationalkonvents, dessen Vizepräsident er gleichzeitig war, sich nach Paris begibt, tut er dies, um die junge Republik zwischen Landau und Bingen, die ihren Zusammenhang mit dem deutschen Reichsverband aufgekündigt hatte, vor der Nationalversammlung in Paris und durch deren Bestätigung an Frankreich anzuschließen. Damit wird nun die Entscheidung offiziell – und scheinbar endgültig –, die Forster für seine Person schon vorher getroffen hatte. Wenn er aufgrund der über sein Verhältnis zu den französischen Besatzungsbehörden in Mainz jenseits des Rheines, in Preußen und Hannover, umlaufenden Gerüchte in einem Brief erklärt, der Wunsch, er solle ein Preuße bleiben, sei eine Zumutung und mit seinen in vielen Schriften geäußerten Grundsätzen nicht vereinbar, so begründet er einen schon gefaßten Entschluß:

»Wo ich jedesmal war, bemühte ich mich, ein guter Bürger zu sein; wo ich war, arbeitete ich für das Brot, welches ich erhielt. Ubi bene ibi patria, muß der Wahlspruch des Gelehrten bleiben; er bleibt es auch des freien Mannes, der in Ländern, die keine freie Verfassung haben, einstweilen isoliert leben muß.« (An Voß, 21. Nov. 1792, Werke IV, S. 792f.)

Man darf vielleicht hinzufügen, daß es ihm, dem Diktum entgegen, keineswegs gut ging aufgrund seiner Wahl, aber auch, daß für ihn das bonum allerdings nicht an Wohlleben, Einfluß, persönliche Vorteile geknüpft war, sondern an die Freiheit. Die Grundsätze, nach denen er verfährt, sind aus den Schriften bereits zu entnehmen; er ist lediglich so mutig, konsequent zu sein, wenn er jetzt, wo die Wirklichkeit es zu fordern scheint, private Ruhe, wissenschaftliche Tätigkeit, Ansehen und schriftstellerischen Einfluß aufs Spiel setzt.

Wenig früher schon hatte er seinen Schwiegervater, den Philologen Heyne in Göttingen, wissen lassen, es sei die Pflicht eines jeden rechtschaffenen Einwohners, *»wenn er aufgefordert wird,* jetzt für die Erhaltung des Wohlstandes und des Privateigentums der Einwohner zu sorgen; (...)«

Der Anteil den der »gute Mensch« an den öffentlichen Angelegenheiten zu nehmen hat, fordert allerdings Aufopferungen aller Art, doch:

»Es ist unmöglich, in einem gärenden Staat neutral zu bleiben; man kann nur dann Gutes wirken, wenn man auf der Seite, wo man steht, nach gemäßigten Grundsätzen verfährt. Emigrieren kann ich nicht, ohne alles, was ich habe, aufzuopfern, meinen guten Namen obendrein, da meine Denkungsart in meinen Arbeiten klar am Tage liegt; und für was, für wen sollt' ich das alles hingeben?« (10. Nov. 1792, Werke IV, S. 780f.)

Durchaus diplomatisch in der Argumentation, bleibt Forster doch im entscheidenden Punkt fest; wieder versichert er sich und seinen Bekannten der wichtigen Übereinstimmung mit den als Autor geäußerten Grundsätzen; einen Widerspruch von Schreiben und Handeln würde er sogar als entehrend empfinden. So erklärt sich auch die zu Beginn des Jahres 93 in einem Brief an seine Frau formulierte Rechtfertigung:

»Die gelehrte, geschäftige fainéantise verdirbt diese Menschen in Grund und Boden. Sie können einen Menschen nicht begreifen, der zu seiner Zeit auch handeln kann, und finden mich verabscheuungswert, nun ich nach den Grundsätzen wirklich zu Werke gehe, die sie auf meinem Papier ihres Beifalls würdigten.« (2. Jan. 1793, Werke IV, S. 818)

Die Häufigkeit, mit der Forster darauf hinweist, daß er in Übereinstimmung mit seinen Grundsätzen sich befinde, daß man ihm nur vorwerfen könne, Denken und Handeln stimmten bei ihm überein, läßt auf Beunruhigung und Unmut schließen: Beunruhigung, weil er auch an die inzwischen von ihm getrennt lebende Familie denkt und sogar falschen Einfluß, Verlust an Vertrauen fürchten muß, Unmut, weil er sich nicht verstanden fühlt oder sogar mit folgenreicher Selbsttäuschung bei denen rechnen kann, die sich jetzt gegen ihn wenden. Hinzu kommt die Isolierung im besetzten Mainz; immer fördert die Einsamkeit alle Formen der Selbsterklärung und -rechtfertigung.

An der Gültigkeit seiner Argumente ändert dies nichts; entgegen allen – auch schriftlich erhobenen[1] – Vorwürfen und z. T. auch wieder falschen Rechtfertigungen, wie sie vor allem nach seinem Tode erfolgten[2], ist Forsters Haltung eindeutig schon aus den vor Ausbruch der Revolution gedruckten Schriften abzuleiten. Dies gilt für sein Mitwirken wie auch für die Vorbehalte, die er angesichts der Erfahrung der revolutionären Wirklichkeit ebenfalls nicht verschweigt.

Wie eine verelendete und unaufgeklärte Bevölkerung auf gefährliche Weise zum Werkzeug der herrschenden Gewalten – und wider ihr eigenes Interesse – werden kann, hatte ihm auf der Rheinreise von 1790 das Beispiel der Stadt Köln deutlich gemacht. Die sozialen Zustände in der katholischen Großstadt sind für Forster ein Anlaß, in seinen »Ansichten vom Niederrhein« die Vormundschaft des Klerus anzuprangern und, fast im Sinne Voltaires, gegen die Kirche Vernunftforderungen anzumelden. Die Knebelung des Denkens erklärt er als eine Form der Gewalt, Vernunft wird auf diese Weise allmählich entbehrlich gemacht, Kritik verstummt; Abhängigkeit produziert Ergebenheit. Arbeit als Selbstverwirklichung erscheint als unerwünscht. Köln ist die steingewordene Gestalt des Aberglaubens, in ihr herrscht ein »schwarzgallichter Fanaticismus in der Andacht«. (Ansichten 1, V, Werke II, S. 416)

Das Gegenbild hierzu bieten die Städte der freien Republiken, eine Stadt wie Brüssel wiederum mit ihren Kirchen und Klöstern ist die Lokalität der vollkommenen Unwissenheit und Finsternis, der vom Joch des Glaubenszwangs niedergedrückten Vernunft. Hier nun hat der Fanatismus sich des allgemeinen Aberglaubens und der künstlich beförderten Unwissenheit geschickt bedient, um eine Revolution zu produzieren, die sich gegen die Folgen der Josephinischen Reformen richtete. Für Forster wird dieses Ereignis zum Argument in der Beweisführung, daß die Aufklärung nicht, wie man seit 1789 in Deutschland gern erklärte, an Revolutionen schuld sei. Hier hat sich vielmehr gezeigt, daß die Beherrschten im entscheidenden Moment mit ihrer Freiheit nichts anzufangen wußten; sie war ihnen lästig, noch ehe sie ihrer Möglichkeiten gewahr wurden. Die schöne Erklärung: »Nous ne voulons pas être libres!« ist die Folge langanhaltender und zur Gewohnheit gewordener Bevormundung, der zum Naturzustand gewordenen Knechtschaft. (2, XV, ib. S. 564)

Amsterdam zeigt jene Welt, die Forsters Vorstellungen ganz entspricht und in der er sich wohl fühlt. Die Stadtbeschreibung wird zur Erklärung ihres Lebens, ihrer Regsamkeit mit den Energien der freigesetzten Kräfte der bürgerlichen Gesellschaft:

»(...) nicht dem Auge allein, sondern auch dem Verstand erscheint Amsterdam von der Wasserseite in seinem höchsten Glanze. Ich stelle mich in Gedanken in die Mitte des Hafens, und betrachte links und rechts die Gruppe von vielen hundert Schiffen aus allen Gegenden von Europa; ich folge mit einem flüchtigen Blick den Küsten, die sich nach Alkmaar und Enkhuisen erstrecken und auf der andern Seite hin, den Busen des Texels bilden. Die Stadt mit ihren Werften, Docken, Lagerhäusern und Fabrikgebäuden; das Gewühl des fleißigen Bienenschwarmes längs dem unabsehlichen Ufer, auf den Straßen und den Kanälen; die zauberähnliche Bewegung so vieler segelnder Schiffe und Boote auf dem Südersee, und der rastlose Umschwung der Tausende von Windmühlen um mich her – welch ein unbeschreibliches Leben, welche Gränzenlosigkeit in diesem Anblick! Handel und Schiffahrt umfassen und benutzen zu ihren Zwecken so manche Wissenschaft; aber dankbar bieten sie ihr auch wieder Hülfe zu ihrer Vervollkommnung. Der Eifer der Gewinnsucht schuf die Anfangsgründe der Mathematik, Mechanik, Physik, Astronomie und Geographie; die Vernunft bezahlte mit Wucher die Mühe, die man sich um ihre Ausbildung gab; sie knüpfte ferne Welttheile an einander, führte Nationen zusammen, häufte die Produkte aller verschiedenen Zonen – und immerfort vermehrte sich dabei ihr Reichthum von Begriffen; immer schneller ward ihr Umlauf, immer schärfer ihre Läuterung. Was von neuen Ideen allenfalls nicht hier zur Stelle verarbeitet ward, kam doch als roher Stoff in die benachbarten Länder; dort verwebte man es in die Masse der bereits vorhandenen und angewandten Kenntnisse, und früher oder später kommt das neue Fabrikat der Vernunft an die Ufer der Amstel zurück.« (Ansichten 2, XXV, ib. S. 719f.)

Dem erstaunten Anblick der belebten Hafenzone folgt sofort die Reflexion auf die Voraussetzungen und die Bedeutung des Phänomens: den Glanz erfaßt nicht nur das Auge, sondern auch der Verstand. Das partikulare Interesse – Handel als Folge des Gewinnstrebens – steht im Dienst eines allgemeinen Vernunftanspruchs. Die Handelsverbindungen dienen der Beförderung von Aufklärung, wenn auch der einzelne Kaufmann nur die privaten Interessen, seinen Nutzen, den individuellen Wohlstand zu befördern trachtet. Es geschieht so aus einer dem Vorgang inhärenten Logik heraus mehr als man zu tun die Absicht hatte; wenn aber die Kapitalinteressen der abstrakten Vernunft dienen, und das ist wohl in jenem Jahrhundert noch der Fall, so kann auch die Vernunft, und gewiß nicht ironisch in diesem Zusammenhang! – mit den Kategorien des Kapitals beschrieben werden. Das Ganze, so weiß der Verfasser, wirkt in das einzelne Dasein hinein und das Einzelne wieder zurück auf das Ganze, ohne daß sich die Handel treibenden und handelnden Menschen dessen bewußt würden. Denn auch sie sind nur Räder in der Maschine, ihr Wirken bleibt, für sich betrachtet, Stückwerk. Schon übersteigen die Zusammenhänge des Ganzen die Erkenntnisfähigkeit und das Bewußtsein des Einzelnen. Das Ganze, so führt Forster weiter aus,

»ist nur da für die Phantasie, die es aus einer gewissen Entfernung unbefangen beobachtet und die größeren Resultate mit künstlerischer Einheit begabt; die allzu große Nähe des besonderen Gegenstandes, worauf die Seele jedes Einzelnen, als auf ihren Zweck, sich concentrirt, verbirgt ihr auch des Ganzen Zusammenhang und Gestalt. –« (ib. S. 720)

Deshalb hat Forster auch, genau wie Diderot, zum Luxus ein bei gewissen Vorbehalten schließlich doch positives Verhältnis[3]: die Möglichkeiten, die durch seine Erscheinungsformen befördert werden, sind in seinen Augen bedeutsamer und stärker fördernd als die Nachteile davon sichtbar oder heimlich abträglich sind. Und auch das Gewühl der Großstadt, ein in der Brief- und Reiseliteratur der Zeit durchaus neues Phänomen, hat für ihn nichts Befremdendes und gar nichts unmittelbar Erregendes mehr[4]. Die Kanäle, die Hauptstraßen, die prächtigen Häuser erscheinen ihm schon als durchaus selbstverständlich.

»In einer kleinen Stadt fällt das Gewühl mehr auf, als hier, wo man Raum hat, einander auszuweichen; allein es giebt auch in Amsterdam Gegenden, wo man sich nur mit Mühe durch das Gewimmel in den engen Gassen durchdrängen kann. Den ganzen Tag herrscht überall ein unaufhörliches Getöse; die unzähligen Equipagen der Bürgermeister und Ratsherren, Staatsbeamten, Direktoren der Ostindischen Kompagnie, Ärzte und üppig gewordenen Reichen, der ununterbrochene Waarentransport und die deshalb so oft aufgezogenen Zugbrücken sperren den Weg und verursachen ein beständiges Rufen und Gerassel; vom frühen Morgen an schreien Männer und Weiber auf allen Straßen mancherlei Sachen zum verkaufen aus; die Kirchthürme haben Glockenspiele, und des Abends wandern Leiermänner und singende Weiber umher.« (2, XXV, ib. S. 720f.)

Der Eindruck ist nicht neu genug, um Forster zu beunruhigen oder zu faszinieren; die Schilderung bleibt daher sachlich, distanziert und – zustimmend, sie reproduziert weder die Geschäftigkeit noch den spezifischen Reiz der Großstadt; es ist, als bewege sich der Verfasser hier nicht mit und in der Menge wie Lichtenberg als Flaneur in London, sondern als gehe er langsam und aufmerksam neben der Menge her. Der Gegensatz, der hier wichtig wird, ist nicht der des Stadtbildes als vielmehr der der Bevölkerung von Köln oder Brüssel zu der von Amsterdam: Hier die Bewegtheit der großen Hafenstadt, dort der stumpfe Stillstand unter dem Druck der Vorurteile, hier die praktische Vernunft der tätigen Handelsvölker, dort die bequeme Unvernunft weltloser Gefügigkeit, hier die wirkende Energie einer Republik, dort die handlungsunfähige Abhängigkeit unter der Führung eines aufklärungsfeindlichen Klerus, hier die Kapitalinteressen der Warenbesitzer und Unternehmer, dort die Bevormundung, die ein Interesse am allgemeinen Elend hat, das die Menge beherrschbar macht.

Daß es aber der Handel allein schließlich auch nicht sein kann, der alles zum

Besseren befördert, indem er allen zu Reichtum verhilft, das hat Forster schließlich auch gesehen. Die ökonomischen Abhängigkeiten, so erkennt er, können selbst dort noch hemmend wirken, wo die Möglichkeit zu fortschreitender Ausbildung eigentlich gegeben wäre, denn:

»Wo die äußerste Armuth den Handarbeiter drückt, wo er mit aller Anstrengung, deren er fähig ist, nie mehr als nothdürftige Befriedigung der unentbehrlichsten Lebensbedürfnisse erwerben kann; da ist Unwissenheit sein Loos mitten in einem Lande, wo die Wissenschaft die höheren Volksklassen mit ihrem hellsten Stral erleuchtet; da also verfehlt er die edelste Bestimmung seines Wesens, selbst indem er als Werkzeug die Mittel zum Verkehr der Nationen befördert.« (L, X, ib. S. 490)

Ein gewisser Wohlstand, der die Muße zu weiterer Ausbildung und damit Erlangung auch theoretischer Kenntnisse garantiert, erscheint so als unerläßlich.

Was er hier als Widerspruch der sich entfaltenden bürgerlichen Gesellschaft nur andeutet – die Fixierung neuer Abhängigkeiten als Folge zunächst vernunftbestimmter Emanzipation –, das erhält seinen Stellenwert dadurch, daß es sich unmittelbar an seine Apotheose des aufgeklärten und mutigen Großkaufmanns anschließt; Forster scheint hier auf die gesellschaftliche Verantwortung des Eigentums hinzuweisen, sonst wäre der Kontrast nichts als eine Technik der Darstellung. Beneidenswert, so heißt es immerhin, sei das Schicksal eines Mannes,

»dessen Unternehmungsgeist vielen Tausenden zur Quelle des Wohlstandes und des häuslichen Glückes wird; desto beneidenswerther, weil er diese wohltätigen Zwecke ohne die mindeste Beeinträchtigung ihrer Freiheit erreicht, und gleichsam unsichtbarer Weise die Triebfeder von Wirkungen ist, die jeder seiner eignen Willkür zuschreibt.« (ib. S. 490)

Hier wird, was sein sollte und auch sein könnte, so formuliert, als sei es schon die allgemeine Wirklichkeit und diese in solchem Sinne schon vernünftig. Dennoch ist, was hier sich ausspricht, mehr als bloßes Wunschdenken: es ist die einzige Möglichkeit, eine fällige Befreiung nicht mit einer neuen Form von Herrschaft zu erkaufen.

Es wäre in der Tat seltsam, wenn ein Schriftsteller von solchen Einsichten und Überlegungen der Französischen Revolution so hilflos gegenübergestanden wäre, wie ein Großteil des deutschen Bürgertums oder wenn er sich mit einem leeren und leicht widerlegbaren Enthusiasmus begnügt hätte, wie ihn Stolberg oder Klopstock zeigten. Man könnte sogar versucht sein, aus den Reflexionen in den »Ansichten vom Niederrhein« etwas wie eine Theorie der Revolution, wenngleich nur in Ansätzen, zu konstruieren. Man wird darin dann auch die Voraussetzungen für seine Entscheidungen und seine Schriften aus den Jahren 1792 und 1793 finden können. Denn im Zusammenhang mit den Erfahrungen und Beobachtungen, die er auf seiner Rheinreise, vor allem in den Habsburgischen Niederlanden, macht, gelangt er zu einer Erläuterung der Revolution und zu ihrer Rechtfertigung.

Man denkt sich, so führt er aus, als die natürliche Bestimmung des Menschen die, Erde zu bebauen und sie zu besitzen. Allein, so fährt er fort,

»diese Vereinzelung kann ihn nicht bilden, und der zehnte Theil aller in ihn gelegten Kräfte wäre für den Hirten hinreichend gewesen. Sollte der Mensch inne werden, was es sei, das sich in ihm regt, so mußte sich in verschiedenen Einzelnen bald diese, bald jene Fähigkeit entwickeln, auf Kosten jener allzu einfachen Bestimmung, welche die Wohlthaten des geselligen Lebens nicht kennt, weil seine Bedürfnisse ihm fremd sind. (L, IX, ib. S. 501)

Arbeitsteilung wird als Voraussetzung gesellschaftlichen Daseins bestimmt. Die Gesellschaft fordert ihr Recht, weil sie erst den selbstgenügsamen Einzelnen zum Menschen bildet. Die Beziehungen der Menschen werden unter der Form des Gesellschaftsvertrages erfaßt; um des Vorteils der Vereinigung in einem Staatswesen willen opfern die Menschen einen Teil ihrer Rechte auf, doch behalten sie die Rechte für sich, die ihrer Natur nach als unveräußerlich gelten müssen. Das erste davon ist das Recht auf Vervollkommnung ihrer geistigen Fähigkeiten: der Mensch darf durch keine Form der Abhängigkeit an der Erfüllung seiner menschlichen Bestimmung gehindert werden (ib. S. 505). Was als Gesellschaftsvertrag supponiert wird, ist freilich nicht unveränderbar, sondern als wandelbare Form konzipiert, die es der historischen Entwicklung entsprechend zu modifizieren gilt.

»Was aus Noth oder Überdruß am Streite und mit Aufopferung der eigenen Einsicht sowohl, als der eigenen Rechte entstand, das liegt als unverbrüchliches Gesetz, als heilig zu bewahrende Form, unter dem Siegel des Vertrages, und drückt auf diejenige Hälfte der Bürger im Staate, die von ihren Rechten das meiste fahren ließ.« (ib. S. 514)

Unveräußerliche Rechte aber, die kein Vertragswerk preiszugeben gestatten kann, jene nämlich, deren Preisgabe auch der sittlichen Vervollkommnung des Menschen widerstreitet, berechtigen, wo sie angetastet wurden, zur Aufkündigung des Vertrages. Dieser wird nichtig vor dem Richterstuhl der Vernunft, er kann dann nur noch widerrechtlich, d. h. mit Gewalt, behauptet werden. In einem solchen Falle widerspricht das verabredete positive Recht dem wahren, dem Naturrecht, das somit revolutionär gewendet wird.[5]

Herrschaft freilich, die sich ihrer eigenen Möglichkeiten vergewissert, scheint damit zu rechnen:

»Das Geheimnis aller anmaßenden Regenten, auf dessen Untrüglichkeit sie getrost fortsündigen, liegt in dem Erfahrungssatze: daß der Mensch, der einmal ein unveräußerliches Recht aus den Händen gegeben hat, sich unglaublich viel bieten läßt, was er als Freier nimmermehr geduldet hätte.« (ib. S. 515)

Gewohnheit macht ihn gewissermaßen ohnmächtig, sie lähmt sein Bewußtsein. Wird dieses Bewußtsein geweckt, so muß man folgern, dann ist einer der Entstehungsgründe von Revolutionen gegeben.

Eine Art von Öffentlichkeit, die ein solches Bewußtsein artikuliert, hat sich bereits in Brabant gebildet; das Interesse an politischen Gegenständen ist außerhalb der deutschen Grenzen offenkundig viel lebhafter als innerhalb des Reiches;

es sind Gedanken im Umlauf, die vor Jahren noch mit Verdacht beobachtet worden wären. Der Ideenkreis hat sich rasch ausgeweitet. Die politischen Leidenschaften sind aufgeregt worden, und in Lüttich jedenfalls hat es den Anschein, daß sich die Leute, wie in freien Staaten üblich,

»mit den öffentlichen Angelegenheiten beinahe mehr, als mit ihren Privatbedürfnissen zu beschäftigen« gewöhnt hätten (ib. S. 502)

Die Zeitung wird eifrig gelesen, man politisiert in den Schenken, es ist von den Menschenrechten die Rede und von den neuen Gegenständen des Nachdenkens, die in den letzten Jahren in Umflauf gekommen sind. Die Grundsätze des gesellschaftlichen Daseins werden behandelt, Fragen also, über die zu entscheiden nicht jede individuelle Vernunft leichthin die Kompetenz erlangen dürfte. Wer aber, so fragt Forster, ist kompetent? Und wer von denen, die kompetent heißen können, ist mit seinesgleichen auch einig? Dürfte man wirklich nur im Hinblick auf das räsonnieren und Kritik üben, was man mit seinem Verstand bis auf die feinsten verwickelten Gründe darlegen kann, dann, heißt es boshaft und doch ohne Nachdruck, dann dürften die meisten Fürsten, die er Automaten nennt, die meisten Mitglieder des »rohen und ausgearteten Adels« wie »der juristischen Tröpfe«, der an ihrer Dogmatik haftenden Theologen wohl allen Grund haben, still zu sein (S. 504).

Despotische Herrschaft, wie auch immer sie glaubt, legitimiert zu sein, darf jedenfalls das eine nicht: sich das Recht nehmen, den Menschen der Vernunft und seiner Menschlichkeit zu berauben. Dann, so fordert Forster,

»rege sich Alles, was noch Menschheit im Busen fühlt, gegen das Ungeheuer, das seine Größe nur auf Zerstörung bauet!« (ib. S. 505)

Einer abstrakten Legalität wird ein emphatischer Vernunft- und Humanitätsanspruch entgegengehalten. Aber es wird in diesem Zusammenhang doch das Recht auf Widerstand gegen zerstörende Gewalt proklamiert. Auch die despotische Regierungsform hat noch, wie die Natur, dem Zweck zu entsprechen, den die Vernunft, der ihr inhärente Anspruch deutlich zu machen scheint, nämlich:

»den höchstmöglichen Grad sittlicher Vollkommenheit, durch die Entwickelung aller in uns gelegten Anlagen, zu erreichen.« (ib.)

Es sind die gesellschaftlichen Zustände, Vergesellschaftung überhaupt, die besser als Anarchie diese Entwicklung vorantreiben kann, ihr opfern wir daher gewisse Freiheiten, Rechte und Mittel der Ausbildung freiwillig auf. Und nur sklavischer Hang am gleichwie gearteten Leben hat den absoluten Herrschern den Grad von Verachtung gegen ihre Untertanen beibringen können, der sie meinen läßt, wenn sie nur das Leben und Mittel zu seiner beschränkten Erhaltung gewährten, so zeigten sie sich gnädig genug. Dahingegen heißt es, den Grund zu suchen, auf dem die Gesellschaftsverträge beruhen und der die Herrscher vor der Vernunft sich zu legitimieren zwingt. Dann aber gilt, daß ein Vertrag nichtig ist,

»der die Sittlichkeit verletzt, und eine Staatsverfassung hat keinen Augenblick eine rechtmäßige Existenz, wenn sie sogar ihren Gliedern die Möglichkeit einer sittlichen Vervollkommnung raubt. Diese Vervollkommnung aber setzt den uneingeschränkten Gebrauch der Vernunft und des gesammten Erkenntnißvermögens voraus; (...)« (ib. S. 506)

Der Wille des Einzelnen darf nur insoweit beschränkt werden, als es für die Erhaltung des Staatswesens unerläßlich ist; jede darüber hinausgehende Einschränkung gefährdet die Sittlichkeit der Staatsbürger, eben als Hindernis der geforderten Vervollkommnung. Die Rechtmäßigkeit des Staatswesens also leitet sich aus der von ihm garantierten Sittlichkeit der Staatsbürger ab, diese Sittlichkeit aber ist keine fixierte Norm, sondern wird als Progreß verstanden; ihr Inhalt ist die Selbstverwirklichung des Menschen aufgrund der in ihm angelegten Perfektibilität und als das vorausgesetzte Telos der Geschichte.

Wieder fällt in diesem Zusammenhang ein Stichwort, das Signalwert besitzt: Forster spricht von der Gefahr der Verwahrlosung der Herrscherpflicht und deutet damit auch die Möglichkeit an, Herrscher zur Verantwortung zu ziehen, wenn sie ihrerseits dem Gesellschaftsvertrag nicht nachkommen. Wo sie die Religions-, Gewissens- und Pressefreiheit, wo sie die Unterrichtung über die Verhältnisse des Staates, seine Mängel und Wege zu ihrer Behebung nicht garantieren, sind Krisen selbstverständlich.

Die Forderung nach einer kritischen Öffentlichkeit wird ergänzt durch die Bestimmung der Krisen als Erwiderung auf fortgesetzten Druck. Gewaltsame Krise aber ist eine Umschreibung für – Revolution.

Das Beispiel von Lüttich zeigt, daß es die Gewalt ist, nicht die Kraft der Vernunft, die in den Staaten Veränderungen bewirkt; sie ist stets stärker als »die Vortrefflichkeit und innere Gerechtigkeit der Sache« (ib. S. 511). Die Weltgeschichte folgt nicht den Regeln, welche die Vernunft entwirft. Staaten sind älter als die Vernunftentwicklung, vor allen Verträgen lag der Kampf. Was folgt, ist die Entwicklung unter schon gegebenen Umständen, eine Verbesserung von Fall zu Fall, und nicht mit einem Schlage verwirklicht sich der Entwurf einer vollkommenen Verfassung. Diese resignierenden Einsichten, die der historischen Erfahrung abgewonnen sind, verhelfen keineswegs zu einer Bestimmung des Rechtsbegriffs. Dieser gründet sich vielmehr auf »die uns bewußten Formen der Sittlichkeit« (ib. S. 512). Das aber läßt sich, wenn diese nicht weiter ableitbar ist, erklären, daß der Zwang, mit dem man Rechtsansprüche vertritt, sich von der nackten Gewalt nicht unterscheidet, wenn das Recht, auf das man sich beruft, nicht allgemein und ohne jeden Zweifel anerkannt werden kann. Das aber ist unmöglich, wo zwei Parteien über ihre Rechte in Streit geraten. Wem soll man mehr Recht, mehr Vernunft zusprechen? Überredung, Erörterung, Vernunftschluß versagen eben dort, wo sich die Mittel der Gewalt zur Durchsetzung dessen, was man für sein Recht hält, anbieten. So wird entschieden und gehandelt.

Unrecht läßt sich nur dort objektiv feststellen, wo unveräußerliche Menschenrechte gefährdet sind, wo positives Recht und Satzung über natürliches Recht und

Vernunftbegründung, triumphieren will. Im Interesse der Herrschenden liegt es, die Vernunft der Bürger nicht zu ersticken und diese auf die Stufe der Tierheit herabzudrücken. Freilich wird dieses Interesse, das scheinbar nur humanitäre, selbst wieder Mittel zur Befestigung von Herrschaft: die List der gewöhnlichen Gewalthaber besteht eben darin, der Vernunft des Volkes grade soviel Raum zuzugestehen, als in ihrem eigenen Zweckdenken liegt, dieses aber sonst eher im Dunkel zu lassen und es durch Drohung in der Hand zu halten, es durch Zeitvertreib abzulenken und durch Aberglauben in Angst und Abhängigkeit zu ›bewahren‹. Der so gestattete Vernunftgebrauch ist dann allein im Rahmen der bestehenden Verhältnisse toleriert und liefert in seiner Beschränkung noch den Anschein großzügig aufgeklärter Verhältnisse, obschon er geprägt ist vom Charakter der Repression. Es gilt, das Volk zu unterhalten und sich Futter suchen zu lassen wie eine gefährliche Herde, der man zugleich ein Minimum an Bewegung gewährt, damit sich die Kräfte nicht stauen.

Verantwortlich für die entstehenden Revolutionen ist aber nicht, wie so gern behauptet, die Aufklärung, das stets ›zersetzende‹ Verstandesdenken, sondern umgekehrt: die versagte, verhinderte Aufklärung, Unwissenheit und die geförderte Unvernunft. So konnte man in Brüssel nachbeten, was den Massen vorgepredigt worden war: »Nous ne voulons pas être libres!« (2, XV, ib. S. 564). Das aber ist keine Einsicht, sondern einzig die Folge jahrhundertealter Herrschaft, die Unmündigkeit hat erstarren lassen. Und doch, so argumentiert Forster, darf das Gute, der Fortschritt, nicht durch Gewalt und Zwang hervorgebracht werden. Schon die subjektiven Irrtümer machen einen solchen Fehler gefährlich, die Einseitigkeit, durch die gute Absichten objektiv falsch werden können. Vernunft ist dort anzuwenden, wo sie nicht zu entbehren ist, »zur Prüfung der wichtigsten Verhältnisse des Lebens« (2, XVI, ib. S. 574), aber was sich nur langsam entwickeln kann, darf nicht plötzlich und wie mit Gewalt durchgesetzt werden.

Absolute Bestimmungen wagt Forster auch hier, angesichts der fehlgeschlagenen Josephinischen Reformen, nicht zu treffen; die bloße Spekulation läuft Gefahr, das Konkrete und Aktuelle zu übersehen, die Verhältnisse zu vernachlässigen, die allein das Handeln sinnvoll machen. Was man auch hier wahr und richtig nennen will, ist wie Recht und Gesetz nicht zeitlos, sondern von der Geschichte mitbestimmt, von der Epoche, den lokalen Gegebenheiten, der Eigenart der jeweiligen Erscheinungen. Das ist bei Forster nicht Relativismus, sondern Reflexion auf politische Wirklichkeit. Es läßt sich die Welt nicht zwingen, unseren Grundsätzen zuzustimmen, allein es ist unsere Schuld, wenn sie unserem Charakter, damit auch unseren Absichten, die Achtung versagt:

»Besser ist es, die Waffen für eine gute Sache nicht ergreifen, als wenn man sie einmal ergriffen hat, nicht lieber mit den Waffen in der Hand zu siegen oder zu sterben.« (2, XVIII, ib. S. 625)

Dieser Kommentar zu den Ereignissen in Brabant bezieht sich nicht auf sog. ›normale‹ Kriege, sondern auf den Ausnahmefall der gewaltsamen Krise, der Revolution, wo die plötzliche Ungebundenheit der so lange mißbrauchten Volksmassen sowohl verweigerte Rechte fordern als auch planlose Rache üben kann. Doch legt Forster Wert auf die Feststellung, daß spontane Gewalthandlungen von der grausamen Empfindungslosigkeit des Söldners in den Heeren der Fürsten noch immer übertroffen werden. Es gilt also, sich zwischen zwei Übeln, zwei Erscheinungsformen von Terror zu entscheiden, dem revolutionären und dem scheinbar legalen:

»Traurig ist die Wahl zwischen zwei großen Übeln; allein es liegt schon in der Natur der Sache, daß die Folgen der Anarchie, wie schwarz die Miethlinge des Despotismus sie auch schildern mögen, nur Kinderspiele sind gegen die Schandthaten beleidigter Sklaventreiber. Ihre Erbitterung wird giftiger durch die vermeinte Kränkung ihrer Herrscherrechte; ihr Zweck ist nicht bloß Unterjochung, sondern zugleich Rache und Strafe; sie sind immer Krieger und Henker zugleich; sie zerstören und verwüsten aus Grundsatz und nach einem vorher bedachten Plan.« (2, XX, ib. S. 662)

Damit sind die Reaktionen auf das berechtigte Vorgehen des Volkes gegen seine Peiniger, auf die gefährliche Entscheidung für gewaltsame Selbsthilfe erfaßt, die doch nur eine Folge des unerträglich gewordenen Drucks darstellte:

»er bringt den Grad von schmerzhafter Empfindung hervor, welcher selbst das Leben wagen lehrt, um nur den Schmerz los zu werden; (...)« (1, XI, ib. S. 516)

Dann erscheint jener Augenblick, den man in Paris gesehen hat, in dem »alle Gemüther reif und reizbar sind« und wo ein Mann genügt, der den Mut hat und das Wort ausspricht, das dann sofort sein Echo findet. Forster erwähnt in diesem Zusammenhang eine Stelle aus den Memoiren des Kardinals du Retz, wonach die Dauer, die Aussichtslosigkeit und die Hoffnungslosigkeit das Leiden in den Staaten perpetuiert. Zeigt sich dann eine Möglichkeit der Befreiung, was von einem bestimmten Punkt an unweigerlich eintritt, ist alles überrascht, die Menschen sind gelöst und werden mitgerissen, geraten ins andere Extrem und

»bien loin de considérer les révolutions comme impossibles, ils les croient *faciles, et cette disposition toute seule est quelquefois capable de les faire.*« (ib. S. 517)

Dazu gehört viel; ein bestimmter Druck, ein bestimmter Grad von Auflösung, Verzweiflung, der Anblick gegenwärtigen Elends, wovon das Bewußtsein nun stärker ist als die Erinnerung an die einst erfahrene Notwendigkeit, sich in einem Staatswesen zusammenzufinden und sich Gesetzen zu unterwerfen. Das Recht wird mit Gewalt hier gefordert, dort aber auch verteidigt. Viel mehr wäre zu wünschen, die Fehler einer Verfassung ließen sich ohne den Rückgriff auf Gewalt beseitigen; es gilt also, dem Staatswesen selbst schon die Richtung auf das Ziel hin zu geben. Ist die Richtung bestimmt, entstehen in wachsendem Maße Kräfte, die von der herrschenden Gewalt unabhängig sind; die Volksteile behaupten dann ihre jeweiligen Rechte, Wohlstand gibt ihnen Selbstvertrauen und notfalls eine

Art von Widerstandskraft, Stände und Stadtverwaltungen haben ihre eigene Verantwortung und eigenen Wirkungsbereich – Forster erwägt eine langsame Entwicklung, die gewaltsame Gärungen verhindert und schließlich auch zum Ziele führt (ib. S. 517f.).

Der spontanen Selbsthilfe redet Forster nicht das Wort; aber er sieht auch sofort die Kehrseite seiner Warnung: der Staat kann nicht bestehen, wenn nicht auch der Geringste Recht bekommt. Er verfolgt die Widersprüche weiter: wenn Auflehnung gegen den Landesherrn Empörung ist, dann ist der Mißbrauch der Herrschermacht das schwärzeste aller Verbrechen, denn es ist dem Staate tödlich, obschon es selten ausdrücklich verpönt wird (ib. S. 518). Forster häuft die Gegensätze, um die Schwierigkeiten zu verdeutlichen: Jeder Mißmutige kann verletztes Bürgerrecht zum Vorwand machen, um, gleichfalls privatem Ehrgeiz folgend, eine Revolution anzuzetteln, aber jeder Tyrann ist in der Lage, die Sorge für das Gesamtwohl, die Sicherheit des Staats, zum Vorwand zu nehmen, um, gleichfalls dem eigenen Ehrgeiz gehorchend, begründete Vorwürfe und gerechte Forderungen als Hochverrat zu ahnden. In Erbmonarchien kann der Fürst auf sein Recht pochen und Rebellion als Vertragsbruch bestrafen, aber die Aufständischen dürfen darauf pochen, der Erbvertrag habe bestimmte Forderungen an Fähigkeiten und Verhalten zur Bedingung gemacht. Ein schwachsinniger oder inhumaner Herrscher ändert also bereits durch sein Verhalten die Bedingungen, unter denen der Vertrag gültig wurde. Es gibt also nur Widersprüche, keine überzeitliche Norm, es gilt nur der Versuch, aufgrund einer gemeinsamen Vernunft zu immer neuem Übereinkommen zu gelangen. Der Übereinkunft geht der Streit voraus, der die Vernunft und der die Sittlichkeit der Menschen erkannbar machen kann.

Wird der Streit gewaltsam, so zeigen sich die widerstrebenden Kräfte in ihrer zerstörerischen Wirkung. Forster scheint geneigt, Katastrophen in der historisch-moralischen Welt für ähnlich sinnvoll zu halten wie solche in der Natur. Den Greueln des Krieges spricht er (versuchsweise?) den Nutzen von Gewittern zu.

Die »Selbstentzündungen der Vernunft« (ib. S. 524) sollen allerdings in Völkern mehr und anderes zurücklassen als den »erstickenden Dampf«. Er hegt Hoffnung auf zunächst nicht erkennbare positive Wirkungen, er scheint sich korrigieren zu wollen, wenn er im gleichen Zusammenhang sich zugesteht, es dürfe wohl verzeihlich sein, Begebenheiten, an deren Ablauf man nichts ändern kann, »als Schauspiele zu betrachten«. Auch hier warnt ihn die Reflexion vor möglicher Fehldeutung: es handelt sich dann nicht um beleidigende Unempfindlichkeit, um ästhetische Barbarei womöglich, es ist anders gemeint: Forster empfiehlt, so jedenfalls scheint es zunächst, »die Idee des menschlichen Elends immer gegenwärtig zu haben« (ib. S. 525), aber er warnt auch davor: denn in allem würde uns dann nur die traurige Seite entgegentreten, das Alltägliche hätte nur noch den Aspekt des Elends. Forster müht sich um Abstand, nicht den der kühlen Gleichgültigkeit, sondern um den, der den Anblick der

Dinge und Ereignisse, der die Gewalt des Negativen allein ertragbar machen kann.

Und nur darauf sollte die Analogie zu den Naturkatastrophen hinauslaufen: auch in den großen Ereignissen der Geschichte waltet eine Art von Notwendigkeit, eine Revolution bringt unvermeidlich Unglücksfälle mit sich, aber sie ist durch sie nicht definiert. Sie zu Ungeheuerlichkeiten und zu »Schandflecken der Geschichte« zu erklären (2, XIX, ib. S. 640), ist eine Armseligkeit, die zu widerlegen sich nicht lohnt. Aber den Hinweis erlaubt er sich, daß eben jene so sprechen, die

»den systematischen Mord von Tausenden, durch den Ehrgeiz kriegführender Despoten, und die langsame Vergiftung der Freuden von Hunderttausenden, durch die Erpressung unerschwinglicher Abgaben für nichts achten (...)« (ib. S. 640 f.)

Zur Beseitigung menschenunwürdiger Zustände bleibt nur die Hoffnung auf ein System von republikanischen Grundsätzen, das die Entwicklung zu einem allgemeinen Staatenbunde würde einleiten können, zu dem die Menschen sich verbrüdern müßten (1, XI, ib. S. 521). Und doch wäre auch hier der mangelnde Antagonismus, das sieht er wie Kant, mit den Folgen möglicher Erschlaffung auch eine Gefahr für die weitere Vervollkommnung. Zu ihr können aber offenbar auch die auf die Spitze getriebenen Antagonismen beitragen, Revolutionen nämlich, deren Entstehen Forster wie folgt bestimmt:

»Was Revolutionen im Staat hervorbringt, ist gänzlich unabhängig von dem jedesmaligen Grade der Einsicht des revoltierenden Volkes. Wenn seine Leidenschaften aufgeregt sind, (das geschehe nun durch den unerträglichen Druck der Tyrannei oder durch die Aufwieglungskünste boshafter und herrschsüchtiger Menschen:) dann ist die Revolution zur Reife gediehen; nur mit dem Unterschiede, daß jene besteht, weil sie einen wesentlichen Grund, eine materielle Veranlassung hat, diese hingegen wieder in ihr Nichts zurücksinkt, sobald die Täuschung aufhört.« (2, XV, ib. S. 563)

So läßt sich zwischen Revolution und Revolte unterscheiden, Behauptung des objektiven und des bloß persönlichen politischen Interesses, dem nur vorübergehender Erfolg verbürgt ist, weil die materielle Ursache als bedingendes objektives Moment ihr abgeht. Sie rechtfertigt allein die Ausnahme, als welche die Revolution doch gelten muß, sie verbürgt ihren Errungenschaften Dauer.

Inzwischen ist wohl auch klar geworden, angesichts welcher Vorgänge Forster spricht, wenn er im Zusammenhang seiner aktuellen Rheinreise von den Aufständen in den habsburgischen Niederlanden handelt, und was er seinem deutschen Publikum verständlich zu machen hofft. Im Hintergrund seiner Erörterungen steht, unausgesprochen, die Französische Revolution, für die er als eine berechtigte gegen den publizistischen Widerstand in den deutschen Ländern hier schon Partei ergriffen hat. Auch wenn die Einsicht in den Grad ihrer Berechtigung von ihm selbst als überaus schwierig erkannt wird, bleibt doch die prinzipielle Entscheidung eindeutig. Forster trifft sie im Sinn einer utopischen Erwartung, die sein geschichtsphilosophisches Denken bestimmt und die er dahingehend formuliert, daß die Ansprüche der Vernunft auf die Menschenrechte ewig und unabdingbar sind und auch aus jeder Niederlage nur wieder gestärkt hervorgehen.[6]

»Ich kann nichts dafür«, erklärt er in einem Brief an Johannes v. Müller, »daß mich meine leidige Schriftstellerei ins politische Fach pfuschen läßt; was der Buchhändler fordert, muß er haben, und heutigen Tages wird fast jede Wissenschaft auf die Politik bezogen.« (10. Sept. 1792, Werke IV, S. 741)

Ein solches Wort erklärt sich aus den Erfahrungen der Rheinreise und erklärt auch seine weiteren schriftstellerischen Arbeiten, sein Handeln und sein Denken, wie es am stärksten dann in der Folge seiner Briefe aus Paris zum Ausdruck kommt, die nicht zuletzt eine Lektion in politischer Philosophie sind, in der das Persönliche, der private Glückanspruch, den geschichtlichen Vorgängen untergeordnet werden[7]. Er erkennt aber auch, daß die Revolution ihre eigene Dynamik entfaltet und derjenige, der eben noch glauben konnte, autonom zu handeln, von dem, was er auszulösen und zu lenken glaubte, fortgerissen wird:

»(...) allein in diesem ungeheurn Strudel wird jetzt das Individuum verschlungen, das keinen Rückhalt hat, um sich geltend zu machen und vor allem keine Unverschämtheit und Zudringlichkeit. Gelehrtes Verdienst und selbst die Talente des Geschäftsmannes gelten jetzt nichts. Wer obenauf schwimmt, sitzt am Ruder, bis ihn der nächste, der für den Augenblick am stärksten ist, verdrängt. Wenn man nicht verfolgen, denunzieren und guillotinieren lassen kann, ist man nichts.« (an Therese Forster, 27. Apr. 1793, ib. S. 851)

Forster beschönigt nichts, er bemüht sich, zu begreifen, den Enthusiasmus wie den Fanatismus, den Ehrgeiz und die Opferbereitschaft, den Gemeinsinn und die Tyrannei der Fraktionen, in der sich zeigt, was Hegel mit einem unvergeßlichen Wort »die Furie des Verschwindens« genannt hat.

»So bleibt denn nichts anders übrig, als nach bestem Ermessen das Wahrscheinlichste (zu wählen), wenn es gleich in Revolutionszeiten oft heißen mag: das Unwahrscheinlichste ist das Wahrscheinlichste. Das heißt am Rande des Unsinns tanzen; nicht wahr?« (an Huber, 15. Nov. 1793, ib. S. 935 f.)

In eben dieser Zeit entstehen aber auch zwei seiner wichtigsten Arbeiten: die unvollendete »Darstellung der Revolution in Mainz« und die nach Deutschland gerichtete Brieffolge unter dem Titel »Parisische Umrisse«, in der er die Revolution auf ihren Begriff zu bringen sucht. Frankreichs Hauptstadt erscheint nun mehr denn je zuvor als die »hohe Schule der Menschenkenntniß«, sie lehrt in Kurzem, wozu man woanders Jahrzehnte benötigt und hilft nicht allein die Gegenwart, sondern auch die »Zeichen der Zukunft« zu entziffern (Werke III, S. 729).

Forster erkennt und charakterisiert unter der Maske eines französischen Publizisten, der im Namen seiner Landsleute sich nach Deutschland wendet, die Macht der öffentlichen Meinung. Er wagt auch die Definition der Umwälzung; die Tautologie ist nur scheinbar so hilf- wie begriffslos:

»Die Revolution ist – vorausgesetzt, daß Sie nach unserer generalisierten Definition lüstern sind – ist die *Revolution*. Ihnen dünkt das wohl zu einfach? oder es scheint wohl gar ins Platte zu fallen? Einen Augenblick Geduld! Lange genug haben wir uns gesträubt, das Kind bei seinem rechten Namen zu nennen; aber wer kann für Gewalt? Daß sich alles Kopf über Kopf unter *wälzt,* ist ein vollgültiger Beweis, daß der Nahme der Sache entspricht; und wer mag wissen, ob mit dieser Bewegung nicht die Exegetik eines Deutschen Schriftstellers noch künftig gerettet werden kann, der von dem großen Worte behauptet hat, daß es eigentlicher auf die *Wiederbringung* als auf die *Zerstörung* aller Dinge gemünzt seyn soll?« (ib. S. 731)

Daraus wird aber auch deutlich, daß die Vergleichsmomente fehlen und diese Revolution nur durch sich selbst zu bestimmen ist. Sie ist aber mehr als nur ein französiches Ereignis, sie ist die bedeutendste Revolution

»der sittlichen Bildung und Entwickelung des ganzen Menschengeschlechts«. (ib. S. 737)

Die Phasen der Konsolidierung der öffentlichen Meinung sieht Forster zugleich als Entwicklungsstufen der allgemeinen Vernunft, nicht zuletzt ist sie es, die dafür bürgt, daß diese Revolution nicht, wie die aus persönlichem Ehrgeiz unternommene Revolte eines Abenteurers, für die Menschheit unfruchtbar bleibt (ib. S. 742). Reflexionen aus den »Ansichten vom Niederrhein« werden hier weiterentwickelt. Die öffentliche Meinung aber, und das macht die Kraft der jungen Republik aus, ist auf den Umsturz des dieses Zeitalter mehr als je beherrschenden Geistes gerichtet, der der des Egoismus und der Selbstsucht ist.

»Sie hat der Habsucht, der Gewinnsucht, dem Geitze, mit Einem Worte, der ärgsten Knechtschaft, zu welcher der Mensch hinabsinken konnte, *der Abhängigkeit von leblosen Dingen,* einen tödtlichen Streich versetzt.« (ib. S. 745)

Die allgemein notwendig gewordene Einschränkung, die Einfalt der Sitten, die Absage an den Luxus, haben ein Gefühl der Gleichheit und gegen Geld und Eigentum eine Art von Gleichgültigkeit hervorgebracht, welche die Menschen miteinander verbindet. In dieser Gesinnung, die an die der spartanischen Republik erinnern soll, sieht Forster eine der Garantien für die Unüberwindlichkeit der Republik von 1793, die nicht mehr von der Gegenwart und Mitwirkung einzelner hervorragender Männer abhängig ist und deren Polarstern Paris ist und bleibt.

Den Wechsel von Entschlossenheit und Bitternis, Vertrauen und Resignation, persönlichem Schmerz und objektiver Einsicht, den die Privatbriefe spiegeln, enthalten diese Korrespondenzberichte für deutsche Leser natürlich nicht. Man muß beide zusammen sehen und sich klarmachen, daß die privaten Mitteilungen weniger Bekenntnis als Vergewisserung sind, Rechenschaft und der Versuch, Halt zu finden in der fortreißenden Bewegung; das Betonen einzelner Momente, Stimmungen und Erklärungen wäre durchaus falsch.

Kurz vor seinem Tode findet G. Forster ein ironisches Gleichnis für seine Lage, durch das die Ahnung seines bevorstehenden Endes durchzuklingen scheint. Er wünscht sich seine Familie her und möchte sie mit einer Zauberrute herbeiholen, weil doch die »Überkunft« das schwierigste sei. Aber, fährt er dann mit einem an Ariost sich anlehnenden Gleichnis fort,

»es sollen ja dergleichen Riesen in der Welt sein, damit wir guten Ritter nicht müßig gehen. Ich will mich mit den meinigen balgen, solange ich zusammenhalte. Danach malen sie mir's auf den Schild, wie sauer ich mir's habe werden lassen, und mit diesen preuves de civisme lasse ich mir dann vom Comité révolutionaire der andern Welt eine gute Stelle geben.« (an Therese Forster, 22. Dez. 1793, ib. S. 957)

Und noch im letzten Brief an seine Frau, wenige Tage vor seinem Tode, schon schwer erkrankt, hat er die Sache der Revolution ganz zu seiner eigenen gemacht; fast ohne Kraft, die Feder noch zu halten, stellt er doch mit Genugtuung und lakonisch fest: »– Wir haben überall ganz löwenmäßig gesiegt; (...)« (4. Jan. 1794, ib. S. 960)

Ausgangspunkt für die Behandlung der Revolutionsproblematik in den Schriften Georg Forsters muß die von ihm selbst geforderte Übereinstimmung von Denken und Praxis, von Schreiben und Handeln sein.

Die volle Entfaltung des Handel-treibenden bürgerlichen Gemeinwesens verführt ihn zur Verklärung des unabsichtlich Aufklärung befördernden, weltumfassenden kaufmännischen Unternehmergeistes; einseitig sieht er die Vernunftausbildung als eine Folge der fortschreitenden Technik und Industrie.

Insistierend auf den Antinomien der Politik, behauptet er dennoch das Recht auf einseitige Aufkündigung des contrat social, wenn die Herrschenden die von ihnen übernommenen Verpflichtungen, ihren Auftrag also, ignorieren. Damit wird auch die Revolution, an deren materiellen Ursachen er festhält, im Gegensatz zu bloßen, das System nicht verändernden, Machtkämpfen legitimiert.

Die in den »Ansichten vom Niederrhein« gewonnenen Positionen, welche die Französische Revolution bereits voraussetzen, werden in den späteren Schriften, vor allem in den letzten Publikationen, weiter begründet und ausgebaut. Was in Frankreich geschieht, ist in seinen Augen kein nur französisches Ereignis mehr, sondern eine neue Etappe in der Geschichte der Menschheit. –
Es ist wohl nicht willkürlich, ein paar Sätze aus Hegels fragmentarischer Einleitung in die sog. Verfassungsschrift (1799/1800) als Kommentar zu lesen; Hegel schreibt:

»Das Gefühl des Widerspruchs der Natur mit dem bestehenden Leben ist das Bedürfnis, daß er gehoben werde‹. und dies wird er, wenn das bestehende Leben seine Macht und alle seine Würde verloren hat, wenn es reines Negatives geworden ist.«

Nachdem er so den Moment der Revolution bestimmt hat, fährt Hegel fort:

»Alle Erscheinungen dieser Zeit zeigen, daß die Befriedigung im alten Leben sich nicht mehr findet; es war eine Beschränkung auf eine ordnungsvolle Herrschaft über sein Eigentum, ein Beschauen und Genuß seiner völlig untertänigen kleinen Welt, und dann auch eine diese Beschränkung versöhnende Selbstvernichtung und Erhebung im Gedanken an den Himmel.

Einesteils hat die Not der Zeit jenes Eigentum angegriffen, andernteils ihre Geschenke in Luxus die Beschränkung aufgehoben, und in beiden Fällen den Menschen zum Herrn gemacht, und seine Macht über die Wirklichkeit zur höchsten. Unter diesem dürren Verstandesleben ist auf einer Seite das böse Gewissen, sein Eigentum, Sachen, zum Absoluten zu machen, größer geworden, und damit auf der andern das Leiden der Menschen; und ein besseres Leben hat diese Zeit angehaucht.« (Politische Schriften, Frankfurt a. M. 1966, Theorie 1, S. 17)[8]

Der Moralist der Französischen Revolution: Nicolas Chamfort

I.

Um die Bedeutung dieses zu wenig bekannten Mannes etwas besser zu begreifen, muß man sich klarmachen, daß dieser Zeitgenosse Lichtenbergs, der auch Theaterstücke, Akademiepreisschriften und Bilder aus der Revolution, offenbar auch einen verlorenen kleinen Roman, verfaßt hat, in einer Tradition steht, die es so nur in Frankreich gegeben hat: die der Moralisten, wie man sie nennt, also der Schriftsteller, die sich als Philosophen und Psychologen um den Menschen und die Gesellschaft bekümmert, gekümmert haben, die also sein Verhalten und seine Verhältnisse, die Bedingungen seines moralischen Handelns, seine Sitten, Gewohnheiten und Vorurteile, Tugenden, Laster, Leidenschaften immer wieder neu beschrieben, überprüft, gewogen und gewöhnlich einiges davon zu leicht befunden haben. In Deutschland muß man außer Lichtenberg auch Seume, der ihm, Chamfort, zuweilen überraschend nahe kommt, und Klinger nennen, F. Schlegel und Novalis, Nietzsche und andere, in Italien Guicciardini und Leopardi; der spanische Schriftsteller B. Gracian freilich steht am Anfang auch der französischen Tradition, wenn man nicht schon Montaigne als diesen Anfang bezeichnen will.

Aber es ist nicht eigentlich die Form des frei verfahrenden Essays, die hier bedeutsam wird, sondern eine andere, die neben Portrait, Dialog und Anekdote entwickelt wird: die knappe Maxime als Verhaltensanweisung, die Sentenz als Einsicht, der Gedanke wie die Reflexion als Frucht der Erfahrung. Solche Sätze in kurzer Fassung von einer knappen Feststellung und ironisch-spielerischen Entgegensetzung bis zur kurzen Erläuterung, durchgefeilt, straff, pointiert, oft witzig, sarkastisch und entlarvend, bezeichnen wir ganz allgemein als Aphorismen. Es handelt sich um aus größeren Denkzusammenhängen Abgegrenztes und Ausgesondertes, – Konzentrat. So wie früher, als es noch keine oder nur wenige, sehr teure Bücher gab, Aphorismen den Lehrgehalt wissenschaftlicher oder philosophischer Herkunft für den Lernenden, Studenten, dann auch den Leser resümierten – von Hippokrates bis hin zu Alexander von Humboldt – so wird hier, nicht als Anweisung, Lehrsatz und These, die auf einen systematischen Zusammenhang zurückverweist, das Ergebnis von Beobachtung und Erfahrung zusammengefaßt, durchaus unsystematisch, auf Subjektivität gegründet, nicht logisch ableitend, nicht ausführlich argumentierend und beweisend, wie die Wissenschaft es will, sondern viel eher wie im lebhaften Gespräch – kein Wunder, daß eine so gesellige Nation wie die französische die meisten bedeutenden Moralisten, ja als einzige eine wirkliche Tradition dieser eigentümlichen Gattung besitzt. Die persönliche

Einsicht wird als allgemeingültig hingestellt, partielle Erfahrung als das grundsätzlich Gültige – und sei es eben nur die wiederholte Erfahrung, daß nichts grundsätzlich gültig sein könne. So kann es auch innerhalb der Aphorismenfolge eines einzelnen Schriftstellers zu Widersprüchen kommen: Teilansichten haben eine Formulierung hervorgebracht, die sie zu allgemeinen Bestimmungen werden ließen. Aber solche Widersprüche sind dem Autor durchaus bewußt; er setzt voraus, daß der Leser nicht unbefragt und unbesehen jede aphoristisch formulierte Einsicht übernimmt, sondern daß er sie als Denkanstoß aufnimmt, daß er sich ihr nicht anvertraut, sondern überprüft und das eigene so provozierte Denken in Bewegung setzt. Als Produkte des Selbstdenkens sollen die Gedanken, Maximen und Sentenzen das Selbstdenken des Einzelnen in Bewegung versetzen oder doch die Aufmerksamkeit wecken, die Bereitschaft, statt Gelesenes zu übernehmen – oder nur Gehörtes – Erfahrungen selbst zu machen und zu formulieren.

Deshalb haben wir es mit einer durchaus empirischen Denkweise zu tun, und schon die Unendlichkeit des Erfahrungsbereichs und die Vielfalt der Subjektivitäten erklärt, was der einfacher Denkende als störenden Widerspruch empfinden mag. Zur Kontinuität des empirischen Denkens tritt die des Stils, den das literarische 17. Jahrhundert seit La Rochefoucauld im Salongespräch ausbildet, ein Stil, der die Unverschämtheit delikat, die Provokation höflich, die Vernichtung geistvoll erscheinen läßt. Der Erfahrungsbereich ist die Welt, le monde, nur daß eben französisch monde vor allem die Welt der Menschen, also die Gesellschaft ist. Es gibt außer Rousseau kaum einen Schriftsteller in Frankreich, der die Gesellschaft verneint und die Einsamkeit aufsucht. Deshalb sind der Umgang mit Menschen, Freundschaft, Liebe, Ehe, Recht, Politik und Literatur in diesen Denkreihen miteinander verknüpft. Aber die Verknüpfung ist keine systematische, sondern die der Erfahrung, die das Subjekt zu machen bereit ist. Das unabgeschlossene Ganze findet nun zur scheinbar nur fragmentarischen Form. In ihr kristallisiert sich nicht die Methode, sondern der Einfall. Der »esprit de finesse« siegt über den »esprit de géométrie« (Pascal). Elegante Satire und ironische Empfindsamkeit, frivole Freiheit und eine nachlässige Gespanntheit finden hier ihren Ausdruck, sicherlich auf der Basis des Einfalls im Spiel des Gesprächs, dann aber durchgefeilt und verknappt und verschärft und zu jener Gedrängtheit gebracht, die manche der Gedanken und Reflexionen oft unübersetzbar werden läßt für eine Sprache, die diesen Konversationston niemals hat voll entwickeln können.

II.

Freilich wäre es falsch zu meinen, daß, weil die Schriftsteller, die wir in einem engeren Sinne die großen Moralisten nennen, einen fast unveränderlich erscheinenden Menschentyp vor sich sahen, die Gattung selbst kaum eine Veränderung, keine Entwicklung zeigte. Keineswegs fügt sich Vauvenargues bruchlos dort an, wo La Rochefoucauld aufgehört hat, als wolle er ihn ergänzen, vielmehr widerspricht er ihm, ohne ihn ausdrücklich zu widerlegen. Auch Chamfort, der einer anderen Situation gegenübersteht, dessen kombinierender und entlarvender Witz eine neue, nämlich aggressive Qualität gewinnt, greift zuweilen auf seine Vorgänger zurück, spielt auf sie zitierend an, um den Gedanken neu zu wenden. F. Schlegel nannte ihn einen »Zyniker im Sinn der Alten«, er habe »den kleinen Ruhm eines großen Schriftstellers« verachtet. Seine Bemerkungen sind ihm »ein Buch voll gediegenem Witz, tiefem Sinn, zarter Fühlbarkeit, von reifer Vernunft und fester Männlichkeit, und dabei auserlesen und von vollendetem Ausdruck: ohne Zweifel, das höchste und erste seiner Art.« Und mit dem Blick auf die von ihm bedauerte Mitwirkung bei der französischen Revolution bemerkt Nietzsche, Chamfort habe sich dadurch sozusagen an sich selber rächen und Buße tun wollen; willkürlich und einseitig ist seine Deutung:

»Er ertrug seinen eigenen Anblick, den Anblick des ›alten Menschen‹ unter dem alten Régime nicht mehr; er geriet in eine heftige Leidenschaft der Buße (...) Gesetzt, Chamfort wäre damals um einen Grad mehr Philosoph geblieben, so hätte die Revolution ihren tragischen Witz und schärfsten Stachel nicht bekommen; sie würde als ein viel dümmeres Ereignis gelten und keine solche Verführung der Geister sein. Aber der Haß und die Rache Chamforts erzogen ein ganzes Geschlecht: und die erlauchtesten Menschen machten diese Schule durch.« (»Die fröhliche Wissenschaft« 2. Buch, Nr. 95).

Aber Nietzsche übersieht damit gerade das, was Chamfort von seinen Vorgängern unterscheidet und ihm eine besondere Bedeutung verleiht: die gesteigerte Aufmerksamkeit auf die politische Welt, das soziale Unrecht, die Auflösung des so lange als exemplarisch betrachteten höfischen Daseins, herrschendes Unrecht, Korruption und Dummheit, die aufhört nur lächerlich zu wirken, wo sie beginnt zur öffentlichen Gefahr zu werden.

Schon vor Ausbruch der Revolution hat sich Chamfort deshalb von manchen seiner adligen Freunde, nachdem er sie vergebens gewarnt hatte, getrennt und sich zurückgezogen, die Revolution findet ihn dann wieder in der Öffentlichkeit, er ist für Mirabeau tätig, verfaßt Reden und Aufrufe, bon-mots von ihm werden zu allgemeinen Parolen, aber er hat sich in diese Welt der politischen Leidenschaften schließlich begeben, um mit seinem Freimut, seiner Freiheitsliebe unter der Tugendherrschaft Robespierres umzukommen, freilich nicht unter der Guillotine, sondern in Folge der Verletzungen, die er sich selbst beigebracht hatte, um sich der drohenden Verhaftung zu entziehen.

Will man den Notizen glauben, die erst aus dem Nachlaß und nach dem Sturz Robespierres herausgegeben wurden, dann hatte er mit dem Dasein bereits abgeschlossen; der Rückzug aus der Gesellschaft, aus der Öffentlichkeit bereitete den aus dem Leben vielleicht nur vor: Auf die Frage, warum er, der erfolgreiche Schriftsteller, Mitglied der Akademie, dem Publikum nichts mehr biete, notiert er verschiedene, sich ergänzende Antworten, darunter die folgenden:

»Weil man mich zu arbeiten aus den gleichen Gründen auffordert, aus denen man sich an das Fenster stellt und hofft, in den Straßen einen Affen vorbeilaufen zu sehen oder Leute, die einen Bären vorüberführen.

Weil, wie Bacon erklärte, Ruhm und Ruhe niemals zusammen gehen.

Weil ich so weit bin, nur noch denen gefallen zu wollen, die mir ähnlich sind«[1].

Es scheint dies eine Art von Weltverachtung zu sein, die von Hochmut nicht frei ist. Aber Stolz und Hochmut sind auf den ersten Blick nicht ganz genau zu unterscheiden. Und wenn es bei einem Philosophen zum Stolz kommt, so kommt es, nach einem Wort Nietzsches, zu einem sehr großen Stolz. Dies ist wohl auch der des Chamfort, der auch zu stolz war, in das Gefängnis sich bringen zu lassen und nur als freier Mann sterben wollte.

III.

Ein immer wiederkehrendes Motiv Chamforts ist das des Gegensatzes von Natur und Gesellschaft, ja eigentlich schon der Verkehrung von aller Natur durch die gesellschaftliche Entwicklung, wobei Natur in erster Linie die Natur des Menschen bedeutet. Dahinter steht natürlich Jean-Jacques Rousseau.

So heißt es in den »Allgemeinen Grundsätzen«:

»Im allgemeinen, wenn die Gesellschaft kein künstliches Gebilde wäre, so würde nicht jede einfache und wahre Empfindung eine solche Wirkung hervorrufen, wie es doch geschieht. Sie würde gefallen ohne Staunen zu erregen; doch weckt sie Staunen und sie gefällt. Unsere Überraschung ist die Satire auf die Gesellschaft, unsere Freude eine Huldigung an die Natur.«

Aber diese Entartung hat auch ihre Vorteile, sie macht den beweglicher und wendiger, witziger, der nicht an der allgemeinen Verschlagenheit teilhaben will:

»Wer nicht bei Gelegenheit auf den Scherz zurückzugreifen weiß, wem die Beweglichkeit des Geistes fehlt, findet sich oft genug vor der Notwendigkeit, falsch zu sein oder pedantisch: Lästige Alternative, der sich der Vornehme gewöhnlich mit etwas Anmut und Heiterkeit entzieht.«

Der Vornehme, der ist der honnête homme, der gebildete und kluge Mann, der philosophische Kopf, der in der Welt noch über ihr steht, in ihr nur seine Rolle spielt, ohne je die Differenz zwischen dem moi, dem Selbst, und der Rolle zu vergessen. Er verachtet die Welt nicht, er weiß aber wann er sich ihr zu entziehen hat.

»Ein vornehmer Mann muß die allgemeine Achtung besitzen ohne daran gedacht zu haben und sozusagen gegen seine Absicht. Wer sie gesucht hat, der zeigt, was er wert ist.«

In dieser Welt geistreich zu sein, ist nicht sehr schwer: man muß nur die überall waltenden Widersprüche erfassen und sichtbar machen – die Einsicht in die Wirklichkeit, nicht mehr, läßt den, der sie gewonnen hat, schon als geistreich erscheinen. Er dankt seinen Ruf der von ihm erkannten Situation. Chamfort drückt dies so aus:

»In Frankreich scheint jedermann geistreich zu sein. Die Erklärung ist leicht zu geben: weil hier alles eine Folge von Widersprüchen ist, genügt die geringste Aufmerksamkeit, um diese sichtbar zu machen und zwei widersprüchliche Dinge zusammenzustellen. Das ergibt ganz natürliche Gegensätze, und wer sie gefunden hat, der erscheint als sehr geistreich. Erzählen heißt schon Grotesken berichten. Ein schlichter Berichterstatter wird zum großen Spötter. So wird auch eines Tages der Historiker als satirischer Autor erscheinen.«

So also ist die Wirklichkeit zur Satire dessen entartet, was eigentlich sein sollte, nicht die Verzerrung oder die Übertreibung ist nötig für den satirischen Effekt – es genügt das bloße Zitat.

Hier wird denn auch deutlich, warum Chamfort, anders als Vauvenargues, La Rochefoucauld und andere, Anekdoten niedergeschrieben hat. Ganz zu Unrecht hat man sie als Zusatz, als nur sehr witzige Ergänzung seiner Maximes, Pensées, Caractères gewertet, die man zur Not auch weglassen könnte, als seien es boshafte Schlaglichter zum schon Gesagten. Aber das trifft wohl nicht den wahren Sachverhalt.

Allerdings kann man die Folge von Anekdoten sehr gut als Ergänzung zum eigentlichen Gedanken- und Aphorismenbuch Chamforts lesen, aber als eine Ergänzung, die überaus wichtig ist. Sie liefert eben den Beweis dafür, daß Wirklichkeit selbst schon Satire geworden, und daß es genügt, sie zu zitieren, um sie zu entlarven. Die Anekdoten sind weitgehend das entlarvende Zitat.

Die Anekdoten geben sich als die knappen Berichte von tatsächlichen Vorfällen.

»C'est un fait avéré, que Madame, fille du roi, jouant avec une de ses bonnes, regarda sa main, et, après avoir compté ses doigts: ›Comment, dit l'enfant avec surprise, vous avez cinq doits aussi, comme moi?‹ Et elle recompta pour s'en assurer.«[1]

Oder auch die folgende, die wirklich nur noch Zitat ist und das Extrem des Adelshochmuts erfaßt:

»M. de Brissac, ivre de gentilhommerie, désignait souvent Dieu par cette phrase: ›Le gentilhomme d'en haut.‹«[2]

Monarchie und Republik werden im Lauf eines Streitgesprächs konfrontiert, Bürgerstolz steht gegen Feudalverhältnisse, in denen der Einzelne nichts ist als der Diener seines Fürsten:

»Dans un disspute que les représentants de Genève eurent avec le chevalier de Bonteville, l'un d'eux s'échauffant, le chevalier lui dit: ›Savez-vous que je suis le représentant du roi mon maître? – Savez-vous, lui dit le Genevois, que je suis le représentant de mes égaux?‹«[3]

Deshalb ist der Hof von Versailles schon längst nicht mehr der Ort, wo man es als Ehre empfinden darf, sich dort aufzuhalten. Das Gegenteil ist der Fall:

»Un homme d'esprit définissait Versailles, un pays, où, en descendant, il faut toujours paraître monter, c'est-à-dire s'honorer de fréquenter ce qu'on méprise.«[4]

Die Verkehrung zeigt sich auch in der Pervertierung aller moralischen Maßstäbe bei den Herrschenden.

»On avisait dans une société aux moyens de déplacer un mauvais ministre, deshonoré par vingt turpitudes. Un de ses ennemis connus dit tout à coup: ›Ne pourrait-on pas lui faire quelque opération raisonnable, quelque chose d'honnête pour le faire chasser?‹«[5]

In einer anderen Anekdote wird von einer bei Hofe einflußreichen Herzogin berichtet, die ihrem Günstling eine gute Stelle im Dienste der Kirche verschafft hat. Doch man beklagt sich bald darauf bei ihr, der Mann tauge nicht viel. »Das ist mir ganz recht, daß er nicht sehr gut ist«, erwidert sie gelassen, »dann sieht man erst, wie weit mein Einfluß reicht.«

IV.

Der Hof hat aufgehört, der Mittelpunkt der Welt zu sein. Der Salon scheint weniger eine vermittelnde und integrierende Funktion auszuüben, er ist, wohl seit dem der Mme Deffand, in dem Diderot und D'Alembert verkehrten, in immer stärkeren Widerspruch zum Hof getreten. Der englische Schriftsteller Horace Walpole hatte bereits erkannt, daß die ›philosophes‹ Leute sind, die dabei sind, Gott, die Monarchie und vieles andere abzuschaffen, d. h. sie beschäftigen sich damit, die Revolution vorzubereiten. Nicht ohne Bestürzung berichtet er dies einer Freundin aus Paris. Aber im Gegensatz zu ihm hat Chamfort erkannt, daß die Dinge notwendig dahin treiben, die Gegensätze sind schon da, sie werden von den Einsichtigen nur beim Namen genannt.

»Die Gesellschaft besteht aus zwei großen Klassen: die einen haben Mahlzeiten, größer als ihr Appetit, die anderen haben Appetit, größer als ihre Mahlzeiten.«

Der Hof, das ist das Resumé der Welt, der Kampf aller gegen alle, der Wettlauf zum Platz in der Sonne der höchsten Gnade, die Angst aber auch, diesen Platz wieder zu verlieren.

»Wie viele Torheiten auch die Physiognomen unserer Tage geschrieben haben, so ist es doch gewiß, daß unsere Denkgewohnheiten auf die Gesichtszüge einwirken können. Eine Unzahl von Hofleuten hat einen schielenden Blick, und das aus eben dem Grunde, aus dem die meisten Schneider krumme Beine haben.«

Das Entwürdigende der höfischen Existenz hält er in einer verachtungsvollen Sentenz fest: »Die Höflinge sind Arme, reichgeworden durch den Bettel.«

Chamfort hält das scheinbar Unveränderliche in seiner Tragweite fest, die Tradition gewordene Absurdität scheint ihn pessimistisch zu machen:

»Beachtet man, daß es das Ergebnis der Arbeit und Aufklärung von dreißig oder vierzig Jahrhunderten gewesen ist, dreihundert Millionen Menschen, die über den Erdball verstreut sind, an einige dreißig Despoten auszuliefern, von denen der größte Teil unwissend und dumm ist und deren jeder noch von drei oder vier Verbrechern gelenkt wird, die zuweilen auch noch töricht sind; was soll man von der Menschheit denken und was von ihr für die Zukunft erwarten?«

Aber in Wahrheit ist diese Situation nicht unveränderlich, seine Fragen werden deshalb in zunehmendem Maße aggressiv:

»Man verfertigt Bücher über die Interessen der Fürsten, man spricht davon, die Interessen der Fürsten zu studieren: hat jemals ein Mensch davon gesprochen, die Interessen der Völker zu studieren?«

Noch aggressiver dann die Bemerkung über die Funktion des Adels:

»›Der Adel‹, so sagen die Aristokraten, ›vermittelt zwischen dem König und dem Volk‹. ... ja, wie der Jagdhund vermittelt zwischen dem Jäger und dem Hasen.«

Die Herrschaft dient nicht den Völkern, sondern verfolgt nur noch das Ziel, sich selbst auf skrupellose Weise zu erhalten, indem sie den Völkern das vorenthält, was sie selbst gefährden würde:

»Der größte Teil der sozialen Einrichtungen hat offenbar zum Ziel, den Menschen in einer Mittelmäßigkeit des Denkens und des Empfindens zu halten, die ihn zum Herrschen oder Beherrschtwerden gefügiger machen.«

Gegen die Anmaßungen und die Bevorrechtung der Herrschenden, die ihre eigenen Ziele auf Kosten der Rechte der unterdrückten Majorität behaupten, setzt Chamfort die Solidarität der Beherrschten und fordert zur Entscheidung auf:

»›Ich bin alles, der Rest ist nichts‹ – das ist die Despotie, die Aristokratie und ihre Parteigänger. ›Ich bin der andere, der andere ist ich‹ – das ist die Herrschaft des Volkes und ihre Anhänger. Entscheidet danach!«

Wie wenige der Zeitgenossen und wie keiner der Moralisten vor ihm erfaßt Chamfort die politische und soziale Wirklichkeit am Vorabend der Revolution. Er weiß, daß es an der Zeit und unerläßlich ist, die menschliche Gesellschaft neu zu begründen. Das soziale Gleichgewicht ist erschüttert, wenn sieben Millionen Menschen um Almosen bitten und zwölf Millionen »nicht imstande sind, es zu gewähren.«

V.

Er ist auch unter den Moralisten derjenige, der das allgemein Gehaltene, die Generalisierung der Maxime, in einem gewissen Grade aufgibt und an die Stelle des üblichen ›man hat‹, ›man weiß‹, ›man hat erfahren‹, das persönliche Subjekt setzt. »Ich habe gesehen ...« so heißt es nun, »ich habe gehört ...«. Er selbst ist es, der Erfahrungen macht und diese reflektiert, ein Prozeß der Desillusionierung hat eingesetzt, der zurückschlägt auf das Verhalten des Subjekts, das ohne abzustumpfen, fester wird:

»Die ersten Gegenstände schmerzlicher Erfahrung wurden mir zum Panzer für die folgenden.«

Nicht das stoische Ideal der Ungerührtheit gilt ihm, sondern das der Freiheit von den Dingen, den Leidenschaften, den Trieben und Verlockungen des Daseins, die in ein falsches Leben führen, in vielfältige Formen der Unfreiheit:

»Die Natur hat mir nicht gesagt: ›Sei nicht arm‹, noch weniger: ›sei reich‹, sondern sie ruft mir zu: ›Sei unabhängig!‹«

Und die Erklärung für diesen Appell findet sich nur wenig später: »Wer keinen Charakter hat, ist kein Mensch; er ist nur eine Sache.« Das aber heißt auch, den Willen Subjekt zu sein und zu bleiben, mit allen Kräften und um jeden Preis zu behaupten, notfalls auch um den des Lebens. Diese Art von Widerstand ist gefährlich für den Einzelnen, der ihn übt, aber doch auch für die herrschenden Kräfte, die sich in Frage gestellt sehen:

»Es gibt eine Art von Freude in Verbindung mit dem Mut, sich über das Glück hinaus zu wagen. Das Geld zu verachten, heißt einen König entthronen: hier liegt der Reiz.«

Das bedeutet auch: wer nicht käuflich ist, entlarvt, was die Gesellschaft gern als Geheimnis bewahrt wissen möchte, ja, er stellt den Wert des Geldes selbst in Frage und tritt aus dem allgemeinen Verblendungszusammenhang heraus.

Dadurch aber isoliert er sich. So ist retraite, Rückzug, Einsamkeit und Verzicht auch eines der Themen Chamforts, und was er dazu äußert, geht wiederum auf seine eigenen Erfahrungen zurück. Wiederum spricht er von sich, auch wenn er dies der äußeren Form nach verschleiert, etwa indem er einen anonymen Monsieur M. das Wort nehmen läßt.

»›Ich sah in dieser Welt‹, sagte M. ›nur Mahlzeiten ohne Verdauung, festliche Tafeln ohne Vergnügen, Unterhaltungen ohne Vertrauen, Bindungen ohne Freundschaft und Beischläfereien ohne Liebe.‹«

Oder, pointierter auf seine Situation am Vorabend der Revolution bezogen, erwähnt er einen Philosophen, was wir im Sinne des 18. Jhds. mit »philosophischer Kopf« wiedergeben sollten, dem man seinen zu weit getriebenen Hang zur Zurückgezogenheit zum Vorwurf machte und der darauf folgendes erwiderte:

»In der Welt strebt alles, mich herabzuziehen, in der Einsamkeit ist alles bestrebt, mich zu erhöhen.«

Natürlich stößt eine solche Haltung, gleich in welcher Gesellschaft, auf Unverständnis oder Mißtrauen. Deshalb notiert Chamfort die folgende Formulierung: »›Ich bitte Sie zu glauben‹, sagte M. zu einem sehr reichen Manne, ›daß ich nicht nötig habe, was mir fehlt.‹« Bedürfnislosigkeit macht nicht reich, aber sie macht – unabhängig.

Und so kommt es wieder zu dem sehr großen Stolz des Philosophen. Wie die Anekdote von einem Anonymus wird der Anspruch des Monsieur M. überliefert, dem man gesagt hatte, er sei doch sehr darauf aus, geachtet zu werden:

»Er gab eine Antwort, die mich sehr überraschte: ›Nein, ich achte mich selber, das aber trägt mir zuweilen die Achtung der anderen ein.‹«

Ein letztes Beispiel, in dem Subjektivität und neue Humanität im Zeichen der Unabhängigkeit verknüpft werden:

»Ich fragte M., warum er verschiedene Stellungen abgelehnt habe, und er gab mir zur Antwort: ›Ich will nicht teilhaben an dem, was eine Rolle an die Stelle eines Menschen setzt.‹«

Was negativ als Rückzug und Resignation erscheint, ist positiv die Verweigerung und der in ihr verschwiegen geübte Protest. Es ist dies zugleich auch die Entscheidung, entfremdenden Lebensverhältnissen sich nicht zu unterwerfen.

Dazu gehört, daß es ihm gelingt, durch die Konsequenz seiner Haltung sich den Respekt auch derjenigen zu erringen und zu bewahren, die sich von ihm unterscheiden, weil ihre Einsicht eine andere ist, was sich auch dadurch erklärt, daß sie für ihr Dasein sich anderen, d. h. den falschen Maßstäben verschrieben haben. In einer scharfen Antithese wagt es Chamfort, diesen Unterschied auf schlagende Weise zu erklären:

»›Sehen Sie nicht‹, erklärte mir M., ›daß ich alles nur durch die Meinung bin, die man von mir hat; daß ich, wenn ich mich bücke, meine Stärke preisgebe und daß ich stürze, wenn ich nur hinuntersteige?‹«

Man könnte, hieran anknüpfend, das Entstehen eines neuen, der Feudalgesellschaft stolz entgegengesetzten, eher philosophisch geprägten als notwendig bürgerlichen, elitären Selbstbewußtseins nachzeichnen, in dem auch Entlehnungen aus der Antike – man denke nur an Plutarch – nicht fehlen. Sie nehmen Momente jenes heroischen Bezugs zur republikanischen Antike vorweg, die dann in der Revolution selbst, nur scheinbar überraschend, erkennbar werden. Doch hat ihm kaum jemand einen solch entschiedenen und frühzeitigen Ausdruck verliehen wie Chamfort dies getan hat. Er hat diese Haltung dann auch während der Revolution, noch in den Zeiten der terreur, nicht aufgegeben. Das brachte ihn nicht zum Scheitern, aber zum Freitod. –

VI.

»›Ich vermag mir selbst genug zu sein‹, sagte M., ›und, wenn es darauf ankommt, kann ich wohl auch ohne mich‹; damit meinte er, daß er ohne Wehmut sterben würde.«

Das aber bleibt nicht nur verbal; der spöttische Beobachter und Kommentator der Gesellschaft des ancien régime, der leidenschaftliche Freund der Freiheit und kritische Parteigänger der Revolution, von der er nichts zu profitieren, vieles aber zu verlieren hatte, war wohl bereit, Ansehen und Wohlleben seiner Unabhängigkeit, nicht aber diese den Parteikämpfen und den Leidenschaften des Tages zu opfern. Die Würde des Subjektes zu bewahren, war ihm wichtiger als kritiklose Loyalität den Auswüchsen der Revolution gegenüber, wie sehr er auch deren Ursachen zu begreifen in der Lage war.

So fehlt denn auch die Anklage, es fehlt das Pathos; Chamfort ist eher nüchtern und überdies nicht fähig, irgendjemand persönlich für die Unzulänglichkeit und die Schwächen des Menschen verantwortlich zu machen. Auch hat er das Vertrauen in ›Aufklärung‹ und das, was sie zu bewirken, zu verändern vermöchte, nicht ganz verloren. Zu gut weiß er, was versäumt worden ist, wieviel Egoismus, amour-propre, aber auch Blindheit, Ehrgeiz, Herrschsucht und Torheit noch den Zuständen zu verdanken waren, die es doch zu beseitigen galt. Die Enttäuschung über den Verlauf der Revolution macht ihn nicht blind, sie verführt ihn nicht dazu, die Herren von gestern im Nachhinein von der Verantwortung freizusprechen. »Die Gottesgelehrten haben immer das Ziel vor Augen, die Menschen zu verblenden, die Anhänger der Regierungen verfolgen immer den Zweck, sie zu unterdrücken; sie setzen einfach voraus, daß die große Mehrheit der Menschen zur Dummheit verurteilt ist, wie eine rein mechanische und körperliche Tätigkeit sie mit sich bringt; sie setzen voraus, daß die Handwerker sich nicht zu den Kenntnissen aufschwingen können, die erforderlich sind, um den Menschen- und Bürgerrechten Geltung zu verleihen.«

In der Tat ist, was hier gefordert wird, wir wissen es bis heute noch, eigentlich sehr viel. Aber, so führt Chamfort weiter aus, man solle einmal voraussetzen,

»man hätte ein Viertel der Zeit und der Mühe, die darauf verwandt wurden, die untersten Klassen zu verdummen, dazu benutzt, sie aufzuklären, setzen wir voraus, man hätte ihnen nicht einen unverständlichen und unsinnigen Katechismus der Metaphysik in die Hand gedrückt, sondern statt dessen einen gewählt, der die ersten Prinzipien der Menschenrechte und der Pflichten enthielt, die auf diese Rechte gegründet sind, man wäre erstaunt, zu welchem Ziel sie auf diesem Wege (...) gelangt wären«.

Man hat ihnen leider nur Geduld, Selbstverleugnung und Erniedrigung, die den Herrschenden so willkommen sind, beigebracht, nicht aber ihre Rechte und die Pflicht, sie zu verteidigen. Hätte man dies aber getan,

»so würde man gesehen haben, daß die Natur, die die Menschen der Gesellschaft zugebildet hat, ihnen auch all den gesunden Menschenverstand mitgab, der unerläßlich ist für die Errichtung einer vernünftigen Gesellschaft«.

Goethes Tagebücher als Lektüre

Fast sechzig Jahre lang hat Goethe bis zu seinem Tode Tagebuch geführt, von 1806 an regelmäßig, vorher in unregelmäßigen Abständen, mit längeren Pausen dazwischen und in verschiedenen Zeiten auch zu verschiedenen Zwecken: so entsteht das Tagebuch der Italiänischen Reise als eine Folge von vertrauten Briefen an Frau von Stein, aus denen die autobiographische Darstellung erst sehr viel später entfaltet wird. Genau so liegen der »Kampagne in Frankreich« und der »Belagerung von Mainz« als autobiographischen Schriften die Tagebücher als Material zu Grunde. Desgleichen gehen die »Tag- und Jahreshefte«, 1822 begonnen, auf eine zusammenfassende, knappe Redaktion der früheren Tagebucheintragungen zurück.

Zunächst sind die Tagebücher natürlich eine wichtige autobiographische Ergänzung zu den Briefen und Gesprächen: in der Weimarer Ausgabe füllen sie als die III. Abteilung allein dreizehn Bände! Sie sind aber viel weniger ›literarisch‹ als diese und auffällig außerdem durch die starken Unterschiede in Ton und Eigenart, die wir allerdings in Goethes Korrespondenz wiederfinden können und die mit der großen Entwicklung dieses Daseins zusammenhängen. Nur treten diese Unterschiede in den Tagebüchern noch deutlicher hervor. Streckenweise rein dokumentarische Alltagsnotizen, werden sie manchem nur als Dokumentation zusätzlicher Art erscheinen, als ein trüber Spiegel seines Daseins, in den zu blicken wenig Freude macht. Wer sie ›lesen‹ möchte, wird sich abgestoßen fühlen. So erklärte ein früherer Herausgeber, es handle sich um einen Stoff, »den zu behandeln kein Vergnügen ist«.[1] Entsprechend sind sie auch meist nur zur biographischen Kontrolle benutzt worden[2], und schon in dieser Hinsicht sind sie lehrreich genug: In der Frühzeit von Weimar sind es die unmittelbaren Reaktionen auf bestimmte Lebenserfahrungen, die dem Tagebuch anvertraut werden; die Aufzeichnungen sind bekenntnishaft und dementsprechend geprägt von der leidenschaftlichen, sorglosen, fast unkontrolliert heftigen Sprache des jungen Goethe. Schon um das dreißigste Jahr beginnt der Ausdruck sich zu verändern: Vergewisserung und Kontrolle seiner selbst treten deutlich hervor, damit wird die Haltung bewußter, der Ton nüchterner. Im höheren Alter aber wird das Tagebuch zur fast geschäftsmäßigen Buchführung: die Amtssprache herrscht vor, mit der Goethe auch das eigene Dasein der Verwaltung überantwortet[3], die Registrierung von Post, Lektüre, Gästen und Gesprächen, von Wetter, Ausflügen und Reisen, Plänen, Beschäftigungen und abgestatteten Besuchen, das ist der Inhalt der Tagebücher geworden, von denen wir mit Recht annehmen dürfen, daß sie nie zur Veröffentlichung, sondern nur zur Selbstkontrolle bestimmt waren. Der veränderte Ton wird auch damit zu verstehen sein, daß Goethe seit 1797 wieder diktiert; nur zwischen 1813 und 1815 notiert er wieder eigenhändig.

Die Unmittelbarkeit ist verloren: statt dessen herrscht eine zuweilen fast erschreckende Kühle und Distance. Sie kontrastiert mit der kaum gebändigten Heftigkeit und schwelenden Unruhe der ersten Weimarer Jahre. So zeichnen sich zwei Höhepunkte der Tagebuchführung ab: die der ersten Jahre in Weimar und die der letzten vier, fünf Jahre seines Lebens. Dazwischen liegen dann freilich die ›besonderen‹ Tagebücher, wie das der Italiänischen Reise. Vom Bekenntnis über die langsam errungene absichtsvolle Kontrolle zur sachlichen Vergegenwärtigung durch Reflexion und registrierende Notiz verläuft die Entwicklung, soweit sie im Journal sich spiegelt. Leidenschaft scheint in Nüchternheit, dann Pedanterie umgeschlagen; Anteilnahme wird Entfremdung. Das gilt natürlich nicht nur für den hier oft ganz anspruchslos-nüchternen Inhalt, sondern auch für die unstilisierte Sprache dieser Tagebücher.

Gesprochen wird hier zu sich selbst oder auch zu Frau von Stein – jedenfalls zuweilen, aber ohne jeden literarischen Anspruch, ohne die Sorge um den Leser. Das Goethesche Tagebuch ist also nicht auf Veröffentlichung hin stilisiert wie das von André Gide oder von Ernst Jünger, die schon als Schreiber ihrer Diarien bewußt Autoren sind. Bei Goethe wird erst das aus dem Tagebuch entfaltete Werk stilisiert, wie sehr, zeigt eine vergleichende Lektüre des Tagebuchs und der späten Ausarbeitung der »Italiänischen Reise«.[4] So ist auch der Abstand der späteren Jahre keineswegs der Abstand des Autors von seinem Werk, sondern unzweifelhaft der Abstand des greisen Goethe von seiner eigenen, als wunderbar verstandenen Existenz. Gesprochen wird von allem, was Goethe beschäftigt – und das ist sehr, sehr viel: Menschen, die seinen Weg kreuzen, Freunde, Forscher, Schriftsteller, Hofgesellschaft, Beamte, das sind Bücher der alten wie der modernen Literaturen bis hin zu Kleist und Hoffmann, Scott und Byron, Hugo, Balzac und Stendhal; er spricht von gesellschaftlichen Verpflichtungen, amtlichen Unternehmungen, von der Familie, von eigenen Arbeiten, Philosophie und Naturforschung, ganz wenig auch noch von Geschichte.

Teilnahme, Aufmerksamkeit, ja Neugierde zeichnet sich ab; Nachdenken, Studium, Kunstprobleme, dazu die fortlaufend praktische Tätigkeit und Verwaltungsarbeit, d. i. die Verwaltung seines Wissens und seiner Sammlungen. Der Vergleich mit den früheren Aufzeichnungen zeigt, auch sprachlich, welchen Grad von Disziplin der alte Goethe errungen hat. Schließlich ist nicht nur von seinen Beschäftigungen die Rede, sondern auch von seinen Eigenheiten. Schriftstellerisch ›vollkommen‹ ist dabei nur der hier und dort aufleuchtende Aphorismus, in der frühen wie in der späteren Zeit, und dann natürlich sind es die zuweilen ausführlichen Beschreibungen von durchfahrenen Landschaften und aufmerksam beobachteten Wettererscheinungen. Über Bücher äußert er sich meist knapp. Falsch aber wäre es, Goethes Tagebücher hierauf reduzieren zu wollen, auf ›schöne Stellen‹ – eben das Ganze, das Registrieren und pedantische Vermerken auch unbedeutender Vorgänge, das Eingehen auf den genau geregelten Tageslauf, auf wirtschaftliche und finanzielle Fragen, auf Haushalt und Häusliches, enthüllt uns erst den ganzen Goethe, eine Gestalt mit vielen, einander oft durchaus widersprechenden Zügen, die, wie in den Gesprächen auch, nicht nur mehr als eine Maske, sondern auch mehr als eine Seite, mehr als nur ein Antlitz zeigt.

Dem Umfange nach überwiegen (natürlich) die Tagebücher des alten Goethe. Der hohe Verwaltungsbeamte, der Minister, wird sichtbar, der seine eigene Existenz wie einen Vorgang der Verwaltungsarbeit durchführt und zur Kenntnis nimmt, in Akten anlegt und schließlich abheftet. Das kennzeichnet sein Verhältnis zu den Dingen, mit denen er umgeht und zu sich selbst. Als solches taucht sie auch in den Briefen auf[5]. Das gibt den Aufzeichnungen des greisen Goethe eine steife Trockenheit, die mit der Glut der Jugendjahre erschreckend kontrastiert. So heißt es am 7. November 1776:

»Mit den Bienen beschäfftigt und sie zur Winterruh gebracht ⊙ mit gegessen – was ist der Mensch daß du sein gedenckst und das Menschenkind daß du dich sein annimmst. Abends Bau Grillen im Garten und Feldzug gegen die Jahrszeit.« (Das Sonnenzeichen steht für Frau von Stein, wie das des Jupiter für den Herzog).

Anders lautet eine Notiz vom 8. Oktober 1777: Zahnschmerzen, Tanzen, der Mond, Heimweh nach Weimar, Entfremdungen werden erwähnt, dann folgt der Aphorismus: »♃ wird mir immer näher und näher und Regen und rauher Wind rückt die Schaafe zusammen. – *Regieren*!!« Aus der lebhaftesten inneren Bewegung erwächst der Aphorismus. Dann, zwei Jahre später bereits, ein wachsendes ruhiges, sicheres Bewußtsein von sich selbst:

»Zu Hause aufgeräumt, meine Papiere durchgesehen und alle alten Schaalen verbrannt. Andre Zeiten andre Sorgen. Stiller Rückblick aufs Leben, auf die Verworrenheit, Betriebsamkeit Wissbegierede der Jugend, wie sie überall herumschweift um etwas befriedigendes zu finden ... Die Zeit dass ich im Treiben der Welt bin seit 75 Octbr. getrau ich noch nicht zu übersehen. Gott helfe weiter und gebe Lichter, daß wir uns nicht selbst so viel im Weege stehen. Lasse uns von Morgen zum Abend das gehörige thun und gebe uns klare Begriffe von den Folgen der Dinge.« (7. August 1779).

Das wurde ihm gewährt. Des Tages, mit dem er ins »Treiben der Welt« kam, wird er von nun an immer wieder als eines Jahrestags gedenken, der ihm fast wichtiger ward als der eigene Geburtstag, ja, der für diesen einzutreten scheint. Doch ist das Welttreiben niemals sein Ziel, es ist nur das Medium seines Wirkens.

Der alte Goethe aber, der sich zurückgezogen hat, läßt am 19. Februar 1828 notieren:

»Die gestrigen Concepte durchgesehen, einiges vorgearbeitet. Um halb 11 Uhr die Frau Großherzogin, zeigte ihr die neuangekommenen Kupfer und Zeichnungen vor. Beschäftigungen der Kinder mit Maskenspäßen. Speiste mit Wölfchen und fuhr fort, alles Nächste zu bedenken. Abends besuchten mich die Maskierten und stellten sich mit ganz wohl ausgeführten Thorheiten dar. Ich blieb für mich und verlor den Faden meiner Arbeiten keineswegs.«

Welch ein Abstand wird hier sichtbar! Für den Mitlebenden vielleicht sogar unmerkbar, hat sich Goethe, obschon anteilnehmend, bereits weit zurückgezogen; er läßt sich kaum ablenken, spielt das äußere Leben und Miteinander mit, ohne eigentlich beteiligt zu sein. Seine Teilnahme ist wie eine schützende Hülle, hinter der er sich nur um so sicherer zu verbergen weiß, um das zu tun, was ihm das wichtigste dünkt. Wie hinter der Starrheit der Greisenmaske das Leben noch sich regt, wird offensichtlich verschwiegen. Am 10. November erhält Goethe die Nachricht vom Tode seines Sohnes; er war mit den Vorarbeiten zum 4. Band von »Dichtung und Wahrheit« beschäftigt und notiert:

»Fuhr in dieser Arbeit fort und schrieb einiges nur Schematisierte ausführlicher. Mittag mit der Familie. Nachher an den Medaillen rangiert. Die Betrachtungen vom Morgen fortgesetzt. Gegen Abend Herr Geh. Rath von Müller und Hofrath Vogel, mir mit möglichster Schonung das in der Nacht vom 26. bis 27. October erfolgte Ableben meines Sohnes in Rom zur Kenntnis zu bringen; worauf dann Nachstehendes theils mitgetheilt, theils überlegt wurde.«

Der lange Satz dieses Abschnittes, der das Hauptereignis des Tages festhält, ist wie aus einem amtlichen Schriftstück herausgenommen: mit möglichster Schonung wird hier »das erfolgte Ableben zur Kenntniß« gebracht. Man möchte kaum denken, daß es sich um den eigenen Sohn handelt, eher doch um eine Anweisung, wie einem anderen eine schmerzliche Nachricht zu übermitteln sei, so völlig wird das ihn tief treffende Ereignis hier objektiviert; der Akzent liegt nicht so sehr auf der Nachricht, sondern auf dem Faktum der Nachrichtenübermittlung, das Erfahrene wird als Nachricht, nicht als Geschehen registriert. Vermutlich geschieht es mit Anstrengung, aus bewußter Abwehr eher denn aus Unberührtheit. Der Brief an Zelter, in dem Goethe Mitteilung von diesem Todesfalle macht, läßt es erst deutlich werden: »Prüfungen erwarte bis zuletzt«, heißt es hier und weiter: das Schicksal scheine der Meinung zu sein, man sei »aus Draht zusammengeflochten«. Hoffnungen sind grausam zerschlagen worden; »Hier nun allein kann der große Begriff der Pflicht uns aufrecht erhalten.« (21. November 1830). Von hier aus erhält die so unberührte Aufnahme der Todesnachricht im Tagebuch eine ganz andere Farbe. Denn tatsächlich hält Goethe ja hier nicht den Eindruck fest, sondern berichtet absichtlich nur, was geschehen ist. Er gönnt sich dabei, wie sonst auch, für seine Gefühle keinen Raum. Er blickt allein auf den Vorgang (»zur Kenntniß zu bringen«), nicht auf sich, dem diese Nachricht überbracht wird.

Man darf sich auch hier nicht dem ersten Eindruck überlassen. Zwei Jahre früher hatte ihn der Tod des Großherzogs erschreckt, so sehr, daß er Nekrolog und Teilnahme an den Trauerfeierlichkeiten abzulehnen hatte. Damals hat er die Nachricht ebenfalls nur in ihrer objektiven Wirkung festgehalten: Am 15. Juni 1828 hat Goethe, laut Tagebucheintrag, Gäste, Tiroler singen bei Tisch. Dann heißt es plötzlich: »Die Nachricht von dem Tode des Großherzogs störte das Fest.« Auch in dieser Notiz liegt ein bewußtes Sich-Verwahren gegen den persönlichen Anprall des Ereignisses. Es wird also nicht stilisiert, sondern in das Element der Berichterstattung, der Chronik, ›verfremdet‹. Hier waltet noch in der vertraulichen Niederschrift jene steife Förmlichkeit, die Goethe auch im täglichen Leben zu zeigen wußte und die vielen, nachweislich, Enttäuschung bereitet hat. Zeremoniell und Registrierung entsprechen einander hierbei als Formen der Abwehr und der Selbstbehauptung. Daraus resultiert dann eben der Eindruck der Distance, der gewaltigen inneren Entfernung, die dennoch keine Unverwundbarkeit ist; auch wo sie als Entfernung nicht sichtbar wird, bedarf sie noch wie hinter einem Wall von Formen des gesteigerten Schutzes. Ausdruck solchen Schutzes ist die chronikalisch-teilnahmslose Fixierung von schmerzlichen Ereignissen, deren innerster Gehalt verschwiegen wird, als gelte es, sie so zu neutralisieren.

In anderen Zusammenhängen zeigt sich der gleiche innere Abstand auch unter anderem Akzent: Goethe sieht sich, sehend, selber zu und notiert so am 17. Februar 1832:

»Ihro Königliche Hoheit der Großherzog in festlicher Pracht mit allen Ordenszeichen von Brillanten, an denen mich das Licht- und Farbenspiel ergötzte.«

Vom Besuch ist hier nicht mehr aufbehalten als lediglich das Faktum, daß der hohe Gast sich zu ihm bemüht hat. Vom Gespräch, das dabei geführt wurde, ist nicht mehr die Rede, obgleich Goethe das gewiß doch noch nicht vergessen hat. Aber dahinter ist etwas in ihm, das schweigt und blickt nur auf das Schauspiel der Auszeichnungen und Brillanten in ihrer üppigen, funkelnden Buntheit. Hier ist beides zugleich: Abstand und Gegenwart in einem, kein Bruch scheint mehr zu sein zwischen Anwesenheit, Mitleben, Tätigkeit und Abstand, Reflexion, Selbstverwahrung. Offenbar bedeuten sie keine Spannung mehr im Leben, sondern sind durchaus eines geworden.

Unmittelbarer Ärger, Unmut, Laune bricht aber hin und wieder trotzdem aus: zuweilen sind die Reaktionen geradezu komisch in ihrer Heftigkeit. Das aber geschieht nur im Hinblick auf Bücher und auf Besucher, deren Eigenheiten ihm mißfallen haben. Brillen, unordentliches Aussehen, unvernünftige, d. i. ihm fremde Kunstauffassungen, verwirrende Lektüre werden mit kaum verhaltenem Groll registriert: Lamartine, Chateaubriand, Kleist, Hoffmann zum Beispiel: »Hoffmanns Leben. Den goldnen Becher angefangen zu lesen. Bekam mir schlecht; ich verwünschte die goldnen Schlängelein.« (21. Mai 1827). Offenbar handelt es sich um die biographische Darstellung von A. Hitzig »Aus Hoffmanns Leben und Nachlaß«, die wenige Jahre zuvor erschienen war[6]. Auffallend ist, daß Goethe, sonst überaus genau, in seinem Unmut über die phantastische Erzählung sogar den Titel nicht genau festzuhalten für nötig hält; aus dem goldenen Topf wird ein goldner Becher, die goldnen Schlängelein, die er noch erwähnt, erscheinen hier in eindeutig verächtlicher Zitierung. Wenig später erholt er sich bei der Lektüre von J. F. Cooper (26. Juni 1827) und notiert dann am 11. Juli 1827:

»Mittag Dr. Eckermann. Las derselbe Immermanns Rezensionen in der Berliner Literaturschrift. Unterhaltung über diesen philosophisch-phantastischen Unfug. Fuhr mit mir spazieren. Wollte nachher weiter lesen, ward aber ungeduldig über den breiten hohen Wortschwall ... In von der Hagen Tausend und einen Tag, das Märchen von Turandot; tröstend über den Kleistischen Unfug, und alles verwandte Unheil. Wie wohlthätig ist die Erscheinung einer gesunden Natur nach den Gespenstern dieser Kranken.«

Stärker kann man die Antipathie kaum ausdrücken, doch dürfen wir auch wiederum nicht vergessen, daß es sich um Tagebücher, um ganz private Äußerungen, nicht aber um öffentliche Rezensionen handelt.

Immerhin hat Goethe doch an anderen zeitgenössischen Autoren seine Freude, in Frankreich, in England, in Deutschland sogar. So heißt es am 1. October 1826:

»Manches geordnet, anderes fortgesetzt. Den Cooperischen Roman zum zweiten Mal angefangen und die Personen ausgeschrieben. Auch das Kunstreiche daran näher betrachtet, geordnet und fortgesetzt. Mittag große Gesellschaft. Herr Grillparzer und an ihm theilnehmende Freude ...«

Mit mühsam beherrschtem Widerwillen reagiert Goethe auch auf ganz andere Erscheinungen, für die eigentlich niemand verantwortlich zu machen ist und die ihn stören, ja provozieren, so etwa auf die Tatsache, daß einer seiner Besucher eine – Brille trägt:

»Vorher war Dr. Röse bei mir ... Ich fragte ihn nach seinen Bemühungen über Herzog Bernhards Leben, fertigte ihn aber wegen der verfluchten Brille kurz, doch noch höflich genug ab.« (29. März 1827).

Selbst die Reaktion des Unmuts, aus Unfähigkeit, das Entstellende zu ertragen, ist noch bewußt und wird nicht nur zu den ›Lebensakten‹ genommen, sondern dabei schon reflektiert; sie unterliegt einem Maß. Goethe läßt sich nicht etwa bloß gehen, er schaut noch seiner Abneigung zu und deutet das eigene Verhalten in einer rechtfertigenden Weise. »... fertigte ihn wegen der verfluchten Brille kurz, doch noch höflich genug ab.« Das läßt sich bis in die allerletzten Jahre verfolgen; obschon er doch im ganzen duldsamer geworden ist; so reagiert er vielleicht etwas verhaltener. Am 22. Juni 1831 stellt sich ein französischer Mediziner vor und Goethe hätte beinahe sein volles Vergnügen bei diesem Besuche gefunden: »Präsentierte sich gut und würde mir gut gefallen haben, wenn er nicht eine Brille auf der Nase gehabt hätte.« Nicht anders erging es dem Maler Preller, der durch ein bohêmehaftes Aussehen sich ein Air von artistischer Besonderheit geben möchte. Damit kann er freilich bei Goethe keinen Eindruck machen. Er erreicht das Gegenteil, denn Goethe hat sich seinerseits viel eher anpassend, d. h. absichtlich und mit innerem Abstand, konformistisch verhalten[7]. So lautet die Tagebuchnotiz: »Der junge Maler Preller zeigte sich. Kranken Ansehens, durch den widerwärtigen Schnurrbart noch unglücklicher aussehend.« Soweit die fast ganz sachliche Feststellung. Es folgt aber die Reflexion:

»Leider deutet mir so fratzenhaftes Äußere auf eine innere Verworrenheit. Wer sich in einer solchen unnützen Maskerade gefällt und sich zu den hergebrachten Formen nicht bequemen mag, der hat sonst was Schiefes im Kopfe; ...« (17. Mai 1831).

Wie anders ist dagegen die Reaktion auf die Schriften bedeutender Autoren: Plutarch und Galilei, Aristophanes und Sueton, Shakespeare und Calderon, Terenz oder auch Schiller, zu schweigen von den Besuchern, die ihn nicht nur menschlich nahe stehen wie Zelter, sondern deren ganzes Tun und Denken ihn in Bewegung setzt, wie Hegel oder Alexander von Humboldt, von deren Gesprächen er bemerkt, daß sie ihn noch am folgenden Tage beschäftigen oder es uns nur ahnen läßt, weil eine spätere Tagebuchnotiz noch einmal darauf anspielt. Meist erwähnt er ja nur die Namen der Freunde und Besucher, nur zuweilen verrät er sich selbst noch mehr. So am 28. Januar 1831: »Humboldts Aufenthalt und Einwirkung besprochen. Die unglaublichen socialen Einwirkungen dieses Mannes bewundert.« Eine solche Bewunderung gilt sonst wohl nur den Toten: Schillers Schrift über den dreißigjährigen Krieg wird bewundert, Lord Byron sogar, dann Laurence Sterne:

»Las manches in Bezug auf die Tagesneuigkeiten. Zuletzt im Tristram Shandy und bewunderte aber- und abermal die Freiheit, zu der sich Sterne zu seiner Zeit emporgehoben hatte, begriff auch seine Einwirkung auf unsre Jugend. Er war der erste, der sich und uns aus Pedanterie und Philisterei emporhob.« (1. Oktober 1830).

An Terenz preist er die »allerzarteste theatralische Urbanität, womit halb unsittliche Gegenstände behandelt sind ...«; und »überhaupt die höchste Keuschheit, Nettigkeit und Klarheit der Behandlung«. (9. Oktober 1830).

Einige Ausführungen über deutsche Literatur im Pariser »Globe« veranlassen ihn zum Nachdenken über die Unterschiede von deutscher und französischer Literatur, damit auch von Literaturkritik[8]. Von Deutschland erklärt er:

»Hier ist nämlich nur vom augenblicklich Wirkenden die Rede, vom fortdauernd Wirksamen nicht; deßwegen sieht die deutsche Literatur viel magerer aus als sie ist, und auf diesem Wege erfahren die fremden Nationen nur das Geringste von uns. Die Franzosen geben uns viel deutlichern Begriff vom Nachwirkenden, Erlöschenden, wieder Aufflammenden, Andringenden, Abgelehnten, Eindringenden, als hier geschieht, wo überhaupt nur von der Tageswelle die Rede ist.« (16. Februar 1830).

In einer knappen Reflexion wird hier der wesentliche, nach wie vor gültige Unterschied zwischen den beiden Literaturen festgehalten, zwischen einer klassischen, die sich durch Kontinuität, Tradition, Erneuerung und Spiegelungen auszeichnet, und einer nichtklassischen, sozusagen ›romantischen‹ Literatur, ohne gesicherten Bestand, ohne feste Traditionsfolge, die sich vielmehr durch Brüche, Revolutionen, kurzlebige Neuansätze auszeichnet und dadurch den Eindruck erweckt, nur dem Aktuellen zugewandt zu sein, dem Tage, um mit diesem wieder zu verschwinden. H. v. Hofmannsthal hat noch in seiner umfassenden Charakteristik »Das Schrifttum als geistiger Raum der Nation« (1927) die gleichen Unterschiede, die gleichen ›incertitudes allemandes‹ hervorgehoben.

Auch was Goethe von sich selbst zu sagen weiß, gehört in diesen Zusammenhang – es ist freilich wenig genug und klingt meist so, als spräche er von einem andren Menschen: Am 30. April 1780 notiert er ganz unbefangen: »las meinen Werther seit er gedruckt ist das erstemal ganz und verwunderte mich.« Das ist alles! Aber fünfundzwanzig Jahre später ist das nicht viel anders: »Abends Torquato Tasso. Ich blieb zu Hause und ordnete manches.« (21. März 1807). Zehn Jahre nach dem Erscheinen seines Romans notiert er: »Die Wahlverwandtschaften zu lesen angefangen.« (6. Januar 1820). Am 27. Januar 1831 schließlich vermerkt Goethe: »Die letzte Sendung meiner Werke war vom Buchbinder gekommen. Mein Exemplar complettiert und rubricirt. Andere ausgetheilt an die Freunde ... »Dann, nach einigen Zwischennotizen, kommt er noch einmal unter dem gleichen Datum darauf zurück und gesteht sich: »Die 40 Bände der Sedez-Ausgabe in einer Reihe vor mir aufgestellt zu sehen, machte mir ein dankbar anerkennendes Vergnügen. Ich hatte das zu erleben nicht gehofft. »Dankbar-anerkennend, das mag manchem stolz klingen. Es ist es aber nicht. Vielmehr ist Genugtuung darin, daß ihm das zu erfüllen möglich, und Dank den Göttern, daß ihm die Zeit, die Kraft dazu gegeben war. Der Nachsatz, er habe das zu erleben nicht gehofft, nimmt dem Wort ›anerkennend‹ jeden Beiklang von Eitelkeit, wie verständlich dieser auch immer sein könnte.

Schließlich spricht hier die gleiche Verhaltenheit, die er sich für seine vielfache und große Tätigkeit schon in viel jüngeren Jahren angeeignet, anerzogen hatte, als er am Hofe lebte und Ämter versah, Pflichten sich aufbürden ließ und Anlaß hatte, bei aller Unbekümmertheit doch den Formen des höfisch-gesellschaftlichen Daseins und der administrativen Praxis bewußt entgegenzukommen und ihnen voll zu entsprechen. Falsch zu denken, daß er darüber, wie man zuweilen vernehmen kann, ein ›Höfling‹ geworden sei: er hat lediglich, als es anfing unpassend werden, verstanden, die Rolle des genialischen Kraftburschen wieder abzulegen und dafür in eine neue zu schlüpfen, die freilich sozialer und verbindlicher war. In diesem Sinne hat Goethe sich freilich angepaßt. Aber solche ›Anpassung‹ war ein Element seiner bewußten Selbsterziehung, durch die er sich eben nicht ärmer, sondern nur noch reicher machte.

Es ist eben diese Erfahrung, die sich in seinen Aphorismen, d. h. vor allem in den »Maximen und Reflexionen« niederschlägt, aber doch auch in den Briefen und, wie in den Gesprächen auch, im Tagebuch. »Der Herzog wird mir immer näher und näher und Regen und rauher Wind rückt die Schaafe zusammen.« (8. Oktober 1777). Aus dem Bewußtsein der wachsenden Gemeinsamkeit wird hier eine Sentenz, der alles Geistreiche, das Witzige und Zündende, fehlt. Man möchte viel eher an die Weisheit des Sprichworts denken, wie sie Goethe in Sinn und Tonfall natürlich schon aus früher Bibellektüre vertraut gewesen ist. Herber, persönlicher, lautet eine Notiz vom 14. Dezember 1778: »Ich bin nicht zu dieser Welt gemacht, wie man aus seinem Haus tritt geht man auf lauter Koth.« Die persönliche Erfahrung geht auf ganz selbstverständliche Weise in eine allgemeine, in ihrer Deutlichkeit wiederum sprichworthafte aphoristische Prägung über. Und aus der Fülle seiner Pflichten, denen er sich freudig, im Gefühl der vollen Jugendkraft, entledigt, wächst die für ihn so charakteristische Erkenntnis:

»Der Druck der Geschäffte ist sehr schön der Seele, wenn sie entladen ist spielt sie freier und geniest des Lebens.« (13. Januar 1777).

Der Satz erwächst den angestellten Betrachtungen ganz unmittelbar, wie wenige Zeilen tiefer auch der prägnante Satz: »Lehrbuch und Geschichte sind gleich lächerlich dem Handelnden.« In ähnlichen Zusammenhängen steht der nun schon fast feierliche Satz von dem oberen Leitenden, das uns ein Genuis oft zuverdecken scheint: »... Es ist als ob ein Genius oft unser ἡγεμονικον verdunckelte damit wir zu unserm und andrer Vortheil Fehler machen ...« (26. März 1780). Was Goethe hier widersprüchlich formuliert – Fehler als Vorteil – will so wenig geistreich und gescheit sein wie sonst auch. Es ist Erfahrung seines Daseins, die sich später noch einmal im Wilhelm Meister, ja im Faust sogar noch spiegeln wird. Was heißt es anderes, als daß eine Kraft in uns ist, die besser als wir selber weiß, was uns gut ist, die das Notwendige als Zufall verkleidet und es keineswegs darauf abgesehen hat, das Lebendige frei zu lassen von Schuld, Verfehlung, Trübung. Nicht zum ersten Male ahnt Goethe hier das geheime Gesetz seines Lebens. Aber er ist mit 30 Jahren schon weise genug, davon nur in einer Andeutung zu sprechen.

Dreißig Jahre später klingt die aphoristische Prägung anders. Aber hinter ihr steht, nach wie vor, nicht die Laune, der Witz, sondern die Erfahrung; lebendige Erkenntnis, nicht kühle Überlegung. Bei den Vorarbeiten zu »Dichtung und Wahrheit« notiert sich Goethe:

»Jeder der seine Confession schreibt, ist in einem gefährlichen Falle, lamentabel zu werden, weil man nur das Morose, das Sündige bekennt und niemals seine Tugenden beichten soll.« (18. Mai 1810).

Mehr als die sprichworthaften Bemerkungen der Jugendjahre zeigt sich diese Notiz als Maxime: Grundregel für ein Vorgehen und Verhalten, die aus der Erfahrung gewonnen wurde.

In den letzten Lebensjahren entstehen Prägungen, nicht minder von Erfahrung genährt, aber in der Formulierung allgemeiner, gesetzhafter, Einsichten, die sich als Vorschriften geben: »Auch in den Wissenschaften ist alles ethisch, die Behandlung hängt vom Charakter ab.« (15. Februar 1831). Ähnlich auch, aus ähnlichen Betrachtungen hervorgehend, der nachdrücklich erteilte Rat: »Streiten soll man nicht, aber das Entgegengesetzte faßlich zu machen ist Schuldigkeit.« (3. Januar 1832). Wie einfach und zugleich wie schwierig: auf Kämpfe verzichtend, dennoch das Wahre befördern oder doch verteidigen. Möglich wird das nur durch große innere Sicherheit, Überlegenheit und Abstand, durch eine Haltung, die den Mut findet, das Falsche widerspruchslos zu ignorieren und mit schwerwiegendem Nachdruck fortzufahren in dem, was als fruchtbar und fördernd erkannt worden ist.

Zu dieser sicheren Bestimmtheit des alten Goethe gehört ergänzend aber auch seine Vorsicht und herbe Zartheit, die sich zuweilen in geheimnisvollen Andeutungen ergeht, eher voller Scheu als resignierend. So heißt es am 10. Juni 1831: »Revue de Paris, Tome 25. Höchst wichtig, aber man thut nicht wohl, solchen Dingen zu folgen, die, wenn sie uns auch angingen, doch zu leiten und zu lenken keines Menschen Geschäft mehr ist.« Wovon die Rede ist, läßt sich nicht mehr ermitteln. Wir ahnen nur eine Begebenheit oder eine Erkenntnis von hervorragender Bedeutung, deren Fortführung Goethe nur anderen Kräften überlassen kann als denen des Menschen, Kräften, die unerforschlich und die nach seinen Worten »schweigend zu verehren« sind.

Soweit zur Aphoristik dieser Tagebücher, die zu keinem Moment etwas Abgeleitetes, Spielendes, geistreich-Kritisches oder auch Frivoles hat wie bei den großen Franzosen und oft genug auch bei Nietzsche, sondern die einzig ist eben in ihrer ungewollten Sicherheit und Kraft, im anspruchslosen Tiefsinn. Diese Prägungen sind aus Erfahrungen gewachsen, seltener durch Überlegung geformt, sie stehen der Goetheschen Lyrik fast noch näher als dem Lichtenbergschen Scharfsinn. Sie scheinen tatsächlich von selber zu entstehen, als Intuition, nicht als Schlußfolgerung oder als Parodie. Auch wenn sie auf das Gekonnte und Geistreiche zu verzichten scheinen, haben sie doch nichts von Naivität an sich. Sie sind ernst und bewußt, aber doch ohne Umstand, ohne Schwere, sind, wie wir im Deutschen wohl gerne sagen, nicht gescheit und sprühend, sondern still und weise.

Ähnliches gilt noch für die hin und wieder auftauchenden beschreibenden Notizen, der Erfassung von Landschaft und Natur. 1797 fährt Goethe nach Frankfurt und weiter, an der Bergstraße entlang, nach Heidelberg, Stuttgart und in die Schweiz. Am 25. August von Frankfurt aufbrechend, hält er die Stationen dieser Tagesfahrt fest, Städte und Landschaft, Darmstadt, Eberstadt, den Blick auf Feldbau, Hügel und Gebirge. Dann werden die Weinberge der südlichen Bergstraße sichtbar, fruchtbares Land kurz vor der Ernte: »Die Birnbäume hingen unglaublich voll. Beim Purpurlicht des Abends waren die Schatten besonders auf dem grünen Grase wundersam smaragdgrün ...« Plötzlich steht hier, zwischen der kurzen Notierung von Städten und Land die ganze Fülle und Farbigkeit der Natur, Obst, Licht, Farben, der volle Spätsommer der südwestdeutschen Landschaft, in ein, zwei knappen, kräftigen, unreflektierten Sätzen. Zwanzig Jahre später klingt auch das sehr viel anders: »Wundersam wolkiger Himmel. Auf blauem Grunde gehäufte Wolken, sich an den zusammenstoßenden Enden in luftige Streifen auflösend. Ostwind.« Weiter vermerkt Goethe hier Wolkenflucht, Donner und Regenbogen,

»der sich auch über den blauen Himmel erstreckte, zum Zeichen unmerklicher Verdunstung. Nach Sonnen-Untergang stiegen von Morgen noch Cumulus auf. Halb achte nach Hause. Der Himmel rein, im Osten Wetterleuchten. Durch die Dunststreifen war Jupiter klar zu sehen«. (11. September 1819).

Die unmittelbare Anschauung in großen, deutlichen Strichen, ist der detaillierten Beobachtung gewichen. Hinter den Sätzen steht eine ungeheure Konzentration. Erklärungen scheint Goethe absichtlich einzuschieben (»zum Zeichen unmerklicher Verdunstung«). Es wird so beobachtet, wie ein Experiment verfolgt wird. War es einst der Blick des Malers, so ist es nun der Blick des Forschers, der den Erscheinungen der geliebten Naturwelt begegnet. Er ist deswegen nicht minder berührt. Der letzte Satz zeigt es in seiner ruhigen Deutlichkeit: »Durch die Dunststreifen war Jupiter klar zu sehen.«

Unter dem 12. Juli 1828 vermerkt das Tagebuch ganz Ähnliches; Goethe hat sich nach Schloß Dornburg zurückgezogen, um der Hoftrauer für den plötzlich verstorbenen Herzog und Freund auszuweichen und alleine zu sein:

»Gegen fünf Uhr allgemeiner dichter, hoch in die Atmosphäre verbreiteter Nebel. (Er war, wie ich hörte, seit 2 Uhr aus der Saale aufgestiegen.) Erst gegen 7 Uhr ward die untere Straße, der Fluß und die nächsten Wiesen, sodann, als der Nebel weiter sank, die gegenüber sich hinziehenden Bergrücken sichtbar. Nach und nach hatte er sich ganz niedergesenkt, doch schwebte noch ein merklicher Duft ausgebreitet über dem Thale. Der Himmel war ganz heiter geworden, schön blau, besonders an der Abendseite. Ich diktierte fortfahrend an dem Aufsatze zur Morphologie ...«

Auch hier wird die reine Anschauung von Erklärungen unterbrochen; der Blick folgt gleichsam im Satzrhythmus den Linien der langsam sich entschleiernden Landschaft. Doch es geht nicht um Landschaft und Nebel allein, der Blick hält aufmerksam, doch ohne Nachdruck, die Lichtphänomene fest.

Einen Monat später heißt es, ebenfalls mit dem Blick auf Wetterphänomene mehr als auf die Landschaft:

»Vor Sonnenaufgang aufgestanden. Vollkommene Klarheit des Thales. Der Ausdruck des Dichters: Heilige Frühe ward empfunden. Nun fing das Nebelspiel im Thale seine Bewegung an, welches mit Südwestwind wohl eine Stunde dauerte und sich außer wenigen leichten Streifwolken in völlige Klarheit auflöste. Begab mich an verschiedene Betrachtungen und Geschäfte ...« (18. August 1828).

Wieder ist alles sehr aufmerksame, genaue und gelassene Beobachtung. Aber der Beobachtende selbst wird Gegenstand der Betrachtung. So kommt es zu der das Ich verschweigenden kurzen Feststellung, das Dichter-Wort von der »Heiligen Frühe« sei empfunden worden, eine dem Passiv verdankte Umständlichkeit, die wahrscheinlich nur so zu erklären ist: Objektivität ist hier auch das Zurücktreten der persönlichen Empfindung, dennoch ist diese nicht völlig auszuschalten. Sie wird also so sachlich registriert, als wäre sie ein Teil des Phänomens – was sie ja schließlich als dessen Wirkung auch ist. Eines der Gedichte jener Dornburger Wochen, »Dornburg, September 1828« ist der Titel, nährt sich von solcher Beobachtung und vergeistigt, unmerklich fast, den Blick, den Tag, das menschliche Leben[9]:

»Früh, wenn Tal, Gebirg und Garten
Nebelschleiern sich enthüllen,

Und dem sehnlichsten Erwarten
Blumenkelche bunt sich füllen,

Wenn der Äther, Wolken tragend,
Mit dem klaren Tage streitet,
Und ein Ostwind, sie verjagend,
Blaue Sonnenbahn bereitet,

Dankst du dann, am Blick dich weidend,
Reiner Brust der Großen, Holden,
Wird die Sonne, rötlich scheidend,
Rings den Horizont vergolden.«

Wir finden aber auch ganz kurze meterologische Aufzeichnungen, auch sie, wie so oft die Tagebuchnotizen, verblos gerafft:

»In diesen Tagen hoher Barometerstand. Bedeckter Himmel. Nebelhaft und nebelwolkig, demohngeachtet aber die Congruenz von Nordwest- und Nordluft. Auf diesen Winter ist wieder großer Schnee vorauszusagen.« (11. Oktober 1830).

Hier wird kein Experiment mehr angestellt; wie zur Bestätigung und Vergewisserung wird das schon Gewußte noch einmal vermerkt. Zur späteren Kontrolle wird eine Wettervorhersage angeschlossen. Auch dies geschieht in ganz nüchternem, unpersönlichen Stil. Es fehlt nicht nur das Verbum, sondern auch das beobachtende Subjekt.

Lebenshaltung, Kunstauffassung und allgemeine Grundsätze der täglichen Existenz gehen in diesen Seiten merkwürdige Verbindungen und Nachbarschaften ein. Wie aufschlußreich ist nicht die kurze Notiz vom 1. August 1826: Abends auf der Bibliothek und im Thurm. An Reinlichkeit und Ordnung mich erfreut.« Oder vier Jahre später die ähnlich unpersönliche Notiz, die von allem Tun und Wirken nur noch das Schema, das Gerippe gibt: »Früh aufgestanden. In allem Ordnung gemacht. Das Nächste sogleich beseitigt. Anderes disponiert.« (25. Juni 1830). Man spürt hier bei dem Achtzigjährigen die fortgesetzte, bewußte, konzentrierte Tätigkeit, vielleicht eben deshalb, weil Einzelheiten nicht gegeben werden. Ordnung, die hier erscheint, ist nicht nur greisenhafte Pedanterie, sondern vor allem Mittel, Tätigkeit übersichtlich zu machen und also zu erleichtern. Immer wird vorausgedacht; nichts ist dem Alten widerlicher, als sich von Stunde zu Stunde, Tag zu Tag nur treiben zu lassen. Das wäre Unordnung im täglichen Dasein, das sich verfestigt und erhält in nie zu Ende zu denkender Tätigkeit. Die aber ist ohne Qual und Anstrengung und bedeutet mehr als die Verwahrung, Registrierung und Verwaltung der eigenen Existenz. Ist doch in diesen Jahren noch immer vom ›Hauptgeschäft‹ die Rede, das es zu Ende zu bringen gilt, von »Dichtung und Wahrheit«, von morphologischen Studien und fortgesetzter Lektüre. Am 1. Mai 1831 erwähnt Goethe die Monatsrechnungen, spricht von den Schwierigkeiten, die seine Schwiegertochter (»meine Frau Tochter«) mit der

Regierung hat, dann ist die Rede von der Revision (Korrektur?) des 14. Bogens der Metamorphose. Am nächsten Tage heißt es dann lakonisch: »Das Hauptgeschäft durch alles dieses nicht unterbrochen.« (2. Mai 1813).

Man hat immer wieder den Eindruck, Goethe spreche nicht von sich, von seinem Leben und Tun, sondern von einem Zweiten oder Dritten, den zu beobachten er sich vorgenommen oder, unheimlicher noch, von dessen längst vergangenen Tagen er als getreuer Chronist zu berichten hat. Sich und dem eigenen Dasein sieht er schon fast unbeteiligt zu und wie aus weiter Ferne, einzig bestrebt, alles festzuhalten, nichts in Vergessen sinken zu lassen.

Dennoch wäre es falsch, zu denken, in diesen, schon Legende gewordenen Greisenjahren habe Goethe nur noch das eine Ziel gekannt, sich selbst zu erhalten, sich zu behaupten gegen die grauenhaften Mächte der Zerstörung. Dann würde das Ich sehr viel stärker hervortreten und die Kräfte der Erinnerung würden mächtiger werden. Hauptkennzeichen bleibt aber bis zum Ende die Aufmerksamkeit auf alles, was sich an Wichtigem ereignet, auf Menschen, Bücher und Botanica. Er ist, wie in den Jugendjahren, nur ruhiger, ganz auf die Außenwelt gerichtet. Am 3. März 1831 notiert er:

»Hofrath Vogel. Interessantes Gespräch über die Unfähigkeit der Menschen sich mit der einfachen Wahrheit zu befreunden und ihre Neigung zu dem complicierten Irrtum.«

Zehn Tage später aber heißt es:

»Wichtige Betrachtungen ins Allgemeine und Besondere. Frage ob man sie nicht aus dem Stegreife dictieren und alsdann secretieren sollte; was jetzt ganz unnütz zu sagen wäre, könnte denn doch einem genialen Nachfolger wie ein altes Glas Wein zu glücklicher Aufregung dienen.« (13. März 1831).

Es ist, als ob Goethe hier, von der Gegenwart wie oft schon zurückgezogen, bereits mit der Zukunft kommuniziert. Er hat Dinge zu denken und mitzuteilen, die seiner Zeit noch gar nicht angehören, Einsichten zu verwalten, von denen er noch nicht weiß, ob sie zu den geheimen Akten zu legen oder besser zu verschweigen sind – auf immer[10].

Er beruhigt sich dabei, die Flamme flackert nicht mehr; auch in anderen Dingen wird er langsam frei von früheren Heftigkeiten, es geht auch nicht mehr darum, nun recht behalten zu haben! Mehr als auf die Worte, achtet er auf die Ansichten; hinter den scheinbaren Widersprüchen entdeckt er mehr und mehr Übereinstimmung und genießt sie, menschlich schon stark vereinsamt, als eine sanfte Beglükkung: « Es ist doch immer das Erfreulichste, wenn man die ältesten Freunde, mit denen man im Zwischenleben wohl divergierte, am Schlusse wieder sich gegen einander neigen sieht. Man kommt niemals so weit mit ihnen auseinander als mit den Späterzeitigen ...« (9. Januar 1832).

Nur zuweilen noch bricht, in verhaltener Form freilich, der alte Unmut wieder aus. Er nimmt eine Publication von Lamartine zur Hand und liefert sarkastisch die Anmerkung dazu: »Äußerst gut- und schwachmüthig, wie der feuchte Wind durch Herbstes Blätter säuselt.« (9. Januar 1832). Unverändert aber bleibt doch seine Kraft und Gabe zu achten, zu bewundern. Ob er mit Alexander von Humboldt spricht oder Galilei liest, Balzac mit Anerkennung aufnimmt oder sich wiederum den Alten zuwendet, fast immer ist er vorurteilslos offen, gewillt und frei, die fremde Leistung zu erkennen und zu ehren: »Die Euripidischen Trauerspiele ferner beachtet, zu immer größerem Erstaunen über ein Talent, das wir gar nicht mehr begreifen.« (17. November 1831) Nur wo ihm scheint, daß das Begreifen-Wollen sich nicht lohnt, gestattet er sich das wegwerfende Urteil. Bewundern aber macht ihm Freude. Dazu gehört die liebevollste Aufmerksamkeit auf jeden Einzelzug und eine nie endende Lust am Gelungenen und Gekonnten; das Glück der Erkenntnis ist hier dann auch das Glück der tiefsten Übereinstimmung: »Daphnis und Chloe, übersetzt von Courier«, notiert er am 19. März 1831 und erläutert:

»Es ist eine bewundernswürdige Tagesklarheit in dieser Darstellung. Sie ist von der höchsten Milde, aller Schatten wird Reflex. Welcher Künstler überhaupt das doch verstünde!«

Die Sprache der Tagebücher schließlich verändert sich wie die Haltung und das Bewußtsein, wandelt sich mit dem Lebensgefühl dessen, der hier sich vergegenwärtigt, was die entgleitenden Tage mit sich führten. Die Jugendnotizen und frühen Tagebuch-Fragmente sind fortstürzend, leidenschaftlich, getrieben, unbekümmert hingeworfen, ja zuweilen ergriffen und beinahe stammelnd:

»Schnee nackter Fels u Moos u Sturmwind u Wolken das Gerausch des Wasserfalls der Saumrosse Klingeln. Öde wie im Thale des Todes – mit Gebeinen besäet Nebel See.« (21. Juni 1775).

Unbekümmert um Satzordnung und Satzzeichen entspricht die Aufzeichnung mit ihrer zerfetzten Reihung dem gewaltigen zerfetzten Eindruck der gigantischen Landschaft. Wie in der frühen Weimarer Zeit scheint alles voller Heftigkeit und Glut nur hingewühlt. Zur Besinnung ist keine Zeit. Dumpf hingegeben, unruhig und voller Unmittelbarkeit, schlägt aus den Aufzeichnungen des jungen Goethe doch immer wieder auch ein helles Feuer wie in dem Dankgebet vom November 1777 (undatiert):

»Heiliges Schicksaal du hast mir mein Haus gebaut und ausstaffiert über mein Bitten, ich war vergnügt in meiner Armuth unter meinem halbfaulen Dache ich bat dich mirs zu lassen, aber du hast mir Dach und Beschräncktheit vom Haupte gezogen wie eine Nachtmütze. Laß mich nun auch frisch und zusammengenommen der Reinheit geniessen. Amen Ja und Amen winckt der erste Sonnenblick.«

Auch hier klingt Bibelton durch. Und aus der großen Leidenschaftlichkeit bricht die Kraft der anschaulichen, sprichwortartigen Prägung:

»Die Menschlichen Gebrechen sind rechte Band Würmer, man reist wohl einmal ein Stück los und der Stock bleibt immer sizzen.« (13. Mai 1780).

Vorgänge und Erscheinungen werden in großen Strichen festgehalten; die Unruhe scheint vor allem eine ungebändigte Fülle innerer Kräfte und äußerer Wirkungen zu sein.

Dann, um das dreißigste Jahr, wird der Ausdruck ruhiger, wird regelmäßiger, sachlicher und in wachsendem Maße bewußt. »Wundersam Gefühl vom Eintritt ins dreißigste Jahr. Und Veränderung mancher Gesichts Punckte«, lautet der Eintrag vom 31. August 1778. Wie er im Leben Festigkeit und Ruhe lernt, wird auch die Sprache davon mitgeprägt und spiegelt die Entwicklung. Er bittet um »klare Begriffe von den Folgen der Dinge.« (7. August 1779). Einsichten werden in ihm wach, der Wille, sich zu beherrschen, wird immer mächtiger. Klarheit, Ordnung, Beherrschtheit regieren jetzt auch den Satz. Es beginnt, bei wachsendem Wissen und wachsender Reife, der Prozeß der Anpassung, den er nur unterbricht, um nach Italien zu flüchten, wo er dann doch nur fortsetzt, was er zu lernen bereits begonnen hatte.

Nach längeren Unterbrechungen wird dann nur noch ganz knapp und nüchtern aufgezeichnet. Das Tagebuch hat längst aufgehört, Bekenntnis des inneren Lebens zu sein. Der Verlust an Unmittelbarkeit wird aufgewogen durch einen wachsenden Abstand, protokollarische Haltung und dadurch ein objektiveres Erfassen der Dinge, das schließlich schon, als Ich-Auslöschung, Identification zu werden scheint. Zuweilen macht sich auch eine gewisse Trockenheit und leichte Umständlichkeit bemerkbar. Die Sätze sind knapp, oft verblos, registrierend, Fremdwörter werden immer häufiger verwendet, Titel und Namen sehr genau vermerkt. In wachsendem Alter setzt sich ein merkwürdig pedantisch wirkender Kanzleistil durch, der gewiß auch damit zusammenhängt, daß Goethe mehr und mehr auch die Tagesbuchnotizen nicht aufzeichnet, sondern diktiert. Aber er vermeidet, was ihm doch leicht gewesen wäre, die literarische Stilisierung. Diese scheint vielmehr, wenn man zuweilen von einer solchen doch reden möchte, eher eine soziale Stilisierung seiner Existenz zu sein, die in der Sprache ihren Ausdruck, ihren Abdruck findet: wachsende Objektivierung auch der eigenen Person, Verhüllen, Verbergen, Verschweigen. Der Vorgang gilt, nicht das Persönliche. So wird nichts davon gesagt, daß ihn die Nachricht vom Tode des Herzogs getroffen hat, es heißt nur wie aus mühsam bewahrter Entfernung: sie »störte das Fest«. (15. Juni 1828). Über Schillers Tod wird garnichts notiert, doch werden die weißen Blätter jener Wochen zur fortwährenden Mahnung unbeschrieben gelassen![11]

Aus der sprichworthaften aphoristischen Formulierung wird nun die strengere Maxime: gesetzhafte Prägung. Wo früher in großen Zügen gezeichnet und beschrieben wurde, verweilt Goethe jetzt in reflektierender Aufmerksamkeit beim Einzelnen, bei der Abfolge der Einzelheiten liebevoll und konzentriert. Erklärende, erläuternde Elemente schießen ein, alles vollzieht sich in Ruhe und Genauigkeit. Das Verschweigen des Ich und der eigenen, privat empfundenen Empfindungen, der Verzicht auf Stimmungswiedergabe, führt zu einer fast schon entfremdeten Sprache mit verblosen Nominalsätzen, in denen das Subjekt sich zu tilgen wußte. »Der Ausdruck des Dichters: Heilige Frühe ward empfunden«, heißt es dann (18. August 1828), oder, über die eigenen Tagebuchnotizen:

»Nach Tische Auszug der Tagebücher. Betrachtung des durch Jahre durchgehenden, eine zeitlang vorwaltenden oder gar augenblicklich vorübergehenden Interesses.« (13. Dezember 1822).

Selbstinteresse scheint das kaum noch zu sein, selbst wenn es sich um die Vorarbeiten zu den »Tag- und Jahresheften« handelt; nicht er ist sich wichtig, sondern, obschon um seinetwillen, das, was auf ihn eingewirkt hat. Wichtige Einsichten schließlich werden nur noch angedeutet. Der greise Goethe spricht mit klarer Stimme, aber schon aus weiter Ferne her.

In hohem Alter pedantisch, langweilig, steif, zeremoniell erscheinend, hat Goethe diese Züge auch den Tagebüchern übergeben. Und doch sind sie in Wahrheit voller Aufmerksamkeiten und Anteilnahme, ja Liebe und, bei wiederholtem Nachlesen sogar erregend und voller verhaltener Gespanntheit. Das Sich-Entziehen, Sich-Entfernen einer großgearteten greisenhaften Existenz, die sich, lebend, schon beim Leben zuzuschauen weiß und die Dokumente ihrer fruchtbar-tätigen Anwesenheit gleichsam für ferne Zukünfte noch verwaltet, kommentiert und registriert, das ist ein erstaunlicher, ein beispielloser Vorgang. Ohne eine Spur von Müdigkeit, ohne sich der Verzweiflung zu überlassen, die ihm doch oft genug so nah gewesen sein muß, ohne Vergangenheit zu beschwören und Gegenwart mit bösem Greisenmund zu schmähen, hat Goethe vielmehr jeden Tag als eine freudig zu leistende Aufgabe hingenommen und hingegeben, immer mehr und immer wieder, immer neu »schwerer Dienste tägliche Bewahrung« geübt, Welt verwandelt in ein immer-waches, gar nicht herrisches, in ein dankbar-frommes Bewußtsein. Der letzte Eintrag, vom 16. März 1832 vermerkt dann nur, wie zur Entschuldigung: »Den ganzen Tag wegen Unwohlseins im Bette zugebracht.«

Der Divan-Vers aus dem »Vermächtnis altpersischen Glaubens spricht vielleicht am deutlichsten aus, was die Tagebücher, obschon sie es enthalten, doch eher zu verbergen scheinen:[12]

»Ihr, von Müh zu Mühe so gepeinigt,
Seid getrost, nun ist das All gereinigt,
Und nun darf der Mensch als Priester wagen,
Gottes Gleichnis aus dem Stein zu schlagen.«

Anmerkungen

Zur Umschlagabbildung

Giambattista Vico, Principij di scienza nuova. Neapel 1744
Erklärung des Gemäldes als Einleitung des Werkes. Übersetzt von Erich Auerbach. (gekürzt).
Vollständig in: G. V., Die neue Wissenschaft. © 1965 Verlag W. de Gruyter, Berlin.

Die Frau mit dem geflügelten Haupt, die auf der Weltkugel oder der Welt der Natur steht, ist die Metaphysik. Das leuchtende Dreieck mit dem schauenden Auge, das ist Gott mit dem Blick seiner Vorsehung; um dieses Blickes willen betrachtet ihn die Metaphysik in ekstatischer Haltung über die Ordnung der *natürlichen* Dinge hinweg: denn sie betrachtet in Gott die Welt des *menschlichen Geistes*, welches die metaphysische Welt ist, um seine Vorsehung zu erweisen in der Welt des menschlichen Willens, welches die historische Welt ist oder die Welt der Völker; und diese wird, als von ihren Elementen gebildet von all den Dingen, die unser Gemälde als Hieroglyphen unten zur Schau stellt.

Auf dem Streifen des Tierkreises, der die Weltkugel in ihrer vollen Ausdehnung umspannt, erscheinen in erhabener Arbeit nur die beiden Zeichen des Löwen und der Jungfrau; hier wird gezeigt, daß der Löwe der alte große Urwald der Erde war, an den Herkules das Feuer legte und ihn dem Ackerbau unterwarf, um den Anfang der Zeiten zu geben, welcher bei den Griechen von den Olympiaden begann, mit den olympischen Spielen, deren Gründer ebenfalls Herkules gewesen sein soll. Und die Jungfrau, die von den Dichtern mit einem Kranz von Ähren dargestellt wird, will ausdrücken, daß die griechische Geschichte mit dem goldenen Zeitalter anfing; die Dichter erzählen deutlich, daß dies das erste Zeitalter ihrer Welt war, in dem viele Jahrhunderte lang die Jahre nach den Kornernten gezählt wurden; das Korn aber erweist sich als das erste Gold der Erde.

Der Strahl der göttlichen Vorsehung, der einen konvexen Edelstein bestrahlt, mit dem die Brust der Metaphysik geschmückt ist, zeigt an das reine und klare Herz, das die Metaphysik hier haben muß, nicht schmutzig und befleckt von geistigem Hochmut oder von der Niedrigkeit körperlichen Genusses. Außerdem aber bedeutet er, daß die Gotteserkenntnis nicht bei der Metaphysik endet, so daß sie nur für sich von den geistigen Dingen erleuchtet würde und nur ihre eigene sittliche Haltung danach regelte, wie es bisher die Philosophen getan haben; das wäre mit einem glatten Edelstein angedeutet worden. Sondern er ist konvex, so daß der Strahl zurückspringt und nach außen sich verbreitet, weil die Metaphysik Gottes Vorsehung erkennt in den öffentlichen sittlichen Dingen oder politischen Sitten, durch die die Völker in der Welt entstanden sind und sich erhalten.

Eben dieser Strahl fällt von der Brust der Metaphysik auf die Statue Homers, des ersten Autors des Heidentums, der uns überliefert ist. Das Standbild Homers auf einem beschädigten Sockel will die Entdeckung des wahren Homer ausdrücken; welcher, da man ihn bisher nicht kannte, uns die wirklichen Verhältnisse der sagenhaften Zeit der Völker verborgen hielt und infolgedessen auch die wahren Ursprünge der Verhältnisse in der historischen Zeit.

Unter den Hieroglyphen unseres Gemäldes tritt zunächst in Erscheinung ein Altar, weil die politische Welt bei allen Völkern mit den Religionen begonnen hat.

Auf dem Altar erscheint zuerst ein Augurenstab, mit dem die Auguren die Orakel empfingen oder die Auspizien beobachteten: dies soll zu verstehen geben die Weissagekunst, mit der bei allen Heiden die ersten göttlichen Dinge begannen. Denn die Gottheit besaß das Attribut der Vorsehung.

Auf dem gleichen Altar, nahe dem Augurenstab, sieht man Wasser und Feuer, und zwar das Wasser in einem Krug; denn wegen der Weissagungen entstanden bei den Heiden die Opfer aus dieser ihrer gemeinsamen Sitte, das heißt, opfern, um die Orakel recht zu verstehen, damit man die göttlichen Befehle gut ausführen könne. Und dies sind die göttlichen Dinge bei den Heiden, aus denen später alle ihre menschlichen Einrichtungen entstanden.

Die erste von diesen waren die Ehen, dargestellt durch die Fackel, die an dem Feuer auf dem Altar entzündet ist; sie sind die Pflanzstätten der Familien, sowie die Familien die Pflanzstätten der Staaten sind.

Die zweite der menschlichen Einrichtungen sind die Begräbnisse. Sie sind dargestellt durch eine Aschenurne.

Aus den Wäldern, wo die Urne steht, tritt eine Pflugschar hervor. Sie lehnt mit einer gewissen Majestät den Handgriff vorn an den Altar, um uns zu verstehen zu geben, daß die gepflügten Felder die ersten Altäre des Heidentums waren.

An der rechten Seite desselben Altars sieht man ein Steuerruder, das den Ursprung der Völkerwanderung durch Schiffahrt bedeutet. Und dadurch, daß es sich zu Füßen des Altars zu neigen scheint, bedeutet es die Vorfahren derer, die dann zu Urhebern der Wanderungen wurden. Dies waren zuerst verworfene Menschen, die keine Gottheit kannten, und da sie, wie wilde Tiere, keine Gesellschaft kannten, lebten sie ganz allein, folglich schwach und zuletzt elend und unglücklich, weil sie all die Güter entbehrten, die nötig sind, um das Leben in Sicherheit zu erhalten. Sie kamen hilfesuchend zu den Feldern, die die Frommen, Keuschen, Starken und auch Mächtigen angebaut hatten, welche schon in der Familiengesellschaft vereint waren. Nach diesen Feldern wurden überall in der antiken heidnischen Welt, die Städte *arae,* Altäre, genannt; das müssen die ersten Altäre der heidnischen Völker gewesen sein; das erste Feuer, das man darauf entzündete, war jenes, welches man an die Wälder legte, um sie zu lichten und dem Ackerbau zu unterwerfen, und das erste Wasser war das der lebendigen Quellen, das sie brauchten, damit die künftigen Gründer der Menschheit nicht mehr, um Wasser zu finden, umherirren mußten wie wilde Tiere.

Zu jenen Altären also flüchteten die gottlos irrenden Schwachen und wurden von den Frommen-Starken in ihren Schutz genommen; diese nahmen jene auf in der Eigenschaft von *famuli,* Knechten, indem sie ihnen die Mittel gaben, ihr Leben zu erhalten.

Schließlich ist das Steuerruder fern vom Pflug, der gegenüber vom Altar ihm feindlich und drohend die Spitze zeigt; weil die Knechte, die kein Teil am Grundeigentum hatten, überdrüssig, immer den Herren dienen zu müssen, endlich darauf Anspruch erhoben und sich gegen die Heroen in den Agrarrevolutionen auflehnten. Damals geschah es, daß viele Häupter von empörten *famuli*, besiegt durch ihre Heroen, um nicht ganz unterdrückt zu werden und eine rettende Zuflucht zu finden, sich mit den Leuten ihres Anhangs dem Meere anvertrauten, in der Hoffnung, freies Land an den Küsten zu finden.

Mehr nach außen, vor dem Pflug, tritt eine Tafel hervor mit einem alten lateinischen Alphabet: sie bedeutet den Ursprung der Sprachen und Buchstaben, die volksmäßige oder vulgäre genannt werden.

Endlich läßt der erfindungsreiche Maler in sonderbarer Anordnung erscheinen ein römisches Rutenbündel, ein Schwert und eine Börse, die sich an das Rutenbündel lehnen, eine Waage und den Heroldsstab Merkurs.

Die erste dieser Hieroglyphen ist das Rutenbündel, weil die ersten Staatsgewalten emporwuchsen aus der Vereinigung der väterlichen Gewalten der *patres*: diese waren bei den Heiden Weise in der Kenntnis der göttlichen Weissagungen, Priester, um sie durch Opfer recht zu deuten, Könige und zwar Monarchen, die das befahlen, was die Götter als ihren Willen kundzugeben schienen, und niemand unterworfen als Gott. So besteht also das Bündel aus Augurenstäben, welche sich als die ersten Szepter der Welt erweisen.

Das Schwert, das sich an das Bündel lehnt, bedeutet, daß das heroische Recht Gewaltrecht war, jedoch geregelt durch die Religion, die allein Gewalt und Waffen in Schranken halten kann, wenn es noch keine Gesetze gibt (oder sie nichts mehr gelten). Hier enthüllt sich der Ursprung der Zweikämpfe; diese waren in den ersten Barbarenzeiten üblich, in denen die Mächtigen Gott zum Zeugen anriefen und ihn zum Richter der Beleidigung bestellten, und so sehr ehrten sie die Entscheidung des Schicksals im Kampf, daß, wenn einmal die beleidigte Partei besiegt wurde, sie für schuldig galt.

Die Börse über dem Bündel bedeutet den Ursprung des Handelsverkehrs mit geprägten Münzen, welcher erst spät begann – zugleich den Ursprung der Münzen selbst aus den Geschlechtswappen, die ursprünglich adlige Rechte und Hoheiten bedeuteten.

Die Waage daneben gibt zu verstehen, daß nach den aristokratischen Regierungsformen die humanen folgten, zuerst von volksfreier Art; in ihnen brachten die Völker, die schließlich eingesehen hatten, daß die vernünftige Natur, welches die wahre menschliche Natur ist, in allen gleich sei, wegen solcher natürlichen Gleichheit die Heroen allmählich zur bürgerlichen Gleichheit in den volksfreien Republiken. Aber zuletzt genügten, wegen der Parteikämpfe der Mächtigen, die Gesetzte nicht mehr, um die freien Völker in bürgerlicher Gleichheit zu erhalten; da sie nun in Gefahr waren, durch Bürgerkriege zugrunde zu gehen, geschah es auf natürliche Art, daß sie zu ihrer Rettung durch ein allen Völkern in solchen verderbten Volksstaaten gemeinsames natürliches Königsgesetz, oder vielmehr durch eine gemeinsame Entwicklung der Sitten, in der Monarchie Zuflucht suchten, welches die zweite Art der humanen Regierungsformen ist. So geschieht es, daß diese beiden Verfassungen sich in der jetzigen humanen Gesellschaft gegenseitig ablösen.

Die letzte der Hieroglyphen ist der Heroldsstab, um uns zu belehren, daß bei den ersten Völkern wegen des natürlichen Gewaltrechts, durch das sie beständig in Feindschaft lagen und Raubzüge gegeneinander unternahmen, es nicht nötig war, die Kriege anzusagen; als aber dann die humanen Regierungsformen gekommen waren, da wurden durch das Völkerrecht die Herolde eingeführt, um die Kriege zu erklären, und man begann die Feindseligkeiten durch Friedensschlüsse zu beenden.

Vom Geiste der Entdeckungen (S. 9)

Ungedruckter Vortrag; in französischer Sprache für die Université de la Sorbonne Nouvelle, Paris III 1980 und University of Michigan 1981; deutsche Fassung: Vortrag an der University of Cincinnati, 1981 und an der Universität Pavia 1983.

1 Bernardin de St. Pierre: Voyage à l'Ile-de-France, Lettre XXVIII, Tome I, p. 108, in: Œuvres mises en ordre par A. Aimé. Martin, Paris 1840.

2 Rousseau, Jean-Jacques, Discours sur l'origine de l'Inegalité parmi les hommes, in: Schriften zur Kulturkritik, frz./dt., hg. v. Kurt Weigand, 2. erw. Aufl., Hamburg 1971, S. 132: Die Mitglieder der Akademie, welche den nördlichen Teil von Europa und den südlichen Teil von Amerika durchreist haben, hatten mehr die Absicht, sich als Erdmesser denn als Philosophen umzusehen.

3 Rousseau, a.a.O., S. 130: Seit drei oder vier Jahrhunderten haben die Einwohner von Europa alle übrigen Teile der Welt zu überschwemmen angefangen und immer neue Sammlungen von Reisebeschreibungen und Reisegeschichten herausgegeben. Dennoch, glaube ich, sind uns keine anderen Menschen bekannt als die Europäer. Ja, die lächerlichen Vorurteile, die sogar bei gelehrten Leuten nicht selten gefunden werden, bezeugen, daß fast jeder mit deren Prahlerei, den Menschen zu studieren, nichts mehr als seine Landsleute studiert. Die gemeinen Leute mögen noch so lange hin und her reisen, die Philosophie scheint immer zu Hause zu bleiben.
Rev. Fassung der Übersetzung von Moses Mendelssohn in: J.J. Rousseau, Schriften Bd. 1, hg. v. Henning Ritter, München 1978, S. 288 u. 289.

4 Karamsin, Nikolaj M.: Briefe eines reisenden Russen. Aus dem Russischen übertragen v. Johann Richter. München 1966, S. 109 u. 134f.

5 Herder, Johann Gottfried: Auch eine Philosophie der Geschichte zur Bildung der Menschheit. Ffm. 1967, S. 89.

6 Le Vaillant, François: Voyage de Monsieur Le V. dans L'Interieur de l'Afrique, par le Cap de Bonne-Espérance dans les années 1780 ..., Paris 1790, Tome I, p. VIII: Es ist noch kein Jahrhundert vergangen, seit sich der Geschmack am Reisen in Europa ausgebreitet hat; der Franzose vor allem, wie kein anderes Volk glücklich in seinem Vaterland, wie die Muschel durch ihren Muskel an die nationale Erde gebannt, der Franzose bewegte sich mit Mühe und sah eine Abwesenheit von einem Monat als eine Art von Aufopferung an; er begnügte sich damit abzuwarten und empfing begierig die lächerlichen Geschichten einiger unerschrockener Scharlatane über ferne Länder, er erfreute sich an den Berichten unglaublicher Abenteuer. Der übertreibende Schriftsteller handelte, wenn ich so sagen darf, mit der öffentlichen Leichtgläubigkeit.
Nach und nach hat der Geist der Entdeckungen seine Schwingen entfaltet, die Künste und die Literatur haben ihren Platz den Wissenschaften überlassen, die Leidenschaft für das Reisen ist erwacht; das immer unersättlichere Verlangen zu wissen und zu vergleichen ist im Verhältnis zu den Wundern gewachsen, die es hervorgebracht hat.

7 Nicolai, Friedrich: Beschreibung einer Reise durch Deutschland und die Schweiz im Jahre 1781, Berlin 1750, Bd. I, S. 12.

8 Le Vaillant, François, a.a.O., Bd. I, S. 126: Ich verweilte bei diesen Einzelheiten mit Vergnügen; wenn sie auch nichts für den Fortschritt des menschlichen Wissens bedeuten, so sind sie doch viel für meine unbefangene und unverbildete Seele. Sie rufen mir den süßen Zeitvertreib heiterer und friedlicher Tage zurück und die einzigen Augenblicke meines Lebens, wo ich den ganzen Wert des Daseins kannte.
Der Wilde ist weder ein roher noch ein barbarischer Mensch. Das wahre Ungeheuer ist derjenige, der überall, wo er es vermutet, das Verbrechen erblickt und der es auf das gehässige Zeugnis seines Bewußtseins hin bestätigt.

9 ib. Bd. II, S. 388: All die chimärischen und romanhaften Vorstellungen, in denen ich mich gewiegt hatte, alles Unerfreuliche, mit dem ich mein Herz nährte, als ich die Wilden verließ, begannen endlich langsamer zu werden. Die Vernunft gewann Oberhand und

ließ mich erkennen, daß, da ich nicht für das nomadische und unsichere Leben geboren war, ich andere Verpflichtungen zu erfüllen und andere Menschen zärtlich zu lieben hatte.

10 Vgl. hierzu und zum Folgenden: Georg Forster, Reise um die Welt, Sämtl. Schriften, hg. von dessen Tochter, Leipzig 1843, II S. 81ff., I S. 299, II S. 67.

11 Diderot, Denis Œuvres philosophiques, Textes par P. Vernière, Paris 1961, p. 468, vgl. hierzu: R.-R. Wuthenow, Die erfahrene Welt, Frankfurt/M. 1980, S. 207ff. Bougainvilles Reise ist die einzige, die mir Geschmack an einem anderen Lande als dem meinigen eingeflößt hat. Bis zu dieser Lektüre hatte ich gedacht, man fühle sich nirgends so wohl wie in der Heimat, ich glaubte, dies gelte für jeden Bewohner der Erde.

12 Forster, Georg, Ansichten vom Niederrhein, Sämtl. Schriften, Bd. 3, S. 283.

13 ib. S. 248f. Brief XX.

14 Humboldt, Alexander v., Versuch über den politischen Zustand des Königreichs Neu-Spanien, Bd. I, 1809 Tübingen, S. 140f.

15 Es wird überliefert, daß Charles Darwin, als er sich an Bord der »Beagle« begibt, drei Bücher mitführt: die Bibel, Milton und die Reise des Alexander v. Humboldt.

Inselglück (S. 25)

Vortrag im Zentrum für interdisziplinäre Forschung, Universität Bielefeld und an der Gesamthochschule Kassel, 1981, an der Universität Pavia 1983, Publ. in: W. Voßkamp (Hg.): Utopie-Forschung. Interdisziplinäre Studien zur neuzeitlichen Utopie. Bd. 2, Stuttgart 1982. – Wiederabdruck mit freundlicher Genehmigung des Metzler-Verlags, Stuttgart.

1 Jean-Jacques Rousseau: Discors sur de l'Inégalité parmi les hommes, in: Schriften zur Kulturkritik, franz./dt. hg. v. Kurt Weigand, 2. erw. Aufl. Hamburg 1971, S. 132. Zu diesem und dem folgenden Zitat s. die Übersetzungen oben (»Vom Geiste der Entdekkungen«, Anm. 2 und 3).

2 vgl. hierzu: Ralph-Rainer Wuthenow: Die erfahrene Welt. Europäische Reiseliteratur im Zeitalter der Aufklärung. Frankfurt/M. 1980, S. 351ff.

3 s. o. S. 12.

4 Rousseau op. cit. S. 130f.

5 s. hierzu: Sergio Moravia: Beobachtende Vernunft. Philosophie und Anthropologie in der Aufklärung, München 1973, S. 130.

6 abgedruckt in Moravia, op. cit. S. 222f.

7 Johann Gottfried Herder: Auch eine Philosophie der Geschichte zur Bildung der Menschheit. Nachwort v. H. G. Gadamer, Frankfurt/M. 1967, S. 114.

8 Johann Gottfried Herder: Werke in fünf Bänden, ausgew. u. eingel. v. Wilhelm Dobbek, Berlin u. Weimar 1969, Bd. 5, S. 353.

9 s. hierzu: Georg Forster: Über lokale und allgemeine Bildung, in: G. F. Philosophische Schriften, hg. v. Gerhard Steiner, Berlin 1958, S. 157ff.

10 Ernst Bloch: Das Prinzip Hoffnung, Frankfurt/M. 1970, Bd. 2, S. 874.

11 s. hierzu vor allem: Karl Reichert: Robinsonade, Utopie und Satire im »Joris Pines« (1726), in: arcadia, Zeitschrift f. Vgl. Literaturwissenschaft, hg. v. Horst Rüdiger, Bd. 1, Heft 1, Berlin 1966, S. 50ff.

12 Karl Reichert, op. cit. S. 59 u. S. 69.

13 Ludwig Holberg: Nicolai Klims unterirdische Reise, Leipzig 1971, S. 22; die folgenden Zitate s. S. 33, S. 57, S. 85, S. 68, S. 220, S. 221, S. 227, S. 228.

14 Adolph Freiherr von Knigge: Der Traum des Herrn Brick, hg. v. Hedwig Voegt, Berlin 1968, S. 49, S. 51, S. 52, S. 92, S .97.

15 Die Ruinen ..., aus dem Französischen des Herrn von Volney, Berlin 1792, S. 42, S. 97.

16 Jens I. Baggesen: Haideblumen, Amsterdam 1808, S. 315 f.

17 Philibert de Commerson in: Bougainville: Voyage autour du Monde ..., Préface par Pierre Sabbagh, Genève o. J. S. 283 ff. Vgl. hierzu auch: George Robertson: The Discovery of Tahiti: A Journal of the Second Voayge of H. M. S. Dolphin (1766–1768), Auszug in: The Great Travelers. A collection ... Ed. with Introductions, by Milton Rugoff, New York 1960, Vol. I, p. 408 ff.: Ich hatte ihr den Namen Utopia gegeben, mit dem Thomas Morus seine ideale Republik benannt hatte. Ihre Lage nach Länge und Breite ist das Geheimnis der Regierung, worüber ich mir Schweigen auferlege, aber ich kann sagen, dies ist der einzige Winkel der Erde, wo Menschen ohne Laster, ohne Vorurteile, ohne Bedürfnisse, ohne Zwistigkeiten leben. Unter dem schönsten Himmel geboren, von den Früchten einer ohne Anbau fruchtbaren Erde genährt, beherrscht von Familienvätern eher als von Königen, kennen sie keinen anderen Gott als Amor. Alle Tage sind ihm geweiht, die ganze Insel ist sein Tempel, alle Frauen sind sein Altar, alle Männer die Opfernden. Und was für Frauen, fragt ihr mich? Rivalen der Gergienen an Schönheit und die Schwestern der Grazien in voller Nacktheit. Dort üben weder Schmuck noch Schande ihre Tyrannei: die leichteste Gaze schwankt nach Wind und Begierde; der Akt, seinesgleichen zu schaffen ist eine religiöse Handlung; die Vorspiele werden von den Wünschen und den Gesängen des versammelten Volkes angefeuert und das Ende wird von allgemeinem Beifall gefeiert; jeder Fremde ist zugelassen, um an diesen glücklichen Mysterien teilzunehmen; es ist sogar eine der Pflichten der Gastfreundschaft, ihn einzuladen, dergestalt, daß der gute Utopier entweder ununterbrochen das Empfinden der eigenen Freuden genießt oder das Schauspiel derer der anderen.

18 Louis Antoine de Bougainville: Voyage autour du Monde ..., Préface par Pierre Sabbagh, Genève o. J. p. 120 f.: Ob die Berge gleich sehr hoch sind, entdeckt man doch nirgends nackte Felsen, sondern alles ist mit Bäumen bedeckt. Wir trauten kaum unseren Augen, als wir mitten im südlichen Teil der Insel eine sehr hohe, freistehende Bergspitze erblickten, die bis oben hinauf mit Bäumen bestanden war und zwischen den anderen Bergen hervorragte.

Das weniger hoch gelegene Land ist in Wiesen und kleine Wälder aufgeteilt, und längs der ganzen Küste erstreckt sich am Fuß des höheren Landes ein flacher Landstrich, der mit Pflanzungen bedeckt ist. Hier erblickten wir die Behausungen der Insulaner unter Bananenstauden und Kokosbäumen, die voller Früchte hingen.

19 Jams Cook: Entdeckungsfahrten im Pacifik. Die Logbücher der Reisen von 1768–1779, hg. v. A. Grenfell Price, übers. aus d. Engl. v. R. Wagner u. B. Wilms, Tübingen u. Basel 1971, S. 58.

20 Georg Forster's sämmtliche Schriften, hg. v. dessen Tochter, Leipzig 1843, Bd. II, S. 50. Vgl. hierzu auch das Kapitel Tahiti in Die erfahrene Welt, op. cit. S. 207 ff.

21 vgl. hierzu von Denis Diderot: Supplément au voyage de Bougainville in: Œuvres philosophiques, Textes établ. avec introduction ... par Paul Vernière, Paris 1961 (Classiques Garnier) p. 455 ssq.

Ungedruckter Vortrag an der Universität Bremen 1974, an der University of Minnesota, Minneapolis und an der Johns Hopkins University, Baltimore, 1981.

1 G. W. F. Hegel: Aesthetik, hg. v. Friedrich Bassenge, Frankfurt/M. o. J., Bd. I, S. 567.
2 Georg Forster's sämmtliche Schriften, hg. v. dessen Tochter, 5. Band, Leipzig 1843, S. 301.
3 Georg Christoph Lichtenberg: Schriften und Briefe, 1. Band, Sudelbücher, hg. v. Wolfgang Promies, München 1968, S. 575.
4 Hegel l. c. S. 567 f.
5 Hegel l. c. S. 500.
6 vgl. hierzu vom Verf. »Das erinnerte Ich«, München 1974, S. 41.
7 Adam Bernd: Eigene Lebens-Beschreibung, hg. v. Volker Hoffmann, München 1973, S. 36.
8 ib. S. 124.
9 ib. S. 204.
10 ib. S. 5.
11 ib. S. 16.
12 vgl. hierzu: Aegidius Albertinus: Lucifers Königreich und Seelengejaid, hg. v. Rochus Freiherrn v. Liliencron, Berlin u. Stuttgart o. J. (Kürschners Deutsche National-Litteratur, 26. Band), S. 340 ff. u. S. 346 f., S. 348 f., ferner Walter Benjamin: »Ursprung des deutschen Trauerspiels«, hg. v. R. Tiedemann, Frankfurt am Main 1963, S. 154 ff., ferner bei A. Bernd, a.a.O., S. 17, S. 111, S. 187.
13 A. Bernd, l. c. S. 137; vgl. hierzu auch die ausgezeichneten Beobachtungen von Bernd Neumann in »Identität und Rollenzwang. Zur Theorie der Autobiographie«, Frankfurt/M. 1970, S. 64 f.
14 A. Bernd, l. c. S. 127 f.
15 ib. S. 146.
16 ib. S. 49.
17 ib. S. 188.
18 ib. S. 255, zum weiteren: S. 260, S. 264.
19 s. ib. S. 298, das Zitat s. S. 323 f.
20 Lichtenberg, a.a.O. S. 589.
21 Lichtenberg, Schriften und Briefe, hg. v. W. Promies, 2. Band, München 1971, S. 147.
22 ib. S. 149.
23 Schriften u. Briefe I, S. 115.
24 ib. S. 724.
25 ib. S. 130; vgl. auch Schr. u. Br. II, S. 316 (J 1738), ferner: Paul Requadt: »Lichtenberg.« 2. erw. Aufl., Suttgart 1964, S. 20 ff.
26 Schr. u. Br. I, S. 785.
27 zur Selbstdarstellung: Schr. u. Br. II, S. 146 (G 76); das folgende Zitat ib. S. 305.
28 ib. S. 404.
29 ib. S. 407; vgl. auch: Das erinnerte Ich, S. 199 f.
30 zitiert nach: Moritz, Werke in zwei Bänden, ausgew. u. eingel. v. J. Jahn, Berlin u. Weimar 1973, 2. Band, Anton Reiser, S. 475.

31 Karl Ph. Moritz: Anton Reiser. Ein psychologischer Roman. Hg. v. Klaus-Detlef Müller, München 1971, S. 87.

32 ib. S. 5.

33 ib. S. 87.

34 Sigmund Freud: »Das Unheimliche«. Aufsätze zur Literatur. Fischer doppelpunkt, 4, hg. v. Klaus Wagenbach, 1963, S. 44.

35 zitiert nach: Moritz, Werke in zwei Bänden, hg. v. J. Jahn, Erster Band, S. XXIV f.

36 »Anton Reiser«, München 1971, S. 9; daß in der Tat Moritz bis an sein Lebensende an den frühen Erfahrungen und Verstörungen gelitten hat, geht glaubhaft aus Aufzeichnungen hervor, die Varnhagen aufgrund ihm gemachter Mitteilungen aus dem Berliner Freundeskreis von Moritz veröffentlicht hat. s. Denkwürdigkeiten und vermischte Schriften von K. A. Varnhagen von Ense, 4. Band, Mannheim 1938, S. 149ff.

37 »Anton Reiser«, a.a.O. S. 10.

38 ib. S. 21, vgl. die aufschlußreiche Reprise, S. 163.

39 ib. S. 65.

40 ib. S. 95.

41 ib. S. 120.

42 ib. S. 188, vgl. ferner S. 191.

43 ib. S. 197.

44 ib. S. 322, vgl. hierzu: Das erinnerte Ich, S. 117ff.

45 Jean Paul's sämmtliche Werke, dritte verm. Auflage, 2. Band, Berlin 1860, S. 214. Zur Problematik dieser Darstellungsweise und Figur vgl. v. Verf. die Studie »Gefährdete Idylle« im Jahrbuch der Jean-Paul-Gesellschaft, hg. v. K. Wölfel, 1. Jahrgang, Bayreuth 1966, S. 79ff.

46 s. »Quintus Fixlein«, Jean Paul's sämmtliche Werke, dritte ver. Aufl., 3. Band, S. 66; von den »Rheingegenden der Hoffnung« und den utopischen Tagen spricht Jean Paul im »Appendix des Appendix« nach dem »Jubelsenior«, Werke a.a.O. 10. Band, S. 296.

Diderots Anteil. Zur Enzyklopädie (S. 58)

Vorwort zu Denis Diderot: Enzyklopädie, München 1965. – Wiederabdruck mit freundlicher Genehmigung der Europäischen Verlagsanstalt, Frankfurt/M.

Literaturhinweise

Denis Diderot, Philosophische Schriften, hg. v. Th. Lücke, Bd. I u. II, Frankfurt/M. 1967.

D. D., Lettres à Sophie Volland, Tome I et II, par A. Bablon, 5e éd. Paris 1938.

Jean le Rond D'Alembert, Einleitende Abhandlung zur Enzyklopädie (1751), m. Einltg. u. Anm. v. G. Klaus, Berlin 1958.

Roland Mortier, Diderot in Deutschland, 1750–1850, übers. v. H. G. Schürmann, Stuttgart 1967.

Karl Rosenkranz, Diderot's Leben und Werke, Bd. I u. II, Leipzig 1866.

Lucien Goldmann, Der christliche Bürger und die Aufklärung, Neuwied–Berlin 1968.

Paul Hazard, Die Herrschaft der Vernunft, Hamburg 1949.

In: Sturm und Drang, Hg. W. Hinck, Königsstein/Ts. 1978. – Wiederabdruck mit freundlicher Genehmigung des Athenäum Verlags, Königstein/Ts.

1 Vgl. Hermann Hettner: Literaturgeschichte der Goethe-Zeit. Hg. v. Joh. Anderegg. München 1970; und besonders Roy Pascal: Der Sturm und Drang, autor. deutsche Ausgabe v. Dieter Zeitz u. Kurt Mayer. Stuttgart 1963.
2 Pascal, a.a.O. S. 62f.
3 vgl. Fritz Martini: Die Poetik des Dramas im Sturm und Drang. In: Deutsche Dramentheorien. Beiträge zu einer historischen Poetik des Dramas in Deutschland. Hg. u. eingel. v. Reinhold Grimm, Bd. I. Frankfurt/M. 1971.
4 Goethe's Werke, vost. Ausg. letzter Hd., Stuttgart u. Tübingen 1827ff. Bd. 26, S. 181.
5 ib. S. 65.
6 ib. S. 64.
7 ib.
8 Herders Werke. Hg. v. Theodor Matthias, Leipzig–Wien o. J. Bd. I, S. 162, vgl. S. 184f.
9 ib. S. 280.
10 ib. S. 289f.
11 ib. S. 291.
12 ib. S. 308f.
13 ib. S. 404, vgl. S. 425.
14 Joh. G. Herder: Auch eine Philosophie der Geschichte zur Bildung der Menschheit. Nachwort v. Hans-Georg Gadamer. Frankfurt/M. 1967, (Theorie 1), S. 12.
15 ib. S. 79ff.
16 ib. S. 128f.
17 Herders Werke in fünf Bänden, Hg. v. W. Dobbeck. 4. Aufl. Berlin-Weimar 1969, Bd. 4, S. 260ff.
18 vgl. Jacques Voisine, L'influence de la ›Nouvelle Héloise‹ sur la génération de ›Werther‹. In: Etudes Germaniques, 5, 1950; Goethe: Werke a.a.O. Bd. 26, S. 155 sowie Bd. 14, S. 57ff.
19 vgl. Klaus Scherpe: Werther und Wertherwirkung. Bad Homburg–Berlin 1970, sowie Claus Süßenberger: Rousseau im Urteil der deutschen Publizistik bis zum Ende der Französischen Revolution. Diss. Frankfurt/M. 1974.
20 Werke a.a.O. Bd. 16, S. 11f.; das folgende Zitat S. 74.
21 Werke und Schriften. Hg. v. Britta Titel u. Hellmut Haug. Stuttgart 1966, Bd. 1, S. 397ff. sodann S. 393.
22 ib. S. 283ff., ferner S. 320.
23 ib. S. 415f.
24 Lenz, Werke in einem Band. Hg. v. Helmut Richter. Berlin–Weimar 1972, S. 269.
25 s. Pascal, a.a.O. S. 55.
26 Goethe Werke a.a.O. Bd. 26, S. 254ff., Klingers Dramen nach: Sturm und Drang. Dramatische Schriften, Plan u. Ausw. v. L. Loewenthal u. L. Schneider. 3. Aufl. 1972.
27 vgl. das »Lied eines schiffbrüchigen Europäers, auf der wüsten Insel ...« In: Ges. Schriften v. J. M. R. Lenz, 2. Bd. Leipzig 1917. Hg. v. E. Lewy, S. 21.
28 Wilhelm Heinses sämtl. Werke, Hg. v. E. Schüddekopf, Bd. 9, S. 261.

29 ib. Bd. 8, II, S. 129, ferner Bd. 8, III, S. 264 sowie Bd. 8, II, S. 34.

30 Schillers Werke. Hg. v. Reinhard Buchwald u. K. F. Reinking. Hamburg o. J. (1953). Bd. 1, S. 127; zum Folgenden vgl. W. Liepe: Der junge Schiller und Rousseau. Eine Nachprüfung der Rousseau-Legende um den ›Räuber‹-Dichter. In: W. L.: Beiträge zur Literatur- und Geistesgeschichte (= Kieler Studien zur deutschen Literaturgeschichte, Bd. 2). Neumünster 1963.

31 ib. S. 110ff.

32 ib. S. 191ff.

33 ib. Bd. II, S. 262ff.

34 ib. S. 238, ferner S. 257.

35 ib. S. 222.

36 s. Geist der Goethe-Zeit, 1. Teil Sturm und Drang, 4. Aufl. Leipzig 1958, S. 69; s. hierzu genauer Friedrich Gundolf, der auch Bürger und Heinse mit dem Sturm und Drang behandelt und in Rousseaus Naturbegriff ein menschliches Ideal sieht: Natur als Gegensatz zur Kultur. In: Shakespeare und der Deutsche Geist, 4. Aufl. Berlin 1920, S. 214f.

Fürstliches Elend (S. 115)

Ungedruckt, ursprünglich als Vorwort zu einer Neuausgabe der Memoiren der Wilhelmine von Bayreuth, im Insel-Verlag Frankfurt geplant. Die Ausgabe liegt inzwischen vor: »Eine Preußische Königstochter. Glanz und Elend am Hofe des Soldatenkönigs in den Memoiren der Markgräfin Wilhelmine von Bayreuth. Aus d. Frz. übers. u. 1910 hg. v. Anette Kolb. Neu hg. von Ingeborg Weber-Kellermann, Frankfurt am Main 1981.

1 Friederike Sophie Wilhelmine ... Markgräfin von Bayreuth: Memoiren. Vom Jahre 1700–1742. Von ihr selbst geschrieben, hg. v. A. v. d. Linden, 11. Aufl. Berlin 1908, S. 5; das folgende Zitat S. 7.

2 ib. S. 9.

3 Er besitze die Eigenschaften, die einen großen Mann bilden könnten, sagt sie: »Er faßt leicht auf, besitzt viel Urteilskraft und Fleiß, sein Herz ist von Natur gut; von seiner frühesten Jugend an hat er stets einen entschiedenen Hang zum Militär gezeigt, es war seine Lieblingsleidenschaft, und er hat sie durch die treffliche Ordnung gerechtfertigt, welche er in seine Armee einführte. Sein Temperament ist lebhaft und aufbrausend und hat ihn oft zu Gewaltstreichen veranlaßt, die er nachher schmerzlich bereute. Er zog fast immer Gerechtigkeit der Milde vor. Seine zu große Anhänglichkeit an das Geld hat ihm den Zunamen eines Geizigen verschafft. Man kann ihm aber dieses Laster nur in bezug auf seine Person und Familie vorwerfen. Denn seine Günstlinge und alle, die ihm mit Anhänglichkeit dienten, überhäufte er mit Gütern. (...) Seine Andacht ging bis zur Bigotterie, er liebte weder Prunk noch Luxus. Er war argwöhnisch, eifersüchtig und oft voll Verstellung. Sein Hofmeister hatte Sorge getragen, ihm Verachtung gegen das weibliche Geschlecht einzuflößen.« ib. S. 9f.; das Porträt der Königin s. S. 13.

4 ib. S. 20.

5 ib. S. 39ff.

6 ib. S. 55, S. 62f.

7 ib. S. 63f.
8 ib. S. 64f., S. 71, S. 98.
9 ib. S. 99, S. 100.
10 ib. S. 127.
11 ib. S. 165, S. 188.
12 ib. S. 199f., S. 207.
13 ib. S. 229.
14 Memoiren, Zweiter Band, Berlin 1908, S. 5f., S. 8, S. 9, S. 71.
15 Memoiren, Erster Band, a.a.O. S. 79f.
16 Memoiren, Zweiter Band, a.a.O. S. 89.
17 ib. S. 101; das abschließende Zitat s. 198.

Der junge Boswell (S. 129)

1 Helfrich Peter Sturz, Schriften, Zweyte Sammlung, S. 8f. Carlsruhe 1784.
2 Virginia Woolf, Books and Portraits, Some further selections ... ed. and with a Preface by Mary Lyon, New York and London 1977, p. 150 ssq.
3 Boswell's London Journal 1762–1763 ... by Frederick A. Pottle, New York, London, Toronto 1950 (the Yale Editions of the Private Papers of James Boswell). Aus dieser Ausgabe wird im folgenden nicht nach den Seitenzahlen, sondern nach dem jeweiligen Datum der Eintragung zitiert.
4 s. hierzu: Boswell on the Grand Tour: Italy, Corsica and France 1765–1766. Ed. by Frank Brady and Frederick A. Pottle, Melbourne London, Toronto 1955 und für die zunächst folgenden Abschnitte: Boswells Große Reise, Deutschland und die Schweiz, hg. v. Frederick A. Pottle, deutsch von Fritz Güttinger, Stuttgart und Konstanz 1955. Auch hier wird nun nicht nach den Seitenzahlen, sondern nach den Eintragungsdaten zitiert.
5 vgl. hierzu die deutsche Ausgabe der den Besuch bei Rousseau und bei Voltaire betreffenden Passagen und ihre ausführliche Kommentierung in: J. B. Besuch bei Rousseau und Voltaire, hg. u. erl. v. Frederick A. Pottle, Deutsch v. Fritz Güttinger, Frankfurt/M. 1981.
6 Boswell's Journal of A Tour to the Hebrides with Samuel Johnson LL. D. ... with Preface and Notes by Frederick A. Pottle and Charles H. Bennet, New York 1936, Zitate nach dem Datum der Eintragung.

Die Rolle der Frau (S. 143)

Nachwort zu Th. G. v. Hippel: Über die bürgerliche Verbesserung der Weiber, Frankfurt/M. 1977. – Wiederabdruck mit freundlicher Genehmigung des Syndikat Verlags, Frankfurt/M.

1 Johann Friedrich Abegg: Reisetagebuch von 1798. Hg. v. W. u. J. Abegg i. Zusammenarbeit mit Z. Batscha. Frankfurt am Main 1976, S. 198ff.
2 Th. G. v. Hippels sämmtliche Werke. Sechster Band, Berlin 1828, S. 212.

3 ib. S. 132.
4 ib. S. 45.
5 ib. S. 56.
6 ib. S. 233.
7 ib. S. 64.
8 ib. S. 185.
9 ib. S. 222.
10 ib. S. 238.
11 ib. S. 119; vgl. auch »Über die Ehe«, in »sämmtl. Werke« Fünfter Band, S. 34.
12 sämmtl. Werke, Sechster Band, S. 244.
13 sämmtl. Werke, Fünfter Band, S. 199.
14 sämmtl. Werke, Sechster Band, S. 248.
15 ib. S.124.
16 ib. S. 73.
17 ib. S. 89.
18 Prometheus, Eine Zeitschrift für Licht und Recht. Hg. v. Heinr. Zschokke, Aarau 1832, Bd. 1, S. 199.
19 Maximes, Pensées, Caractères et Anecdotes par N. Ch., Paris 1796, p. 94.
20 F. Schlegel, Kritische Schriften, hg. v. W. Rasch, 2. Aufl. München 1964, S. 28; vgl. auch S. 180.
21 Novalis, Briefe u. Werke, hg. v. E. Wasmuth, Berlin 1943, Bd. 3, S. 187; z. Kritik am preußischen Staatswesen s. S. 104.
22 Jean Paul. Werke in zwölf Bänden, hg. v. N. Miller, München 1975, Band 10, S. 686 (Par. 84).

Lichtenbergs Skepsis (S. 152)

In gekürzter Form Vortrag f. d. Habil. Colloquium, Göttingen 1967, erweiterter Vortrag an der Universität Erlangen 1975.
In: Reise und Utopie. Zur Literatur der Spätaufklärung, Hg. H.-J. Piechotta, Frankfurt/M. 1976. – Wiederabdruck mit freundlicher Genehmigung des Suhrkamp Verlags, Frankfurt/M.

Lichtenbergs Notizen werden zitiert nach der neuen kritischen Ausgabe von W. Promies »Lichtenberg. Schriften und Briefe« Band 1 u. 2., München 1968 u. 1971

1 So beginnt die Maximensammlung von Nicolas Chamfort wie folgt: »Les maximes, les axiomes, sont, ainsi que les abréegés, l'ouvrage des gens d'esprit, qui ont travaillé, ce semble, à l'usage des esprits médiocres ou paresseux. Le paresseux s'accomode d'une maxime qui le dispense de faire lui-même les observations qui ont mené l'auteur de la maxime au résultat dont il fait part à son lecteur.« (Oeuvres choisies de N. Chamfort publ. par M. de Lescure, Tome Premier, Paris 1892, p. 1).
2 vgl. in diesem Zusammenhang die Bemerkung von Condorcet: »Pascal prouve très bien que l'homme est fort imparfait, mais il ne prouve pas du tout que ce mélange de grandeur et de faiblesse ne soit pas une suite nécessaire soit de la nature de l'homme, soit de la

manière dont nos institutions le modifient.« Zit. nach E. Madlung: »Die kulturphilosophische Leistung Condorcets«, Diss. Jena, Weida in Thüringen, 1912, S. 21.

3 Montaigne fordert Zweifel als Grundhaltung, die es zu lehren gilt, schon den Heranwachsenden: »Qu'il luy face tout passer par l'estamine et ne ne loge rien en sa tête par simple autorité et à crédit.« s. »Essais«, texte par A. Thibaudet, Paris 1950 (ed. d. la Pléiade), p. 183; ferner ib. p. 581: »L'homme ne peut estre que ce qu'il est, ny imaginer que selon sa portée«. Skepsis als Methode ist die Unruh im Denken. Im 18. Jahrhundert wird Skepsis geradezu ein Modethema der europäischen Philosophie. Diderot, den Herder vorwurfsvoll einen »Allanzweifler« nennt, bestimmt den skeptischen Denker in den »Pensées Philosophiques« XXX: »C'est un philosophe qui a douté de tout ce qu'il croit, et qui croit ce qu'un usage légitime de sa raison et de ses sens lui a démontré vrai. Voulez-vous quelque chose de plus précis? Rendez sincère le pyrrhonien, et vous aurez le sceptique.« (Oeuvres Phil. Texte par P. Vernière (Class. Garnier), Paris 1961, p. 27 sq.

4 Vgl. Diderot »Lettre sur les aveugles à l'usage de ceux qui voient«, in Ouevres Phil. a.a.O., geht von denselben Grundsätzen aus und endet bei der Feststellung: »Nous ne savons donc presque rien; (...)« (p. 146).

5 Das jüngstveröffentlichte Beispiel hierfür ist die Hörspiel-Montage von W. Benjamin unter dem Titel »Lichtenberg. Ein Querschnitt.« in: Gesammelte Schriften, Band IV, 2, hg. v. Tillmann Rexroth, Frankfurt/M. 1972, S. 696ff. Heissenbüttel s. in »Aufklärung über Lichtenberg«.

6 Ernst Platners »Philosophische Aphorismen« nebst einigen Anleitungen zur philosophischen Geschichte, Leipzig 1776, S. 120: »Die Skeptiker leugnen nicht die Wirklichkeit der Ideen, sondern die Erweislichkeit ihrer Wahrheit, d. h. ihrer Übereinstimmung mit den Dingen selbst. Der Charakter des ächten Scepticismus ist die völlige Unentschiedenheit (Hae epochae). (Par. 687). Herder nennt wenig später den Zweifel den neuesten »Modeton der neuesten, insonderheit französischen Philosophen« und in einer Anmerkung dazu heißt es: »– es ist das große Jahrhundert des Zweifelns und Wellenerregens«. s. »Auch eine Philosophie der Geschichte zur Bildung der Menschheit«, Nachw. v. H. Gadamer, Frankfurt/M. 1967 (Theorie 1), S. 47. Kant hat dann im II. Teil der Elementarlehre bei der Darstellung der Antithetik der reinen Vernunft die skeptische Methode und den Skeptizismus unterschieden. Das Verfahren, »einem Streite der Behauptungen zuzusehen oder vielmehr ihn selbst zu veranlassen, nicht, um endlich zum Vorteile des einen oder des andern Teils zu entscheiden, sondern, um zu untersuchen, ob der Gegenstand desselben nicht vielleicht ein loßes Blendwerk sei, wonach jeder vergeblich hascht und bei welchem er nichts gewinnen kann (...) dieses Verfahren, sage ich, kann man die skeptische Methode nennen«. Er stellt ihr den Skeptizismus entgegen, welcher der Grundsatz einer »kunstmäßigen und szientifischen Unwissenheit« genannt wird und welcher »die Grundlagen aller Erkenntnis untergräbt, um, womöglich, überall keine Zuverlässigkeit und Sicherheit derselben übrigzulassen«. Die skeptische Methode geht auf Gewißheit, sucht Belehrung aus den Schwierigkeiten der Urteilsfindung zu ziehen, sie ist es also auch, die das Denken Lichtenbergs in besonderer Weise kennzeichnet. s. Kant, Kritik der reinen Vernunft, neu hrsg. v. R. Schmid, 2. Aufl., Leipzig 1944, S. 511.

7 Athenäum I, S. 99 (Photomechan. Neudruck), Darmstadt 1966. Vgl. hierzu im selben Bande aus den Fragmenten von F. Schlegel die Bemerkung auf S. 299: »Es giebt noch gar keinen Skeptizismus, der den Nahmen verdient.« F. Schlegel, Krit. Ausg. hg. v. E. Behler,

Bd. 18, S. 247, nennt Aphorismen treffend die »Notizen der innern (Symphilosophie συμφ)«. Für Novalis ist nunmehr Skeptizismus »nichts als unreifer Idealismus«. S. Schriften II, Stuttgart 1960, S. 605, ferner 668f.

8 Kritische F. Schlegel-Ausgabe hg. v. E. Behler, 18. Bd. 2. Abtlg., München–Paderborn–Wien 1963, S. 12f., dann S. 409: Wir sind nicht zufrieden zu wissen, wir wollen auch unser Wissen wieder wissen. σκεψις ist d(er) Ursprung der φσ (Philosophie). Das Wissen hat kein Ideal sondern nur eine Tendenz.«

9 F. Schlegel, a.a.O. S. 266: »Der neuere σκ (Skeptizismus) ist immer nur provisorisch.« Skepsis als »Zustand der schwebenden Reflexion« ib. S. 400, ebenso S. 207; Skepsis als Zentrum der Philosophie: ib. S. 562. Vgl. hierzu Diderot, Pensées Phil. a.a.O. In XXXI wird die skeptische Haltung konsequent bestimmt: »Ce qu'on n'a jamais mis en question n'a point étê prouvé.« (p. 28).

10 G. W. F. Hegels Werke, 16. Band, Berlin 1834, S. 86.

11 Artemis-Gedenkausgabe, hg. v. E. Beutler, Bd. 14, S. 791 sowie Hamburger Ausgabe, Bd. 12, S. 422, S. 406 und S. 421.

12 Vgl. hierzu F 439 und F 761. In F 734 heißt es dementsprechend: »Studiert euch selbst erst, mögt ich sagen, das ist, lernt euer Gefühl entwickeln und den augenblicklichen Wink desselben figieren und Buch darüber halten, laßt euch euer Ich nicht stehlen, das euch Gott gegeben hat, nichts vordenken und nichts vormeinen, aber untersucht euch auch erst selbst recht, und widersprecht nicht aus Neurungssucht. Hierzu ist Gelegenheit überall ohne Griechisch und ohne Latein und ohne Englisch. Die Natur steht euch allen offen mehr als irgend ein Buch wozu ihr die Sprache 25 Jahr getrieben habt. Ihr seids selbst. Dieses hat man so oft gesagt, daß es jetzt fast so gut ist, als wäre es niemals gesagt worden.«

13 vgl. J 1363: »An jeder Sache etwas zu sehen suchen was noch niemand gesehen und woran noch niemand gedacht hat.« J 1459: »Ist noch in diesem Fache ein Herschel möglich?«

14 s. hierzu auch J 1389: »Die Frage: *Ist dieses auch wahr?* ja bei allem zu tun, und dann die Gründe aufzusuchen warum man Ursache habe zu glauben, daß es nicht wahr sei.«

15 In K 69 heißt es: »Vielleicht sind die Nebelsterne, die Herschel gesehen hat, nichts als eingelieferte Probestücke, oder solche, an denen noch gearbeitet wird. Wenn ich Krieg, Hunger, Armut und Pestilenz betrachte, so kann ich unmöglich glauben, daß alles das Werk eines höchst weisen Wesens sei; oder es muß einen von ihm unabhängigen Stoff gefunden haben, von welchem es einigermaßen beschränkt wurde; so daß dieses nur respektive die beste Welt wäre, wie auch schon häufig gelehrt worden ist.«

16 Hierzu auch F 809: »Ich begreife gar zu wohl, daß es Leute gibt, denen ihre Einbildungskraft und ihre Schwärmerei nicht einen Augenblick Zeit läßt etwas vorsätzliches Böses zu tun, allein sie tun ihre Portion desto reichlicher ohne Vorsatz aus guter Absicht, von – ich sage es nicht gerne – von einem schwachen Kopf gelenkt.«

17 Zur materiellen Beeinflußbarkeit des Denkens s. A 43, A 49, B 253, F 152, F 557. Diderot spricht davon auch im »Lettre sur les aveugles ...« a.a.O.
Der Registrierung der Widersprüche, die Lichtenberg vornimmt, wird bei Condorcet (vgl. Anm. 2) der Gedanke der Perfektibilität und zugleich der möglichen Korruptibilität, auf die Rousseau hingewiesen hatte, entgegengehalten. Auch für Diderot war, wie für Lichtenberg, der Widerspruch im Menschen gewissermaßen endgültig. In den Nachträgen zu den »Pensés Philosophiques« (Diderot a.a.O.) findet sich die Bemerkung:

»Dire que l'homme est un composé de force et de faiblesse, de lumière et d'aveuglement, de petitesse et de grandeur, ce n'est pas lui faire son procès, c'est le définir.« (XLI, p. p. 65). Auch hier dürfte noch der Einfluß Montaignes nachwirken: auch die »Apologie de Raimond Sebond« ist eine Darstellung von Größe und Elend des Menschen.

18 Im Entwurf »Über die Macht der Liebe« (Schriften und Briefe III, hg. v. W. Promies, München 1972) heißt es: »Der Mensch ist ein solches Wunder von Seltsamkeit, daß ich überzeugt bin, es gibt Leute, die oft meinen, sie glauben etwas und glaubens doch nicht, die sich selbst belügen, ohne es zu wissen, und Dinge einem andern nachzumeinen und nachzufühlen glauben, die sie ihm bloß nachsprechen. Daß das wahr ist, davon, sage ich, bin ich sicher überzeugt, denn ich habe mich ehemals selbst darüber ertappt. Dieses hat mich sehr mißtrauisch gegen mich selbst und noch mehr gegen die Versicherungen anderer gemacht, deren Interesse, Gattung von Eigenliebe und Verstandeskräfte ich nicht kenne, und von denen ich also nicht weiß, ob sie ein Votum haben, oder ob sie bloß Herolde sind.« (S. 516)

19 F. Schlegel, Kritische Gesamt-Ausgabe, a.a.O., S. 363 »Die Reflexion ist Phänomen und Experiment zugl(eich).«

20 vg. Marcel Proust »Über den Stil« in Neue Schweizer Rundschau XXIII, 8, S. 603f.; ferner Walter Pater, »Style« in »Appreciations«, London 1910, p. 22, p. 29, Nietzsche, »Der Wille zur Macht«, Stuttgart 1952, S. 534 (Nr. 799) und Goethe, Artemis Gedenk-Ausgabe Bd. 13, S. 68.
Auch Sprache ist bei Lichtenberg Resultat der stets erneuerten Erfahrung von Welt, neugesehene Welt erfordert eine neue, gereinigte oder erweiterte Sprache, sie ist Mittel, die originelle Erfahrung des Menschen auszudrücken, ist situationsgebunden und zugleich historisch durch Gebrauch belastet, von dem sie stets wieder erleichtert werden muß.

21 vgl. hierzu das Lichtenberg-Kapitel in Albert Béguin: »L'âme romantique et le rêve«, 15e Mille, Paris 1963, p. 10 sqs.

22 s. zu dieser Problematik neuerdings vor allem die ausführliche Untersuchung von Albrecht Schöne »Aufklärung aus dem Geist der Experimentalphysik. Lichtenbergsche Konjunktive«, München 1982. Auf S. 169 nimmt der Verf. Bezug auf die hier wieder abgedruckte Studie über Lichtenbergs Skepsis und vermutet irrtümlich, ich habe diese in Kenntnis seiner Vorträge über dieses Thema verfaßt. Das ist nicht der Fall, vielmehr handelt es sich hierbei um die erweiterte Fassung meines Vortrags für das Habilitations-Colloquium vor der Philosophischen Fakultät der Universität Göttingen (1967). Hingegen ist es korrekt, anzumerken, daß sich ein erster Hinweis auf die Bedeutung des Konjunktivs bei Lichtenberg in der Studie von Albrecht Schöne »Zum Gebrauch des Konjunktivs bei Robert Musil« (Euphorion, vierte Folge, 55. Band, 1961, S. 196ff.) findet – und daß mir dies bekannt war.

Zur Theorie der Revolution (S. 164)

In: Germanisch-Romanische Monatshefte, IV 75 Bd. 25, Heidelberg 1976.

1 vgl. den von Reichard herausgegebenen »Revolutionsalmanach von 1794«, Göttingen, S. 74f. und Christoph Girtanners »Historische Nachrichten und politische Betrachtungen über die Französische Revolution«, 2. Aufl. Bd. 12, Berlin 1796, S. 294ff.

2 s. die genaue Studie v. Wolfgang Rödel: »Forster und Lichtenberg. Ein Beitrag zum Problem deutsche Intelligenz und Französische Revolution«, Berlin 1960; die Urteile von Graf Leopold Stolberg nicht nur (S. 97), sondern auch von Therese Forster (S. 97f.) und von Paul Zincke (S. 147, S. 150f.).

3 vgl. Denis Diderot: Enzyklopädie. Philosophische und politische Texte aus der ›Encyclopédie‹, München 1969 (dtv Wiss. Reihe 4026), S. 308 unter d. Stichwort ›Luxus‹ und in der Einleitung S. 22ff.

4 s. hierzu die Studie von Karl Riha: »Die Beschreibung der ›Großen Stadt‹. Zur Entstehung des Großstadtmotivs in der deutschen Literatur (ca. 1750– ca. 1850)«, Bad Homburg v. H., Berlin, Zürich 1970, (Frankfurter Beiträge zur Germanistik Bd. 11), S. 39–86. Der Brief Lichtenbergs aus London wird hier nur z. T. in seiner Bedeutung erfaßt. S. Georg Christoph Lichtenberg, Schriften und Briefe IV, hg. v. W. Promies, München 1967, Briefe S. 210ff., an Ernst Gottfried Baldinger aus Kew, am 10. Jänner 1775. Lichtenberg überläßt sich fasziniert der raschen Bewegung und dem Warenzauber der belebten großen Stadt.

5 vgl. die heftigen Angriffe Fichtes in der »Zurückforderung der Denkfreiheit von den Fürsten Europens, die sie bisher unterdrückten«, die Übereinstimmungen mit Forsters »Über die Beziehung der Staatskunst auf das Glück der Menschheit« aufweist, sowie Fichtes Schrift »Beitrag zur Berichtigung der Urteile des Publikums über die französische Revolution«, jetzt in: Johann Gottlieb Fichte, Schriften zur Revolution, hg. v. B. Willms, Köln u. Opladen 1967 (Klassiker der Politik, Bd. 7). Vgl. weiter: Johann Benjamin Erhard, Über das Recht des Volks zu einer Revolution und andere Schriften, hg. v. H. G. Haasis, 2. Aufl. München 1970 (Reihe Hanser 36).

6 Georg Forster, Werke II, hg. v. G. Steiner, Frankfurt/M. 1960, S. 655: »Keiner Nation, keiner Macht, keinem Stande wird tausendjähriger Besitz ein unveräußerliches Recht übertragen; die Ansprüche der Vernunft auf alle Menschenrechte dauren ewig und werden durch gewaltthätige Übertäubung eher verstärkt als verjährt. Nach tausend und zehntausend Siegen der räuberischen Übermacht, die nur das Maaß ihrer Ungerechtigkeit häufen, kehrt der wahre, dauernde Friede dann erst zurück, wenn jeder Usurpation gesteuert worden und jeder Mensch in seine Rechte getreten ist.« (Ansichten 2, XX)

7 s. Ralph-Rainer Wuthenow in »Vernunft und Republik. Studien zu Georg Forsters Schriften«, Bad Homburg v. d. H., Berlin, Zürich 1969, S. 109–133 unter dem Titel »Georg Forster in Paris«.

8 vgl. Jürgen Habermas, »Hegels Kritik der Französischen Revolution« in »Theorie und Praxis«, Frankfurt a. M. 1971 (suhrkamp taschenbuch 6), S. 128–147.

Der Moralist der Revolution (S. 180)

Ungedr. Vortrag, Kassel 1978. – »Zum Text« s. V. Nicolas Chamfort, Früchte der vollendeten Zivilisation. Maximen, Gedanken, Charakterzüge. Franz./Deutsch, Auswahl, Übers. u. Nachwort von R.-R. Wuthenow. Stuttgart 1977. Die Anekdoten nach: Maxime, Pensées, Caractères et Anecdotes par N. Ch. Paris 1976. Vgl. Fritz Schalk, Die französischen Moralisten, Bd. 1, Bremen 1862.

1 Es ist eine erwiesene Tatsache, daß Madame, die Tochter des Königs, die mit einer ihrer Wärterinnen spielte, ihre Hand betrachtete, und nachdem sie ihre Finger gezählt hatte,

sagte das Kind voll Überraschung: Wie, Sie haben auch fünf Finger, wie Ich? Und sie zählte noch einmal, um sich zu vergewissern.

2 M. de Brissac, trunken von Edelmännerei, bezeichnete Gott oftmals mit dem Satz: Der Edelmann dort droben.

3 In einem Streit, den die Vertreter von Genf mit dem Chevalier de Bonteville hatten, erhitzte sich einer von ihnen, worauf der Chevalier sagte: Wissen Sie, daß ich der Repräsentant des Königs, meines Herrn bin? – Wissen Sie, sagte der Genfer, daß ich der Repräsentat von meinesgleichen bin?

4 Ein Mann von Geist definierte Versailles als ein Land, wo man im Absteigen immer aufzusteigen scheinen muß, das heißt, sich die Ehre geben, mit denen umzugehn, die man verachtet.

5 Man überlegte in einer Gesellschaft, mit welchen Mitteln ein Minister abzulösen sei, der durch zwanzig Schandtaten entehrt war. Plötzlich sagte einer seiner gemeinsamen Feinde: Könnte man ihn nicht eine vernünftige Handlung begehen machen, etwas Anständiges, damit man ihn davonjagt?

Goethes Tagebücher (S. 190)

Vortrag an der Universität Kanazawa 1964.
In: Goethe-Jahrbuch Bd. 7, Tokyo 1965.

1 s. Gertrud Hager: »Grundform und Eigenart von Goethes Tagebüchern« in »Deutsche Vierteljahrsschrift f. Litw. u. Geistesgeschichte« 25, 1951, Nr. 3, 351 ff. Das angeführte Zitat S. 352.

2 Gertrud Hager will mehr und macht den ersten Versuch, dem Tagebuch Goethes als einer eigenartigen Form und Arbeit gerecht zu werden. Was sie zeigt, ist nicht wenig, doch vermeidet sie die Interpretation; so läßt der Überblick vermissen, was diese Aufzeichnungen doch auch sind: wie auch immer geformte Sprache, für uns: Lektüre. Zu Goethes Tagebüchern siehe ferner: 2. Ergänzungsband der Goethe-Gedenkausgabe, hg. v. Peter Boerner, Einführung S. 597 ff. sowie: »Goethe Tagebücher«, ausgew. u. eingel. v. Herbert Nette, Düsseldorf–Köln 1957, S. 5 ff. Zum Tagebuch im allgemeinen: Gustav René Hocke: »Das europäische Tagebuch«, Wiesbaden 1963, über Goethe S. 102 f.

3 Ernst Robert Curtius: »Kritische Essays zur europäischen Literatur«, 2. erw. Aufl., Bern 1954. In »Goethes Aktenführung« heißt es, S. 61: »Die Behandlung von Verwaltungsgeschäften bietet ihm das Modell und die Technik für die Organisation seiner persönlichen Existenz.«

4 vgl. Josef Hofmiller »Über den Umgang mit Büchern«, München 1948, S. 64 ff. über die Veränderungen, Beschneidungen, Umdatierungen und Stilisierungen, die das Verhältnis von Tagebuch und Endfassung der »Italienischen Reise« betreffen. Über den aphoristischen Charakter der Goetheschen Tagebuchnotizen äußert sich Hofmiller ebenfalls (a.a.O. S. 36 ff.).

5 vgl. E. R. Curtius, a.a.O. S. 65; er zitiert aus einem Brief von der dritten Schweizerreise und bemerkt dazu: »Die Felsen sind zu einer Rubrik geworden, die auszufüllen ist. Die Natur wird ad acta genommen.«

6 »Aus Hoffmanns Leben und Nachlaß« herausgegeben von dem Verfasser des Lebens-Abrisses Friedrich Ludwig Zacharias Werners (= Eduard Hitzig), Berlin 1832.

7 vgl. Albrecht Schöne: »Über einen Kondolenzbrief Goethes« in der Festschrift für Benno von Wiese zum 60. Geburtstag, 1963 S. 93 ff.

8 vgl. Goethes wiederholte und ausführliche Bemerkungen über die Revue »Le Globe«, Gedenkausgabe hg. von E. Beutler, Bd. 14, S. 865 ff. 898, 904 f. 912; ferner auch in den Gesprächen mit Eckermann, Gedenkausgabe Bd. 24, S. 628 f. unter dem 3. Mai 1827.

9 »Dornburg, September 1828«, Gedenkausgabe Bd. 2, S. 51.

10 vgl. hierzu die Tagebuchnotiz vom 10. Juni 1831: »Höchst wichtig, aber man thut nicht wohl, solchen Dingen zu folgen, die, wenn sie uns auch angingen, doch zu leiten und zu lenken keines Menschen Geschäft mehr ist.« (Zitiert nach der Weimarer Ausgabe, III, 13, S. 89).

11 So bemerkt Goethe in den »Tag- und Jahresheften« 1805, Gedenkausgabe Bd. 11, S. 749: »Meine Tagebücher melden nichts von jener Zeit; die weißen Blätter deuten auf den hohlen Zustand, und was sonst noch an Nachrichten sich findet, zeugt nur, daß ich den laufenden Geschäften ohne weitern Anteil zur Seite ging und mich von ihnen leiten ließ, anstatt sie zu leiten.«

12 Gedenkausgabe Bd. 3, S. 386.